KB202348

단숨에 배우는 **금융**

단숨에 배우는 금융

2014년 6월 30일 초판 인쇄
2014년 7월 4일 초판 발행

지은이 이흥모
펴낸이 이재욱
펴낸곳 ㈜새로운사람들
디자인 이즈플러스

등록일 1994년 10월 27일
등록번호 제2-1825호
주소 서울 도봉구 덕릉로 54가길25
전화 02)2237-3301, **팩스** 02)2237-3389
이메일 ssbooks@chol.com
홈페이지 http://www.ssbooks.biz

ISBN 978-89-8120-500-3(03320)

단숨에 배우는 **금융**

이흥모 지음

새로운사람들

머리말

이 책은 필자가 연세대학교 경제대학원에서 〈금융제도론〉과 〈자본시장과 자산운용〉을 강의하면서 사용했던 교재를 기초 텍스트로 한 것이다. 금융과 관련된 책자가 시중에 많이 나와 있음에도 불구하고 또 한 권의 금융 책자를 내겠다고 감히 나선 이유는 강의를 하면서 느꼈던 몇가지 필요성 때문이었다.

경제대학원의 특성상 학생들 대부분이 직장인이고, 그 가운데 상당수는 금융업에 종사하는 사람들이었다. 이들은 실무적 지식에는 뛰어났지만 금융현상의 근저에 흐르는 기본 원리에는 그다지 익숙하지 않은 것 같았다.

금융 이론은 상당히 전문적이고 어려운 논리와 수식으로 가득해서 학생들이 접근하기란 쉽지 않다. 그렇더라도 이론이 뜻하는 바는 무엇인지, 그것이 현실세계와 어떻게 연관되어 있는지를 개념적으로 파악할 수 있다면 금융현상을 보다 잘 이해할 수 있으리라 생각했다.

또 하나의 이유는 2008년 글로벌 금융위기 이후 급변하는 현실 금융을 업데이트해서 알려줄 필요성이 있었다. 이와 관련된 책자, 논문, 기사는 헤아릴 수 없을 정도로 많고 그 가운데 상당수는 반드시 읽어보아야 할 수준 높은 것들이다. 넘치는 정보를 잘 요약하고 최근의 동향까지 포함해서 전달해 준다면 금융을 보는 학생들의 눈이 업그레이드될 수 있을 것 같았다.

이 책은 본격적인 교과서는 아니다. 금융을 더 깊게 공부하기 전에 읽어보면 도움이 될 만한 준비단계의 책자이다. 일반인들도 이해할 수 있게끔 그래프나 수식의 사용을 최소화하고 최대한 쉽게 기술하려 노력했지만 금융의 특성상 군데군데 어려운 용어나 개념 설명을 피해갈 순 없었다. 이 점 독자 여러분의 이해를 바란다.

연세대학교에서 강의하시면서 필자에게 책을 쓰도록 권유하고 격려해주신 김학렬 선배님, 강의의 기회를 주신 김정식 교수님께 감사드린다. 자료수집과 통계 작성에 도움을 준 한국은행 금융시장부, 거시건전성분석국 관계 직원들께도 고마운 마음을 전한다. 필자의 강의를 들으면서 소중한 피드백을 제공해 준 연세대학교 경제대학원 수강생 여러분께도 고마움을 전한다.

많은 도움을 받았음에도 불구하고 책의 내용에 오류가 있다면 이는 전적으로 필자의 잘못이다. 독자 여러분의 질책과 조언을 기대한다.

끝으로 책자 출간의 길을 열어주신 새로운사람들의 이재욱 사장님과 내용을 예쁘게 편집해 주신 최은선 실장님께도 진심으로 감사의 말씀을 전한다.

2014년 6월

이흥모

contents

3장 금융을 이해하기 위한 초석 - 금리

4장 금융행위는 이성적인가? - 행태금융론

5장 단기 불균형을 메워주는 도구 - 머니 마켓

6장 경제성장의 원동력 – 자본시장

7장 얽혀있는 시장들 – 채권·외환·스왑시장의 연계

8장 오해와 진실 – 상업은행

9장 금융위기의 중심에 서다 – 투자은행

10장 빛과 그림자 – 그림자금융

11장 에필로그

1장

서론 – 금융의 탄생

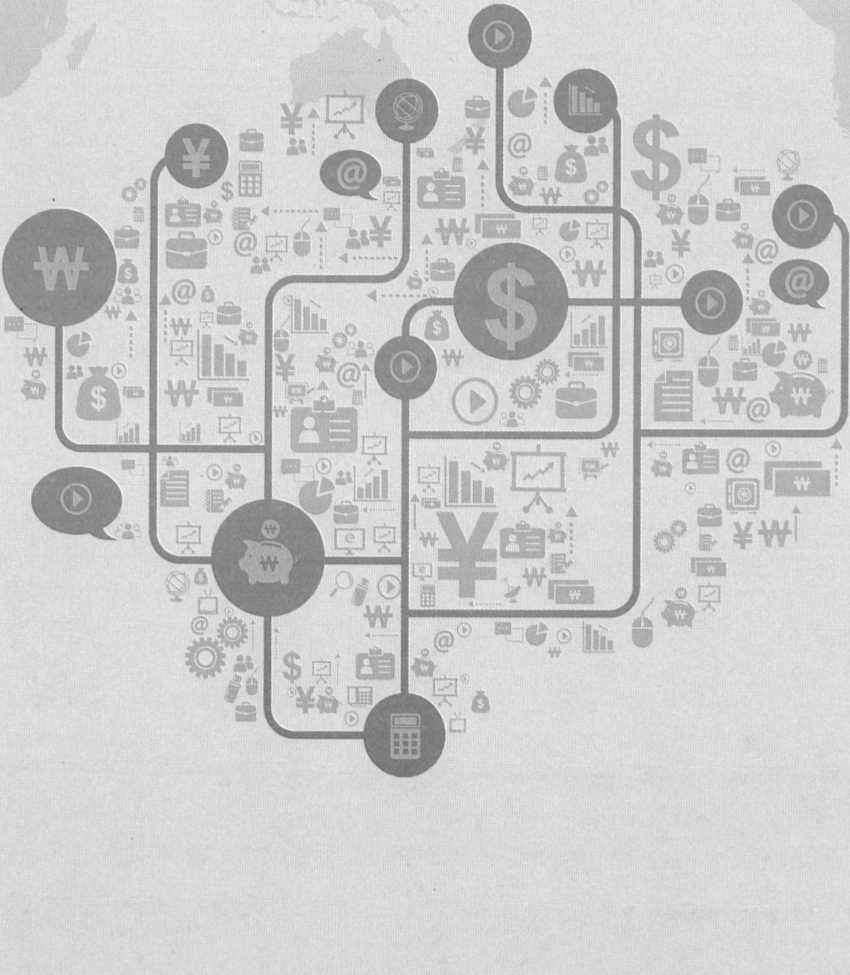

금융의 탄생

우리는 금융이라는 현상을 늘 접하고 금융회사와 이런저런 거래를 하며 살아가고 있다. 금융을 학문적으로 연구하는 학자, 금융업에 종사하는 전문인, 재테크의 관점에서 금융을 이해하는 일반인, 모두에게 금융은 관심사다. 사람이 살아가는 데 공기가 필요하듯이 어떤 경제활동이든 금융행위는 반드시 뒤따른다.

금융은 언제부터 생겨났을까?

금융을 '돈'이라는 실체를 중심으로 파악하면 기원이 그리 길지 않을지 모른다. 하지만 어떤 것이든 남고 부족한 것을 빌려주고 빌리는 신용행위로 파악하면 그 역사는 상당히 길다. 〈금리의 역사〉를 집필한 호머와 실라에 따르면 신용이 등장한 것은 화폐가 처음 쓰이기 시작한 BC 1,000년보다 2,000년이나 앞섰다고 한다.[1]

고대 수메르인들은 곡물과 금속을 빌려주고 이자도 받았다. 인류 생존에 필수적인 먹고사는 문제를 해결하기 위해 신용행위가 자연발생적으로 생겨났다는 이야기다. 금융의 역사적 기원을 추적하는 것은 이 책의 범위를 벗어나는 것이지만, 탄생의 배경을 이론적 관점에서 살펴보는 것은 금융의 본질을 이해하는 데 도움이 될 것이다.

1 호머·실라(S.Homer, R, Syllar), 2011, 『금리의 역사』, 이은주 역, 리딩리더

1. 금융은 왜 탄생했을까?

시간상 불균형과 공간상 불균형의 해소

금융이 생겨난 연원을 찾아가다 보면 '남음surplus'과 '부족함deficit'이라는 불균형과 대면한다. 식량이든 물이든 돈이든 살아가는 데 필요한 것들은 대부분 이런 불균형 상태에 놓여 있다. 불균형은 시간상으로도, 그리고 공간상으로도 존재한다.

사냥으로 삶을 이어가던 원시사회에서는 재수가 좋으면 사슴이나 멧돼지를 여러 마리 잡아 풍족함을 누리지만 실패하면 온 가족이 굶주린다. 농경사회에서는 추수기가 끝나면 식량이 남아돌지만 보릿고개가 시작되는 봄철에는 먹을 것이 없어 들로 산으로 헤맨다. 현대사회에서도 직장이 있으면 지출보다 돈을 더 벌지만 실직을 하거나 은퇴를 하면 돈 가뭄에 시달린다. 이처럼 때와 시기에 따라 식량이나 돈이 남거나 모자라는 일이 반복되는데 이를 '시간상 불균형inter-temporal imbalance'이라고 한다.

시간상 불균형은 보관기술만 터득하면 어렵지 않게 해소할 수 있다. 수렵시대에는 먹다 남은 고기를 보관하기가 쉽지 않았지만 농경사회로 들어서면서 식량 저장방법이 개발되자 사람들은 때에 구애받지 않고 평탄한 소비를 할 수 있게 되었다.[2]

튼튼하고 안전한 금고만 있다면 남는 돈을 잘 보관했다 필요할 때 쓸 수도 있다. 시간상 불균형을 줄이는 일은 비교적 단순하다. 남거나 모자람을 겪는 주체가 나, 가족, 부족처럼 균질한 단위여서 그렇다.

한편 같은 시대에 살아가는 서로 다른 사람, 가족, 부족 간에도 남음과 모자람의 불균형은 존재하는데 이를 '공간상 불균형cross-sectional imbalance'이라고 한다. 사냥을 잘하는 원시인이 있는가 하면, 몸이 약하거나 담력이 없어 코앞에서 사냥감을 늘 놓치는 사람도 있다. 농경시대에 들어서면 농사기술과 노동력의 차이에 따라 부농이 되기도 하고 먹고살기도 힘든 빈농으로 전락하기도 한다. 현대사회에서는 돈 잘 버는 사람과 못 버는 사람 간의 격차가 날로 벌어지고 있다.

시간상 불균형과 달리 공간상 불균형을 없애는 일은 그리 간단치 않다. 전자의 경우는 나, 내 가족, 내 부족만 생각하면 그만이지만 후자의 경우는 다른 사람, 다른 가족, 다른 부족을 상대해야 하기 때문이다.

'우리'라는 범주에는 정보도 많고 이타적인 감정이 작용한다. 하지만 '남'이라는 범주로 들어서면 정보도 부족할 뿐더러 무엇보다 이기심이 본격적으로 작동한다. 냉정하게 따지고 짚어봐야 할 요소가 한둘이 아니라는 얘기다.

2 시간상 불균형을 해소한 사례로 성경에 기록된 요셉 이야기를 들 수 있다. 히브리인이었던 요셉은 이집트에 7년 풍년과 7년 흉년이 들 것을 정확히 예측하여 7년간의 풍년기간 동안 농작물을 충분히 비축했다가 이어진 7년의 흉년 기간에 백성을 먹여 살렸다. 요셉은 이 공로로 이집트의 제2인자인 국무총리에 오른다.

이런 복잡성은 사회가 발전할수록 더 심해지는데 바로 이 지점에서 금융이 출현하는 무대가 마련된다. 공간상 불균형을 없애기 어려운 이유는 크게 다섯 가지로 나누어볼 수 있다.

첫째, 누가 남고 누가 부족한지 알아내기 어렵다(높은 탐색비용). 둘째, 설령 상대를 찾았다 하더라도 쉽게 믿지 못한다(정보 부족, 정보의 비대칭성). 셋째, 사람들에게는 위험을 피하려는 성향이 있어서 선뜻 부족한 사람을 도와주려 하지 않는다(위험의 회피성향). 넷째, 거래를 할 때 부수적으로 들어가는 비용이 꽤 된다(높은 거래비용). 다섯째, 서로가 원하는 거래 규모가 딱 맞아떨어지기 어렵다(규모의 불일치). 이 다섯 가지는 공간상 불균형의 해소를 방해하는 마찰요인friction이다. 금융은 이런 마찰요인 또는 훼방꾼을 없애거나 줄이는 역할을 함으로써 공간상 불균형을 해결하는 역할을 한다.

공간상 불균형의 해소를 방해하는 다섯 가지 걸림돌

누가 남고 누가 부족한지 어떻게 아나?

좁은 사회에 사는 사람들은 이웃집 숟가락 젓가락이 몇 개인지 훤히 꿰고 있을 정도로 남의 사정에 정통하다. 그러다 보니 식량이나 돈이 필요한 사람은 누군지, 남는 사람은 누군지 쉽게 안다. 이들은 서로에게 필요한 사람을 찾아 직접 거래한다. 공간상 불균형을 쉽게 해소하는 것이다. 하지만 생활 반경이 커지고 사회가 복잡해지면 직접 접촉이 사실상 불가능해진다. 이웃에 누가 사는지도 모르는데 그 사람의 주머니 사정까지 어떻게 알고 거래 상대를 찾아낼 수 있겠는가? 불균형을 없애려는 생각은 간절하지만 정작 딱 맞는 거래상대를 찾아내기 어려워진 것이다. 그러니 누군가가 나서서 이들을 맺어주는 역할을 해야 한다.

빌려 달라는 사람을 믿어도 되나?

설령 남는 사람과 모자라는 사람이 운 좋게 만났다 치더라도 도움을 요청하는 사람을 믿을 수 있는가 하는 문제가 뒤따른다. 공짜로 준다면 모를까 대가(이자)를 바란다면 과연 이 사람이 이자와 원금을 제때 갚을 사람인지 아닌지 잘 판단해야 한다. 하지만 이게 말처럼 쉬운 일은 아니다. 그 이유는 정보의 비대칭성information asymmetry 때문이다.

정보의 비대칭성이란 "내가 나를 아는 것만큼 상대는 나에 대해 알 수 없다."는 말로 요약된다. 나에 관한 정보를 타인이 100% 알 수 없다는 얘기인데 일상생활에서 자주 경험하는 현상이기도 하다. 소개팅에서 만난 배우자감이 혹시 숨기는 건 없을까? 높은 수익을 올릴 수 있다면서 투자를 권유하는 동창생을 믿을 수 있을까? 후계자로 점찍어 놓은 사람에 대해 내가 놓치고 있는 건 없을까? 나중에 진실이 밝혀지는 한이 있더라도 잠깐 동안 그들은 자기의 본모습을 감출 수 있다. 상대가 있는 판단 게임에서는 언제나 정보의 비대칭성이 문제가 된다. 불신이 자라나는 토양인 것이다.

정보의 비대칭성은 두 가지 형태로 나타난다. 하나는 역선택adverse selection이고 다른 하나는 도덕적 해이moral hazard다(이제부터 빌려주는 사람을 surplus의 첫 글자를 따서 S씨, 빌려가는 사람을 deficit의 첫 글자를 따서 D씨라고 부르기로 한다).

먼저 역선택에 대해 알아보자. 사정이 곤궁하고 급할수록(그래서 돈을 못 갚을 확률이 높을수록) D씨는 S씨의 환심을 사기 위해 매력적인 조건을 내건다. 고금리, 고수익을 약속하는 것이다. 하지만 이것만으로는 충분치 않다. 자신이 돈을 꼭 갚을, 믿을 만한 사람이라는 사실을 상대에게 각인시켜야 한다. 그러기 위해 나름대로의 신용보강장치를 내보인다. 그런데 일반인들은 이 장치의 진위나 신뢰성을 판별할 능력이 별로 없어 종종 역선택의 덫에 걸린다.

2013년 물의를 일으켰던 동양그룹의 CP, 회사채 문제를 예로 들어보자. 당시 동양그룹의 계열사들은 심각한 자금난에 시달리고 있었다. 만기가 된 CP와 회사채를 상환하려면 또 다른 CP와 회사채를 발행해야 했다. 사정이 급하고 곤궁했기 때문에 동양그룹은 다른 회사에 비해 더 높은 금리를 주기로 했다. 여기에 동양그룹이 잘 알려진 대기업이라는 사실을 투자자에게 주지시켰다. "설마 대기업이 부도나겠나?"라는 생각이 동양그룹이 내건 신용보강장치였다. 일반투자자들은 높은 금리와 대기업이라는 신용보강장치에 현혹되어 동양그룹의 CP와 회사채를 사 들이는 잘못된 선택, 즉 역선택을 했다.

이런 현상은 선거에서도 자주 발견된다. 어떤 국회의원 후보자가 선거운동 중 실시한 여론조사에서 상대 후보에게 밀리는 것으로 나타났다고 하자. 그는 열세를 만회하기 위해 지키지도 못할 공약을 남발한다(매력적인 조건의 제시). 하지만 이것만으로는 충분치 않다. 유력한 인기 정치인과 함께 찍은 사진을 신용보강장치로 내세운다. 당사자는 이 사진에 큰 의미가 없다는 걸 잘 알지만, 유권자들은 후보와 인기 정치인이 상당히 가깝다고 받아들여 한 표를 던진다. 정보의 비대칭성 때문에 역선택이 이루어져 '불량품lemon'이 선택될 가능성이 커진다.

2008년 전 세계를 뒤흔들었던 서브프라임 부실 사태도 따지고 보면 이런 역선택의 결과였다(10장에서 자세히 다룬다). 세상에 공짜 점심이 없듯이 '안전하면서 수익률 높은 투자'란 가능하지 않다. 이런 제안을 해오는 사람이 있다면 그는 내가 역선택의 덫에 빠지기를 초조히 기다리는 불량품이라고 생각해도 된다.

도덕적 해이는 돈을 빌려간 D씨가 바람직하지 못한 행동을 할 가능성을 말한다. D씨가 돈을 빌린 당초의 목적은 농기구를 사서 더 많은 작물을 생산하려는 것이었다. 건전하고 생산적인 목적이라는 생각에 S씨는 돈을 빌려주었다. 그런데 막상 돈을 손에 쥔 D씨의 생각이 달라진다. 고생스럽게 농사를 짓느니 도박을 해서 한탕 노리는 편이 낫지 않겠냐는 거다. 잘 된다면 모를까 전 재산을 탕진할 수도 있는 위험천만한 행동이다. 이렇게 D씨가 도덕적으로 잘못된, 위험한 행동을 할 개연성은 얼마든지 있지만 그렇다고 돈을 빌려준 S씨가 일일이 쫓아다니면서 정말 농기계를 샀는지, 농사는 잘 짓고 있는지 감시할 수는 없는 노릇이다. 바로 여기에서 정보의 비대칭성이 존재한다.

도덕적 해이는 위험한 행동을 부추기는 환경이 조성되어 있을 때 심해진다. 위험을 추구해 얻을 수 있는 이익이 100인데 실패할 경우 아무런 벌칙도 받지 않는다면 도덕적 해이는 극심해진다. 극단적인 투기를 일삼다 도산위기에 처해도 정부가 구제해 줄 것이라는 '대마불사too-big-to-fail'의 믿음이 전형적인 예다. 예금계좌당 5천만 원까지 정부가 보장해주는 예금자보호제도가 도덕적 해이를 가져온다는 비판도 있다. 저축은행은 비교적 리스크가 큰 자산에 투자하기 때문에 더 많은 이자를 줄 수 있다. 높은 이자를 받으니 예금자들이 높은 위험을 부담해야 하는 건 당연한데도 은행과 동일하게 5천만 원까지 보호해 주는 제도가 예금자들의 도덕적 해이를 불러온다는 시각이다.

이렇게 S씨는 돈을 빌려주기 전에는 역선택에, 돈을 빌려준 후에는 도덕적 해이라는 난관에 부딪친다. D씨가 돈을 빌리기 위해 자신의 빈궁한 처지를 그럴 듯하게 보이도록 포장할 위험(거래가 이루어지기 이전에 생기는 위험before-transaction risk)과, 정작 돈을 빌려간 후에는 실제 뭘 하는지 숨길 위험(거래가 완결된 후에 생기는 위험after-transaction risk)에 노출된다. 그러니 S씨가 망설이는 건 당연하다. 그를 설득해 돈을 빌려주려는 마음이 들게 하려면 정보비대칭성에서 비롯된 역선택과 도덕적 해이의 문제를 누군가는 해결해야만 한다.

사람들은 기본적으로 위험을 싫어한다

주변에 보면 주식투자를 즐기거나 도박을 좋아하는 사람들이 있다. 이들은 위험을 사랑하는 사람risk-taker이다. 하지만 평균적인 보통 사람들은 위험을 그다지 즐기지 않고 오히려 싫어하는 편risk-averter이다. 부득이 위험을 감수해야 한다면 더 높은 보상을 요구한다. 위험이 높은 주식투자의 수익률이 위험이 없는 국채 수익률보다 높은 이유다.

주식투자나 도박을 해서 100만 원을 땄을 때 맛보는 행복감이 100이라면 100만 원을 잃었을 때의 불행감은 어느 정도일까? 80일까, 100일까, 120일까? 여러 실험을 통해 밝혀진 바에 따르면 똑 같은 금액(100만 원)이라도 돈을 잃었을 때의 불행감이 땄을 때의 행복감보다 더 크게 나타난다(4장에서 자세히 살펴본다). 예컨대 불행의 정도가 120쯤 된다는 얘기다. 그래서 사람들은 돈을 딸 확률과 잃을 확률이 같더라도 위험을 선택하지 않는 경향이 있다.

S씨가 돈을 빌려줄 때는 불가피하게 위험을 감수해야 한다. 정보의 비대칭성이 전혀 없다고 가정해도 여전히 위험은 있다. D씨가 돈을 빌리기 전에 자신의 처지를 사실대로 다 말했고, 돈을 빌린 후에는 성실히 약속을 지켰다 해도 예상치 못한 일로 파산을 맞을 수 있다. 돈을 떼일 위험이 언제나 도사리고 있는 상황에서 위험을 싫어하는 '보통사람' S씨가 돈 빌려주기를 망설이는 건 자연스러운 일이다. S씨로 하여금 마음을 바꾸어 먹도록 하려면 누군가 나서 이 문제도 해결해야만 한다.

돈을 빌리고 빌려주는 데 부대비용이 많이 든다

돈을 주고받는 것은 일종의 계약이다. 이자는 얼마로 할지, 언제 갚을지, 어떤 용도로 쓸 건지, 계약을 위반하면 어떤 벌칙을 부과할 건지 등등을 미리 정해놓아야 한다. 계약에 필요한 내용들은 법적인 성격을 갖고 있기 때문에 법을 잘 아는 전문가의 도움이 필요하다. 물론 S씨는 D씨가 써준 각서나 차용증서를 받고 돈을 빌려줄 수도 있다. 하지만 그렇게 하자니 뭔가 불안해 법 전문가를 고용하려 하는데 비용이 만만치 않다. 돈을 빌려줄 때마다(또는 빌릴 때마다) 전문가의 도움을 받아야 한다면 그로 인해 나가는 돈이 이자수입을 훌쩍 넘어설 수도 있다. 배보다 배꼽이 더 커지는 셈이다. 아무리 노는 돈이 있어도 손해를 보면서까지 빌려줄 이유는 없다. 높은 거래비용이 문제인 것이다. S씨로 하여금 돈을 빌려주려는 마음을 갖게 하려면 거래비용을 획기적으로 낮추어야 한다.

S씨와 D씨가 생각하는 돈의 규모가 언제나 일치하지는 않는다

S씨가 갖고 있는 여윳돈은 100만 원인데 기껏 찾아낸 D씨는 200만

원을 빌리려 한다. 서로가 원하는 돈의 규모가 맞지 않으니 포기하고 다른 사람을 찾는다. 이번에 만난 또 다른 D씨는 40만 원만 필요하다고 한다. S씨는 40만 원을 빌려주고 나머지 60만 원을 쓸 사람을 또 다시 찾아 나서야 한다. 번거롭기 짝이 없는 노릇이고 비용도 많이 든다. 이렇게 S씨와 D씨가 원하는 거래규모가 딱 맞아떨어지기란 무척 어렵다. 두 사람이 포기하지 않게 하려면 규모의 불일치 문제도 해결해야 한다.

인도에서 소는 왜 키우나?

주변에 금융회사가 없을 때 사람들의 투자 패턴이 어떻게 달라지는지 보여주는 하나의 예가 있다. 북부 인도 시골 지역의 가축 소유에 대한 연구[3]에 따르면 소 한 마리를 키울 때의 수익률은 -64%인 것으로 나타났다. 사료, 노동력으로 들어가는 비용이 100이라면 소를 키워 뽑는 수익은 36밖에 되지 않는다는 것이다. 그런데도 인도에는 2억 8천만 마리의 소가 있다. 손해나는 장사인데도 인도 사람들은 왜 소를 키울까? 혹자는 소를 신성시하는 힌두문화에서 답을 찾고자 하는데 사실은 경제적 이유가 크다는 것이 이 논문의 주장이다.

전체 농촌의 7%에만 은행 지점이 개설되어 있을 정도로 인도

3 Anagol, S. & A.Etang & D.Karlan, 2013, "Continued Existence of Cows Disproves Central Tenets of Capitalism?", NBER *Working Paper* No.19437

의 금융 침투 정도는 열악하다. 농부들은 번 돈을 현찰로 가지고 있을 수도 있지만 소를 소유하는 것이 더 나은 선택이라고 여긴다. 그 이유는 돈을 가지고 있으면 쉽게 써 버리기 때문에 차라리 '유동성이 낮은(팔아서 현금화하기가 쉽지 않은)' 소를 사서 묻어두는 것이 낫다고 생각하기 때문이다. 충동적 지출을 억제하기 위해 마이너스 수익률 투자를 감수하고 있는 것이다.

이런 불합리를 고치려면 농촌 지역에 은행지점을 설치하든지, 그것이 어렵다면 모바일뱅킹이라도 확산시켜야 한다. 하지만 그렇더라도 예금을 중도에 인출할 수 있기 때문에 충동적 지출에서 완전히 자유로울 수는 없다. 이 논문의 저자는 인도 사람들의 불합리한 투자 행태를 바로 잡으려면 만기 때까지 돈을 인출할 권리를 포기하는 '강제적 저축계정commitment savings accounts'의 도입도 고려해 볼 만하다고 말한다.

금융은 다섯 가지의 걸림돌을 어떻게 해소하나?

'남음'과 '부족함'이 함께 존재한다면 이 둘은 서로 만나 균형을 이루려는 동기와 욕구를 가진다. 그렇게 해야 모두의 효용이 커지기 때문이다. S씨는 남는 돈을 활용해 추가수입을 올릴 수 있어 좋고, D씨는 당장의 필요를 채울 수 있으니 좋다.

하지만 둘의 만남을 방해하는 걸림돌 또는 마찰이 존재한다. 이런 상황에서 걸림돌을 없애주는 전문중개인, 거간꾼 또는 시스템이 등장하는 것은 매우 자연스러운 일이다. 돈을 주고받는 일에서 이런 역할을 하는 것이 바로 금융이다. 금융은 앞서 설명한 5가지의 걸림돌을 없애거나, 완전히 없애지는 못해도 방해하는 정도를 줄여서 공간상 불균형을 해소한다. 금융이 걸림돌을 치우는 자세한 방법은 〈2장〉에서 다루도록 하고 여기서는 개요만 살펴본다.

수많은 S씨와 D씨는 금융회사를 매개로 쉽게 연결된다. 서로를 찾아 헤맬 때 발생하는 탐색비용이 크게 줄어든다. 부동산시장, 중매시장에도 같은 원리가 적용된다.

정보비대칭성 문제도 해결한다. 금융회사는 돈을 빌리려는 D씨를 철저히 해부한다. 숨기고 있는 건 없는지, 사업 전망은 어떤지, 제때에 돈을 갚을 능력은 있는지 등등 온갖 정보를 전문가를 동원해 샅샅이 파헤친다(이를 심사기능screening이라고 한다). S씨가 미끼에 혹해서 잘못된 선택을 하지 않도록 도와주는 것이다. 또한 D씨가 처음 한 약속대로 돈을 쓰고 있는지, 위험한 투기에 전용하고 있는 건 아닌지도 살펴본다(이를 모니터링 또는 감시기능이라 한다). D씨의 도덕 해이를 막기 위한 노력이다.

위험 문제는 어떨까? 위험을 싫어하는 S씨를 설득하기 위해 금융회사는 S씨가 져야 할 위험을 대신 부담하거나 아니면 여러 형태로 분산시켜 위험의 정도를 낮춘다. S씨가 직접 거래할 경우 져야 할 위험이 100이라면 금융회사는 여러 방법을 동원해서 이 위험을 1~2로 줄인다.

금융회사는 S씨가 걱정하는 높은 거래비용 문제도 해결한다. 계약이 단 한 건이라면 거래비용이 높겠지만 금융회사는 수천, 수만 건의 계약을 동시에 처리한다. 10건의 계약을 맺는다고 변호사를 10명 고용할 필요는 없기 때문에 건당 계약비용을 낮출 수 있다. 금융회사가 취급하는 계약의 건수가 많으면 많을수록 S씨 한 사람에게 청구되는 비용은 무시할 수 있을 정도까지 낮아진다.

원하는 거래 액수가 일치하지 않는 문제도 쉽게 해결한다. 금융회사는 수많은 S씨로부터 자금을 모아(풀링pooling이라고 한다) 큰돈을 만든 다음, 많은 D씨들에게 원하는 만큼씩 빌려준다. S씨든 D씨든 액수 맞는 상대를 찾기 위해 애쓸 일이 없어진다.

자연은 진공을 싫어한다는 말이 있다Nature abhors a vacuum. 뭔가 필요가 있으면 그것을 충족시키려는 힘이 반드시 생겨난다는 뜻이다. 금융의 탄생도 이와 무관하지 않다. 식량이나 돈과 같이 살아가는 데 꼭 필요한 것들이 사람들 사이에 균등히 나누어지는 법은 거의 없다. 공간상 불균형이 항상 존재한다는 뜻이다. 남는 것을 부족한 쪽으로 돌려 불균형을 줄이면 모든 사람이 행복해질 텐데 이걸 방해하는 걸림돌이 상당히 많다. 돈과 관련된 문제에서 그 걸림돌을 없애려고 자연발생적으로 생겨난 것이 바로 금융 또는 금융회사인 것이다.

P2P 대출

금융은 돈이 남는 사람과 모자라는 사람을 이어주는 중개 역할을 한다. 당사자끼리 접촉해 돈을 주고받는 데 따라 발생하는 여러 형태의 마찰을 해소하기 위한 것임은 위에서 설명한 대로다.

그런데 최근 들어서 당사자끼리 직접 돈거래를 하는 '원시형태'의 금융이 생겨났다. P2Ppeer to peer 대출이 그것이다. 인터넷을 통해 음악 파일이나 동영상 파일을 공유하는 것과 비슷하다고 해서 붙여진 이름이다. 소액 투자자들이 전문업체가 제공하는 인터넷 플랫폼을 통해 잠재적 차입자에게 돈을 빌려주는 것으로서 크라우드 펀딩crowd funding의 한 형태이다. 은행처럼 고정비용 지출이 크지 않기 때문에 차입자에게는 낮은 금리로 자금을 제공하고, 투자자에게는 높은 수익률을 보장해 주는 장점이 있다.

최초의 P2P 대출업체는 영국의 Zopa사로 2005년 설립되었고 이후 미국에서 Lending Club, Prosper사가 설립되어 활발히 영업하고 있다. P2P 대출은 계속 진화중이다. 유동성을 높이기 위해 대출채권을 증권으로 만들어 팔기도 한다. 2013년 10월에는 미국의 헤지펀드인 Eaglewood Capital사가 Lending Club을 통해 제공한 5,300만 달러의 P2P 대출을 증권화해 재판매하였다. 애초의 P2P 대출은 소액투자자를 겨냥한 것이었는데 수익성이 좋아지자 대형은행들도 점차 관심을 보이고 있다. 일례로 모건스탠리의 자산관리부에서는 P2P 대출에 1억 달러를 투자하기도 하였다.

2013년 말 현재 전 세계의 P2P 대출규모는 64억 달러로 아직은 미미하다. 국가별로 보면 미국이 전체의 51%로 절반 이상을 차지하고 있고, 중국이 28%, 영국이 17%인데 이들 세 나라

를 합하면 96%로 대부분이다.[4]

우리나라에서는 머니옥션, 팝펀딩사가 P2P 대출을 취급하고 있다. 하지만 영국이나 미국에 비해서는 아직 초보 단계이다. 국내 최대 규모인 머니옥션의 경우 2014년 3월말까지 취급액이 2,262억 원, 대출희망자의 평균 신용등급은 7등급, 평균 신청금리는 23.9%로 나타났다. 부실률은 7% 내외인 것으로 추정되어 아주 높은 편이라고 할 수는 없지만 차입 희망자의 신용평가가 제대로 되지 않을 경우 언제라도 부실률이 높아질 수 있는 위험은 있다.

---

4 Kirby, E. & S. Worner, 2014, "Crowd-funding : An Infant Industry Growing Fast", IOSCO *Working Paper* SWP3

2 금융은 실물경제와 어떤 관계를 갖는가?

금융이 발전한다는 의미

금융은 '남음'과 '모자람'이 만나도록 주선할 뿐 아니라 둘의 결합을 방해하는 걸림돌까지 치워주는 일을 한다. 단순히 중매만 서는 것이 아니라 예비신랑과 신부의 집을 오가며 결혼준비 과정에서 불거질 수 있는 잡음을 없애고 조정하는 역할까지 도맡아한다는 말이다. 이런 중매쟁이만 있다면 행복한 결혼이 이루어질 수 있는 것처럼 제 역할을 다하는 금융이 있다면 그 나라 경제의 성장도 보장된 거나 다름없다.

굳이 복잡한 이론을 동원하지 않더라도 금융이 발전하면 경제성장이 잘 되고, 그런 나라는 선진국이 될 확률이 높다는 사실은 직관적으로도 알 수 있다. 금융발전이 경제발전을 이끈다는 생각은 여러 실증연구를 통해서 뒷받침되고 있다.[5]

5 Levine, R. 2004, "Finance and Growth : Theory and Evidence", *NBER Working Paper* 10766

그러면 '금융발전'이란 무엇이고 어떻게 측정할 수 있을까? 경제성장은 성장률이나 1인당 국민소득과 같은 통계지표로 손쉽게 확인할 수 있지만, 금융발전을 어떻게 정의할 것인지는 다소 모호한 측면이 있다. 금융발전을 설명하는 도구 가운데 이전부터 많이 쓰이고 있는 것이 금융심화financial deepening라는 개념이다.

금융심화–양적인 개념

금융심화라는 개념이 활용된 것은 후진국의 경제개발과 관련이 깊다. 1960~70년대에 유행했던 개발경제학은 경제발전을 이끄는 동력 가운데 하나로 금융의 역할에 주목했다. 은행과 금융시장을 통해 다양한 자금지원 통로를 마련해주면(금융이 심화되면) 경제성장에 탄력이 붙을 것이라는 생각에서였다. 이때의 금융심화란 주로 금융의 양적 팽창을 말한다. 쉽게 측정할 수 있는 통화지표(한 나라에 존재하는 금융상품 가치의 총액)를 경상GDP로 나눈[6] 비율(금융심화도)이 높아지면 성장이 촉진되는 것으로 보았다.

금융심화의 개념과 측정방법은 경제가 커지고 금융도 복잡해지면서 조금씩 변해왔다. 2011년 발표된 IMF의 논문은 금융심화를 세 가지로 정의하고 있다.[7]

첫째, 경제주체들이 저축과 투자행위를 하기 위해 다양한 범주의 금

6 경상GDP로 나누는 이유는 두 가지다. 첫째는 경제전체가 커지는 것과 금융이 커지는 상대적 속도를 비교해볼 수 있다. 예컨대 경상GDP로 나눈 비율이 1에서 1.5로 올라갔다면 금융의 팽창속도가 실물경제보다 50%나 빨랐다는 의미다. 둘째는 다른 나라와 쉽게 비교할 수 있다. 미국은 우리나라보다 명목GDP가 15배나 크다. 그러니 대출, 증권의 합이 우리보다 훨씬 클 수밖에 없다. 경상GDP를 써서 표준화시켜야 국가간에 공정한 비교를 할 수 있다.

7 Goyal, R. et.al., 2011, "Financial Deepening and International Monetary Stability", IMF *Staff Discussion Paper* 11/16

융시장을 이용할 수 있을 것(금융접근성), 둘째, 은행과 금융시장은 가격의 큰 변화 없이 대규모 금융거래를 취급할 수 있을 것(시장유동성), 셋째, 금융부문은 리스크 분담을 위한 다양한 종류의 금융자산을 창출할 수 있을 것(헤징 또는 분산화)

이를 쉽게 풀이하면 다양한 금융상품이 갖춰져 있어서 가계, 기업, 정부 모두가 필요에 따라 돈을 저축하거나 빌릴 수 있어야 하고, 웬만한 거래로는 가격에 영향을 주지 않을 정도로 주식시장·채권시장·대출시장이 크고 깊어야 하며, 금융거래에 수반되는 리스크 헤징이 가능하도록 다양한 파생금융상품이 구비되어 있어야 한다는 것이다.

이 정도 조건을 갖추어야만 그 나라 금융이 '깊다' 또는 '발전했다'고 말할 수 있다. 금융심화의 정의는 이전에 비해 정교해졌지만 이를 계량화하는 방법에는 큰 진전이 없는 것 같다.[8]

우리나라의 금융심화도를 두 가지 지표를 가지고 살펴보자. 하나는 자금순환표의 금융자산을 GDP로 나누는 전통적 방식이고 다른 하나는 금융업[9]이 국민소득에서 차지하는 비중을 살펴보는 것이다.

전자는 특정 시점에 우리나라에 존재하는 현금, 예금, 주식, 채권, 펀드 등 생각할 수 있는 모든 금융자산의 가치를 전부 더한 다음 경상GDP로 나눈 것이다. 2012년 말 금융자산의 총액은 6,622조 원으로[10] 2003년의 2,824조 원에 비해 2.3배 커졌다. 같은 기간 동안 경상GDP는 767조 원에서 1,272조 원으로 1.7배 커졌으니 경제규모에 비해 금

8 IMF는 금융심화도를 국내금융자산+해외금융자산, 그리고 부채 두 가지를 경상GDP로 나눈 비율로 계산하는데 이는 통화지표를 경상GDP로 나눈 1970년대 방식과 큰 차이가 없는 것이다.

9 한국은행이 추계하는 산업별 GDP통계에 따른 것으로 공식명칭은 "금융보험업"이다. 여기서는 보험업이 금융업에 포함되는 것으로 보아 보험업이라는 말을 빼고 금융업으로 통칭하였다.

10 주체별로는 정부, 금융회사, 기업, 가계를 모두 포괄하고 자산은 현금, 예금, 보험, 채권, 주식, 파생금융상품을 포함하였다.

융자산이 더 빠른 속도로 늘어났고 금융심화도는 3.7에서 5.2로 높아졌다.

금융업 비중은 어떨까?

국민소득은 농업, 제조업, 서비스업과 같이 산업별로 나누어 추계하는데 이 가운데 금융업에서 만들어지는 소득의 비중이 커진다면 그만큼 금융이 효자 노릇을 한다고 볼 수 있다. 금융업의 비중은 1970년 1.4%에 불과했으나 점점 높아져 2012년에는 6.6%까지 상승했다. 금융업이 경제성장에 기여한 비율도 1970년대의 연평균 3.1%에서 2000년 이후에는 8.0%까지 높아졌다.[11]

〈그림 1-1〉 금융자산과 금융심화도

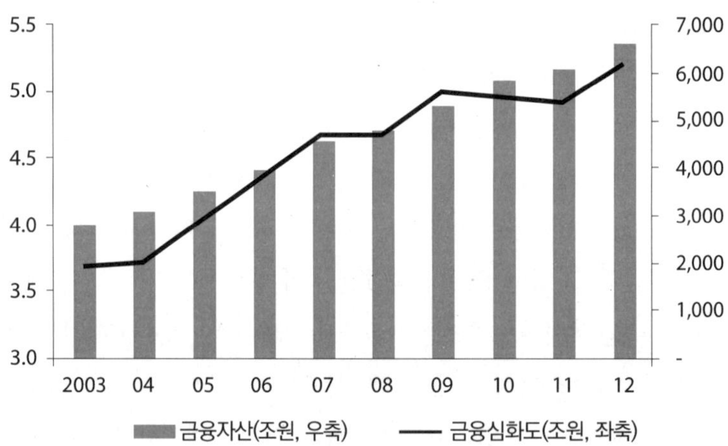

11 예를 들어 금융업의 성장기여율이 10%라는 것은 해당연도 GDP가 100원 늘어났는데 이중 금융보험업이 10원을 기여했다는 뜻이다. 1970년대의 연평균 기여율 3.1%에는 마이너스 성장을 기록했던 1980년은 제외되어 있다. 2000년 이후의 연평균은 2001~2013년을 대상으로 한 것인데, 비정상적으로 높은 기여율(90%)을 보였던 2009년은 제외하였다.

〈그림 1-2〉 금융업 비중(%)

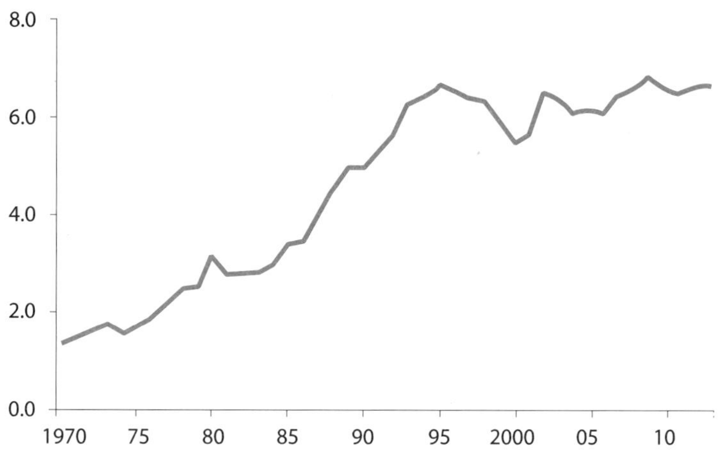

금융심화–정성적인 측면qualitative aspect을 어떻게 반영할 것인가?

숫자만 커졌다고 금융이 발전한 것은 아니다. 양으로 측정할 수 없는 효율이나 공정성이라는 문제가 있어서다. 특히 금융은 '남의 돈other people's money'을 가지고 장사하는 특성상 공공성이나 공정성이 중시된다.

금융이 좋은 일을 하고 있음에도 불구하고 여전히 이런저런 비난에 시달리는 것은 덩치는 산만큼 커졌는데도 금융의 정신이나 윤리의식이 이를 따라가지 못해서다. 금융회사의 지배구조는 공공의 이익을 고려해 짜여 있는지, 금융소비자 보호제도는 잘 갖추어져 있는지, 금융인들의 윤리의식은 확고한지 등은 금융발전을 좌우하는 중요한 요소지만 정량적 측면에 비해 주목을 받지 못한다.

더구나 이를 수량화해서 금융심화도에 반영하기도 쉽지 않다. 공공성 이외에도 결제시스템이나 신용평가제도와 같은 금융하부구조financial infrastructure, 정부의 개입 여부, 금융 감독의 효율성, 중앙은행의 신뢰성과 같이 실로 다양한 요소들이 금융발전에 직간접적 영향을 끼치지만 이 역시 수량화에 난점이 있다.

앞서 설명했던 5가지 걸림돌을 효과적으로 제거하면 금융발전은 자동적으로 따라온다. 많은 S씨와 D씨를 연결해 주는 첫 번째와 다섯 번째 기능은 IMF가 말한 금융 접근성과 유사하며 정량적인 측정에 반영될 수 있다. 나머지 기능들을 계량화하려면 더 많은 연구가 필요한데 일단의 아이디어를 제시하면 다음과 같다.

경제성장에 기여할 수 있는 곳으로 돈이 많이 공급되면 될수록 정보 비대칭성을 줄이는 두 번째 기능이 활발한 것으로 간주할 수 있다. 예컨대 주택 대출은 크게 늘었는데 새로운 주택의 건설보다는 기존주택의 가격을 올리는 데만 쓰인다면 성장 기여도는 그리 높지 못할 것이다. 또 기업대출이 커졌지만 돈을 빌려간 기업의 상당수가 부도를 맞았거나 생산력이 떨어져 있다면 금융이 양적으로 성장했다고 마냥 좋아할 수만은 없다. 돈의 양이 아니라 돈의 생산성productivity of money이 더 중요하다는 얘기다. 이를 측정하여 금융심화 정도에 반영할 수 있다면 좀 더 정확한 금융발전의 모습을 그릴 수 있다.

위험과 관련된 세 번째 기능의 핵심은 금융회사의 리스크 관리로 집약된다. 고객을 대신해 위험을 지기로 약속한 금융회사가 리스크 관리에 실패하면 위태로운 상황에 처하게 되고 모든 금융회사들이 그리 되면 대형 금융위기가 발생한다. 2008년의 글로벌 금융위기도 따지고 보면 금융회사들의 리스크관리 실패가 근본원인이었다. 빅뱅이라는 표현이 어울릴 정도로 금융의 외형은 커졌지만 정성적인 면에서는 후진성을 벗어나지 못한 결과라고 할 수도 있다. 위기 이후 국제결제은행 Bank for International Settlement, BIS의 바젤위원회를 비롯해 각국의 금융당국은 리스크관리의 새로운 표준을 만들어가고 있다. 금융회사들이 이 표준을 얼마나 잘 지키는가를 수량화하면 리스크 측면에서 금융발전 정도를 가늠하는 하나의 지표가 될 것이다.

거래비용 감축이라는 네 번째 기능은 돈을 맡기는 S씨와 금융회사 간에 갈등을 일으키는 요인이다. 금융이 존재하지 않는 세상에서 S씨와 D씨가 직접 만나 거래할 때 10원의 비용이 든다고 하자. 금융이 새롭게 등장해서 이중 8원을 절약해 비용을 2원으로 낮추면 이 2원은 금융회사에게 돌아가는 수수료 수입이 된다. 거래비용을 1원까지 더 줄이면 S씨야 좋겠지만 금융회사가 가져가는 몫은 줄어든다. 둘 사이에 상충관계trade-off가 있다는 말이다.

어떤 쪽이 더 많은 몫을 차지해야 사회 전체의 후생수준이 높아질지는 확실치 않다. 그런 판단을 가능케 하는 분석도구가 있다면 네 번째 기능의 효율을 측정해 금융심화 정도에 반영할 수 있을 것이다.

예시 : 세계경제포럼의 금융발전지수

정량적 지표와 정성적 지표를 모두 포괄하여 금융발전 수준을 계량화한 연구는 많지 않다.

그 가운데서 매년 초 스위스 다보스에서 열리는 회의로 유명한 세계경제포럼World Economic Forum, WEF의 보고서를 예로 들어보자. WEF는 매년 발표하는 국가경쟁력보고서와는 별도로 2008년부터 금융발전지수Financial Development Index, FDI를 발표한다. FDI(외국인직접투자가 아니다!)는 7개의 大항목, 24개의 中항목, 121개의 小항목으로 이루어져 있는데 금융에 관한 거의 모든 요소를 망라하고 있다. 대부분이 정량적 지표지만 금융의 질적 수준을 말해주는 항목도 포함되어 있다.

예컨대 금융회사의 윤리적 행동, 정치인에 대한 국민신뢰, 금융회사 지배구조의 효율성 등이 그것이다. 이들 항목의 점수는 관계자들을 설문조사해서 작성한다. 항목별 점수산정에 문제가 전혀 없는 것은 아니지만[12], 금융의 세세한 분야까지 포괄하고 있고 국가별 비교가 가능하다는 장점을 지니고 있다.

금융발전과 경제발전의 상관관계를 간단한 그래프를 이용해 알아보도록 하자. 〈그림 1-3〉의 횡축에는 경제발전의 대용지표로 1인당 국민소득을, 종축에는 금융발전의 대용지표로 WEF의 금융발전지수를 각각 표시하였다. 62개국을 대상으로 2012년 자료를 이용해 그림을 그려 보면 둘 사이에 상당히 뚜렷한 양의 관계가 드러난다. 경제가 발전한 나라일수록 금융도 선진화되어 있음을 말해 준다.

대부분의 나라들은 오른쪽으로 올라가는 직선을 중심으로 촘촘히 분포되어 있다. 그런데 Q1으로 표시된 부분과 Q2로 표시된 부분은 거의 비어 있다. Q1은 경제발전은 뒤졌는데 금융이 상대적으로 발전한 국가의 영역이다. 그런 나라는 별로 없지만 그래도 Q1에 가장 가까운 나라는 말레이시아다. 1인당 국민소득이 10,381달러로 우리나라의 절반밖에 되지 않지만 금융발전지수는 18위로 우리(15위)보다 불과 3단계 낮다. 영국의 식민지였던 탓에 금융자유화가 상당히 진척되어 있고 발달된 인프라를 토대로 이슬람금융의 중심지 역할을 하고 있기 때문으

12 예컨대 2012년 보고서에 따르면 우리나라는 '금융안정'분야에서 44위로 상당히 저조한 것으로 나타났는데 2012년중 환율이 안정되어 있었고 저축은행 사태에도 불구하고 금융시장이 전반적으로 안정되었던 점을 고려하면 이는 지나치게 낮은 순위라고 할 수 있다.
World Economic Forum, 2013, *The Financial Development Report 2012*

로 보인다.

Q2는 경제발전 단계는 선진국에 가까운데 유독 금융만 뒤쳐진 국가의 영역이다. 여기도 텅 비어 있기는 마찬가지지만 가장 근접한 나라를 찾자면 그리스다. 1인당 국민소득은 22,000달러로 우리와 비슷한데 금융발전지수는 무려 32단계나 낮은 47위에 머물고 있다. 말레이시아나 그리스처럼 예외적인 경우를 제외하면 대부분 나라들에서 경제발전과 금융발전은 같은 궤적을 그리고 있다.[13]

〈그림 1-3〉 1인당국민소득과 WEF의 금융발전지수

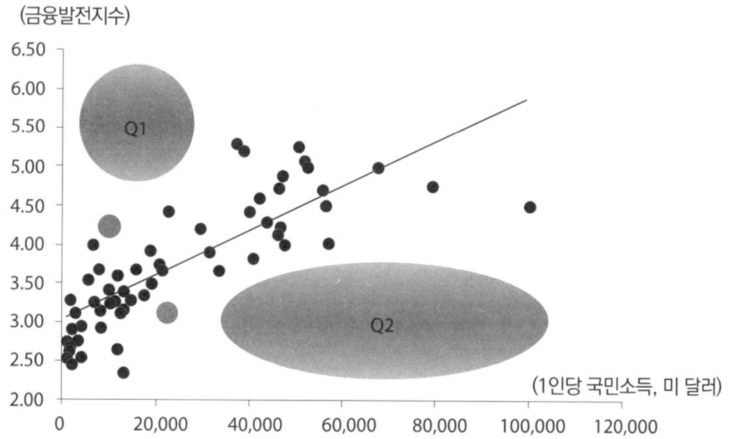

13 두 지표의 상관계수를 구해보면 0.80으로 상당히 높은 수준을 보인다.

3. 글로벌 금융위기는 금융의 지형도를 어떻게 바꾸었는가?

2013년은 리먼 브러더스의 파산으로 글로벌 금융위기가 발생한 지 만 5년째 되는 해다. 그래서인지 위기 이후 5년 동안 금융이 어떻게 바뀌었는지 분석하는 논문과 언론기사가 봇물을 이뤘다. 위기로 인한 상처는 어느 정도 아물어가고 있지만 금융의 지형도는 크게 바뀌었다. 이런 변화가 앞으로도 계속되어 큰 흐름으로 고착될 것인지는 아직 확실치 않다. 이 질문에 대해서는 마지막장에서 생각해보도록 하고 여기서는 변화의 양상에 관해 개략적으로 알아보기로 한다.

금융에 대한 인식변화, 도우미에서 훼방꾼으로

금융은 좋은 것이다. '남음'과 '모자람'의 만남을 주선해 도움을 주고, 그에 따른 수입으로 자신도 살찌웠다. 금융발전이 경제발전의 원동력이라는 믿음은 굳건했고 금융 스스로도 혁신과 발전을 거듭해 나갔다. 월가의 대형 금융회사들은 경이적인 수익률을 자랑했고 막대한 부가가치를 창출해 경제성장에 도움을 주었다. 이들은 전 세계 모든 금융회사들이 본받아야 할 아이콘으로 올라섰다.

제조업으로 먹고사는 나라들은 이제야말로 공장 굴뚝을 없애고 반짝이는 고층건물에 앉아 엄청난 돈을 벌어대는 금융을 주력산업으로 키워야 하는 건 아닌지 고민에 빠졌다. MBA로 무장한 최고의 인재들이 금융으로 몰려들었고 수학과 공학을 동원한 금융이론이 등장하면서 '금융공학'이라는 생소한 분야가 탄생했다. 일반사람들은 금융의 전성시대가 뭘 의미하는 건지 이해할 수 없었지만 금융회사 CEO들이 매년 수백억씩 돈을 벌어도 크게 신경 쓰지 않았다. 중앙은행과 감독당국은 자유화, 세계화의 물결에 휩싸여 제대로 된 경고음 한 번 내지 못한 채 저금리라는 이름의 파티 장을 열어주었다.

이런 분위기는 금융위기가 터진 후 반전되었다. 이제 금융은 더 이상 좋은 것이 아니라 위험천만해서 자칫하면 경제 전체를 망쳐버릴 수 있는 문제아가 되었다. 금융혁신의 총아, 첨단기술의 집결체라고 추앙받던 파생금융상품들은 알고 보니 당사자들도 뭐가 뭔지 모를 정도로 이것저것 뒤섞인 정크였음이 밝혀졌다. 금융회사 CEO들이 가져간 천문학적인 돈이 못 사는 사람의 주머니에서 나왔음이 드러나자 금융에 대한 분노와 불신은 극에 달했다.

'월가를 점령하라Occupy Wall Street'는 운동은 보통 사람들도 금융에 눈 뜨기financial awakening 시작했다는 증거다. 중앙은행과 감독당국은 공멸의 두려움 때문에 파티를 끝낼 생각은 하지 못한 채 금융회사들에게 재갈을 물리기 위한 방도를 찾아 나섰다. 실물경제를 도와주는 건 고사하고 훼방만 놓지 않으면 금융은 할 일을 다한 것이라는 인식도 강해졌다. 금융은 졸지에 공신에서 역적으로 몰렸다.

이런 분위기 때문인지 금융과 실물경제에 관한 연구의 방향도 많이 바뀌었다. 이전에는 금융이 실물경제를 돕는다는 대전제 하에 어떻게 하면 그 플러스 효과를 극대화시킬 수 있을지에 초점이 맞추어져 있었다. 그런데 금융위기를 겪은 후에는 금융의 불안정성이 높아진 원인은 무엇인지, 금융에서 발생한 충격은 어떤 경로를 타고 실물경제에 파급되고 확산되는지, 금융에서 시작되는 파국을 막으려면 어떻게 해야 하는지, 이런 주제의 연구들이 많아졌다. 금융을 보는 시각 자체에 큰 변화가 나타난 것이다.

세계금융을 지배했던 3가지 화두, 대형화·겸업화·국제화의 방향 전환

1990년대 후반 이후 세계금융을 지배해 온 세 가지 화두는 대형화, 겸업화, 국제화였다.

금융회사들이 덩치를 키우고자 하는 경제적 이유는 규모의 경제 economies of scale 때문이다. 이론적으로 보면 규모가 클수록 생산단위당 원가가 줄어들어 경쟁력 확보가 쉬워진다. 하지만 금융업에서 규모의 경제가 있는지는 확실히 증명된 바가 없다. 어떤 방법으로 규모의 경제를 추정하느냐에 따라 결과가 엇갈린다.

경제적 이유보다는 대형 금융회사만이 가질 수 있는 이점, 즉 유사시에 정부가 이들을 포기할 수 없으리라는 대마불사의 믿음이 대형화를 촉발시킨 숨겨진 이유일 수 있다. 1980년대 미국의 저축대부조합이 부실화되었을 때 규모가 작았던 이들은 전체의 23%인 747개나 부도 처리되었다. 이와는 대조적으로 대형 금융회사가 위기의 중심에 있었던 1998년의 LTCM 사태, 2008년 서브프라임 사태 때는 리먼 브러더스를 제외한 모든 대형 금융회사들이 정부 주도하에 구제 금융을 받고 파산을 면했다. 이런 학습효과는 '뒷배를 봐주는 든든한 사람이 있으니 사고를 쳐도 된다.'는 도덕적 해이를 유발한다.

금융회사의 겸업화는 대형화와 밀접히 관련되어 있다. 유럽은 한 금융회사가 은행, 증권, 보험 업무를 동시에 취급할 수 있는 유니버설 뱅킹universal banking을 유지하고 있었으나 미국은 글래스-스티걸 법Glass-Steagell Act에 따라 이들을 철저히 분리했다. 높고 튼튼하게 세워진 벽 때문에 답답해하던 은행들은 이 벽을 허물기 위해 집요한 로비를 펼쳤다. 투자은행(또는 증권사)이나 새로 출현한 펀드들이 은행의 업무영역을 잠식해 들어오자 새로운 영역에 진출해야 할 긴박성은 더욱 커졌다.

본격적인 겸업화의 신호탄을 쏘아올린 것은 1998년 4월 미국의 시티코프Citicorp.와 트래블러스 그룹Traveler's Group의 합병으로 탄생한 자산 7,000억 달러의 시티그룹Citigroup이다. 시티코프는 상업은행이었고 트래블러스 그룹은 증권, 보험, 대부업이 결합된 종합금융회사였다. 상업은행은 증권이나 보험을 주된 업무로 하는 자회사를 둘 수 없다고 규정한 글래스-스티걸 법의 견지에서 볼 때 이 합병은 불법이었다.[14]

하지만 미국 정부는 법에 저촉되는 자산을 2~5년 사이에 처분하라는 조건을 달아 합병을 인가해 주었다. 그로부터 1년 반 후인 1999년 11월에 금융서비스 선진화 법(일명 그램-리치-블라일리 법Gramm-Leach-Bliely Act)이 제정되어 글래스-스티걸 법은 완전 폐지되었다. 시티그룹은 더 이상 증권이나 보험과 관련된 자산을 처분할 필요가 없어졌고 JP모건체이스, 뱅크오브아메리카 등 대형은행들도 인수합병을 통해 증

14 어서스(J.Authers), 2012, 「비이성적 과열의 시장」, 김시경 역, 위너스북

권, 보험업에 진출하였다. 바야흐로 아무 제한 없이 하고 싶은 업무를 마음껏 할 수 있는 금융자유시대가 열린 것이다. 대형화와 겸업화 추세는 서로가 서로를 이끌며 상승속도를 높여갔다.

국제화도 대형화, 겸업화와 무관하지 않다. 선진국 금융회사들이 해외로 진출한 역사는 오래 되었지만 자본의 이동 속도가 크게 높아진 것은 2000년대에 들어서면서부터다. 〈그림 1-4〉는 국제적으로 영업하는 은행들이 해외에 보유하고 있는 자산의 크기를 나타내는데 90년대까지만 해도 완만히 늘어나다가 2000년대 들어 가파르게 증가하고 있음을 확인할 수 있다.

〈그림 1-4〉 국제영업은행의 대외채권 포지션(조달러)

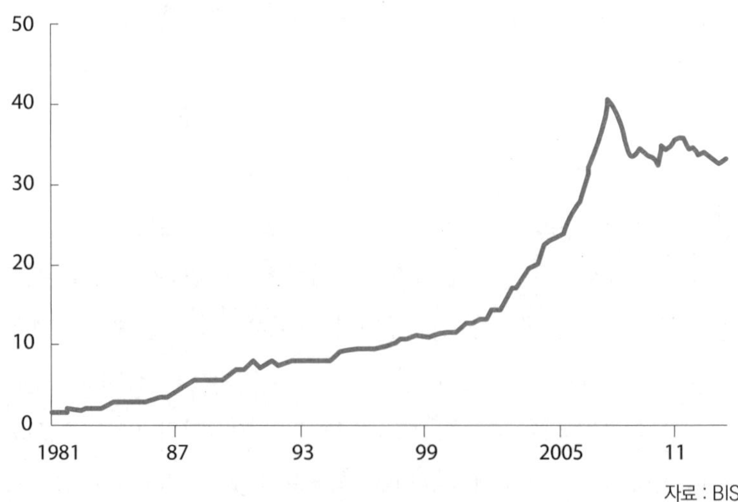

국제자본이동이 크게 늘기 시작한 시점은 금융규제가 풀려 금융회사들이 새로운 수익원을 모색하기 시작하던 때와 일치한다. 아시아 금융위기를 거치면서 신흥시장국들이 외국자본의 자유로운 이동을 허용한 것도 빠른 금융 국제화의 원동력이 되었다.[15]

이런 추세에 가속을 붙인 것은 1999년 유로화의 탄생이었다. 외국에 투자하는 금융회사는 환율 변동에 민감하다. 예를 들어 시티은행이 1억 달러를 우리나라에 투자할 때 환율이 달러당 1,000원이라면 원화로 1,000억 원을 바꾸어 국고채나 국내주식을 살 것이다. 시티은행이 투자의 귀재여서 불과 1년 만에 50%의 수익을 달성해 1,500억 원을 손에 쥐었다 해도 환율이 달러당 1,600원으로 치솟았다면 1,500억 원의 가치는 9,400만 달러밖에 안 된다. 아무리 원화 투자를 잘 했더라도 환율이 불리한 방향으로 변하면 앉아서 손해를 볼 수도 있다는 얘기다.

이처럼 환율 리스크는 국경을 넘나드는 자본이동을 통제하는 시장의 힘이다. 그런데 유로지역 안에서는 환율 리스크를 걱정할 이유가 없다. 모든 나라가 단일 통화인 유로화를 쓰기 때문이다. 더군다나 통화동맹국 간에는 자본이 넘나드는 걸 막는 제약도 없다. 독일, 프랑스의 대형 금융회사들이 그리스, 포르투갈, 이탈리아와 같이 경상수지 적자에 시달리는 나라들에 마음 놓고 돈을 빌려줄 수 있는 최적의 환경이 만들어진 것이다.

따지고 보면 금융 규제망을 우회하여 큰돈을 벌려는 선진국 금융회

15 우리나라는 1996년 OECD 가입을 위해 자본시장을 대폭 개방하였지만 채권시장 등 몇몇 분야에서는 양허조치를 받아 개방을 보류할 수 있었다. 그러나 IMF 구제금융을 받으면서 1998년부터 남은 규제조치를 한꺼번에 풀었다.

사의 전략이 대형화, 겸업화, 국제화라는 3대 흐름을 만들어 냈다고 할 수 있다. 이런 추세가 잘못된 것은 아니지만 문제는 세 개의 흐름이 상승작용을 일으키면서 너무 많은 에너지가 축적되었고, 강화된 에너지가 세계 구석구석을 돌면서 재앙의 씨앗을 뿌려댔다는 사실이다.

마치 열대성 저기압이 바다 위 습기를 흡수하면서 엄청난 규모의 태풍으로 발전한 것과 같다. 대형 인수합병 바람, 글래스-스티걸 법의 폐지[16], 범세계적인 자본이동 규제 완화, 유로화의 탄생, 저금리로 인한 값싼 신용의 범람, 이 모든 것이 90년대 말에 집중되면서 거대한 폭풍 perfect storm을 만들어냈다.

글로벌 금융위기를 겪고 난 후 대형화, 겸업화, 국제화를 보는 시각에도 변화의 조짐이 나타나고 있다. 이왕에 시작된 큰 흐름을 완전히 역전시킬 수는 없겠지만 속도조절은 반드시 필요하다는 인식이 높아졌고 이런 문제의식이 다양한 금융규제를 만들어내는 논리가 되었다.

우선 금융회사의 비대화를 견제하려는 움직임이다. 대형 은행들은 내부통제가 어려울 정도로 규모가 크고 구조도 복잡하다. 자회사가 수백 개에 이르고 직원 수도 많게는 20만 명이 넘는 은행까지 있다. 이런 은행에서는 어디서 누가 무슨 업무를 하는지, 어떤 리스크가 있는지 제대로 파악할 수조차 없어 '너무 복잡해서 관리할 수 없는 too complex to manage' 어려움이 따른다. 그렇다고 사기업인 은행의 분할을 종용하

16 글래스-스티걸 법의 폐지가 금융위기의 직접적 원인은 아니라는 시각도 있다. 금융위기로 사라진 리먼 브러더스, 베어스턴스, 메릴린치는 순수한 투자은행이었으나 이 법의 폐지로 혜택을 입은 JP모건 체이스 등 대형 상업은행은 전부 살아남은 것이 그 증거라는 주장이다. 하지만 대형 상업은행들이 투자은행 업무를 겸영하면서 경쟁이 심해졌고 규모가 상대적으로 작은 투자은행들이 수익을 높이기 위해 더 위험한 투자를 하면서 금융위기의 단초를 제공했음을 감안하면 글래스-스티걸 법의 폐지가 글로벌 금융위기와 관계없다는 주장은 설득력이 떨어진다.
Barth, J. & A. Prabha, 2013, *Breaking Banks Up Is Hard To Do : New Perspective on 'Too Big To Fail*, Milken Institute

거나 인수합병을 억지로 막을 수도 없는 노릇이다. 그래서 규모가 커질수록 자기자본을 더 쌓도록 의무화해 은행들이 자발적으로 크기를 줄이고 구조를 단순화하도록 유도하고 있다.

겸업화와 관련해서는 이전처럼 은행과 증권업 사이에 장벽을 세울 수는 없지만 될 수 있으면 이 둘을 떼어놓는 것이 좋겠다는 생각이 규제정책에 반영되고 있다. 영국에서는 아예 둘을 분리하는 내용의 울타리ring fence 법이 통과되었고 미국에서는 볼커 룰Volcker rule이 확정되었다(9장에서 상세히 다룬다). 볼커 룰은 은행들의 자기계정투자를 엄격히 통제하는 내용이어서 겸업 문제와는 별 관계가 없어 보인다. 그러나 자기계정투자의 대부분이 증권 트레이딩이기 때문에 사실상 둘 사이의 거리를 떼어 놓으려는 의도라는 해석도 가능하다.

금융회사를 견제하려는 움직임이 뚜렷해지면서 외길로 달려온 금융국제화도 후퇴하는 모습이다. 유동성 확보가 급해진 은행들이 해외자산을 처분하고 있어 국제은행들의 해외자산은 2008년 3월말 41조 달러로 정점에 이르렀다가 2013년 9월말 33조 달러로 19% 가량 감소했다. 미국이 최근 확정한 대형 외국계 금융회사들에 대한 규제방안이 금융국제화의 제동요인이 될 것이라는 견해도 있다.

미국에서 영업해 온 외국계 금융회사들은 따로 자본금을 쌓지 않아도 되었고 건전성 규제대상도 아니었지만 이번에 이들을 모두 규제의 우산 아래 둔 것이다. 미국 내 자산 비중이 큰 도이치뱅크(37%), 크레디트스위스은행(36%), UBS(23%)가 특히 영향을 받을 것으로 보인다.[17] 미국 내 자산이 500억 달러를 넘는 은행들은 따로 자본금을 쌓아야 하고, 일정한 레버리지비율과 유동성비율도 지켜야 하며 매

17 "Fed Makes Foreign Banks Pay to Play", *Wall Street Journal*, 2014. 2. 19

년 스트레스 테스트도 받아야 한다(비율 규제의 내용에 대해서는 9장에서 자세히 설명한다).

연준은 유럽의 반발을 의식해 초안을 완화했다고 밝히고 있지만 유럽연합은 강한 어조로 미국을 비판하고 있다. 관세보복처럼 미국의 조치가 유럽의 보복조치를 불러올 것인지가 관심사인 가운데 금융위기 이후 드러난 금융의 탈세계화deglobalization 움직임이 고착될 것인지 많은 사람들이 주의 깊게 지켜보고 있다.[18]

18 "The Gated Globe", *The Economist*, 2013. 10. 12

은행이냐 시장이냐?
– 금융구조

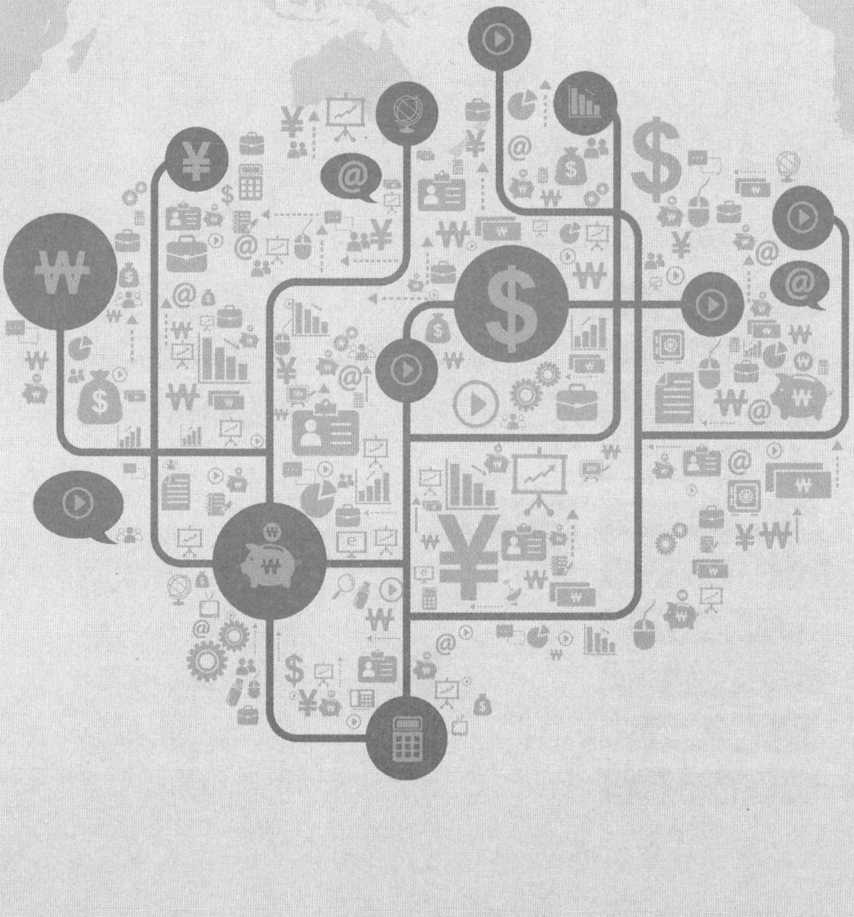

은행이냐 시장이냐?

1장에서 금융이 생겨난 이유를 알아보았다. 이제 한 걸음 더 나아가 금융구조financial structure와 관련한 쟁점을 다루어 보자.

한 나라의 금융은 크게 세 부분으로 구성되어 있다. 은행, 증권사, 보험사와 같은 금융회사, 주식시장, 채권시장, 외환시장과 같은 금융시장, 그리고 중앙은행, 감독기관, 예금보험기구 등으로 이루어진 공적기관이 그것이다. 나라마다 구성요소의 비중이 다르고 운영방식에도 차이가 있지만 얼개는 대체로 비슷하다. 각각의 부문은 별개로 존재하는 게 아니라 유기적인 연관성을 가지고 움직이기 때문에 한데 묶어 금융시스템이라고도 부른다. 〈그림2-1〉은 우리나라의 금융시스템이 어떻게 구성되어 있는지 보여주고 있다.

〈그림 2-1〉 우리나라의 금융시스템

금융구조와 관련하여 오랫동안 이어져 온 논쟁은 은행과 시장의 상대적 우월성에 관한 것이다. 은행과 시장 가운데 어느 쪽이 경제발전에 더 기여하는가, 이 질문이 논쟁의 핵심이다. 은행과 시장의 우월성 논쟁은 학문적 흥밋거리에만 머무는 건 아니다. 어디에 중점을 두어 금융구조를 디자인할 것이냐가 그 나라의 경제발전에 적지 않은 영향을 미칠 수도 있기 때문이다. 금융구조는 학문적 관심사일 뿐 아니라 현실 세계의 정책 선택까지 좌우할 수 있는 첨예한 논쟁거리라는 것이다.

'금융구조를 디자인 한다'는 말을 쓰긴 했지만 사실 정확한 표현은 아니다. 땅속에서 별안간 솟아난다면 모를까 대부분의 나라들은 어떤 형태로든 역사적인 금융 유산을 갖고 있다. 일본의 식민지였던 우리나라에도 일제 때 세워진 은행이 여럿 있었고 소련의 영향권에서 벗어난 동구권 국가들에도 국영은행이 있었다.

이렇게 보면 금융구조에 관한 정책이란 맨땅에 새로운 건물을 짓듯 백지상태에서 은행과 시장의 비율을 정한 다음 이에 맞춰 시스템을 만들어나가는 것이 아니라 어느 한 쪽에 유리하도록 정책을 선택하는 과정이라 할 수 있다. 예컨대 시장이란 원래 불안정한 것이어서(주식시장의 거품이 좋은 예다) 경제에 해악을 끼칠 뿐이라고 생각한다면 시장을 규제할 것이다. 반대로 은행만 가지고는 국부를 늘리는 데 한계가 있으니 시장을 키워야겠다고 생각한다면(월가의 대형 투자은행을 떠올리면 된다) 시장을 얽매고 있는 규제의 사슬을 풀려고 할 것이다.

은행과 시장의 우월성 논쟁은 오래 전에 시작된 것이지만 본격화된 시점은 시장의 힘이 점점 커져 은행을 위협하기 시작한 1970년대부터다. 금융의 역사적 발전과정을 보면 대부분의 시기에 시장은 은행의 적수가 되지 못했다. 은행이 독점적 지위를 누리고 있는 판에 어느 쪽이 우세한지의 논쟁이 무슨 의미가 있을까?

그러나 금융자유화 조치로 시장의 매력이 커지고 사람들이 은행에서 벗어나 시장으로 눈을 돌리기 시작하자 우월성 논쟁에 불이 붙기 시작했다. 미국을 비롯한 여러 나라에서 은행과 증권이 분리되어 있었던 사정도 논쟁을 가열시킨 원인이 되었다. 시장을 대표하는 투자은행(증권사)은 은행과 직접적인 경쟁관계에 있었기 때문에 우월성 논쟁에서 이겨야 했다. 미국에서 은행과 시장의 장단점에 대한 연구와 토론이 활발했던 것도 이런 사정과 무관치 않다.

반면 하나의 금융회사가 은행과 시장 업무를 모두 할 수 있었던 독일에서는 논쟁의 열기가 그다지 높지 않았다. 영업의 중심을 은행업에 둘 것인지, 시장성 업무에 둘 것인지는 해당 금융회사의 영업 전략에 관한 문제지 독자적으로 존재하는 금융회사들이 사활을 걸고 다툴 사안은 아니었기 때문이다.

2000년대 들어 미국을 비롯한 여러 나라들이 은행과 증권의 겸업을 허용하자 우월성 논쟁의 열기는 많이 식었다. 금융회사 입장에서는 하부조직인 은행과 증권의 장점을 최대한 활용하여 전체 수익을 극대화하는 것이 중요해졌다. 그래서 내부적인 연구와 검토는 있었겠지만 밖에서 다투는 모습은 크게 줄었다. 이 문제는 더 이상 정책적 이슈가 아닌 듯했다.

하지만 2008년 금융위기 이후 분위기가 바뀌는 듯하다. 은행업무와 시장업무를 배분하는 것이 아무리 금융회사의 영역이라 하더라도 어느 한 쪽으로 과도히 치우치면 금융시스템 전체에 큰 불안을 가져올 수 있다는 사실이 드러났기 때문이다. 이전과 다른 차원이기는 하지만 은행과 시장의 장단점에 대한 관심도 커지고 있다. 은행 대 시장의 대결 구도를 철 지난, 해묵은 것으로만 치부할 수 없는 이유가 여기에 있다.

은행과 시장의 상대적 우월성 논쟁은 두 가지로 접근할 수 있다. 하나는 시장이 발달한 나라와 은행이 지배적인 나라를 구분한 후 이들의 경제적 성과를 비교해 보는 것이다. 전자에 속하는 대표적인 나라는 미국과 영국이고 후자의 예로는 독일과 일본이 꼽힌다. 이들 나라가 왜 다른 금융구조를 가지게 되었는지를 역사적으로 규명하는 것도 중요한 주제다. 또 다른 접근방식은 은행과 시장의 장단점을 이론적 차원에서 규명하는 것으로서 금융의 탄생 배경이 되었던 여러 마찰요인(또는 걸림돌)을 해소하는 데 두 시스템이 어떤 장점과 단점을 갖는지 분석하는 방식이다. 두 가지 접근방식을 하나씩 알아보자.

1 은행 vs 시장, 국가 분석

자산과 부채의 구조

한 나라의 금융시스템이 은행 중심bank-based인지 시장 중심market-based인지 구분하는 가장 손쉬운 방법은 경제주체, 특히 저축의 주체이면서 동시에 자금을 빌리는 기업과 가계의 자산·부채 구조를 들여다보는 것이다. 이들은 여러 형태의 금융자산을 가지고 있는데 만약 은행예금의 보유 비중이 크다면 은행 중심으로, 주식이나 채권, 펀드와 같은 시장성 자산의 보유 비중이 크다면 시장 중심으로 분류할 수 있다.

한편 이들은 돈을 빌리기도 하는데 만약 상당부분의 돈을 은행에서 대출로 마련하고 있다면 은행 중심으로, 주식이나 채권을 발행해 조달하고 있다면 시장 중심으로 구분할 수 있다. 대표적인 시장 중심 국가인 미국과 은행 중심 국가인 일본을 비교해 보자.

먼저 〈그림 2-2〉의 자산 사이드를 보면 두 나라의 특성이 뚜렷이 드러난다. 2012년 말 기준으로 미국의 기업과 가계는 총저축의 54%를 시장성 자산에 투자하고 있는데 은행에 예금한 돈의 비중은 19%뿐이다. 일본은 전체 자산의 53%를 은행예금에 넣어두고 있고 시장성 자산의 보유비중은 28%밖에 되지 않는다. 두 나라의 여유자금 운용 패턴이 거울 이미지처럼 반대이다. 우리나라는 어떨까? 미국과 일본의 중간 수준이다. 은행예금 비중은 45%, 시장성 자산은 35%로서 아직은 은행의 중요성이 더 크다. 그러나 펀드와 같은 간접투자가 일반화되면서 점차 은행에서 시장으로 무게중심이 옮겨가는 추세임에는 틀림없다.

〈그림 2-2〉 자산 구성(2012년 말, %)

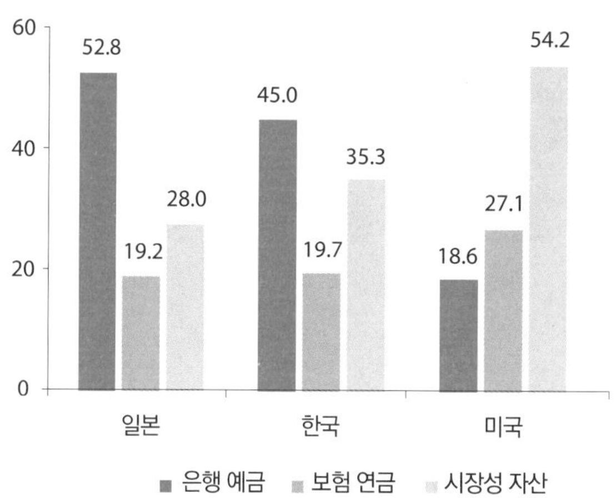

〈그림 2-3〉의 부채 사이드를 보더라도 비슷한 결과가 얻어진다. 미국의 기업과 가계는 필요한 자금의 21%만을 은행에서 빌리고 나머지 79%는 주식이나 채권을 발행해 조달한다. 자산 사이드보다는 시장 비

중이 크다. 일본의 기업과 가계는 57%의 돈을 은행에서 빌리고 시장에 의존하는 비중은 43%다. 은행 의존도가 높기는 하지만 자산 사이드에 비해 시장 의존도가 높은 것은 미국과 같다. 우리나라는 은행에서 47%, 시장에서 53%를 차입하고 있어서 자산 사이드처럼 미국과 일본의 중간에 위치하고 있다.

〈그림 2-3〉 부채 구성(2012년 말, %)

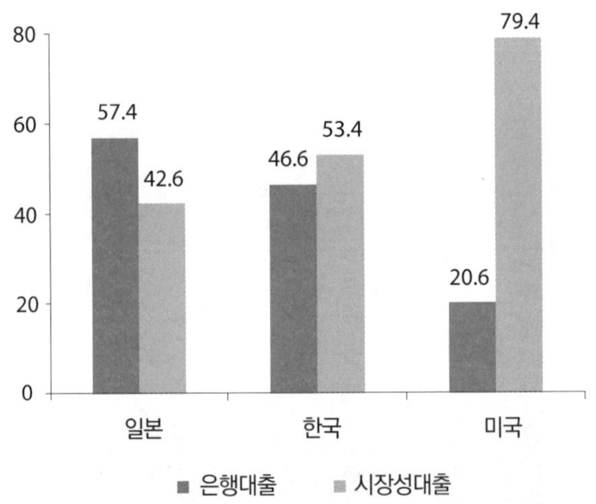

국민소득에서 금융업이 차지하는 비중과 금융구조

국민소득에서 금융업이 차지하는 비중은 금융발전 정도를 보여주는 양적 지표 가운데 하나다. 이제 금융구조에 따라 그 비중이 어떻게 달라지는지 알아보자.

대표적인 시장 중심 국가인 미국, 영국과 은행 중심 국가인 독일, 일본의 금융업 비중을 보면 흥미로운 결과가 얻어진다. 〈그림 2-4〉를 보면 2011년 기준으로 미국과 영국은 각각 7.7%, 8.6%로 세계에서 가장 높은 수준인 데 비해 독일과 일본은 4.4%, 4.9%로 상당히 낮다. 우리나라는 6.5%로 이번에도 이들 나라의 중간이다.[1]

단순화의 위험이 있긴 하지만 이 결과만 놓고 보면 은행 중심 국가에 비해 시장 중심 국가의 금융업이 더 많은 부가가치를 만들어 낸다고 말할 수 있다. 금융을 '황금알을 낳은 거위'로 키우자는 주장이 금융시장 활성화라는 정책방향과 맥을 같이 하는 걸 보면 둘 사이에 가까운 관계가 있을 만도 하다.

〈그림 2-4〉 주요국의 금융업 비중(2011년 중, %)

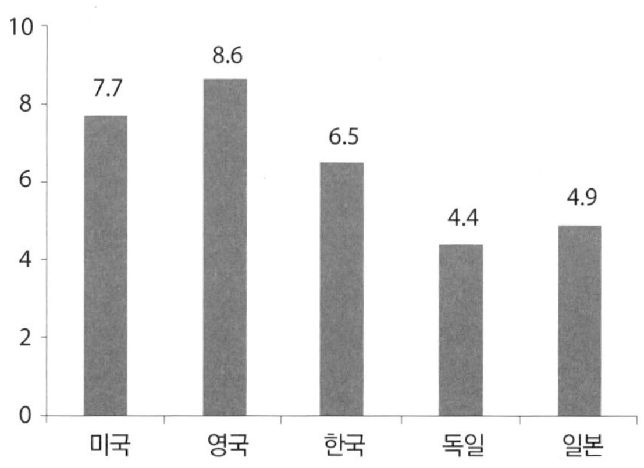

1 2013년 11월에 금융위원회는 〈금융비전 10-10〉 전략을 발표하였다. 앞으로 10년 이내에 금융업의 부가가치 비중을 10%까지 올리겠다는 계획이다. 금융이 가장 발달했고 부가가치 창출력이 강한 미국이나 영국의 금융업 비중 7~8% 수준을 뛰어넘겠다는 계획이다.

분석대상의 범위를 넓히면 어떤 결과가 나올까? 미국, 영국, 독일, 일본은 금융구조의 특성이 뚜렷해 양 진영으로 분류하는 데 다른 의견이 없지만 다른 나라는 다소 모호한 면이 있어 단순히 자산-부채 구조로만 판단하기에는 무리가 있어 보인다. 레바인Levine은 48개국을 대상으로 포괄적 기준을 적용해 각국의 금융시스템 특성을 점수로 산출한 다음, 이 점수가 높을수록 시장 중심에 가까운 나라로, 낮을수록 은행 중심에 가까운 나라로 분류했는데[2] 이를 이용하면 금융구조와 금융업 비중 간의 관계를 살펴볼 수 있다.

비슷한 발전 단계의 나라들을 비교하는 것이 합리적이기 때문에 1인당 국민소득이 3만 유로를 넘는 EU 회원국 11개국[3]에 미국, 일본을 합한 13개국을 대상으로 종축에 레바인이 산출한 점수를, 횡축에 금융업 비중을 그려보았다.

〈그림 2-5〉를 보면 둘 사이에 비교적 뚜렷한 양의 상관관계가 드러나 있고 상관계수도 0.61로 높은 편이다. 정교한 계량분석이 뒷받침되어야겠지만 이 결과만 놓고 보면 시장 중심 국가일수록 금융업의 부가가치 창출력이 높다고 말할 수도 있다.[4]

---

2 금융구조 판별점수는 세 가지 범주로 나누어 구한다. 첫째, 규모다. 은행은 신용량을, 시장은 주식시장의 시가총액을 사용한다. 둘째는 활동성activity이다. 은행은 예금은행의 신용공급량을 GDP로 나눈 비율을, 시장은 주식 거래액을 GDP로 나눈 비율을 활용한다. 셋째는 효율성efficiency이다. 은행은 총관리비용overhead cost을, 시장은 주식의 거래회전율(거래액/시가총액)을 사용한다. Levine, R, 2002, "Bank-based or Market-based Financial Systems : Which is Better?, University of Minnesota *Working Paper* No. 442

3 영국, 아일랜드, 스위스, 네덜란드, 벨기에, 덴마크, 독일, 프랑스, 스웨덴, 노르웨이, 핀란드의 11개국이다.

4 시장 중심 국가일수록 금융업의 부가가치가 높은 이유는 P55의 박스를 참조하라.

〈그림 2-5〉 금융구조와 금융업 비중간의 관계

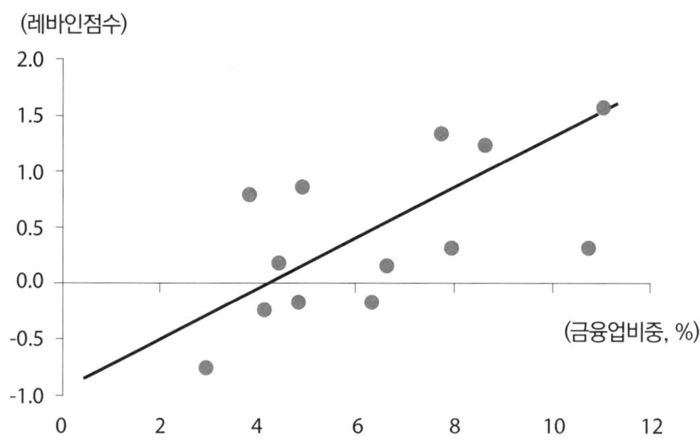

금융업은 무엇을 생산하는가?

농림수산업, 제조업, 광업에 종사하는 사람들이 무엇을 생산하는지는 명확하다. 곡물, 어류, 자동차, TV, 철강, 석탄 등 우리가 눈으로 확인할 수 있는 것들이어서 그렇다. 국민소득 통계는 이렇게 생산된 물건의 부가가치(최종가격에서 중간재를 뺀 것)로 측정한다. 그런데 직관적인 이해가 어려운 분야가 바로 서비스업이며 금융업도 그 중 하나다.

금융업은 도대체 무엇을 생산하는가?

국민소득 통계는 총산출output에서 중간투입을 뺀 부가가치로 측정한다. 금융업의 총산출은 두 가지로 구성되는데, 하나는 실제 서비스이고 다른 하나는 금융 중개 서비스financial intermediation services indirectly measured(FISIM)이다. 전자는 송금수수료, ATM 이용수수료, 주식중개수수료와 같이 고객에게 금융서비스를 제공하고 받는 돈으로 측정이 어렵지 않다. 그러나 예금을 받아서 대출을 해주는 금융 중개의 경우 총산출을 어떻게 측정할 것인지는 다소 애매하다. 국제적으로는 다음과 같은 식으로 FISIM을 측정한다.

FISIM = 수입이자(대출이자) – 지급이자(예금이자) – (대출 – 예금) × 기준이자율

대출이자에서 예금이자를 뺀 것은 예대금리차로서 금융회사의 순수입이다. 그런데 뒷부분, 즉 (대출 - 예금) × 기준이자율은 왜 차감하는 것일까? 대출과 예금의 차이는 예금으로 조달되지 않은, 다시 말해 자기자금(예: 자기자본)으로 대출한 것이어서 순수 금융 중개로 볼 수 없다. 따라서 그 부분만큼은 기준이자율을 적용해 빼 주어야 금융 중개로 인해 발생한 총산출을 구할 수 있다.

금융업의 총산출은 수수료 등 실제 서비스 + 금융 중개 서비스의 두 부분으로 나뉘는데 은행은 후자에, 증권회사 등 시장은 전자에 많이 기여한다. 앞서 시장이 우세한 나라에서 금융업의 부가가치 기여율이 높은 경향이 있다고 했는데 이는 전자가 후자에 비해 크다는 사실을 말해준다.

금융구조와 경제성장

금융구조를 비교할 때의 핵심 쟁점은 은행과 시장 가운데 과연 어느 쪽이 경제성장이나 발전에 더 많이 기여했느냐는 질문이다. 독일과 일본이 고도 성장세를 이어가던 60~70년대에는 두 나라의 화려한 성적표를 근거로 은행 중심 구조가 우월하다고 주장하는 사람들이 많았다. 하지만 일본이 '잃어버린 20년'이라는 암울한 시대에 접어들고 독일도 통일 이후 성장이 정체되자 이런 주장은 힘을 잃었다.[5]

대신 정교한 모델을 동원한 연구가 활발히 이루어졌다. 레바인에 따르면 어느 한편의 손을 들어주기 곤란하다는 것이 대체적인 결론이다. 금융구조에 따라 경제적 성과가 달라진다는 증거를 발견하긴 어렵다는 말이다. 그는 앞서 인용했던 금융구조 판별점수와 경제성장 간의 관계를 계량적으로 분석했는데 결과는 별 상관이 없는 것으로 나왔다. 이런 결론은 〈그림 2-6〉을 통해서도 알 수 있다. 이 그림은 가로축에 경제발전단계의 대용지표인 1인당GDP를, 세로축에 레바인이 계산한 금융구조 판별점수를 표시한 것인데 둘 사이에 의미 있는 패턴을 발견하기 어렵다. 상관계수도 0.29로 낮다.

이번에는 은행 중심이냐, 시장 중심이냐를 따지지 않고 전체적인 금융발전 수준을 나타내는 새로운 점수를 만들어 경제 성과와 비교해 보았다. 예컨대 은행 비중이 높더라도 시장이 보완기능을 훌륭히 수행하

5 Vitols에 따르면 1980년대까지는 은행 중심 금융시스템이 시장 중심 시스템보다 장기자금을 더 잘 공급해 성장에 기여했으나 90년대 들어 은행 중심 시스템이었던 일본과 독일은 여러 도전에 직면했다. 우선 70년대부터 시작된 자유화 물결이 90년대 들어 가속되었다. 또한 불황의 여파로 두 나라은행에 거액의 부실자산이 누적되었고 각국이 추진한 금융개혁이 은행 중심 시스템을 지탱하던 여러 제도를 약화시켰다. Vitols, S., 2001, "From Banks to Markets : The Political Economy of Financial Liberalization of the German and Japanese Financial System", mimeo

고 금융활동을 뒷받침하는 법률이나 감독체계가 잘 갖추어져 있는 나라에 높은 점수를 부여하는 식이다. 그랬더니 새롭게 구해진 점수는 경제성장과 통계적으로 의미 있는 관계를 갖는 것으로 나타났다.

〈그림 2-6〉 금융구조와 1인당 국민소득

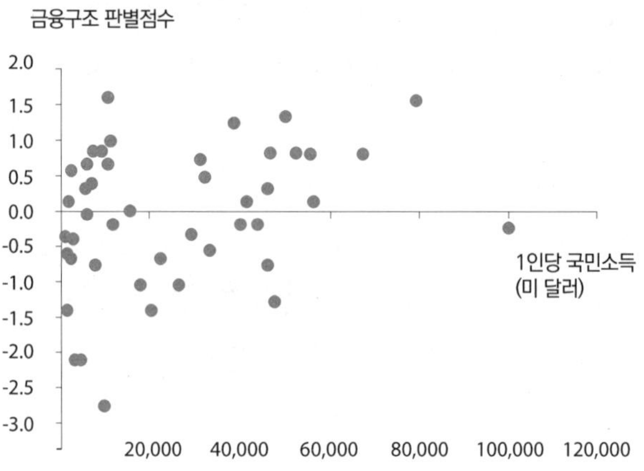

〈그림 2-7〉을 보면 새로 만들어진 점수와 1인당GDP의 관계가 훨씬 밀접해졌음을 확인할 수 있다. 산만하게 퍼져 있던 점들이 우측으로 올라가는 직선을 중심으로 밀집 대형을 이루고 있다. 상관계수도 0.68로 크게 높아졌다. 이 결론은 세계경제포럼WEF이 발표하는 금융발전지수와 1인당GDP 사이에 플러스의 관계가 있음을 설명한 〈1장〉의 내용과 다르지 않다.

〈그림 2-7〉 금융발전수준과 1인당 국민소득

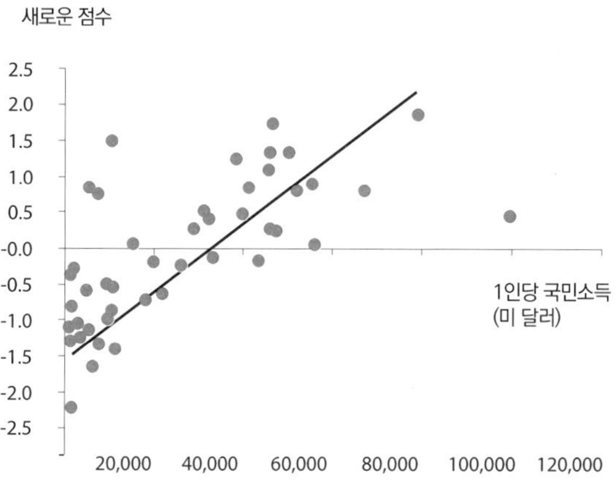

금융구조의 역사적 발전과정

이제 나라마다 금융구조가 다르게 형성된 역사적 배경을 알아보자.

은행과 시장 중 역사의 무대에 먼저 등장한 것은 은행이었다. 은행은 사람들의 의식 속에 금융과 동의어로 인식될 만큼 오랜 기간 압도적인 지위를 누렸다. 원시적 형태의 은행은 기원전 2,000년경 아시리아와 바빌로니아 지역에서 처음 나타났고 근대적 조직으로서의 형태를 갖춘 것은 르네상스기인 15세기 이탈리아의 메디치 가문에 의해서였다.[6]

금융시장이 처음 나타난 곳은 이탈리아였다.[7] 도시국가로 나뉘어 패

6 은행의 발전과정과 금융위기에 대한 설명은 차현진(2012)을 참고하라. 차현진, 2012, 「금융오디세이」, 인물과 사상사

7 Michie, R., 2008, *Global Securities Market : A History*, Oxford University Press

권을 다투던 12세기 이탈리아 반도에는 전쟁이 끊일 날이 없었고 각국 정부는 전비 마련에 골머리를 앓았다. 세금 수입만으로 전쟁경비를 댈 수 없게 되자 도시국가 정부는 채권을 발행해 부족한 재정을 메우려 했다. 정부채권은 일정액의 이자를 매년 지급하되 원금은 상환하지 않는 영구채perpetuity였는데 꽤 인기가 있었다. 돈을 떼일 염려가 크지 않았고 이자율도 비교적 높아서였다.

문제는 채권을 산 사람들이 중간에 목돈이 필요해질 때였다. 이런 난점을 해결하기 위해 양도 가능한 채권transferable securities이라는 개념이 고안되었다. 사람들은 필요할 때 채권을 사고팔아 이 문제를 해결했다. 초보적인 유통시장이 생겨난 것이다. 조직화된 중앙거래소가 생기기까지 더 많은 시간이 필요했지만 이탈리아의 작은 도시국가에서 시작된 채권시장은 다른 국가들로 퍼져나갔다.

영국

영국도 다른 유럽국가와 마찬가지로 은행의 힘이 컸던 나라였지만 몇 차례의 역사적 계기를 거친 후에 시장이 발전한 나라가 되었다.

첫째 계기는 영란은행Bank of England의 설립이다. 이탈리아 도시국가처럼 영국도 프랑스와의 잦은 전쟁에 들어가는 자금을 정부채권 발행으로 마련했다. 그런데 왕정시대이다 보니 왕이 빌린 돈을 갚지 않겠다고 일방적으로 선언해 버리는 일이 종종 벌어졌다. 이런 일이 반복되자 사람들은 정부채권을 믿지 않게 되었고 인기도 시들해졌다. 오렌지공 윌리엄으로 알려진 영국의 윌리엄 3세가 채권발행에 실패했던 것이 좋은 예다.

영국은 프랑스와의 9년 전쟁(1688~1697)을 치르던 중 비치헤드Beachy

Head 해전에서 충격적인 패배를 당했다. 윌리엄 3세는 복수를 위해 강력한 해군을 재건하려 했으나 그만한 돈이 없었다. 할 수 없이 연 10% 금리의 영구채 1백만 파운드를 발행하려 했는데 겨우 10% 정도만 소화되었다. 사람들이 왕실에서 발행하는 채권을 더 이상 믿지 않았던 탓이다. 이자율을 14%까지 올려도 살 사람이 나타나지 않자 영국 의회는 특단의 조치를 취하게 되는데, 수년 전 스코틀랜드 사업가 윌리엄 패터슨이 제안했던 영란은행 설립이 그것이다.

1694년 패터슨은 개인 주주한테 돈을 모아 영란은행을 설립한 후 8%의 이자만 받고(영국 왕실은 14%의 이자를 주려 했었다!) 1백만 파운드의 정부채를 사 주었다. 일종의 특혜였는데 영란은행은 그 대가로 은행권을 발행할 수 있는 권리를 얻어 부가수입을 올렸다. 왕실도 전쟁경비를 안정적으로, 싼 금리에 빌릴 수 있어서 좋았다. 영란은행이라는 '기관투자가'가 등장하면서 왕실은 채권을 안정적으로 발행할 수 있었다. 영란은행은 중앙은행의 효시로 여겨지지만 설립초기에는 증권을 인수underwriting하는 투자은행에 더 가까웠다. 지금의 골드만삭스나 모건스탠리의 원조라고도 할 수 있는 영란은행 덕분에 국채시장은 전환점을 맞을 수 있었다.

둘째는 주식회사joint-stock company제도다 스페인 무적함대의 격파로 해상강국이 된 영국의 상인들은 1600년에 아시아와의 독점적 무역권을 갖는 동인도회사를 설립했다. 여러 상인들이 참여하긴 했지만 항해 때마다 새롭게 돈을 모았고 상인들에게 나누어 준 주식의 양도나 거래도 거의 없었다. 주식회사 형태를 띠긴 했지만 영국 동인도회사의 지배구조는 초보적 수준이었고 거액의 자금조달을 가능케 하는 자본시장도 거의 발달하지 않았다.

네덜란드는 영국보다 2년 늦은 1602년에 동인도회사를 설립했지만 훨씬 빨리 근대적인 자본시장 체계를 일구어냈다. 회사 자본금을 모으기 위해 암스테르담, 로테르담 등 6개 도시의 상공회의소가 모두 참여한 현대적인 공모public offering를 실시했고, 같은 해에 세계 최초의 주식거래소인 암스테르담 주식거래소Amsterdam Stock Exchange를 만들어 동인도회사의 주식뿐 아니라 채권도 거래했다. 암스테르담 주식거래소가 옵션과 선물거래까지 중개했다는 기록도 남아 있다.[8]

영국은 뒤늦게 네덜란드를 벤치마킹했다. 영국 동인도회사는 1657년에 가서야 영구적인 주식회사로 전환했다. 하지만 주식 거래는 활발하지 않았다. 당시 상품 거래 위주였던 왕립거래소Royal Exchange에 주식매매 브로커는 입장할 수 없었는데 그 이유는 이들의 무례한 행동 때문이었다고 한다.[9] 하지만 동인도회사에서 시작한 주식회사 제도는 점점 다른 회사로까지 파급되었고 1802년 런던주식거래소가 문을 열면서 영국은 자본시장의 중심지로 부상한다.

셋째는 버블의 형성과 붕괴 과정에서 도입되었던 시장규제가 비교적 빠르게 철폐되었다는 사실을 꼽을 수 있다. 1720년의 남해버블South Sea Bubble 사건은 역사상 처음 주식시장에서 발생한 금융위기였다. 영국은 스페인과 왕위계승 전쟁을 치르느라 높은 금리로 국채를 많이 발행했는데 이자상환 부담이 만만치 않아 재정이 어려워졌다. 1711년에 설립된 남해주식회사는 투자자들이 보유한 국채를 자사의 주식과 맞교환하는 방식으로 정부의 부담을 줄여주는[10] 대신 남미에서

8 Allen, F. & D. Gale, 2001, *Comparing Financial Systems*, MIT Press

9 Wikipedia, London Stock Exchange

10 투자자들이 보유한 국채의 금리가 10%였다면 이를 인수한 후 금리를 5%로 낮추어 정부의 이자 부담을 절반으로 줄여주었다.

의 교역 독점권을 얻었다.

하지만 남미는 적국 스페인의 영향권 아래 있었던 터라 이렇다 할 이익을 내지 못한 채 10여 년이 흘렀다. 재정난에 봉착한 남해주식회사는 1720년 의회를 설득하여 대규모 국채-주식 맞교환 프로그램을 자사에 유리한 조건으로 관철시킨다. 국채를 주식의 액면가가 아닌 시가 기준으로 교환토록 한 것이다. 예를 들어 액면 1파운드인 주식의 가격이 2파운드로 올랐다면 1주의 주식을 가지고 액면 1파운드의 국채 2장으로 바꿀 수 있었다. 주가가 오르면 오를수록 같은 주식으로 더 많은 국채를 확보할 수 있어 회사가 이익을 볼 수 있었다.

이런 이유로 남해주식회사는 온갖 소문을 흘려 주가상승을 부추겼다. 잘 생각하면 국채를 가진 사람들에게 불리한 조건이었지만 주가상승 기대가 워낙 컸던 터라 교환프로그램은 성공리에 끝났다. 1년도 안 되어 남해주식회사의 주가는 10배나 폭등했지만 자신의 무게를 견디지 못해 폭락의 길로 들어선다.

버블이 한참이던 1720년 여름 제정된 버블 법Bubble Act은 주식회사를 설립하기 위해서는 왕실면허Royal Charter를 얻어야 한다고 규정했다. 주식회사의 설립요건을 아주 까다롭게 한 것이다. 그런데 이 법이 버블을 막으려는 영국정부의 혜안에서 나온 것이 아니라는 해석이 우세하다. 남해주식회사가 주가 급등으로 큰 이익을 거두자 너도나도 주식을 발행하려고 나섰다. 말도 안 되는 사업모델을 내세운 유령회사들이 넘쳐났고 시중의 돈이 그쪽으로 향하자 남해주식회사가 견제에 나선 결과라는 것이다.

동기야 어찌 되었든 버블 법으로 인해 시장은 한동안 침체를 겪다가 1824년 법의 폐지와 함께 부활의 기회를 맞는다. 비슷한 버블을 경험

했던 프랑스가 시장규제 조치를 1980년대 중반까지 유지해 시장발전을 가로막았던 것과는 비교된다.

이 밖에 영국 은행들의 대출 패턴도 시장발전에 일조했다. 단기예금을 받아 장기로 대출하는 현대의 은행들과는 달리 18~19세기 은행들은 돈을 길게 빌려주지 않았다. 만기불일치로 인한 리스크를 관리할 방법을 알지 못했던 탓이다. 은행에서 돈을 빌린 기업들은 1년에도 몇 차례나 만기를 연장해야 했고 때때로 은행이 변덕을 부려 만기연장을 거절하면 부도 위기에 내몰리곤 했다. 기업들은 좀 더 긴 만기로 안정적인 자금을 마련할 방법을 찾아 나섰는데 이것이 기업채권시장의 발전을 촉진한 원동력이 되었다.

미국

건국 초기 미국의 금융시스템은 유럽 국가들과 마찬가지로 은행 중심이었다. 하지만 미국에서도 시장의 급성장을 가져온 역사적 계기가 있었다.

첫째, 은행의 힘이 압도적이지 못하다보니 시장이 자랄 수 있는 공간이 생겨났다. 골수 연방주의자Federalist였던 초대 재무장관 알렉산더 해밀턴은 은행도 연방 제도의 틀 안에서 운영되어야 한다는 생각을 갖고 있었는데 제1미국은행, 제2미국은행이 전국 단위로 만들어진 것도 이런 그의 소신 때문이었다.

그러나 힘이 한 군데 집중되는 걸 싫어하는 반연방주의자들의 목소리도 만만치 않았다. 두 세력 간의 다툼은 1812년 제2미국은행의 면허 갱신이 좌절된 것을 기점으로 반연방주의의 우세로 돌아선다. 주정부가 은행면허 허가권을 사실상 독점하자 고만고만한 크기의 주 면허은행state-chartered bank만 크게 늘었다. 남북전쟁이 터져 대규모의 자금을 조달해야 했던 연방정부가 1863년과 64년에 전국은행법National Bank Act을 제정해 전국 단위 은행 설립을 허용했으나 이들 은행은 많은 규제를 받아야 했다. 은행이 금융시스템의 주된 플레이어였던 것은 사실이지만 다른 나라와는 달리 압도적인 우위에 서지 못했고 이는 시장이 클 수 있는 여지를 마련해 주었다.

둘째, 알렉산더 해밀턴이 주도한 금융개혁이 채권시장 성장의 씨앗이 되었다. 독립전쟁을 치르면서 누적된 국가부채를 처리해야 하는 문제는 건국초기 미국이 안고 있던 고민이었다. 조세권을 갖지 못했던 연방정부는 이미 발행된 국채의 이자를 또 다른 국채 발행으로 메워 나갔고 그러다보니 국채는 신용도가 낮은 '정크본드' 취급을 받는 지경에까지 이르렀다. 1790년 해밀턴은 연방정부와 주정부의 부채를 한데 모아 세 개의 표준화된 국채[11]로 재조정debt-restructuring하고 관세와 부가가치세를 거두어 이자를 지급하는 내용의 금융개혁을 추진했다. 당시 미국 GDP의 40%에 해당하는 7,700만 달러의 국채가 새로 발행되었는데 국채에 대한 신뢰가 회복되어 달러당 10~20센트 안팎의 낮은 가격에 거래되던 국채가 얼마 지나지 않아 액면 수준을 회복했다.

뉴욕, 보스턴, 필라델피아에 채권 전문거래소가 설립되어 시장 인프라도 갖추었다. 제1, 제2미국은행은 정부 20%, 민간 80%의 지분으로 설립되었는데 민간은 80% 가운데 60%를 국채로 납입할 수 있었다. 국채 수요를 늘리기 위한 조치였다. 은행은 주식을 발행해 필요한 돈을

11 국채 매입자에게 3%와 6%를 즉시 지급하는 채권과 10년 후부터 6%를 지급하는(일종의 제로쿠폰채) 채권의 3종류였다. Sylla, R., 1998, "U.S. Securities Markets and Banking System, 1790~1840", FRB St. Louis, *Review* May/June

장만했는데 발행주식을 시장에서 소화하는 데 별 어려움이 없었다. 그만큼 시장 기반이 튼튼해졌기 때문이다. 국채시장은 남북전쟁을 기점으로 물량이 크게 늘어나면서 한 단계 도약하는 계기를 맞는다.

셋째, 1811년 뉴욕 주에서 시행한 유한책임제limited liability가 주식시장의 발전을 이끌었다.[12] 당시 사회 분위기에서 주주에게 유한한 책임을 묻는다는 것은 말도 안 되는 생각이었다. 회사가 돈을 벌면 주주는 제한 없이 그 돈을 가져갈 수 있는데도 일이 잘못되었을 때는 출자한 돈만큼만 잃으면 그만이라는 발상은 공정성 측면에서 문제가 있었다. 그래서 당시 뉴욕보다 금융이 더 발달했던 매사추세츠는 이 아이디어를 받아들이지 않았지만 뉴욕은 과감히 수용했다. 무한책임에 대한 두려움 때문에 주식발행을 꺼리던 기업들이 뉴욕으로 몰려들면서 주식발행이 활기를 띠었고 뉴욕은 매사추세츠를 젖히고 미국 최대의 금융 중심지로 떠올랐다.

넷째, 1차 세계대전이 터지자 영국, 프랑스는 전장과 멀리 떨어진 미국에서 전비를 조달했다. 전쟁을 치르느라 금융시스템은 거의 마비상태였고 정부부채를 사줄 만한 투자자도 찾기 어려웠기 때문이다. 반면 미국은 발달된 시장이 있었고 빠른 경제성장 덕분에 여유자금도 풍부해서 국채를 소화하기에 최적의 장소였다. 외국정부의 국채 발행을 주선하고 거래하면서 미국의 금융시스템은 시장 위주의 방향으로 한 걸음 더 전진했다.

12 Shiller, R., 2011, "Technology and Invention in Finance", *Financial Markets*, Yale University Open Courses

독일

독일의 금융시스템이 은행 위주로 짜인 이유를 이해하려면 프랑스의 사정을 먼저 이해해야 한다. 영국에서 남해주식회사 버블 사건이 발생한 1720년에 프랑스에서는 미시시피 버블이라는 금융 스캔들이 터졌다. 태양왕 루이14세의 호화생활 탓에 프랑스 왕실의 채무는 감당할 수 없을 정도로 불어나 있었는데, 스코틀랜드의 사업가 존 로John Law가 이 문제를 해결할 수 있다고 나섰다. 그가 제안한 사업구조는 남해주식회사의 그것과 별반 차이가 없었다. 회사를 새로 설립해 주식을 발행하여 투자자를 모은 다음, 그 돈으로 국가채무를 인수해 왕실의 부담을 덜어준다, 그 대가로 신세계(이 경우는 프랑스 지배 하에 있던 미국의 루이지애나)에서 나오는 이권을 독점하고 화폐 발행 권리까지 얻어 부족한 재원을 메운다는 것이 사업의 기본골격이었다. 존 로가 설립한 회사의 주가는 과장된 소문 덕분에 천정부지로 뛰었으나 루이지애나에는 사실상 돈이 될 만한 자원이나 사업기회가 없었다.

그 사실이 밝혀지자 주가가 폭락해 금융위기가 일어났다. 치명적인 버블의 형성과 붕괴를 겪은 프랑스는 영국처럼 시장을 강하게 규제하기 시작했다. 그러나 영국이 100여 년 만에 규제를 풀어 시장이 재도약할 수 있는 길을 열었던 것과는 달리 미시시피 버블의 트라우마가 깊었던 프랑스는 오랫동안 규제를 유지했다. 프랑스의 시장 불신이 컸다는 것은 1842년 철도부설자금을 파리가 아닌 런던에서 채권을 발행해 조달했다는 사실에서도 확인할 수 있다. 프랑스는 250년이 지난 1980년대에 가서야 시장 자유화 조치를 내놓았는데 이런 차이가 영국과 프랑스의 금융시스템 구조를 다르게 만든 요인이 되었다.

금융에 관한 한 독일은 프랑스의 영향을 많이 받았다. 시장이란 사기꾼 같이 나쁜 것이라는 프랑스의 인식[13]이 독일 금융시스템에 고스란히 반영되었다. 독일에서 근대적 은행이 많이 설립된 것은 1800년대인데, 특히 독일통일 직전인 1830~1860년대에 프랑스의 은행가와 사업가들은 독일에 많은 도움을 주었다.[14] 정치적으로 앙숙이었던 두 나라가 금융 분야에서는 꽤 괜찮은 협력관계를 유지했던 것이다.

독일 정부는 적극적으로 시장을 만들거나 육성하는 정책을 쓰지 않았는데 그럴 만한 역사적 계기도 없었다. 다만 뒤늦게 산업화에 뛰어든 나라로서 기업의 왕성한 자금수요를 뒷받침해 줄 필요성이 컸기에 은행이 모든 업무를 할 수 있도록 허용하였다. 독일 특유의 유니버설 뱅킹은 여기서 시작되었다. 하지만 프랑스의 영향으로 주식시장에 대한 부정적 인식이 강했던 탓에 상당기간 주식회사 형태의 은행 설립은 허용하지 않았다.[15] 은행 주식이 초기 주식시장 거래의 대부분을 차지했던 미국과는 크게 대조된다.

중소기업이 강한 독일의 경제구조 역시 익명성 높고 자금조달 규모가 큰 시장보다는 기업과의 끈끈한 관계를 중시하는 은행의 발달을 가져온 요인이 되었다. 독일의 금융시스템을 보면 지역에 기반을 둔 중소기업을 지원하는 지방은행, 주립은행, 저축은행, 신협의 비중이 높은 편이다. 2012년 10월말 기준으로 이들 은행들의 총자산은 전체의 51%로서 대기업 지원을 위주로 하는 대형 상업은행의 비중 25%보다 두 배나 높다.

13 미시시피 버블 이후 프랑스에서는 은행을 가리키는 명칭으로 'bank' 대신 'credit'을 쓸 정도로 은행과 시장에 대한 불신이 깊었다.

14 1853년 설립된 담슈타트 상공은행(Bank of Commerce and Industry of Darmstadt)은 바로 전 해에 설립된 프랑스의 '*Crédit Mobilier*'를 벤치마킹한 것이다.

15 최초의 주식회사 형태 은행은 1848년 설립된 A. Schaaffhasusen'scher Verein이었다.

1800년대부터 유니버설 뱅킹을 도입해 은행이 시장업무를 할 수 있도록 허용했음에도 불구하고 독일에서 시장 발전이 지체되었던 이유는 시장에 대한 부정적 인식, 가족 중심의 중소기업 부흥, 주식회사 형태의 은행설립 제한 등 다양하다. 여기에 하나의 원인을 더 들자면 영향력 큰 대형은행들이 증권 업무를 소홀히 했다는 사실이다.[16]

하나의 조직이 A와 B라는 이질적 업무를 함께 할 수 있다면 상대적으로 익숙하고 수익성 높은 업무에 치중하게 마련이다. 전통적 은행업무는 비교적 단순한 데다 신용을 쉽게 만들어낼 수 있는 장점이 있지만 시장 업무는 그렇지 않다. 은행업만 잘 해도 충분히 은행을 번영시킬 수 있는데 구태여 위험이 뒤따르는 시장업무를 할 유인이 경영자들에겐 없었다. 만약 독일에도 영국이나 미국처럼 시장업무만 전문으로 하는 금융회사(예컨대 증권회사)가 따로 있었다면 그 회사는 독자생존을 위해 노력했을 것이고 결과적으로 시장 발전을 가져왔을 것이다. 미국이 글래스-스티걸 법으로 은행업과 증권업을 분리시켰지만 오히려 세계에서 가장 선진화된 시장을 갖게 되었다는 사실은 유니버설 뱅킹의 역설이라고도 할 만하다.

초기에는 은행이 지배적, 시간이 갈수록 시장의 비중 상승

영국이나 미국에서도 처음부터 시장이 메인 플레이어였던 건 아니다. 이 나라들도 상당기간 은행이 주도적인 역할을 했다. 은행 중심 현상은 1960년대 이후 경제개발을 추진한 개발도상국, 1980년대 말 공

16 독일의 대형은행들은 명목상 유니버설 은행이었지만 사실은 거대한 상업은행이었다. 그만큼 상업은행의 취급비중이 높았고 대부분의 최고경영자는 은행대출 전문가였다.

산주의의 몰락과 함께 시장경제로 편입된 체제전환국에서도 공통으로 발견된다.

부트와 타코르Boot & Thakor는 경제발전 초기단계에 있는 나라들이 은행 위주의 금융시스템을 갖고 있다가 시간이 지나면서 점차 시장이 중요해지는 이유를 설명했다.[17] 후진국 기업이 안고 있는 가장 큰 문제는 도덕적 해이다. 돈을 빌린 후 위험한 행동을 하고 설사 돈을 갚지 못하더라도 손해 볼 게 없다는 생각이 만연해 있다는 것이다. 이런 상태에서는 설령 시장에서 돈을 빌릴 수 있다 하더라도 그 비용은 높을 수밖에 없다moral hazard premium. 또한 도덕적 해이가 만연한 기업의 정보는 질이 낮아서 시장에서 이용할 만한 가치도 크지 않다.

한 마디로 도덕적 해이의 가능성이 시장발전을 가로막는 장애요인이 된다는 말이다. 그런데 은행은 도덕적 해이 문제를 해결하는 데 장점이 있기 때문에 초기에는 은행 위주로 금융시스템이 짜인다. 그러다 시간이 지나 기업들의 신용평판이 좋아지고 은행의 노력 덕분에 도덕적 해이 위험도 줄어들면 시장에서의 자금조달 비용이 낮아지고 시장 정보의 질도 개선된다. 시장이 커질 수 있는 공간이 생기는 것이다.[18]

은행 중심 금융시스템을 갖고 있는 선진국에서 조차 시장의 역할은

17 Boot, A. & A. Thakor, 1997, "Financial System Architecture", *The Review of Financial Studies*, Vol. 10, No. 3

18 Allen과 Gale은 또 다른 통찰을 제공한다. 그에 따르면 생산함수에 대한 합의가 이루어지지 않아 다양한 의견(diversity of opinion)이 존재하면 자본시장이 우월하고 합의가 이루어진 상태라면 은행이 우월하다. 생산함수에 대해 의견이 갈라지는 이유는 새로운 산업이나 기술이 탄생하기 때문이다. 아무도 그 산업이나 기술의 진면목을 모르기에 서로 다른 의견을 내는 것이다. 19세기 영국과 미국에서는 새로운 산업과 기술이 봇물처럼 등장했기 때문에 자본시장이 발달하였다. 하지만 우리나라를 비롯한 개발도상국과 동구권 국가들은 잘 알려진 기술을 이용해 생산을 했다. 생산함수에 이견이 없는 상황이었으므로 은행 중심으로 금융시스템이 구성되었다. Allen, F. & D. Gale, 1999, "Diversity of Opinion and Financing of New Technology", *Journal of Financial Intermediation*, 8, pp68-89

점점 커지고 있다. 독일의 예를 보자. 〈그림 2-8〉은 은행대출을 100이라고 했을 때 채권발행이 얼마나 되는지 나타낸 것인데 1950년말 이 비율은 5.2%밖에 되지 않았다. 기업들이 은행에서 100원을 대출받았다면, 채권을 발행해 마련한 돈은 5원밖에 되지 않았다는 뜻이다. 하지만 이 비율은 계속 높아져 2012년 말에는 83%까지 올라간다. 이제 독일 기업들이 은행과 채권시장에서 조달하는 돈의 양에는 큰 차이가 없다. 미국이나 영국과 비교하면 시장의 역할이 미미한 것처럼 보일 수 있지만 시계열상으로 보면 시장의 발전상이 뚜렷이 드러난다.

〈그림 2-8〉 독일의 채권발행 잔액/은행대출 비중(%)

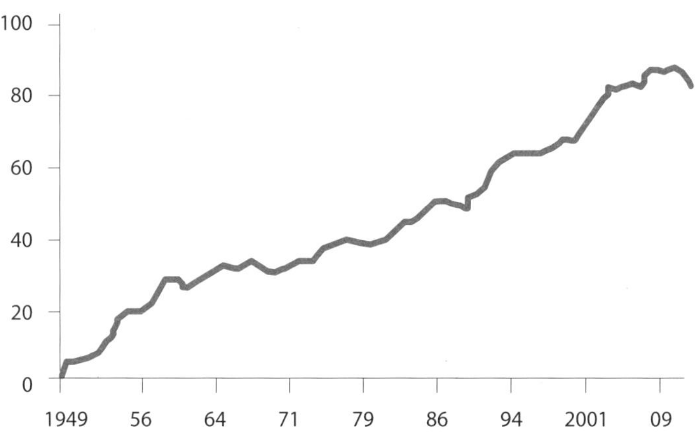

이렇게 선진국에서조차 시장의 역할이 커지고 있는 이유는 두 가지로 요약할 수 있다.

첫째는 범세계적인 금융자유화 추세다. 금융의 역할이 단지 기업을 도와주는 데만 있는 게 아니라 스스로의 동력에 의해 높은 부가가치를 만들어낸다는 사실이 미국 사례로 입증되자 각국 정부는 금융을 옥죄고 있던 규제를 풀기 시작했다. 은행은 공공의 이익을 우선해야 한다는 논리가 강해 여전히 정부의 간섭을 받았지만 시장은 규제에서 먼저 벗어날 수 있었다. 프랑스는 1980년대 중반에, 독일은 1990년대에 폭넓은 금융자유화 조치를 단행하여 '은행에서 시장으로의 전환'에 시동을 걸었다.

둘째, 주류 경제이론과 재무이론이 시장의 우월성을 지지했다. 대표적인 예가 효율적 시장가설이다. 〈4장〉에서 자세히 살펴보겠지만 이 가설은 "시장은 옳다."는 말로 요약할 수 있다. 옳다고 여겨지는 시스템을 키우려는 정부의 노력은 당연한 것이라 할 수 있다.

2 은행 vs 시장, 장단점 비교

앞에서 금융의 역할은 '남음'과 '모자람'의 만남을 방해하는 걸림돌이나 훼방꾼 또는 마찰을 없애는 것이라고 지적한 바 있다. 그렇다면 은행과 시장은 이런 걸림돌을 제거하는 데 얼마나 효과적일까? 은행과 시장이 걸림돌을 치우는 방법은 어떻게 다를까? 돈을 빌리려는 사람에 대한 정보를 확실히 알 수 없는 정보의 비대칭성, 보통사람들이 갖고 있는 리스크 회피성향, 높은 거래비용, 빌려주려는 사람과 빌리려는 사람이 생각하는 돈의 규모가 일치하지 않는 문제 등 네 가지의 장애를 은행과 시장이 어떻게 극복해 나가는지 하나씩 알아보자.[19]

정보의 비대칭성

돈을 빌려주기 전에는 그 사람이 믿을 만한지 판단하고, 빌려준 후에

19 '남음'과 '모자람'을 연결해 주는 첫 번째 역할은 은행이든 시장이든 금융시스템과 금융회사가 등장하면 자연스럽게 해소되는 것이어서 여기서는 제외했다.

는 돈을 제대로 쓰고 있는지 감시하는 일을 은행과 시장은 어떻게 할까?

먼저 돈을 빌려주기 전의 상황을 보자. 은행은 누군가 대출을 신청하면 승인 여부를 검토한다. 이를 대출심사라고 한다. 신청자가 신용불량자는 아닌지, 어떤 목적으로 빌리려 하는지, 소득이나 사업전망에 비추어볼 때 돈을 갚을 능력은 충분한지 등등을 면밀히 조사하고 분석해서 돈을 빌려줄 것인지 결정한다. 이 과정에서 대출을 신청한 사람에 대한 자세한 정보가 만들어진다. 은행이 얼마나 철저하고 정확하게 대출심사를 하느냐는 은행의 성패를 좌우할 정도로 중요하다. 부실채권 때문에 은행이 존폐의 기로에 서는 것도 다 대출심사 기능에 이상이 생긴 탓이다. 일단 대출이 결정되면 신청자에 대한 정보는 금리 수준으로 드러난다. 대출금리가 높을수록 신청자의 위험도가 크다는 것을 반증한다.

시장은 어떨까? 기업이 시장에서 돈을 빌리는 방법에는 크게 기업공개Initial Public Offering, IPO, 유상증자, 채권 발행이 있다. 기업이 발행한 증권을 투자자가 직접 사는 형식이기 때문에 증권이 부도나더라도 브로커 역할만 하는 증권사의 책임은 없다. 하지만 이렇게 되면 정보부족이라는 걸림돌은 그대로 남는다.

이 문제를 해결하려면 증권사나 신용평가사가 시장에서 돈을 마련하려는 기업에 관한 정보를 투자자에게 알려줘야 한다. 때로는 증권사가 발행 증권의 상당부분을 인수해서 위험을 분담하기도 한다. 시장에서 자금을 조달하는 기업의 정보는 주가나 금리 등 가격으로 드러난다. 예컨대 기업을 공개할 때 초기 주가가 어떻게 움직이는지, 회사채를 발행할 때 금리가 어떻게 형성되는지를 보면 그 기업의 신용상태를 미루어 짐작할 수 있다.

그렇다면 은행과 시장 가운데 어느 쪽이 나쁜 차입자를 걸러내는 데 우월할까? 두 가지 이유 때문에 은행이 더 잘한다고 알려져 있다.

첫째, 은행은 고객과 오랫동안 거래관계를 유지한다. 한 번 거래은행을 정하면 잘 바꾸지 않는 건 기업이나 일반인이나 마찬가지다. 그러다보니 은행은 고객에 관해 많은 정보를 축적할 수 있다. 밀접한 인간관계를 맺어 숫자로는 알아낼 수 없는 값진 정보도 얻는다. 이것을 관계금융relationship banking이라고 하는데 기업마다 거래은행이 정해져 있는 주거래은행제도가 그 예다.

둘째, 은행은 고객의 결제계좌를 통해서도 정보를 얻을 수 있다. 모든 거래는 은행에서 결제되기 때문인데 결제계좌에서 이루어지는 현금 흐름을 보면 고객의 재무상황이나 영업내용을 짐작할 수 있다.

그렇다고 시장이 일방적으로 열세에 있는 건 아니다. 은행이 돈을 빌리려는 사람의 정보 생산에 장점을 갖고 있는 건 사실이지만, 이런 정보가 외부에 노출되는 면에서는 시장이 우월할 수도 있다. 예컨대 어떤 기업이 은행에서 대출을 신청했는데 거절당했다고 하자. 담당직원이라면 모를까 이런 정보를 밖에서 알기는 어렵다. 하지만 어떤 기업이 채권을 발행하려 했는데 실패했다던가, 100원을 빌리려 했는데 40원밖에 조달하지 못했다던가, 원하는 금액을 빌리기는 빌렸는데 금리가 아주 높았다던가 하는 정보는 쉽게 알 수 있다. 해당기업의 신용도가 별로 좋지 않다는 사실이 많은 투자자들에게 빠르게 알려진다. 정보생산 면에서는 은행이 강점을 가지고 있지만 그 정보가 확산되고 유통되는 면에서는 시장이 더 낫다고 할 수 있다.

돈을 빌려간 이후의 상황은 어떤지 살펴보자. 도덕적 해이를 막기 위해 은행과 시장은 차입자들을 어떻게 감시할까?

은행은 돈을 빌려간 기업의 주주로 참여하기도 한다. 가장 직접적이고 효과적인 방법이지만 널리 쓰이지는 않는다. 90년대까지만 하더라도 독일계 은행들은 주주 자격으로 돈을 빌려간 기업들이 경영을 제대로 하고 있는지 감시했다. 하지만 은행이 주주로서 배당금을 받는 동시에 채권자로서 이자를 받는 상황에서는 이해상충conflict of interest문제가 발생할 수 있다.

예컨대 기업이 위험성은 높지만 고수익을 바라볼 수 있는 사업을 하겠다며 대출을 신청했다고 하자. 은행은 그 기업의 주주로서 사업의 성공이 가져다줄 높은 배당금이 탐나 이를 승인해야 할까, 아니면 일이 잘못될 경우 빌려준 돈을 떼일 위험이 두려워 거부해야 할까? 이건 딜레마다. 그래서 이런 방식을 쓰는 나라는 거의 없고 오히려 은행의 기업 주식 보유를 제한하는 사례가 더 많다. 우리나라에서도 은행이 특정기업 발행 주식의 15% 이상을 보유할 수 없도록 규제하고 있다.

은행의 주된 감시도구는 관계금융이다. 은행은 기업과 친밀한 관계를 맺고 있어서 경영활동을 관찰하고 조언하며 감시할 수 있는 최적의 위치에 있다[20]. 대출 계약을 맺을 때 첨부하는 재무약정 또는 특별약정covenant도 기업 감시의 좋은 도구가 된다. 재무약정은 기업의 위험한 행위를 원천 봉쇄할 목적으로 체결된다.

예를 들어 부채비율 등 재무비율을 일정 수준으로 유지하도록 의무화하거나 대출기간 중에는 다른 기업을 인수하지 못하도록 제한하기도 한다. 기업 입장에서는 성가신 일이지만 엄격한 재무약정을 맺은

20 관계금융도 효과를 거두지 못할 위험이 있다. 예를 들어 은행이 지배자적 위치를 악용해 자신의 이익만을 추구하면 기업은 손해를 볼 수 있다. 또 은행은 오랜 거래 관계를 고려해 기업이 부실화되어도 이를 부도처리하는 데 소극적일 수도 있다.

기업들에게는 그에 따른 보상으로 낮은 금리가 적용되기 때문에 꼭 손해는 아니라는 견해도 있다.

시장은 기업을 어떻게 감시할까?

은행이 직접적인 방식을 쓴다면 시장은 간접적인 방식으로 감시한다. 주가나 금리가 좋은 예다. 경영에 문제가 있는 기업의 주가는 하락하고 금리는 올라가게 마련인데 이것이야말로 시장이 해당기업에게 보내는 강력한 경고 메시지다.[21] 경고장을 받은 기업은 행동을 고칠 필요를 느끼고 실제 그렇게 행동한다. 은행처럼 기업경영에 간섭하는 것이 아니라 시장의 힘으로 감시하는 것이다. 적대적 인수합병 가능성도 효과 높은 감시수단이다. 경영이 부실해지면 시장의 힘에 의해 경영권이 넘어갈 수도 있어 경영자들은 늘 조심한다.[22]

시장은 주로 간접적으로 기업을 감시하지만 때로는 직접적인 방법을 쓰기도 한다. 투자 과정에서 사들인 주식을 토대로 주주권을 행사하는 것이다. 국민연금의 의결권 행사를 둘러싼 논란을 예로 들 수 있다. 국민연금은 주식을 많이 사들여 지금은 삼성전자나 포스코와 같은 우량대기업의 1대 주주로 올라섰다. 국민연금은 대주주로서의 지위를 활용해 적극적으로 의결권을 행사하겠다는 방침을 밝혔지만 기업들이 반발하고 있어 성사 여부는 불투명하다. 시장이 직접적 방법을 동원해 기업을 감시하려는 시도는 생각만큼 쉽지 않다.

---

21 주식시장의 유동성이 풍부하면 오히려 감시 기능이 약화된다는 비판도 있다. 투자자들은 아무때나 주식을 처분할 수 있으므로 장기로 보유하면서 경영에 관여하기 보다는 근시안적인 투자를 할 개연성이 크다는 것이다.

22 하지만 적대적 인수합병도 한계는 있다. 기업 내부인과 외부인간의 정보비대칭성(인수하려는 자가 해당 기업에 대해 충분한 정보를 갖고 있지 못함)이 존재하거나 주주와 경영자간 유착관계가 형성되면 적대적 인수합병이 쉽지 않다. 또 인수합병 대상임이 알려지면 해당주식의 주가가 올라 인수자체가 어려워질 수도 있다.

기업을 감시하는 데 있어 은행과 시장의 가장 큰 차이점은 직접적이냐, 간접적이냐의 여부다. 언뜻 보기에 기업의 행동을 직접 들여다보는 은행이 더 효과적일 것 같지만 꼭 그렇지만은 않다. 은행과 특정기업이 너무 가까워지면 '유착'의 가능성이 커질 수 있어서다. 시장의 간접방식은 효과가 크지 않을 것 같지만 수많은 사람들의 판단이 모아진 집단지능의 산물이라는 장점이 있다. 결국 둘 중 어느 쪽이 우월한가는 쉽게 판별할 수 없는 문제인 것 같다.

리스크 회피성향

평균적인 사람들은 리스크를 싫어하기 때문에 '남음'과 '모자람'의 만남을 위해서는 금융이 리스크를 줄여 주어야 한다. 은행과 시장은 이 일을 어떻게 할까? 돈을 빌린 사람을 감시하는 방법이 달랐던 것처럼 리스크를 줄이는 방식에도 큰 차이가 있다.

은행은 돈을 빌려가는 사람이 돈을 못 갚을 리스크를 아예 자신이 떠안는다. 돈이 남는 S씨와 부족한 D씨를 다시 불러내 이 문제를 생각해 보자. S씨가 D씨에게 직접 돈을 빌려주면 D씨가 약속을 안 지킬 리스크는 온전히 S씨의 몫이다(사채를 생각하라). 하지만 은행이 개입하면 이야기가 달라진다. 은행은 S씨를 대신해 D씨에게 대출을 해 주었기 때문에 D씨와 관련된 리스크를 안는다. 은행에 돈을 맡긴 S씨가 걱정해야 할 리스크는 은행이 망할 가능성뿐이다. D씨가 망할 가능성에 비해 은행이 도산할 리스크는 아주 작다. 따라서 은행과 상대하면 되는 S씨의 걱정은 크게 줄어든다.

시장이 리스크를 줄이는 방법은 은행과 차이가 있다. D씨가 발행한 증권을 S씨가 살 때 시장은 그저 중개인 역할만 한다. S씨는 D씨가 망할 리스크를 그대로 안고 가는 것이다. 별로 개선된 것이 없다. 동양그룹이 발행한 회사채를 산 투자자들이 큰 피해를 입은 사례를 봐도 알 수 있다. 그러면 시장은 리스크 문제를 어떻게 해결할까?

답은 포트폴리오 다변화portfolio diversification에 있다. "계란을 한 바구니에 담지 말라."는 금언은 '몰빵 투자'의 위험성을 경고한 것이다. 전 재산을 한 종목에 투자하면 큰 위험에 노출된다. 주식이든 채권이든 펀드든 여러 종목에 분산해서 투자를 해야 리스크가 줄어든다. 하지만 이런 논리가 성립하려면 투자종목이 서로 연관되어 있지 않아야 한다는 전제조건이 필요하다.[23]

예컨대 당신이 주력기업인 A사의 주식 한 주와 관계사 10개사의 주식 한 주씩 모두 열한 주를 샀다고 하자. 겉으로 보기엔 분산투자가 잘된 것 같지만 실은 리스크 분산이 이루어지지 않았다. 주력사가 어려워지면 다른 관계사들도 동시에 곤란한 지경에 빠지기 때문이다. 열한 개의 다른 회사 주식을 샀지만 사실은 하나의 금융상품에 투자한 것과 마찬가지다.

시장은 은행처럼 S씨가 져야 할 리스크를 직접 떠안지는 않지만 가격이 독립적으로 움직이는 다양한 금융상품을 공급하여 리스크를 줄여 준다. 시장이 제공하는 금융상품의 종류는 은행에 비해 훨씬 다양하다.[24] S씨는 시장에 나와 있는 여러 금융상품에 골고루 투자함으로

23 자산 X의 수익률을 x, Y의 수익률은 y라 하면 두 자산이 연관이 없다(또는 독립적이다)는 것은 두 수익률의 공분산 $cov(x, y) = 0$이라는 의미가 된다.

24 주식과 채권의 종류는 은행의 예금 종류보다 훨씬 많다. 투자자들이 은행예금으로 포트폴리오를 구성할 수는 있지만(다시 말해 은행의 경우에도 자산다변화가 있을 수 있지만), 대개는 주식이나 채권과 연계되어 있는 경우가 많다(예 : ELS). 은행예금만으로 포트폴리오를 구성하는 경우는 흔하지 않다.

써 리스크를 줄일 수 있다. 소액 투자자가 수많은 금융상품에 모두 투자하기란 현실적으로 불가능하기 때문에 펀드라는 상품도 개발되었다. 펀드는 여러 사람으로부터 모은 돈으로 금융상품에 분산투자를 할 수 있어 리스크를 줄이는 효과가 크다.

이처럼 은행은 S씨가 져야 할 리스크를 대신 부담하는 방법으로, 시장은 S씨에게 다양한 투자수단을 제공하는 방법으로 리스크를 낮춘다.

거래비용

우리는 금융거래를 할 때마다 비용을 지급하는데, 은행과 시장의 거래 형태는 다르지만 대가로 징수하는 거래비용의 개념은 유사하다.

우선 은행을 보자. ATM에서 돈을 찾거나 자금을 이체할 때, 외환을 바꿀 때 수수료를 낸다. 거액 자산가들이 은행의 프라이빗 뱅킹private banking을 이용하면 재산을 운용해준 대가로 수수료를 지불한다. 이처럼 눈에 쉽게 띄는 것 말고 숨겨진 수수료가 있는데 바로 예금 금리와 대출 금리의 차이가 그것이다.

은행에 예금을 하면 수수료를 내기는커녕 이자를 받는데 그게 웬 말이냐고 반문할 수도 있다. 하지만 꼭 그런 건 아니다. 예를 들어 예금금리가 3%고 대출금리가 5%라고 하자. 이 말은 내가 돈이 필요한 사람을 직접 찾아내서 빌려주면 5%를 받을 수 있는데 그렇게 하기에는 위험이 따르니까 은행에 위임하는 대신 3%의 이자만 받겠다는 뜻이다. 결국 예대금리차 2%포인트는 은행이 나 대신 정보비대칭성을 해소하고 리스크를 줄여주는 노력에 대한 보상, 즉 거래비용인 셈이다. 은행고객이 지급하는 전체 거래비용은 각종 수수료에 예대금리차를 더한 것이며 이는 국민계정에서 계산하는 금융업의 부가가치와 일치한다.

시장도 비슷하다. 일반인들이 주식을 사고팔 때, 펀드에 가입할 때 수수료를 낸다. 기업도 주식이나 채권 발행을 도와주는 대가로 증권사에 수수료를 낸다. 이런저런 명목의 수수료가 많다.[25] 은행의 예대금리차가 숨겨진 거래비용인 것과 마찬가지로 증권사가 시장조성market-making을 하면서 얻는 차익spread도 거래비용의 일종이라고 할 수 있다.[26]

규모 불일치

이 문제는 은행과 시장 가운데 어느 쪽이 경제 곳곳에 산재되어 있는 잉여자금(저축)을 효과적으로 이끌어낼 수 있을까 하는 질문으로 바꾸어 생각할 수 있다.[27]

은행의 저축동원 능력은 뛰어나다. 폭넓게 분포되어 있는 지점망을 이용해 많은 사람과 접촉하면서 저축을 끌어낸다. 또한 적은 돈으로도 저축할 수 있도록 적금과 같은 적립식 상품을 제공한다. 은행은 그 수가 많지 않은 데다 정부의 규제를 받고 있어서 저축을 늘리려는 정부

25 "The hidden cost of investing", *Financial Times*, 2013. 7. 12

26 시장조성이란 증권사가 시장이 잘 돌아가도록 유동성을 공급하는 행위를 말한다. 주식시장을 예로 들어 보자. A가 X사의 주식을 팔려 하는데 사고자 하는 사람이 없다면 거래가 성립되지 않는다. 이때 증권사는 A로부터 X사의 주식을 사서 일단 유동성을 A에게 공급하고 이를 가지고 있다가 적당한 매입자가 나타나면 파는데 이것을 시장조성이라고 한다. 한편 증권사는 X사의 주식을 사고파는 과정에서 일정한 차익을 얻는다. 예를 들어 주당 100원에 사서 101원에 팔아 1원의 차익을 남기는 것이다(실제는 매입가bid price와 매도가 ask price를 같이 공시한다). A의 입장에서 증권사를 거치지 않고 직접 팔았다면 101원을 받을 수 있었지만 먼저 유동성을 얻는 보상으로 1원을 증권사에 지급한 셈이다. 개념상 은행의 예대금리차와 동일하다.

27 어떤 규모의 자금이라도 풀링한 후 배분하는 문제는 정보의 비대칭성, 리스크 회피 등에서 이미 다루었기 때문이다.

의 의지를 관철시키기에 편리한 수단이 된다. 경제개발 초기에 부족한 국내 저축을 늘리기 위해 정부가 은행을 활용한 사례는 어느 나라에서나 쉽게 찾아볼 수 있다.

시장은 저축 동원이라는 목적과는 다소 거리가 있다. 이미 발행된 주식을 사고팔기 위해 시장으로 유입되는 돈이 생산성 높은 저축자금인지는 확실치 않다. 새롭게 발행되는 주식이나 채권의 매입자금은 일반 투자자나 저축자가 아니라 은행, 증권사와 같은 기관투자가에서도 많이 나온다. 주식이나 채권을 편입자산으로 하는 펀드가 발행되어 간접적으로 저축을 동원하는 역할을 하고는 있지만 수익률이 들쭉날쭉한 데다 원금 손실 위험도 있어서 아직은 은행예금을 대체할 정도는 아니다.

시장의 저축 동원력이 크지 않다고 해서 문제가 심각한 건 아니다. 지금은 전 세계적으로 '저축과잉saving glut'이 걱정되는 상황이다. 저축된 돈이 투자로 연결되어야 하는데 그렇지 못한 것이 성장정체의 원인으로 지목되고 있기도 하다. 우리나라도 예외는 아니어서 저축을 해야 한다는 당위성이 많이 퇴색했다. 1964년부터 범국가적 차원으로 치러져 온 '저축의 날' 행사가 지금은 초라한 기념식 정도로 전락한 사실만 보아도 알 수 있다.

3 은행 vs 시장, 보완적 관계

지금까지 은행과 시장을 여러 각도에서 비교해 보았는데 한 나라의 금융시스템이 은행 중심이냐, 시장 중심이냐의 여부와 경제적 성과 사이에는 뚜렷한 관련성이 없다는 것이 중론이다. 또한 '남음'과 '모자람'의 만남을 방해하는 걸림돌을 누가 더 효과적으로 치울 수 있는지 비교해 보아도 딱히 어느 쪽이 우월하다고 말하긴 어렵다.

은행과 시장을 대결구도로 놓고 비교하는 것은 이들이 경쟁관계에 있음을 전제로 한다. 하지만 은행과 시장은 상호 공존하면서 서로를 도와 금융시스템 전체의 발전을 이루어 나간다고 보는 시각도 있다. 소위 통합론 또는 금융견해financial view라고 하는 것인데 그 내용을 간략히 소개하기로 한다.[28]

이 견해의 결론은 은행과 시장이 금융증권화securitization를 고리로 연결되어 상호 진화해 나간다는 것이다. 이 말을 이해하려면 증권화가

28 Song, F. & A. Thakor, 2010, "Financial System Architecture and the Co-evolution of Banks and Capital Markets", *The Economic Journal*, Vol.120, Issue 547

무엇인지 알아야 하다. 증권화는 1970년대부터 일반화된 금융기법인데, 사실상 현대금융에서 중심적 위치를 차지할 정도로 중요하다. 2008년의 글로벌 금융위기도 따지고 보면 변형된 증권화 때문에 벌어진 사태라는 데 별다른 이견이 없다. 이 문제는 〈9~10장〉에서 상세히 다루게 될 것이므로 여기서는 개략적인 내용만 알아보기로 하자.

증권화란 말 그대로 뭔가를 '증권security으로 만든다~zation'는 뜻이다. 원재료는 다양하다. 은행의 대출, 신용카드사의 카드론, 캐피털사의 오토론, 회사채 등등 이자를 받을 수 있는 것이라면 뭐든 재료로 쓸 수 있지만 여기서는 은행 대출로 범위를 한정해 보자. 은행이 기업에 대출을 해주면 보통 만기가 돌아올 때까지 대출채권을 보유한다.

예컨대 A은행이 B기업에게 2년 만기로 1억 원을 대출해 줬다면 A은행 입장에서 1억 원은 2년 동안 묶여 있는 돈이다. 별안간 은행에 돈이 떨어졌다고 해서 만기가 되지도 않았는데 돈을 갚으라고 할 수는 없는 노릇이다. 그래서 이런 생각을 하게 되었다. 대출채권을 팔면 어떨까? 그러면 1억 원이 생기니까 이걸 다른 기업에 대출해 주면 수익이 더 날 것 아닌가? 혁신적인 발상임에 틀림없다. 그런데 해결해야 할 문제가 있었다. 대출을 팔려고 하는데 딱 그 스펙(금액이나 만기)을 원하는 사람을 찾기 어렵다는 것이다.

'남음'과 '모자람'의 만남을 방해하는 마찰요인의 하나인 '규모 불일치' 문제를 해결하기 위한 방법으로 풀링pooling이 있었다. 이 원리가 여기에도 적용된다. B기업뿐 아니라 C, D, E, F…. 등 수많은 기업에 대출해 준 걸 하나로 모은 후 사람들이 원하는 만큼 쪼개서 판다. 여기서 증권이 등장한다. 쪼개 팔기 위해 가장 편리한 수단이 증권이어서 그렇다. 대출은 은행이 하고, 증권은 시장에서 팔리는 것이니 대출이 증권으로 변용되었다는 것은 은행과 시장이 한 몸통으로 엮이게 되었음을 의미한다. 증권화를 매개로 은행과 시장이 통합된 것이다. 이전까지 경쟁관계에 있던 은행과 시장이 이제는 운명공동체가 된 셈이다.

그러면 증권화가 어떻게 은행에도, 시장에도, 궁극적으로 금융시스템과 경제 전체에도 도움이 된다는 걸까?

통합견해의 논리는 이렇다. 은행과 시장은 나름대로 주특기가 있다. 은행은 정보의 비대칭성을 극복하는 심사기능에 뛰어나고 시장은 조달비용을 줄이는 데 장기가 있다. 심사기능이 뛰어난 은행은 재무상태가 우량하고 앞날이 밝은 기업들만 골라내 대출을 해준다. 그런 다음 대출을 모아 하나의 풀을 만든 후 증권으로 쪼개어 시장으로 넘긴다. 그러면 조달비용을 줄이는 데 선수인 시장은 가장 유리한 조건으로 증권을 팔아준다.

이런 과정은 바람직한 두 가지 결과를 낳는다. 우량한 대출을 기반으로 증권을 발행했으니 그 증권이 부도날 확률은 극히 낮다. 시장이 건전해지는 것이다. 은행은 시장이 유리한 조건으로 증권을 팔아줬으니 그 과실을 우량한 대출자들에게 돌려준다. 대출 금리를 낮출 수 있게 된 것이다. 그야말로 누이 좋고 매부 좋은 일이다. 기업들은 금리를 적게 부담하니 즐겁고, 시장에는 우량한 증권들만 돌아다니니 신뢰가 높아진다. 은행과 시장은 환상의 팀을 이루어 서로에게 도움을 주며 발전한다.

〈그림 2-9〉 은행과 시장의 상호공존 메커니즘

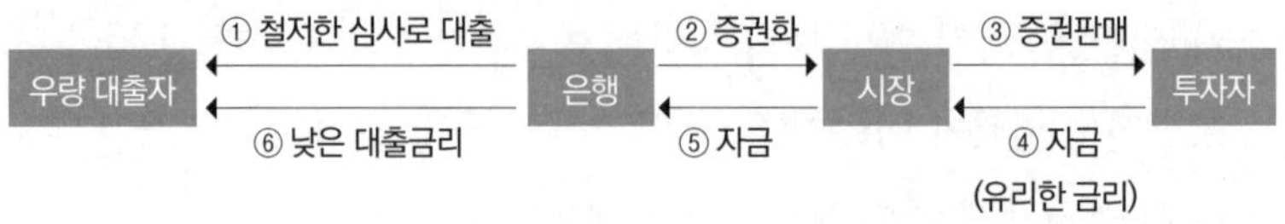

하지만 현실과 이론은 다르다. 2008년의 금융위기는 증권화가 축복의 선물이 아니라는 사실을 드러냈다. 무엇이 문제였을까? 먼저 은행은 주특기를 발휘하지 못했다. 대출심사 기능이 마비되다시피 했던 것이다. 신용도가 낮은 사람들에게 별다른 심사 절차 없이 돈을 마구 빌려주었다. 서브프라임 대출이 그것이다. 그러니 불량 대출을 기초자산으로 발행한 증권이 함께 부실해지는 건 시간문제였다.

시장은 어땠을까? 가장 낮은 금리로 증권을 팔았어야 했는데 그렇게 하지 못했다. 금리가 형편없이 낮은 환경에서 오래 살다보니 사람들은 높은 금리를 원했다. 그걸 맞춰주려니 시장은 불리한 조건을 감수할 수밖에 없었다. 설령 유리한 조건으로 증권을 팔았다 해도 그 과실이 최초 대출을 받은 사람들에게 돌아간 것은 아니다. 중간에서 은행, 증권사들이 과실을 가져가는 일이 많았다. 금융위기 이전 미국의 금융회사들이 경이적인 수익을 올린 것도 다 이런 이유에서이다.

통합론을 지지하는 사람들의 논리가 틀린 건 아니다. 그들이 생각한 대로 선순환이 이루어질 수도 있지만 악하게 돌아갈 가능성도 있다는 사실을 간과했다. 금융위기 이후 모든 나라가 안고 있는 과제는 어떻게 하면 이런 악순환을 선순환으로 돌릴 수 있을지 고민하는 것이다. 이 문제는 앞으로 더 자세히 들여다 볼 것이다.

금융을 이해하기 위한 초석
– 금리

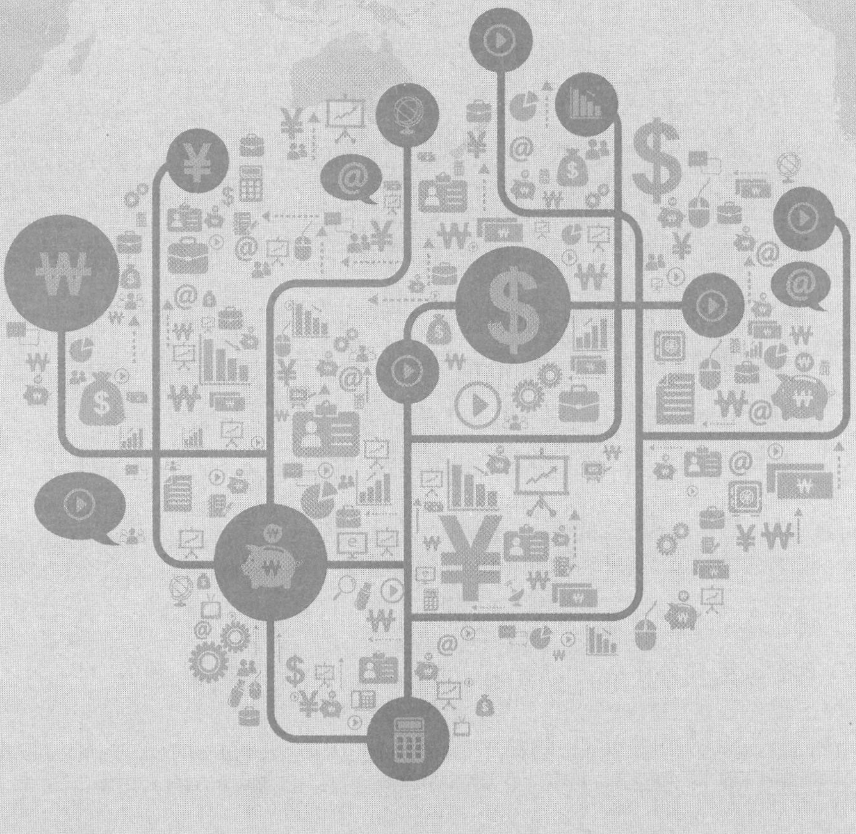

금융을 이해하기 위한 초석

이 세상 모든 물건에는 값이 매겨져 있다. 마찬가지로 금융상품에도 주가, 환율, 금리라는 가격표가 붙어 있다. 주가는 기업이 발행하고 투자자들이 사고파는 주식의 가격이고 환율은 원화로 표시된 미국 달러화, 유로화, 일본 엔화 등 외환의 가격이다. 금리는 주가나 환율에 비해 대상이 훨씬 다양한데 일반적으로 '돈'의 가격이라고 말할 수 있다.

예컨대 내가 은행에 '돈'을 빌려줄 때(예금을 하는 행위) 받는 가격이 예금 금리고 은행이 기업에게 '돈'을 빌려줄 때(대출을 하는 행위) 받는 가격이 대출 금리다. 정부나 기업이 발행하는 채권의 가격도 금리다.

주식, 환율, 금리는 하나하나가 모두 중요하고 우리의 삶에 깊숙한 영향을 미치고 있지만 두 가지 이유 때문에 금리에 더 주목하려고 한다.

첫째, 주식이나 채권을 사고파는 금융투자를 하는 과정에서 금리는 주가에 영향을 끼치고 자금이 국경을 넘나들며 이동할 때 환율에도 영향을 준다. 주가와 환율이 금리 결정에 어떤 형태로든 역할을 한다는 것을 부정할 수는 없지만 인과성causality을 굳이 따지자면 금리는 원인 쪽에 가깝다. 주가와 환율을 좌우하는 강력한 요소 가운데 하나가 금리라는 얘기다.

둘째, 금리는 주가나 환율에 비해 정책변수policy variable로 유용하다. 주식시장이 침체되었다고 해서 정부가 직접 주식을 사거나 팔지는 않는다. 정부가 주가를 받쳐준다는 인식이 퍼지면 투자자들의 도덕적 해이를 부추길 수 있고 자칫 잘못하다가는 대규모 손실이 발생해 정치적 문제로 비화될 수도 있다. 과거에는 그런 사례가 간혹 있었지만[1] 지

1 한국은행이 직접 주식을 산 것은 아니지만 유사한 조치가 1992년에 있었다. 종합주가지수는 1989년 4월에 1007.8을 정점으로 계속 하락했다. 당시 재무부는 같은 해 12월 12일에 증시부양조치를 발표

금은 어떤 나라도 주식시장에 직접 개입하지 않는다.

환율은 사정이 조금 다르다. 환율이 큰 폭으로 변할 때면 정부와 중앙은행이 외환시장에 들어가 환율을 조정한다. 엔화 약세를 유도하려고 엄청난 돈을 풀어대는 일본의 아베노믹스가 극단적 예지만 어느 나라나 '환율을 부드럽게 만들기 위한 조작smoothing operation'은 한다. 하지만 떳떳한 일은 아니다. 잘못하면 '환율조작국'의 오명을 써 보복을 당할 수도 있다. 더 큰 문제는 정부의 개입만으로 환율의 방향을 바꿀 수 없다는 사실이다. 많은 연구문헌에 따르면 외환시장 개입은 환율에 일시적인 영향을 줄 수는 있지만 그 효과는 시간이 흐르면서 소멸하는 것으로 나타난다. 정부가 원하는 방향으로 환율을 끌고 갈 수 없다는 말이다. 정책변수로서 환율은 한계가 있다는 뜻이기도 하다.

하지만 금리는 다르다. 대부분 나라에서 금리는 통화정책 수단으로 활용된다. 중앙은행이 세우는 단기금리 목표는 거의 달성된다. 외환시장에 개입해도 원하는 환율수준을 맞출 수 없는 것과는 대조된다. 단기금리는 더 긴 만기의 금리에 순차적으로 영향을 주면서 경제 전체로 효과를 확산시킨다. 때때로 중앙은행은 단기금리가 아닌 중장기금리에 대해서도 직접적인 영향을 미치기도 한다.

이처럼 금리는 주가나 환율을 좌우하는 원인이 될 뿐 아니라 정책당국이 통제할 수 있는 유용한 수단이다. 필자가 금융을 이해하기 위한 초석으로 금리를 자세히 살펴보려는 이유다.

하는데 핵심내용은 3개 투자신탁회사(한국, 대한, 국민)로 하여금 무제한으로 주식을 사들이게 하는 조치였다. 하지만 주가는 계속 하락해 주식시장에 개입한 3개 투자신탁회사는 손실을 크게 입었다. 이에 한국은행은 1992년 5월 3개 투자신탁회사에 2조 9,000억 원을 3%라는 당시로서는 아주 낮은 금리로 특별융자(일명 특융)를 실시했다.

1 투자 결정에 핵심적 역할을 하는 금리

현재가치present value

금리를 이해하려면 '현재가치'의 개념을 알아야 한다. 이런 질문을 던져 보자. 현재의 100원과 1년 후 100원의 가치는 어느 쪽이 더 클까?

돈의 현재와 미래가치에 영향을 미치는 요인으로 가장 먼저 떠오르는 것은 인플레이션이다. 물가가 계속 오르는 인플레이션은 돈의 가치를 떨어뜨린다. 당연히 1년 후 100원이 지금 100원보다 못할 것이다. 현재 라면 한 개의 값이 20원이라면 100원을 가지고 다섯 개를 살 수 있지만 1년 후 25원으로 오르면 네 개밖에 살 수 없다. 반대로 물가가 떨어지는 디플레이션이 발생하면 1년 후 100원이 지금보다 나을 것이다. 1년 후 라면 값이 15원으로 떨어지면 100원으로 6.7개나 살 수 있다. 이처럼 물가가 오르고 내림에 따라서 지금의 100원은 미래의 100원에 비해 가치가 커지기도 하고 작아지기도 한다.

인플레이션 말고 돈의 시간상 상대가치를 결정하는 또 다른 요인은 바로 금리다. 100원을 은행에 맡기거나 투자를 하면 이자가 붙는다. 은행금리가 10%라면 지금의 100원은 1년 후 110원이 된다. 그러니 오늘 100원의 가치가 1년 후 100원보다 더 크다. 반대도 가능할까? 1년 후 100원의 가치가 지금보다 크려면 금리가 마이너스가 되어야 한다. 은행에 웃돈을 주고 돈을 맡겨야 하는 상황이다. 100원을 예금했는데 1년 후에 90원밖에 내주질 않으니 은행이 돈을 보관한 대가를 받는 꼴이다. 이것은 물가상승률이 마이너스인 디플레이션과 유사한 개념이지만 아주 드문 일이기 때문에 금리를 염두에 둔다면 지금의 돈 가치는 미래의 그것보다 언제나 크다고 할 수 있다.

이처럼 시간상 돈의 상대가치를 달리 만드는 요인은 물가와 금리 두 가지다. 따라서 이 둘을 함께 고려한 실질금리(명목금리에서 물가상승률을 뺀 금리)를 가지고 현재와 미래의 돈 가치를 비교해야 한다. 만약 명목금리가 10%라면 지금의 100원은 1년 후 110원과 같다. 라면 값이 오르지 않았다면(개당 20원) 1년 후에는 라면 5.5개를 살 수 있다(실질수익률은 라면 0.5개). 하지만 물가가 25%나 올랐다면 살 수 있는 라면의 개수는 4.4개로 지금보다 줄어든다(실질손실률은 라면 0.6개). 물가가 오른 만큼 금리로 벌어들인 돈의 가치가 떨어진 결과다. 지금 100원의 가치가 실질금리 12%만큼 하락한 셈이다.[2] 이런 이유로 돈의 가치를 비교할 때는 실질금리를 써야 하지만 설명을 단순화하려는 목적에서 인플레이션은 없다고 가정하고 명목금리만을 이용하는 경우가 많다.

돈의 시간상 상대가치는 같은 시점에서 비교해야 한다. 현재의 100원을 미래가치로 환산해서 비교하든지, 미래의 100원을 현재가치로 환산해서 비교하든지 둘 중 하나를 선택해야 한다. 미래 시점에서 비

2 실질금리 = $(\frac{1+0.10}{1+0.25})-1=-0.12$, -12%가 된다. 따라서 $\frac{100\times(1-0.12)}{20}=4.4$개

교하기는 쉽다. 금리가 10%라면 현재의 100원이 1년 후에 110원이 되니 1년 후 100원보다 소중하다.

현재시점에서 비교하려면 1년 후 100원이 현 시점에서 얼마의 가치를 갖는지 계산해야 한다. 잘 모르니까 일단 x라고 하면 $x(1+0.1)=100$이 성립하고 x에 대해서 풀면, $x=\frac{100}{(1+0.1)}$=90.9가 나온다. 이것이 바로 현재가치다. 1년 후 100원의 현재가치는 90.9로 현재의 100보다 작다. 그러니 현재의 100원이 더 낫다. 현 시점에서 비교하나 미래 시점에서 비교하나 결과는 같다. 시계time horizon를 2년으로 넓혀도 마찬가지다. 이때는 $x(1+0.1)(1+0.1)=x(1+0.1)^2=100$을 풀어 $x=\frac{100}{(1+0.1)^2}$=82.6이 나온다. 1년 후보다 2년 후 100원의 현재가치가 더 작다. 더 먼 미래로 갈수록 현재가치는 작아진다. 이제 현재가치의 일반식도 구할 수 있다. 금리가 r일 때 n년 후 F원의 현재가치는 $\frac{F}{(1+r)^n}$으로 표시된다.

금리가 변하면 현재가치는 어떻게 달라질까? 금리가 10%에서 6%로 내려가면 1년 후 100원의 현재가치는 94.3원이 된다.[3] 금리가 내려가니 1년 후 100원의 현재가치가 90.9원에서 94.3원으로 올라갔다. 이것은 무슨 의미일까? 금리가 10%일 때는 원금이 90.9원만 있어도 100원을 만들 수 있었는데 금리가 6%로 낮아지니까 똑 같은 100원을 만들려 해도 원금이 더 필요하다는 뜻이다. 금리가 내려갈수록 미래에 일정한 소득을 만들기 위해 더 많은 돈이 든다. 달리 말해 금리가 하락하면 지금의 돈 가치는 떨어지고 미래의 돈 가치는 올라간다는 의미다.[4]

금리에 따라 현재가치가 변하는 현상은 현실에서도 쉽게 찾아볼 수

3 $\frac{100}{(1+0.06)}=94.3$원
4 반대도 똑같이 성립된다. 금리가 상승하면 현재가치는 하락한다.

있다. 은행보다 높은 금리를 주던 저축은행의 예금금리도 지금은 2%대에 불과하다. 금리가 6%쯤 되던 2000년대 초반에는 2억 원 정도만 은행에 넣어도 월 100만 원의 이자를 받을 수 있었다. 그런데 지금은 어림도 없다. 예금금리가 2%로 낮아졌으니 이전처럼 매월 100만 원의 이자를 받으려면 무려 6억 원의 금융자산을 갖고 있어야 한다.

금리 하락이 지금의 돈 가치를 떨어뜨렸고(100만 원을 얻기 위한 종자돈이 2억 원에서 6억 원으로 커졌으므로) 반대로 근로소득을 포함한 미래의 돈 가치를 크게 높여 놓았다. 월급으로 100만 원만 받아도 금융자산을 6억 원 갖고 있는 것과 진 배 없어졌으니 말이다. 전세 값이 폭등하고 있는 요즘의 현상도 바로 이런 틀로 설명할 수 있다. 대다수의 집주인이 월세를 선호하는 것은 이상 저금리 현상으로 인해 정기적으로 받을 수 있는 미래소득, 즉 월세의 가치가 엄청 커졌기 때문이다. 월세주택의 수급불균형 해소만으로 이 문제를 해결할 수 없는 근본적 이유가 여기에 있다.

금리가 변하면 돈의 현재가치가 달라지는 현상은 투자결정에 중요한 의미를 갖는데 실물투자, 금융투자 모두에 적용된다.

금리와 실물투자

어떤 기업이 공장을 새로 지으려 계획 중인데 건물 짓고 기계 들여놓는 데 1년이 걸리고 총 7억 원의 비용이 든다고 하자. 2년째부터 흑자가 나기 시작해서 10년 동안 매년 1억 원의 순수익이 예측된다면 이 기업은 공장을 지어야 할까?

투자결정 기준은 단순하다. 비용과 수익을 비교해서 수익이 더 크면 투자하고 그렇지 않으면 포기하는 것이다. 그런데 비용은 지금 나가는 반면 수익은 앞으로 10년 동안, 미래에 들어오는 것이니 시점이 서로 다르다. 옳은 결정을 내리려면 둘을 같은 선상에 놓고 비교해야 한다. 미래에 발생할 수익을 현재가치로 바꾸어 총액을 구한 다음 현재 지출해야 할 비용에 견주어보면 된다. 금리가 5%라고 가정하면 2년째 거두게 될 첫 수익 1억 원의 현재가치는 $\frac{1억원}{(1+0.05)^2}$이고 3년째 거두게 될 두 번째 수익의 현재가치는 $\frac{1억원}{(1+0.05)^3}$이다. 이런 식으로 마지막 해 수익의 현재가치 $\frac{1억원}{(1+0.05)^{11}}$까지 구해 전부 더하면 7억 7,200만 원이 된다.[5] 현재가치로 환산한 예상 수익이 지금 써야 할 비용 7억 원보다 크니 투자를 할 것이다.

금리 변동은 기업의 투자결정에 어떤 영향을 미칠까? 금리가 상승하면 미래소득의 현재가치는 줄어든다. 따라서 공장을 건설해 벌어들일 수 있는 수익의 현재가치도 낮아질 것이므로(금리가 5%일 때 투자수익의 현재가치 7억 7,200만 원을 밑돈다) 7억 원이 드는 투자를 포기할 가능성이 커진다. 예컨대 금리가 5%에서 10%로 높아지면 10년간 수익의 현재가치는 6억 1,400만 원이 된다. 비용이 수익보다 크니 투자를 하지 않을 것이다.

〈그림 3-1〉은 금리가 5%에서 10%까지 변할 때 투자수익 흐름의 현재가치가 어떻게 달라지는지 보여준다. 초기 투자비용인 7억 원을 커버하려면 금리가 7.1%보다는 낮아야 한다. 금리가 낮을수록 기업이 투자 프로젝트에 오케이 사인을 낼 확률이 높다. 투자와 금리는 역함수(서로 반대방향으로 움직임) 관계에 있는 것이다.

---

5 1기에서 n기까지 정기적인 현금흐름cash flow이 발생할 때 총액의 현재가치는 다음과 같은 일반식으로 표시할 수 있다. 여기서 r은 금리, CF_k는 k기에 발생하는 현금수입을 의미한다.

$$PV = \sum_{k=1}^{n} \frac{CF_k}{(1+r)^k}$$

〈그림 3-1〉 금리와 실물투자에 따른 투자수익 흐름의 현재가치

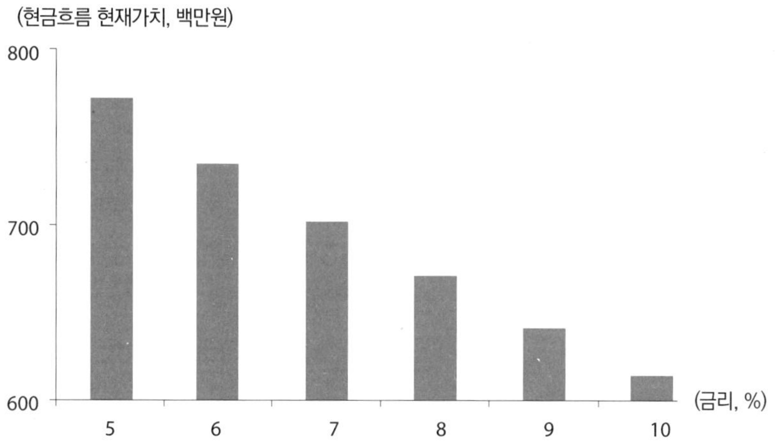

금리와 금융투자, 채권과 주식

금융투자를 채권과 주식으로 나누어 생각해 보자. 채권은 미리 정한 빈도로(보통 6개월에 한 번씩), 미리 정한 금리(쿠폰금리)에 따라 이자를 지급하고 만기에 원금을 상환하는 금융상품이다.[6] 예컨대 액면 100원, 쿠폰금리 5%, 만기 3년이고 1년에 한 번씩 이자를 지급하는 식으로 기본 원리는 은행 정기예금과 비슷하다.

주식만큼 익숙한 개념은 아니지만 채권에도 가격이 있다. 어떤 주식이냐에 따라 주가가 천차만별인 것과는 달리 채권가격은 100을 중심

6 이것을 쿠폰채라고 한다. 정기적으로 이자를 지급하지 않고 미리 할인된 가격에 채권을 파는 할인채도 있다.

으로 움직인다. 채권가격이 100이라는 건 무슨 뜻일까?[7] 쿠폰금리가 시장금리와 같다는 의미다. 이걸 이해하려면 채권가격의 변동 메커니즘을 알아야 한다.

시중금리는 채권에 새겨져 있는 쿠폰금리와 다르다. 쿠폰금리가 계약기간 동안 지급을 약속한 고정금리라면 시중금리는 당시 당시의 상황을 반영해 달라지는 변동금리라고 할 수 있다. 위의 예에서 5%의 쿠폰금리로 채권을 발행했는데 바로 그 시점에 시중에 돈이 많이 풀려 시중금리가 4%로 떨어졌다고 하자. 이 채권의 가격은 어떻게 될까? 인기가 높아져 가격이 오를 것이다. 그 시점에서는 어디에 투자하든 4%밖에 이자를 못 받는데 이 채권은 5%를 계속 지급하니 매수세가 몰릴 수밖에 없어서다. 반대로 긴축이 실시되어 시중금리가 6%로 뛰었다면 6% 금리를 주는 다른 투자처로 자금이 몰릴 것이니 이 채권의 인기는 떨어지고 가격도 하락할 것이다. 이처럼 채권가격은 시중금리와 반대 방향으로 오르락내리락 한다.

그러면 채권가격은 구체적으로 어떻게 결정될까? 채권을 구입함으로 해서 얻을 수 있는 소득흐름을 현재가치로 환산해 합산한 것이 바로 채권가격이 된다. 실물투자를 결정할 때와 같은 논리가 여기에도 적용된다. 앞에서 예시로 든 가상의 채권을 이용해 채권가격을 구해보자.

이 채권을 사면 3년 동안 해마다 5원씩 이자를 받고 만기 때 원금 100원을 돌려받는다. 시중금리가 4%라면 이 채권에서 발생하는 현금흐름의 현재가치는 다음과 같이 구해진다.

---

7 액면은 전부 다르지만 이를 100으로 표준화했을 때를 가정한 것이다.

$$\frac{5}{(1+0.04)}+\frac{5}{(1+0.04)^2}+\frac{105}{(1+0.04)^3}=102.8\text{원}$$

다시 말해 이 채권의 내재가치는 정확히 102.8원이다. 그런데 어떤 이유로 인해 가격이 105원에서 형성되고 있다면 비싼 가격에 팔려는 수요가 많아져 가격은 떨어질 것이고, 반대로 가격이 99원이라면 싼 가격에 사려는 수요가 많아져 가격은 올라갈 것이다. 결과적으로 최종 균형가격은 내재가치인 102.8원이 된다. 쿠폰금리(5%)가 시중금리(4%)보다 높으니 채권의 인기가 좋아져 가격이 100원을 넘었다. 이번에는 시중금리가 6%라면 어떨까? 같은 방법으로 계산하면 97.3원이 나온다. 인기가 떨어져 100원을 밑돌았다. 시중금리가 쿠폰금리와 같은 5%라면 가격은 정확히 100원이 된다.

요약하면 시중금리가 쿠폰금리와 같을 때를 기준(100)으로 해서 채권가격은 시중금리의 변화에 따라 역함수의 관계로 변한다. 시중금리가 낮아지면 현금흐름의 현재가치가 높아지니 채권가격은 상승하고 반대로 높아지면 현금흐름의 현재가치가 떨어지니 하락한다. 이는 실물투자가 금리의 반대방향으로 움직이는 것과 동일한 원리다. 채권에 투자할 때는 시중금리의 변화가 무엇보다 중요하다.

〈그림 3-2〉 시중금리에 따른 채권가격 변화

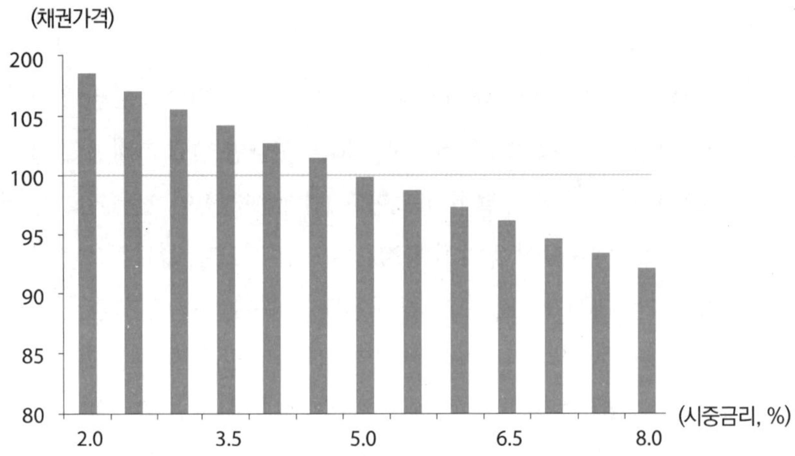

주식의 경우는 어떨까? 채권의 쿠폰이자와 비슷한 역할을 하는 것이 주식 배당금이므로 채권가격을 구할 때 썼던 방법을 이용해 매년 지급이 예상되는 배당금을 현재가치로 환산하여 더하면 주가가 된다. 이런 견해를 '할인된 현금흐름모델discounted cash flow model, DCF'이라고 한다. 이 모델에서 금리는 지급될 배당금을 현재가치로 바꾸는 환산자discount factor이기 때문에 주가결정에 핵심요소가 된다. 금리가 오르면 주식에서 나오는 소득의 현재가치가 낮아져 주가가 떨어지고 반대로 금리가 떨어지면 주가는 오른다.

할인된 현금흐름 모델은 주가와 금리의 관계를 단순하면서도 명료하게 설명한다. 하지만 많은 비판을 받기도 한다. 주식 배당금은 채권의 쿠폰이자처럼 미리 알 수 없다. 회사의 경영 상태에 따라 고무줄처럼 늘었다 줄었다 한다. 그러니 미래에 받을 배당금을 예상해서 현재가치를 계산하기란 애당초 불가능할지도 모른다. 더구나 주식은 만기가 없어서 가치산정 문제를 더 어렵게 만든다. 또한 채권에 비해 주식은 투기대상이 될 가능성도 크다. 가격에 비정상적인 거품이 만들어지는 경우가 많다는 얘기다. 한 마디로 주식가격을 금리로 설명하는 데는 상당한 제약이 뒤따른다. 채권가격이 금리의 절대적 영향권에 있는 것과는 달리 주식가격은 수많은 요인들에 노출되어 있다.

이처럼 금리를 가지고 구체적인 주가수준을 계산하는 건 어렵지만 금리가 움직이는 큰 방향이 주가에 영향을 주고 있음은 부인하기 어렵다. 투자의 달인으로 칭송받는 워렌 버핏은 1999년 이례적으로 몇 차례 공개강연을 한 적이 있다. 그는 "앞으로 주식시장이 별로 좋지 못할 것"이라고 경고했다. 당시는 IT관련 주가가 치솟을 때여서 그의 말을 귀담아 듣는 이가 많지 않았다. 하지만 2000년 들어 주가가 폭락하자 버핏의 명성은 높아졌다. 그가 주식시장이 불황을 맞을 것으로 예상한 근거는 다름 아닌 금리 움직임이었다.

그의 논리는 이렇다. 1964년에서 1981년까지 미국의 GDP는 네 배나 불어날 정도로 커졌는데도 주가는 이를 반영하지 못하고 지지부진했다. 실제 경제규모가 네 배나 커진 17년 동안 다우존스 지수는 866.7에서 878.3으로 변화가 없었다. 버핏은 그 이유를 높은 금리 탓으로 돌렸다. 같은 기간 중 10년 만기 미 국채금리를 보면 4.2%에서 13.7%까지 3배나 뛰었던 것이다. 그런데 1980년대 들어서 이런 현상이 역전되었다. 금리가 뚝 떨어져 98년 말에는 4.7%까지 낮아졌고 그 덕분에 주가는 10배나 폭등했다는 것이다(다우존스지수 9,019). 이런 장기적 흐름에 주목한 버핏은 90년대 말부터 미 연준이 금리를 올리기 시작하자 주가 하락을 점쳤고 그 예상이 맞아떨어졌던 것이다.

〈그림 3-3〉 미국의 다우존스지수와 10년 만기 국채 수익률

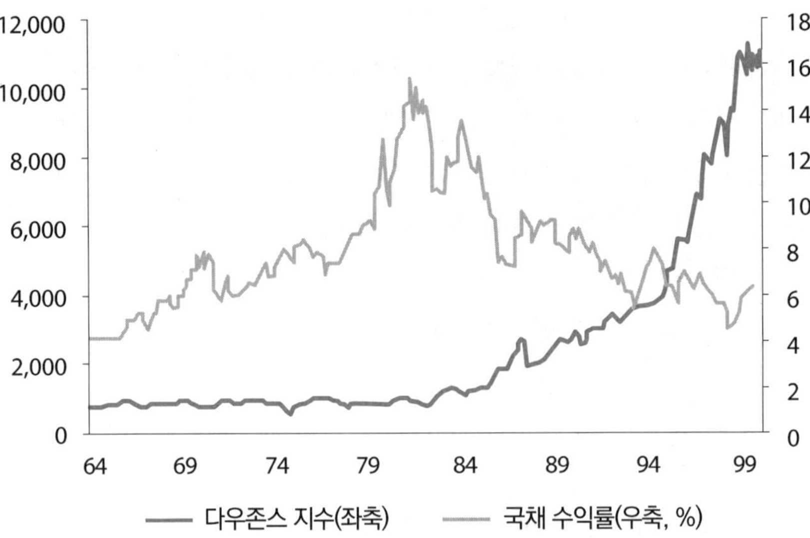

금리와 금융투자, 환율

금융투자는 한 나라 안에서만 이루어지진 않는다. 더 높은 수익을 찾아 국경을 넘나드는 투자도 많다. 선진국 대형은행들이 인도, 브라질과 같은 신흥시장의 주식이나 채권을 사고파는 것이 전형적인 예다. 이런 국경 간 투자cross-border investment를 결정하는 요인은 다양하다. 신흥시장의 성장가능성이 주된 고려사항이겠으나 금리도 중요한 역할을 한다. 두 나라의 금리수준에 차이가 나면 금리차를 노린 외국자본의 유입이 많아진다. 이 과정에서 환율이 영향을 받으면서 금리와 환율이 외국자본의 유출입을 매개로 서로 얽힌다. 이런 일련의 현상은 금리평가이론interest parity theory에 의해 설명되는데 간단한 예를 통해 알아보자.

예금금리가 한국은 6%, 미국은 4%라고 하자. 돈이 자유롭게 이동할

수 있고 거래비용이 없다고 가정하면 미국시민인 스미스 씨는 자기 나라보다 한국에 예금을 하려고 할 것이다. 금리차이가 꽤 나기 때문이다. 하지만 스미스 씨가 아무런 위험 없이 2%포인트의 금리차를 수확할 수 있는 건 아니다. 환율 문제가 있어서다.

한국의 은행에 예금하기 위해 스미스 씨는 100만 달러를 원화로 바꾼다. 1달러의 현재가격(원화로 표시된 가격=현물환율)이 1,200원일 때 스미스 씨는 12억 원을 환전해 1년 만기 정기예금에 넣는다. 1년 후 원리금으로 12억 7,200만원(12억 원×1.06)을 받은 스미스 씨는 이 돈을 달러로 바꾸어 귀국하려고 한다. 그런데 이 시점의 달러 가격이 어떻게 되느냐에 따라 추가수입을 올릴 수도 있고, 기껏 벌었던 돈을 날릴 수도 있다.

예컨대 환율이 1년 전과 같은 1,200원이라면 스미스 씨는 106만 달러(12억 7,200만 원÷1,200)를 받는다. 미국에서 예금했다면 104만 달러(100만 달러×1.04)를 받았을 테니 2만 달러를 더 번 셈이다. 하지만 환율이 1,300원이라면 스미스 씨가 손에 쥐는 돈은 98만 달러(12억 7,200만 원÷1,300)밖에 안 된다. 이자는커녕 원금까지 까먹었다. 왜 이런 일이 벌어졌을까? 달러 가격이 비싸졌기 때문이다. 스미스 씨는 한국에 투자할 때 달러를 1,200원에 팔았는데 1년 후에는 이보다 비싼 1,300원에 되사야 했기 때문에 손해를 본 것이다.[8] 이처럼 국경을 넘나드는 거래에는 환율변동에 따른 리스크가 있게 마련이다. 금리 차이만 보고 섣불리 해외투자에 나서기 어려운 이유다.

국경 간 투자를 하려는 스미스 씨가 고려해야 할 것은 투자를 위해 가지고 들어온 통화(여기서는 달러, 조달통화funding currency라고 함)의 가치가

8 반대로 달러가격이 1,100원으로 싸졌다면 스미스 씨는 116만 달러를 받는다. 10만 달러를 더 번 것인데 달러를 비싸게 팔고 1년 후에 싸게 살 수 있었던 덕분이다.

오를지도 모르는 리스크다. 이는 투자대상 통화(여기서는 원화, 타깃통화 target currency라고 함)의 가치가 떨어질지도 모르는 리스크와 동의어다. 다시 말해 스미스 씨가 안게 되는 환율리스크는 타깃통화의 평가하락 depreciation 가능성이다. 스미스 씨는 금리차이로 이익을 얻지만 타깃통화의 평가하락으로 손해를 본다. 둘 중 어느 것이 큰가에 따라 최종 수익이 결정된다. 금리격차가 2%포인트인데 평가하락률이 1%에 그친다면 최종 수익률이 플러스가 되어 스미스 씨는 투자를 할 것이고, 평가하락률이 2%를 넘는다면 투자를 포기할 것이다.

위의 예에서 환율이 1,224원이면 평가하락률이 2%가 되어 최종 수익률이 제로가 된다. 1달러당 1,224원이 스미스 씨 투자결정의 문지방 threshold이 된다는 말이다. 1년 후 환율이 1,224원보다 높으면 환율에서 더 큰 손해를 보게 되어 투자를 안 할 것이고, 그보다 낮으면 환율리스크를 고려하더라도 남는 장사니 투자를 할 것이다. 이 관계는 〈그림 3-4〉를 통해 이해할 수 있다.

〈그림 3-4〉 1년 후 원화 환율과 달러표시 원리금

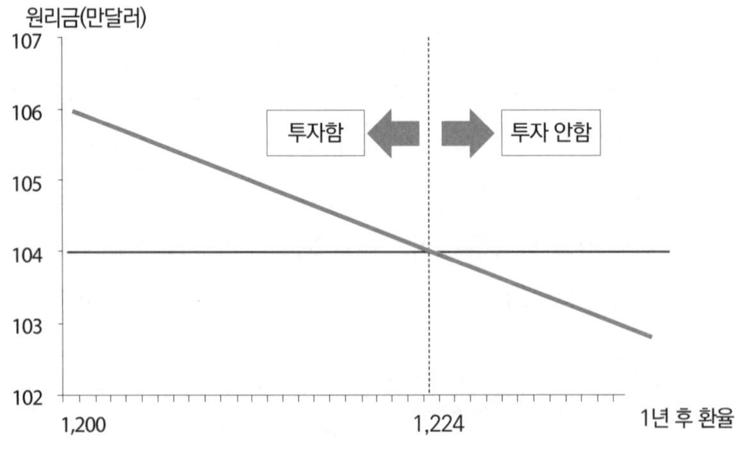

간단한 수치로 설명한 앞의 예를 도식화한 것이 금리평가이론이다. 다시 한 번 정리하자면 외국에 투자하는 사람의 입장에서 금리격차는 이득, 타깃통화의 평가하락률은 손해를 나타낸다. 이 둘의 상대적 크기에 따라 투자여부가 결정된다. 그런데 대개의 경제이론이 그렇듯이 균형 상태에서 이 둘은 일치한다. 다시 말해 어떤 나라에 투자하든 아무런 차이가 없을 때(무차별적일 때) 비로소 균형에 도달한다는 의미다. 이것이 무슨 뜻인지 알아보기 위해 간단한 수식을 이용해 보자.

조달통화의 금리(미국금리)를 r^f, 타깃통화의 금리(한국금리)를 r^t, 타깃통화의 현재 환율을 S(1,200원), 1년 후 환율을 F, 투자를 위해 가지고 들어온 조달통화 규모를 P(100만 달러)라고 하면 투자가 이루어질 조건은 다음과 같이 표시된다.

$$\frac{P \times S \times (1 + r^t)}{F} > P \times (1 + r^f)$$

왼쪽 항은 100만 달러를 현재 환율로 환전해서 한국의 은행에 예치한 다음 1년 뒤에 당시 환율로 바꾸었을 때의 달러 금액이고, 오른쪽 항은 그냥 미국에서 은행에 예치했을 때 받을 수 있는 달러 금액이다. 왼쪽 항이 더 커야 투자가 이루어진다. 이 식을 정리하면 다음과 같이 된다.

$$\frac{r^t - r^f}{1 + r^f} > \frac{F - S}{S}$$

왼쪽 항은 금리격차[9]고 오른쪽 항은 타깃통화의 평가하락률이다. 투

9 계산 편의를 위해 분모는 생략하고 분자(위의 예에서는 2%)만으로 내외금리차를 인식하는 경우가 많다.

자가 이루어지려면 금리격차가 타깃통화의 평가하락률보다 커야 한다고 설명한 그대로다.

금리평가이론은 균형 상태에서 이 두 항이 같다고 말한다. 어떤 메커니즘으로 그렇게 될까? 위의 식과 같은 관계가 성립하면 차익 기회가 있는 것이므로 한국으로 달러가 계속 들어온다. 그러면 달러의 공급이 많아져서 달러가격이 하락한다(원화의 가치가 올라간다. 예컨대 S가 1,200원에서 1,100원이 된다). 1년 후에는 어떻게 될까? 그때는 달러를 사려는 수요가 많아지니까 달러가격이 상승한다(원화 가치는 떨어진다. 예컨대 F는 1,250원이 된다). 위의 식에서 F는 상승하고 S는 떨어지니 $\frac{F-S}{S}$의 값이 올라간다. 환율리스크가 커진다는 뜻이다. 환율리스크는 금리격차와 동일해져 더 이상의 차익거래 인센티브가 없어질 때까지 높아진다. 그래서 균형점에서 $\frac{r^t - r^f}{1+r^f} = \frac{F-S}{S}$의 관계가 성립한다. 금리격차가 현재의 환율과 미래의 환율 모두에 영향을 미치는 것이다

그러면 국경 간 투자를 하려는 사람들은 환율리스크를 어떻게 관리할까? 두 가지 유형이 있다. 하나는 도박성향이 강한 갬블 씨 같은 부류다. 갬블 씨는 나름대로의 방법을 동원해 1년 후 달러가격을 예측한다. 예를 들어 달러가격이 1,150원이 될 거라고 예상하면 갬블 씨는 금리격차에다 달러를 싸게 사는 덕분에 추가 수익까지 덤으로 얻을 수 있으니 투자를 망설일 이유가 없다.[10] 하지만 그의 예측이 맞으라는 법은 없다. 예상이 크게 빗나가 1년 후 달러가격이 1,300원이 되었다면 원금까지 까먹는 재앙을 맞게 된다. 리스크 헤징 없이 자신의 판단에 의존해 투자하는 고위험-고수익high risk-high return 전략이다.

---

10 12억 7,200만 원÷1150=110.6만 달러. 미국에 투자했을 때(104만 달러)보다 6.6만 달러를 더 얻는다. 이중 1.9만 달러는 금리격차로, 4.7만 달러는 환율변동으로 얻는 수익이다.

또 다른 부류는 소심한 스미스 씨 같은 사람이다. 이들은 선물환시장forward exchange market을 이용한다. 선물환시장에서는 1년 후 사고팔 달러의 가격을 지금 정한다. 1년 후 환율이 어떻게 되든 상관없이 지금 정한 가격, 즉 선물환율로 거래를 하기 때문에 타깃통화의 평가하락률을 현 시점에서 확정할 수 있다. 금리격차와 평가하락률이 모두 정해졌으니 그걸 투자결정의 판단기준으로 삼으면 된다. 예컨대 1년 후 선물환율이 1,210원이라면 스미스 씨는 금리차이로 버는 돈의 일부를 반납해야 한다. 매입할 때보다는 조금 비싸게 달러를 사야 하니 0.8% 손해를 본다.[11] 하지만 금리차이가 2%포인트니까 미국에 투자할 때보다는 여전히 1.2%포인트를 더 벌 수 있어 투자를 결정한다. 스미스 씨가 인내할 수 있는 선물환율의 한계선은 1,224원이다. 〈그림 3-4〉에서 본 것과 마찬가지다. 그 이상이 되면 타깃통화의 평가하락률이 금리차이를 넘어서 손해가 발생하니 투자할 이유가 없어진다.

소심한 스미스 씨와 용감한 갬블 씨는 각각 커버된 금리평가이론covered interest rate parity, CIP과 커버되지 않은 금리평가이론uncovered interest rate parity, UIP을 설명해 준다.

CIP는 스미스 씨처럼 환율리스크를 피하려고 선물환시장을 이용하는 경우에 적용된다. 금리차이가 타깃통화의 평가하락률과 같아질 때가 균형점이라는 기본골격은 그대로다. 다만 균형식 $\frac{r^t - r^f}{1 + r^f} = \frac{F - S}{S}$에서 미래 환율인 F를 선물환율로 대체시켰을 뿐이다. 차익거래기회가 있어 돈이 국경을 넘어 들락날락하다 보면 현물환율과 선물환율이 움직이면서 차익거래 기회가 없어진다는 것인데 CIP는 실증적으로 뒷받침된다.

11 1,210÷1200=1.00833

선물환시장을 이용할 때 타깃통화의 평가하락률을 스왑레이트swap rate[12]라고 부르기도 한다. 〈표3-1〉은 2003년 1월부터 7월까지 우리나라와 미국 간의 금리격차와 스왑레이트를 계산해 놓은 것이다. 미국 투자자 입장에서 금리격차는 이득을, 스왑레이트는 손해를 나타낸다. 금리격차에서 스왑레이트를 뺀 수치가 플러스면 우리나라에 투자할 인센티브가 있는 걸로, 마이너스면 없는 걸로 해석할 수 있다. 이 기간 중에는 플러스 부호가 많아 외국자본의 유입 인센티브가 있었던 것으로 보인다.

〈표 3-1〉 우리나라와 미국의 금리차이와 스왑레이트

	2003.1	2	3	4	5	6	7
내외금리차	3.35	3.19	3.45	3.31	3.11	3.17	3.04
swap rate	3.17	3.09	2.60	2.86	2.85	3.12	3.07
차이	0.18	0.10	0.85	0.45	0.26	0.05	-0.03

UIP는 선물환시장을 이용하지 않더라도 금리평가가 성립한다는 이론으로 조금 복잡하다. 1년 후 환율 F는 현 시점에서 합리적으로 예상한 S_{t+1}, 즉 $E(S_{t+1})+\epsilon_{t+1}$로 표시된다. 이를 금리평가식에 대입하면 다음 식이 얻어진다.

12 선물환율을 F_t, 현물환율을 S_t라 하면 달러의 환율변동률은 $\frac{F_t - S_t}{S_t}$이다. 일반상품의 가격변동률과 동일하다. 이것을 스왑(교환)레이트라고 부르는 이유는 다음과 같다. 스미스씨는 달러를 원화로 환전(현물환을 파는 행위, sell)하는 동시에 리스크를 피할 목적으로 1년 후 달러를 사기로 한다(선물환을 사는 행위, buy). 즉 스미스씨는 현물환을 팔고 선물환을 사는 스왑을 하므로(sell/buy swap) 두 거래에 수반되는 환율변동률을 스왑레이트라고 부른다.

$$\frac{r^t - r^f}{1 + r^f} = \frac{E(S_{t+1}) + \epsilon_{t+1} - S_t}{S_t}$$

1년 후 환율의 예측치를 수량화하는 건 어렵기 때문에 UIP가 성립하는지는 $E(S_{t+1})$를 $t+1$기의 실제 환율 S_{t+1}로 치환한 등식이 맞는지 검증하는 것으로 바뀐다. 이 식이 뜻하는 바는 금리가 높은 나라의 통화가치는 낮아야 한다는 것이다. 예컨대 한국의 금리가 미국보다 높으면 원화는 평가하락해야 한다.[13] 이런 주장이 실증적으로 증명될 수 있을까?

수많은 실증분석이 이루어졌지만 UIP가 성립한다는 증거는 뚜렷하지 않은 것으로 드러났다. 오히려 현실에선 반대의 경우가 더 많다. 이를테면 금리가 높은 나라일수록 통화가치가 상승하는 경향을 보인다는 것이다. 외국자본이 많이 들어오는 신흥시장국일수록 통화가치가 높아져 수출경쟁력에 적신호가 켜지는 일을 쉽게 목격할 수 있다.

우리나라만 해도 지나친 원화가치의 상승을 막으려고 외환시장에 개입하고 때로는 자본유입을 직접 통제하기도 한다. 금리격차가 있는 상황에서 환율이 브레이크가 아니라 엑셀레이터 역할을 한다면 차익거래 기회가 없어지기는커녕 더 강화된다. 금리가 높은 데다 환율변동으로 더 많은 돈을 더 벌 수 있어서다.

캐리트레이드carry trade는 저금리 통화를 빌려서 고금리 통화에 투자하는 기법을 말한다. UIP가 성립한다면 캐리트레이드가 장기간 지속되는 일은 있을 수 없다. 금리차이에 따른 이익이 타깃통화의 가치하락(또는 조달통화의 가치상승)으로 상쇄되기 때문이다. 하지만 캐리트레

13 명목금리가 높다는 것은 그 나라의 물가상승압력이 그만큼 높다는 뜻이다. 인플레이션이 높은 나라의 통화는 가치가 떨어지게 마련이다. UIP는 이런 방식으로도 설명할 수 있다.

이드는 장기간 이어졌다. 특히 90년대 후반부터 일본의 금리가 거의 제로수준에 머물고 있었기 때문에 엔화를 조달통화로 하는 투자가 급증했다. 게다가 엔화가 약세를 보였으니(타깃통화는 강세) 엔 캐리트레이드가 끊이지 않았던 건 당연한 일이라 하겠다.

논리적으로 따져보면 UIP가 성립하는 것이 맞기는 한데 현실에서는 왜 반대 현상이 나타나는 걸까? 이런 수수께끼를 풀려는 연구 가운데 고금리 통화에 투자할 때는 위험이 따르기 때문에 합당한 보상을 해줘야 한다는 리스크 프리미엄risk premium론이 지지를 받고 있는 것으로 보인다. 보상이 필요한 리스크의 예로는 타깃통화의 극심한 환율변동성을 들 수 있다.[14]

엔 캐리트레이드가 활발했던 2004~2007년 중에 엔화를 빌려 브라질 채권에 투자했던 경우를 예로 들어보자. 2004년 1월에 헤알당 37엔이던 환율은 2007년 말에 63엔까지 두 배 가까이 상승했다. 헤알화가 타깃통화target currency였기 때문에 헤알화 가치가 떨어져야 했지만(예를 들어 30엔으로) 오히려 크게 올랐다. 같은 기간 중 일본과 브라질의 금리차이는 15.3%포인트에서 9.8%포인트로 축소되기는 했지만(일본은 제로금리 가정) 여전히 격차는 컸다. 만약 2004년 1월에 일본에서 100엔을 빌려 2007년 말 만기가 돌아오는 브라질채권을 샀다고 가정하면 투자수익률은 얼마가 될까? 3년 후 이 투자자는 4.1헤알을 손에 쥐는데 ($\frac{100}{37} \times (1.153)^3$) 이걸 환전하면 261엔(4.1×63)이 된다. 무려 두 배가 넘는 수익을 거둔 셈이다. 하지만 캐리트레이드 포지션을 3년씩이나 가져가는 경우는 드물다. 환율이 언제 변할지 몰라서다. 환율이 극단적

14 Menthoff, Lukas, et.al, 2012, "Carry Trades and Global Foreign Exchange volatility", *The Journal of Finance*, Vol.LXVll, No.2

으로 변하는 일이 자주 있는 건 아니지만 한 번 터졌다 하면 치명타를 맞게 된다. 금융위기가 좋은 사례다. 위기 직전이었던 2008년 7월에 헤알의 엔화 대비 환율은 67엔으로 정점을 찍은 다음 불과 5개월만인 2008년 말 38엔으로 추락했다. 자유낙하라는 말이 어울릴 정도다. 3년 전 환율로 되돌아가는 데 불과 5개월밖에 걸리지 않았다. 이런 극단적인 환율변동이 바로 리스크인 것이다.

〈그림 3-5〉 일본엔화/브라질 헤알화 환율

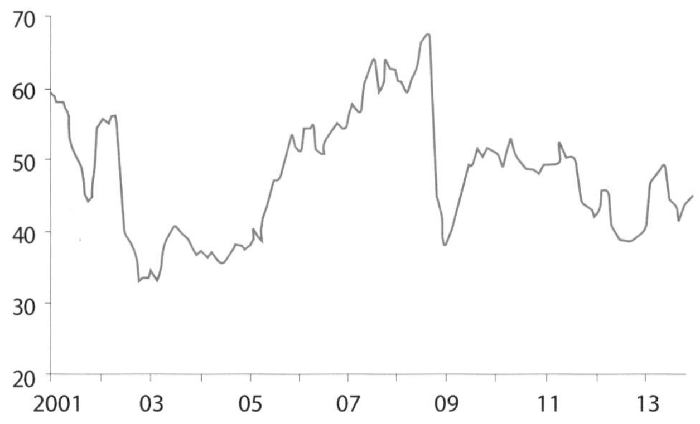

예컨대 엔 캐리트레이드가 계속 이어질 것으로 기대한 투자자가 2007년 말에 100엔을 빌려 1년 만기 브라질 채권에 투자했다고 하자. 이 사람은 1년 후 1.7 헤알을 돌려받는데 ($\frac{100}{63} \times (1.098)$) 이를 엔화로 환전하면 66엔(1.7×38)밖에 건지지 못한다. 1년 사이에 34%의 손실을 본 것이다. 이처럼 캐리트레이드에는 환율이 불리한 방향으로, 그것도 짧은 시간에 큰 폭으로 반전될 위험이 늘 도사리고 있기 때문에 그에 대한 대가, 즉 프리미엄이 필요하다는 것이다.

캐리트레이드의 희생자들? - 헝가리 국민

다른 나라에 비해 금리가 낮다면 어떤 통화라도 조달통화가 될 수 있다. 대표적인 조달통화는 엔화였지만 미 달러화, 스위스 프랑화도 캐리트레이드에 이용되었다. 2000년대 초반 닷컴 버블이 꺼지고 9.11 사태까지 터지자 당시 연준 의장 그린스펀은 정책금리를 1%까지 낮추어 달러화를 저금리 통화로 바꾸어 놓았다. 국제결제은행 보고서는 연준이 금리를 올리기 시작한 2004년 이전까지 달러화가 조달통화로 이용되었다고 분석하고 있다. 한편 스위스 프랑화는 달러보다 더 길게 조달통화 노릇을 했는데 주요 타깃은 헝가리, 폴란드 등 동구권이었다.

헝가리의 금리는 스위스보다 거의 두 배 이상 높았기 때문에 헝가리 은행들은 모기지 대출을 받으려는 사람들에게 포린트forint화 대신 스위스 프랑화 대출을 권했다. 그 결과 2007년 1월말 스위스 프랑화 표시 대출액은 112억 프랑으로 급증했는데 이는 당시 헝가리 GDP의 7.4%에 달하는 큰 금액이었다. 헝가리 국민들은 자신도 모르게 스위스 프랑화를 조달통화로 삼아 포린트로 거래되는 집에 투자하는 캐리트레이드를 한 셈이었다.

그러나 스위스 프랑화의 가치가 계속 상승하자 포린트로 환산된 채무자들의 상환부담은 점점 커졌다. 엔화와는 달리 스위스 프랑화의 캐리트레이드는 조달통화의 가치가 올라야 한다는 UIP의 예측대로 움직인 셈이다. 더구나 금융위기 이후 안전 통화로서의 매력이 한층 부각되면서 스위스프랑화의 가치상승 속도가 더 빨라지자 실질 채무부담은 눈덩이처럼 커졌다. 할 수 없이 헝가리 정부는 2011년 9월부터 세 차례에 걸쳐 채무부담 경감조치를 시행하였다. 하지만 이런 조치가 국민들의 도덕적 해이를 불러일으키고 투기자까지 무차별적으로 구제했다는 비판이 나오고 있다. 스위스프랑화 대출은 헝가리뿐 아니라 폴란드, 크로아티아 등 구동구권 국가에서도 문제가 되고 있다.

우리나라에서도 값싼 엔화 대출을 받았다가 금융위기 이후 엔화의 가치가 급상승하는 바람에 중소기업들이 큰 피해를 본 적이 있다. 캐리트레이드가 항상 이익을 보장하는 것은 아니다. 평상시에는 성립되지 않다가도 어느 한 순간에 UIP조건이 충족되면 선의의 피해자들을 양산할 수도 있다.

2 수익률yield과 듀레이션duration

두 가지의 수익률

수익률은 금리와 비슷하기는 해도 똑같은 개념은 아니다. 금리는 예금이나 채권과 같은 금융상품에서 정기적으로 발생하는 이자의 원금에 대한 비율이지만 수익률은 금융상품을 사고파는 과정에서 발생하는 이득과 손해까지 더한 보다 넓은 개념이다. 은행예금은 사고파는 성격이 아니어서 수익률은 사실상 채권에만 적용된다.

우리가 채권에 투자할 때는 두 가지 형태의 수익을 기대한다. 첫째는 채권이 만기가 될 때까지 받기로 한 쿠폰금리다. 둘째는 산 가격보다 비싸게 채권을 팔아 얻는 시세차익이다. 채권투자가 일반화되어 있지 않은 탓에 채권가격은 부동산이나 주식가격에 비해 낯선 개념이다.[15] 자동차를 등록할 때 강제 할당되는 도시철도채권이나 지역개발채권을 사는 것이 고작이고 그나마 할인해서 팔아버리기 일쑤여서 채

15 일반인이 채권을 직접 사는 경우는 드물지만 펀드를 통해 간접적으로 투자하는 경우는 많다.

권을 샀는지도 모르는 사람이 대부분이다.

이런 사정은 선진국도 마찬가지다. 미국인들의 금융능력을 알아보기 위해 3만 명을 서베이한 결과에 따르면 금리가 오르면 채권가격이 어떻게 되느냐는 질문에 28%만 올바른 대답을 했다. 여러 질문항목 가운데 정답비율이 가장 낮았다.[16] 그만큼 금리와 채권가격의 관계를 이해하기란 쉬운 일이 아니다.

채권투자를 하는 사람들에는 두 부류가 있다. 채권을 산 후 만기까지 가지고 있다가 액면을 돌려받는 사람(buy and hold)과 만기가 되기 전 적당한 시점에서 파는 사람(buy and sell)이다. 어떤 타입이냐에 따라 적용되는 수익률도 다르다. 전자의 투자자가 거둔 수익률을 만기수익률 yield to maturity, 후자의 투자자가 거둔 수익률을 그냥 수익률rate of return이라고 한다. 이 둘은 차이가 있다. 만기까지 보유하면 채권가격이 어떻게 변하든 상관없지만 중간에 팔면 가격 변화에 따라 이익이 날 수도, 손해가 날 수도 있다.

만기수익률은 채권 매입가격과 매입 후 만기까지 받는 현금흐름의 현재가치를 일치시키는 수익률이다. 어려운 말 같지만 이미 다 설명한 내용이다. 앞에서 채권가격은 만기까지 받는 현금흐름의 현재가치와 같다고 했는데 현재가치를 계산하려면 환산자의 역할을 하는 금리가 있어야 한다. 이때 쓰이는 금리가 바로 만기수익률이다. 예를 들어 쿠폰금리 5%(1년에 한 차례 지급), 만기 3년, 액면 100원의 채권을 95원에 사서 만기까지 보유한다면 만기수익률 r은 다음 식에서 구할 수 있다.

16 5개 분야의 질문항목에 대한 정답비율은 다음과 같다. 금리(75%), 인플레이션(61%), 채권가격(28%), 모기지(75%), 위험관리(48%). Investor Education Foundation, 2013, *Financial Capability in the United States*

$$95 = \frac{5}{(1+r)} + \frac{5}{(1+r)^2} + \frac{105}{(1+r)^3}$$

이 식을 계산하면 만기수익률 r은 6.9%가 나온다.[17] 만기수익률이 쿠폰금리보다 높은 이유는 100원짜리 채권을 95원에 할인해서 샀기 때문에 5%의 쿠폰금리에 더해 액면가와 매입가의 차이 5원만큼을 더 벌 수 있어서다. 만약 이 채권을 액면과 같은 100원에 샀다면 만기수익률은 쿠폰금리와 같은 5%가 될 것이다. 이 점에 대해서도 이미 설명한 바 있다.

수익률 계산은 만기수익률보다 쉽다. 채권을 사서 팔 때까지 얻는 이익은 보유기간 동안 받은 이자에 매각이익(또는 손실)을 더한 것이다. 이것을 최초에 채권을 샀던 가격으로 나누면 수익률이 나온다. 100원을 투자해서 얼마를 건졌느냐 하는 개념이라고 보면 된다. 위의 예로 다시 돌아가서 95원에 사서 1년 보유하다가 98원에 팔았다면 수익률은 $\frac{5+(98-95)}{95} = 8.4\%$가 된다. 수익률이 만기수익률보다 높은 이유는 3원의 매각이득이 생겼기 때문이다.

듀레이션, 금리변화에 대한 민감도

금리가 달라지면 채권가격은 반대방향으로 변한다. 이제 방향은 알겠는데 그러면 변화의 크기는 어느 정도일까? 예컨대 금리가 1%포인트 달라지면 채권가격은 몇 %나 변할까? 채권 종류에 따라 변화율이 달라질까, 아니면 종류와 관계없이 같을까?

금리에 대한 반응도는 채권 종류에 따라 다르다. 금리변화에 민감히

17 엑셀 프로그램이 제공하는 YIELD는 만기수익률이 아님에 주의해야 한다.

반응해서 가격의 스윙 폭이 큰 채권이 있는가 하면, 그렇지 않은 채권도 있다. 전자의 경우에는 금리 리스크interest rate risk가 크다고 하고 후자의 경우에는 금리 리스크가 작다고 말한다. 금리변화에 민감하게 반응하는 채권들, 다시 말해 금리 리스크가 큰 채권들로 구성된 투자 바구니를 '민감 바구니'라 하고 둔감한 채권들, 다시 말해 금리 리스크가 작은 채권들로 이루어진 바구니를 '둔감 바구니'라고 부르기로 하자. 예를 들어 '민감 바구니'는 금리가 1%포인트 움직일 때(6%에서 7%로) 가격이 5%나 변하는데 '둔감 바구니'의 가격은 2%만 변한다. 둘 중 하나를 선택해야 한다면 어떤 쪽을 택해야 할까?

'민감 바구니'는 금리가 하락할 때(채권가격이 오를 때) 더 좋은 성과를 낸다. 금리가 1%포인트 하락할 때마다 5%씩이나 가격이 오르기 때문이다. 반면 '둔감 바구니'는 2% 수익밖에 내지 못하니 '민감 바구니'가 이겼다.

하지만 언제나 그런 건 아니다. 금리가 상승하면(채권가격이 내릴 때) 상황이 역전된다. '민감 바구니'는 5%나 손실을 보지만 '둔감 바구니'는 2%만 손해를 본다. 이번에는 '둔감 바구니'의 승리다. 이렇게 보니 투기성향이 있고 위험을 좋아하는 투자자(소위 대박을 노리는 투자자)는 '민감 바구니'를 택할 것이고, 위험을 싫어하는 보수적인 투자자들은 '둔감 바구니'를 선호할 것 같다.

어떤 바구니를 선택할 것인지는 투자자 성향에 따라서만 결정되는 건 아니다. 금리를 어떻게 전망하느냐 하는 것도 중요하다. 예를 들어 앞으로 금리하락이 확실하다고 전망하면(채권가격 상승) '민감 바구니'를 선택할 것이다. 이익을 최대화하기 위해서다. 반대로 금리상승이 확실하다고 판단한다면(채권가격 하락) 손실을 최소화하려고 '둔감 바구니'를 택할 것이다. 금리 방향이 애매할 때는 어떻게 해야 할까? 올라갈지 내려갈지 불확실하다면 '둔감 바구니'를 택하는 것이 좋을 것이다. 앞길이 잘 안 보일 때는 걸음을 조금씩 떼어놓는 게 최선이듯이, 금리 전망이 불투명하다면 이익이 나더라도 조금, 손해가 나더라도 조금, 이런 전략을 택하는 게 최선일 터이니 그렇다.

아래 그림은 금리가 변함에 따라서 '민감 바구니'와 '둔감 바구니'의 수익이 어떻게 달라지는지 가상의 데이터를 써서 그려본 것이다. 금리가 똑같이 변하더라도 민감 바구니에 들어 있는 채권의 가격변동 폭이 훨씬 크다는 것을 알 수 있다.

〈그림 3-6〉 금리민감도의 차이에 따른 채권가격 변동

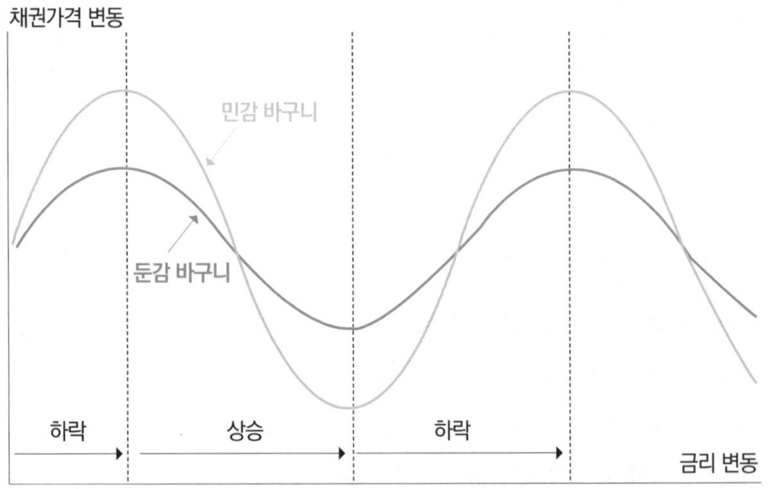

여기서 투자자들이 부딪치는 문제는 내가 선택한 바구니가 민감한지 둔감한지 어떻게 알 수 있느냐는 것이다. 이런 고민을 해결해 주는

수단이 바로 듀레이션이다.

듀레이션이란 투자한 돈을 회수할 수 있는 평균기간을 의미한다. 예컨대 3년 만기 채권의 듀레이션이 2년 6개월이라면 이 채권을 사기 위해 쓴 돈을 2년 6개월이면 다 건질 수 있다는 뜻이다. 듀레이션과 만기는 비슷하게 보여도 차이점이 있다. 만기는 액면을 돌려받을 수 있는 특정시점이지만 듀레이션은 이자까지 모두 합쳐 처음 채권을 사려고 지출한 돈을 회수할 수 있는 기간이다. 따라서 듀레이션은 언제나 만기보다 짧다. 만기 전에 채권매입자금을 모두 회수해야 나머지 기간에 수익을 낼 수 있어서다. 만기는 한 번 정해지면 고정되지만 듀레이션은 금리가 어떻게 되느냐에 따라 수시로 변한다는 것도 차이점이다.

듀레이션은 어떻게 계산할까? 쿠폰금리 5%(1년에 한 차례 지급), 만기 3년, 액면 100원인 채권을 95원에 샀다면 만기수익률은 6.9%다. 이 채권을 사고 나서 매년 얼마씩 회수되는지 계산해 보면 다음과 같다.

1년 후 회수하는 돈은 이자 5원이고 현재가치는 $\frac{5}{(1+0.069)}=4.68$, 2년 후 회수하는 돈도 역시 이자 5원이고 현재가치는 $\frac{5}{(1+0.069)^2}=4.38$원, 마지막 해에는 이자 5원과 원금 100원을 합쳐 105원이고 현재가치는 $\frac{105}{(1+0\ 069)^3}=85.95$이다.

이 셋을 합하면 정확히 채권가격 95원이 나온다. 첫해의 4.68원은 1년 걸려서, 둘째 해의 4.38원은 2년 걸려서, 마지막 해의 85.95원은 3년 걸려 회수한 돈이다. 같은 금액이라도 회수기간이 틀리니까 그 기간을 가중치로 적용해 합산하면 4.68×1+4.38×2+85.95×3=271.29 원이 되고 이것을 매입가격 95로 나누면 평균회수기간 2.86년이 구해진다.[18]

---

18 채권매입가격 P_b, 금리 r, 만기 n, 매번 발생하는 이자 I, 액면 F인 채권의 듀레이션은 다음과 같이 표현할 수 있다.

$$D=\frac{1}{P_b}[\frac{1\times I}{(1+r)}+\frac{2\times I}{(1+r)^2}+\frac{3\times I}{(1+r)^3}+.......+\frac{\mathrm{n}\times(I+F)}{(1+r)^n}]$$

듀레이션 개념을 처음 소개한 사람이 프레더릭 맥콜레이Frederick Macaulay였기 때문에 이렇게 계산된 듀레이션을 맥콜레이 듀레이션이라고 부른다. 하지만 이 개념은 그다지 유용하게 쓰이지 못했다. 그래서 맥콜레이 듀레이션을 일부 바꾼 수정 듀레이션modified duration이 개발되었다.

수정 듀레이션(Mod D)은 맥콜레이 듀레이션(Mac D)과 크기 면에서는 별 차이가 없지만[19] 개념은 상당히 다르다. 맥콜레이 듀레이션이 투자금의 평균회수연도를 뜻하는 데 비해 수정 듀레이션은 금리가 1%포인트 변할 때 채권가격이 몇% 달라지느냐를 보여준다. 채권투자자들의 가장 큰 관심은 자신이 구성한 채권포트폴리오의 가치가 금리변동에 따라 얼마만큼 달라지는가 하는 것인데 수정 듀레이션이 이 물음에 답을 준다. 수정 듀레이션과 맥콜레이 듀레이션간의 관계는 다음과 같다.

$$Mod\,D = \frac{Mac\,D}{(1 + \frac{r}{k})}$$

여기서 r은 금리, k는 1년 중 이자지급 회수(6개월마다 한번 씩 지급하면 2)를 뜻한다. 앞의 예에서 $Mac\,D$는 2.86년이었고 $r = 0.069$, $k = 1$이었으니까 위의 식에 대입하면, $Mod\,D = 2.67\%$가 나온다. $Mac\,D$는 '년'으로, $Mod\,D$은 %로 표시된다는 점에 유의해야 한다. 이 채권의 $Mod\,D$가 2.67%라는 것은 금리가 1%포인트 변할 때 채권가격이 2.67% 변동한다는 의미이다. 사실 이것도 근사치이기 때문에 정확한

19 통상 이자지급주기는 1년에 두 차례 정도다. 그런데 이자지급주기가 연속적이라면(현실에서는 불가능하지만 매초마다 이자를 지급하는 가상의 채권이 있다면) 맥콜레이 듀레이션과 수정 듀레이션은 정확히 일치한다. 그 이유는 두 듀레이션의 관계식에서 k가 무한대가 되면 $\frac{r}{k}=0$가 되어 $Mod\,D = Mac\,D$가 되기 때문이다.

것은 아니다. 금리가 6.9%에서 7.9%로 1%포인트 상승했다면 정확하게 계산한 채권가격 하락률은 2.62%이다. 큰 차이가 나지는 않는다. *Mac D*와 *Mod D*를 혼동하는 경우가 적지 않은데 금리가 변할 때 채권가격 변화폭의 근사치를 알려면 수정 듀레이션을 이용해야 한다는 점을 잊어서는 안 된다.[20]

〈그림 3-7〉 채권가격 하락률 비교

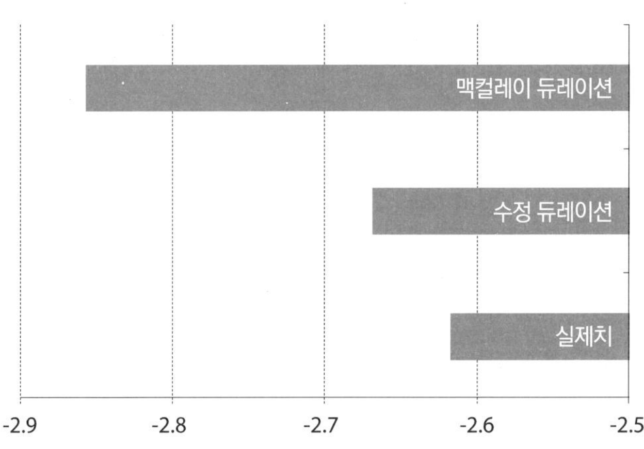

듀레이션은 금리변동에 대한 채권가격 변동 폭을 나타내는 지표이므로 '민감 바구니'는 듀레이션이 긴 채권들로, '둔감 바구니'는 듀레이션이 짧은 채권들로 구성되었다고 할 수 있다. 개별 채권의 듀레이션을 알면 이들이 모인 바구니 전체의 듀레이션도 계산할 수 있다. 자동차에 비유하면 듀레이션은 속도계다. 엑셀레이터를 어느 정도 밟아야 적당

20 엑셀프로그램에서 제공하는 듀레이션은 맥콜레이 듀레이션임에 유의하라.

한 속도로 차를 몰 수 있는지 알려주는 것이 속도계라면, 어떤 종류의 채권을 사야 원하는 수익을 낼 수 있는지 보여주는 유용한 지침이 듀레이션이라고 할 수 있다. 투자자들은 수시로 자신의 바구니에 담겨있는 채권의 듀레이션을 계산해서 적정 바구니를 유지하려고 애쓴다.

듀레이션을 결정하는 요소는 만기, 쿠폰금리, 수익률의 3가지다.

첫째, 듀레이션은 투자금의 평균 회수기간을 뜻하므로 만기가 길수록 듀레이션은 늘어난다. 〈그림 3-8〉은 쿠폰금리 3%, 수익률 4%인 가상 채권의 만기가 3년에서 24년까지 늘어날 때 듀레이션이 어떻게 변하는지 보여준다. 3년 만기채권의 듀레이션은 2.9년인데 24년 만기채권은 16.8년이다. 만기가 길어질수록 듀레이션은 상승하지만 그 폭은 줄어든다.

〈그림 3-8〉 만기에 따른 듀레이션 변화

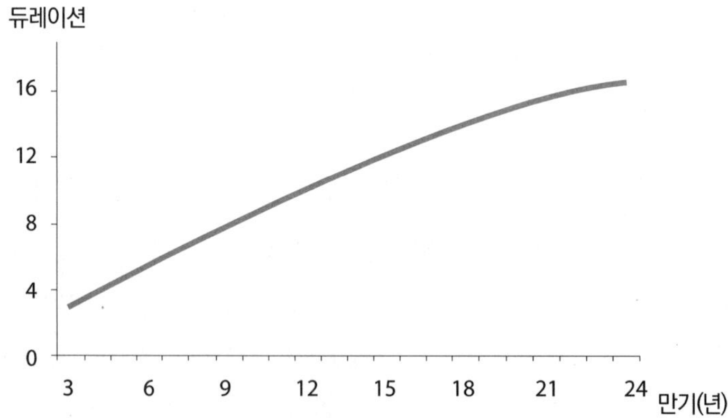

둘째, 쿠폰금리가 높으면 초기에 많은 금액이 회수되므로 듀레이션이 짧아진다. 〈그림 3-9〉는 만기 3년, 수익률 5%인 가상채권의 듀레이션이 쿠폰금리에 따라 어떻게 달라지는지 보여주고 있다. 쿠폰금리가 높을수록 듀레이션은 하락하는데 둘 사이는 거의 직선linear 관계를 보이고 있다.

〈그림 3-9〉 쿠폰금리에 따른 듀레이션 변화

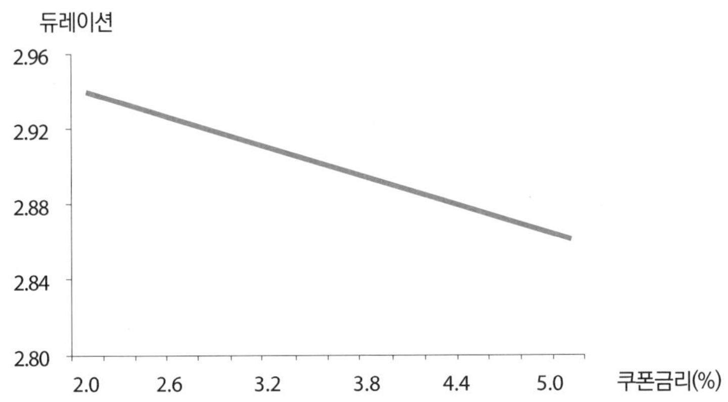

셋째, 현재가치를 산출하는 데 쓰이는 수익률이 높아지면 만기에 가까운 시점에서 회수되는 돈의 현재가치는 작아지고 미리 회수되는 돈의 현재가치는 커지기 때문에 듀레이션은 짧아진다. 〈그림 3-10〉은 만기 3년, 쿠폰금리 3%인 가상채권의 듀레이션이 수익률에 따라 어떻게 변하는지 나타내고 있다. 수익률이 높아지면 듀레이션이 짧아지는데 쿠폰금리의 경우와 비슷하게 직선의 관계를 보이고 있다.

〈그림 3-10〉 수익률에 따른 듀레이션 변화

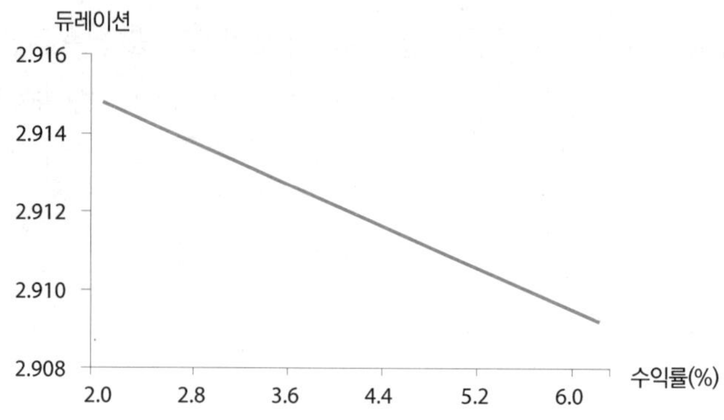

이처럼 듀레이션은 만기와는 정正의 관계, 금리(쿠폰금리 또는 수익률)와는 역逆의 관계에 있다. 그런데 일반적으로 만기가 긴 채권일수록 쿠폰금리나 수익률이 높아진다. 장기 채권을 포트폴리오에 편입하면 만기가 길어진 만큼 듀레이션이 늘어나지만 높은 금리가 듀레이션을 조금이나마 낮추는 역할을 한다. 〈그림 3-8〉은 만기만 다르고 쿠폰금리와 수익률은 동일한 가상채권을 예로 들었는데 만기가 3년에서 5년으로 늘어나면 듀레이션이 2.91년에서 4.71년으로 상승한다. 하지만 금리가 오르면(쿠폰금리 3% → 3.5%, 수익률 4% → 4.5%) 듀레이션은 4.66년으로 상승폭이 조금 줄어든다.

미 연준은 생각 없는 투자자? – 롱 듀레이션

글로벌 금융위기로 인한 시장혼란과 경기침체를 막으려고 버냉키 미 연준 의장은 금리를 0% 가까이 낮추고 돈을 무한정 푸는 이른바 양적완화정책quantitative easing, QE를 3차례 실시했다. 하지만 이런 비정상적인 정책을 언제까지나 쓸 수는 없는 노릇이어서 2013년 12월에는 국채매입 규모를 월 850억 달러에서 750억 달러로 줄이기로 결정하였다(이를 tapering이라 부른다). 연준은 국채매입규모를 점차 줄여나가다가 종국에는 매입 자체를 중단하겠지만, 이 과정에서 불가피하게 나타나는 금리 상승을 어떻게 관리하느냐가 주요 과제로 떠올랐다. 실제 연준이 QE의 완화방침을 밝힌 2013년 5월 이후에 미국의 장기국채금리는 꾸준히 상승했다.

그런데 연준의 정책변경이 연준 자신의 수익성에 큰 타격을 입힐 것이라는 견해가 있다. 바로 롱 듀레이션 때문이다. 연준의 국채보유액은 3.7조 달러에 이르는데 대부분이 장기국채나 모기지 채권이다 보니 듀레이션이 상당히 길다. 공식적인 통계가 있는 건 아니지만 월가에서는 연준의 듀레이션을 대략 7.5년 정도로 보고 있다. 국채금리가 1%포인트 오르면 국채가격이 7.5% 하락하는 셈이니 연준이 입게 되는 손실은 3.7조 달러 ×0.075=2,800억 달러에 이른다. 2%포인트가 오르면 5,600억 달러의 손실이 생긴다. 연준 자본금이 550억 달러밖에 되질 않으니 이론상 파산을 면할 수 없다. 물론 연준은 발권력을 가진 중앙은행이기 때문에 그런 일은 없겠지만 민간은행이라면 이런 식으로 듀레이션을 가져간다는 건 상상도 못 할 일이다.

수익률 곡선yield curve, 경기예측수단?

동일한 위험도를 갖는 채권의 만기와 수익률 사이의 관계를 나타낸 것이 수익률 곡선이다. 예를 들어 우리나라에서는 1년, 3년, 5년, 10년, 20년, 30년 등 여섯 가지의 국고채 수익률이 발표된다. 아래 그림은 2013년 12월 31일의 수익률 곡선인데 만기가 길어질수록 수익률이 높아져 수익률 곡선은 우상향하고 있다.

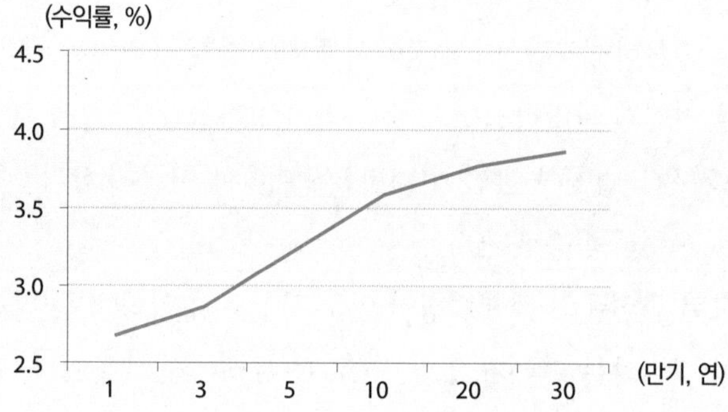

주: 1년 만기 국고채는 발행되지 않으나 수익률곡선 형성 목적으로 증권사가 호가금리 제시

수익률곡선의 모습을 이해하려면 장기금리가 어떻게 결정되는지 알아야 한다. 10년 만기 국고채 금리는 3년 만기 국고채금리와 어떤 관계에 있을까? 경제학자들은 장기금리가 단기금리에 대한 평균 예상치와 유동성 프리미엄liquidity premium(또는 기간 프리미엄term premium)의 합으로 이루어져 있다고 본다. 수식으로 나타내면 다음과 같다.

$$r_t^n = \frac{r_{t+1}^e + r_{t+2}^e + ...r_{t+n}^e}{n} + lp_t^n$$

위 식의 첫 번째 항은 경기가 과열되어 중앙은행의 금리인상 가능성이 커지면 상승하고 반대로 경기침체 타개를 위한 금리 인하 가능성이 높아지면 하락한다. 두 번째 항은 만기 이전 별안간 돈이 필요해졌을 때 현금화할 수 없을지도 모를 리스크, 현금화가 가능하더라도 손해를 보고 팔지도 모를 리스크에 대한 보상으로서 항상 플러스 부호를 갖는다.

단기금리 상승이 예상되면 위식의 두 개 항이 모두 플러스가 되므로 장기금리는 현재의 단기금리보다 훨씬 커져 수익률 곡선은 가파르게 우상향 한다(왼쪽 그림). 그런데 단기금리 하락이 예상되면 어떤 항이 큰가에 따라 장기금리가 현재의 단기금리보다 낮아질 수 있다. 일례로 심각한 불황이 닥쳐 단기금리가 급격히 하락할 것으로 보인다면 첫째 항의 마이너스 영향으로 장기금리는 현재의 단기금리보다 낮아져 수익률 곡선은 우하향한다(오른쪽 그림).

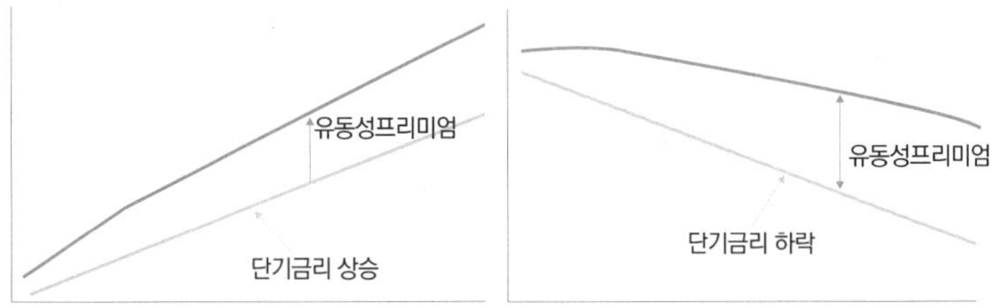

이처럼 수익률 곡선의 기울기가 마이너스가 되면 시장이 심각한 불황의 도래를 예고하는 것으로 해석되어 수익률 곡선은 경기를 예측하는 수단으로 활용된다.

4장

금융행위는 이성적인가? – 행태금융론

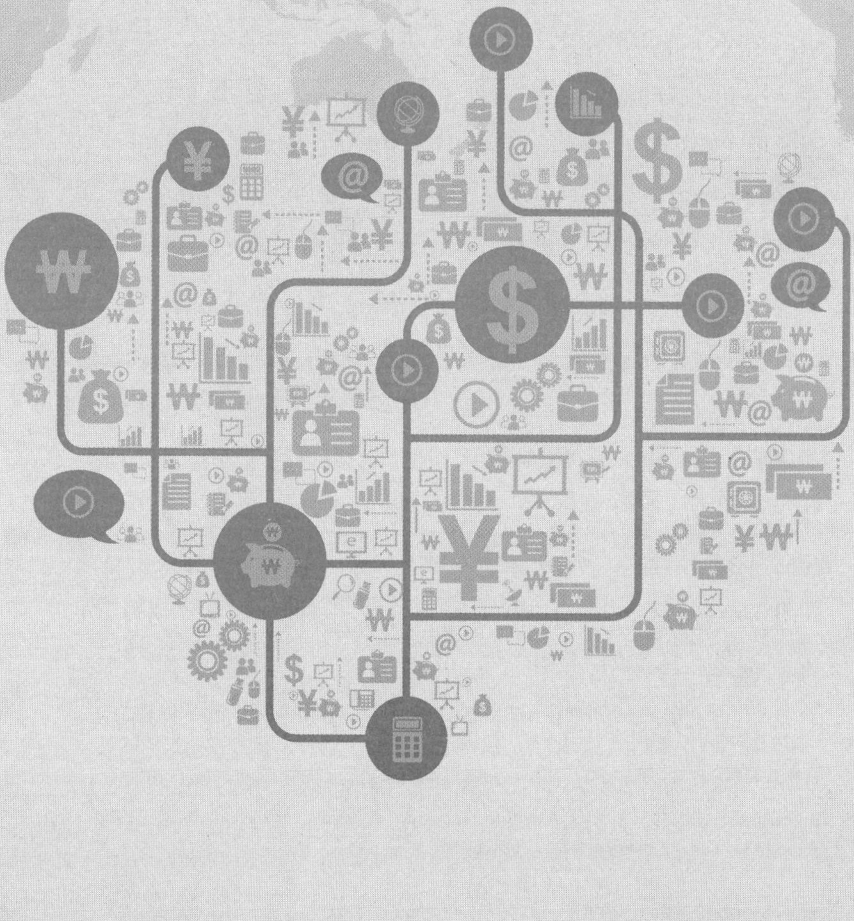

금융행위는 이성적인가?

2013년 노벨 경제학상 수상자로 세 사람의 미국 학자가 공동 선정되었다는 소식이 전해지자 세계의 학계, 금융계, 언론계는 크게 술렁였다. 시카고대학의 유진 파마Eugene Fama와 라스 피터 한센Las Peter Hansen, 예일대학의 로버트 실러Robert Shiller가 주인공이었는데 이 중 세간의 관심을 집중시킨 것은 파마와 실러 두 사람이었다.

주식, 채권, 부동산 같은 자산 가격 이론을 정립한 이들의 업적은 누구나 인정하는 바였지만 사람들을 놀라게 한 것은 자산 가격을 보는 두 사람의 입장이 확연히 달랐기 때문이다. 두 사람의 공동수상은 천동설을 주장한 고대 그리스의 프톨레미와 지동설을 주장한 중세의 코페르니쿠스에게 '천문학상'을 동시에 준 것과 진 배 없다는 코멘트까지 나왔다.[1]

1974년에도 스웨덴 한림원은 자유시장을 절대가치로 받드는 하이에크Hayek와 사회주의 경제학자이자 계획경제의 우월성을 믿는 미르달Myrdal 두 사람에게 노벨경제학상을 공동 수여한 적이 있다.

파마는 금융시장의 효율성을 신봉하는 학자다. 그가 개척한 효율적 시장가설efficient market hypothesis은 오랫동안 주류 재무이론으로 군림해 왔다. 그는 자산 가격에는 모든 정보가 정확히 반영되어 있기 때문에 거품이라는 건 있을 수 없다고 확신했다. 영국의 유력 경제지인 이코노미스트*The Economist*가 자산 가격의 거품 가능성을 줄기차게 제기하자 구독을 끊어버릴 정도로 그는 자신의 신념에 확신을 가졌다. 이에 반해 실러는 자산 가격에 거품이 낄 수 있다고 믿는 학자다. 그는 1981년 발표한 논문[2]에서 배당률만으로는 설명할 수 없는 주가변동

1 "The Nobel Committee is Muddled on the Nature of Economics", *Financial Times*, 2013. 10. 15

2 Shiller, R., 1981, "Do Stock Prices Move Too Much to be Justified by Subsequent Changes in Dividends? *American Economic Review*, pp421~436

부분이 있음을 발견했다(거품 형성). 또한 장기적으로 보면 과대평가된 주가는 반드시 하락한다고 주장했다(거품 붕괴). 파마가 수많은 투자자들이 모인 시장의 합리성을 믿고 있었던 데 비해 실러는 합리성이 결여된 사람들의 심리를 중시했다.

2008년 금융위기는 효율적 시장가설의 타당성을 더욱 의심케 만든 사건이었다. 그러던 차에 그 이론의 창시자격인 파마에게 노벨 경제학상이 주어졌으니 사람들이 스웨덴 한림원의 결정을 의아하게 받아들인 것도 이해할 만하다. 하지만 파마는 이후에 나온 여러 재무이론의 기초를 제공한 공로만으로도 상을 받을 자격이 충분하다는 것이 중론이다. 지금도 효율적 시장가설이 성립하는 상황은 있다. 아인슈타인의 상대성이론에 의해 빛이 바래기는 했지만 뉴턴 역학은 로켓이나 미사일 궤도를 계산할 때 아직도 유용하게 쓰인다. 마찬가지로 두 이론은 중첩되지 않는 분야 또는 다른 차원에서 각자의 역할을 할 수 있다. 두 사람을 공동수상자 명단에 올린 데는 이런 생각이 숨어있지 않을까 짐작해 본다.

이 장에서는 금융에 관한 의사결정financial decision making을 설명하는 두 개의 큰 축, 파마와 실러가 대표하는 두 진영의 논리와 주장에 대해 알아보려고 한다. 합리적 기대이론rational expectation theory, 기대효용이론expected utility theory, 효율적 시장가설 등이 전자의 진영에 속하고 프로스펙트 이론prospect theory[3]에 기초한 행태경제학 또는 행태금융론behavioral finance이 후자의 진영에 속한다.

---

3 우리나라에서는 보통 '전망이론'이라고 번역하는데 이 용어로는 이론의 성격을 파악하기 어렵다. 프로스펙트에는 '복권'이라는 뜻이 있고, 이론의 내용도 복권 또는 게임과 관련이 있어서 이 책에서는 그냥 원어대로 프로스펙트 이론이라고 쓰기로 한다. 프로스펙트 이론의 창시자 가운데 한 명인 카너먼은 이런 제목을 붙인 이유를 다음과 같이 밝혔다. "만약 이 이론이 유명해진다면 독특한 제목을 붙여놓는 게 더 유리할 것 같아서 그렇게 했다." 파운드스톤(W.Poundstone), 2011, 「가격은 없다」, 최정규 하승아 역, 동녘사이언스

1 금융 의사결정financial decision making에 관한 이론의 발전단계

금융 분야에서의 의사결정 이론은 네 단계의 발전과정을 밟아 왔다.[4]

첫 단계는 1920년대에 시작되어 한 때는 유용하게 쓰였지만 지금은 중요도가 낮아진 경험법칙rule of thumb 또는 휴리스틱heuristics으로 불리는 의사결정방법이다. 휴리스틱은 판단을 내리기는 해야 하는데 명확한 실마리나 이론이 없을 때 사용하는 편의적 방법을 말한다. 간편법 또는 지름길로 표현하기도 하다.

예를 들어 보통의 투자자들은 포트폴리오를 구성할 때 복잡한 이론이나 공식에 기대지 않고 단순한 1/N 법칙을 선호하는 것으로 알려져 있다. 100만 원을 주식펀드와 채권펀드에 적절히 배분해야 할 때 상당수의 사람들은 50:50 비율로 포트폴리오를 짠다는 것이다. 휴리스틱의 또 다른 예로는 1920년대에 알프레드 슬로안Alfred Sloan이 개발한 듀퐁 모델Dupont model을 들 수 있다.

4 Howard, J.A., 2012, "Behavioral Finance : Contributions of Cognitive Psychology and Neuroscience to Decision Making", *The Journal of Organizational Psychology*, Vol.12

모델이라고는 했지만 거창한 내용은 아니고 주가수익비율return on equity, ROE을 분해하여 운영효율과 레버리지를 높이면 수익성을 개선할 수 있다는 단순한 공식이다.[5] 인구의 20%가 소득의 80%를 가져간다는 파레토법칙도 많이 인용되는 휴리스틱의 예로서 재무이론에도 응용된다. 예를 들어 기업이 진행하고 있는 투자 프로젝트의 20%에 각종 문제(비용초과, 공기지연)의 80%가 집중된다는 것이다. 따라서 경영자는 20%의 프로젝트에만 관심을 쏟으면 된다고 본다.

휴리스틱은 의사결정에 투입되는 시간과 노력을 최소화하여 주는 장점이 있지만 직관에 의존하다 보니 심리적인 편향성bias에 노출되는 일이 잦다. 카너만과 트버스키 Kahneman & Tversky(이하 K&T로 약칭)는 휴리스틱에 수반되는 편향으로 대표성representativeness, 닻 효과anchoring, 가용성 편향availability biases을 들고 있는데[6] 아래에 내용이 설명되어 있다.

휴리스틱에 수반되는 편향

1. 대표성

A가 집합 B의 대표적인 특성을 가지고 있다면 다른 정보는 무시한 채 A가 B에 속한다고 판단하는 경향을 말한다. 은행원

5 $ROE = \frac{이윤}{자본금} = \frac{이윤}{매출} \times \frac{매출}{자산} \times \frac{자산}{자본금}$ = 수익성 × 운영효율 × 레버리지

6 Tversky, A. & D. Kahneman, 1974, "Judgement Under Uncertainty : Heuristics and Biases", *Science*, Vol.185

린다Linda가 가장 유명한 예다. 실험참가자들에게 린다에 대해 다음과 같은 정보를 알려주었다

"서른 한 살의 린다는 성격이 밝고 말도 직설적으로 하는 편이다. 그녀는 대학에서 철학을 전공했는데 차별과 사회정의에 대해 고민했고 반핵시위에도 참가한 경력이 있다."

그런 다음 두 가지 진술 가운데 어느 쪽이 진실에 가까운지 물었다.

"진술1 : 린다는 은행원이다."

"진술2 : 린다는 은행원이면서 페미니스트 단체에서 자원봉사하고 있다."

실험참가자의 85%가 진술2를 택했는데 이것은 명백한 오류다. 물론 린다가 은행원인 동시에 페미니스트 운동가일 수도 있지만 확률적으로 보면 진술1이 진실에 훨씬 가깝다. 예컨대 린다가 은행원일 가능성이 40%이고, 은행원 가운데 페미니스트 운동을 할 확률이 50%라고 하면 두 조건을 다 만족시킬 확률은 20%밖에 되지 않는다. 하지만 사람들은 배후에 깔린 확률조건base rate은 무시한 채 주어진 정보만 가지고 쉽게 판단을 내리는 오류를 범한다.

또 다른 대표성 편향은 '표본 크기를 무시sample size neglect'하는 데서 온다. 큰 수에서나 가능한 확률이 작은 수의 표본에

서도 그대로 나타날 것으로 믿는 경향이다. 동전을 1000번쯤 던져야 윗면과 아랫면이 50%씩 나오는데도 사람들은 10번 정도만 던져도 반반씩 나올 것으로 생각한다. 어떤 애널리스트가 주식 4개를 추천했는데 전부 가격이 올랐다고 하자. 사람들은 4개 가운데 적어도 2개는 실패하는 게 정상이라고 생각하는데(큰 수의 법칙을 무의식적으로 작은 수에도 적용했다) 이 애널리스트는 4개 모두 성공했으므로 그를 대단한 사람으로 여긴다. 2008년 금융위기 가능성을 예고해서 유명해진 모 교수를 사람들은 금융위기의 예언자로 떠받들며 그의 한 마디 한 마디에 주목하는데 대표성 편향의 시각에서는 이것도 맞지 않는다. 대표성 편향은 기저에 깔린 확률이나 표본 크기와 같은 정보는 무시한 채 겉으로 드러난 특성(대표성)만을 가지고 성급히 판단하는 성향이다.

2. 닻 효과

처음 인식된 숫자를 기준점으로 해서 판단하려는 경향을 말한다. 백화점의 여성가방 코너에 17만 원, 100만 원, 2,000만 원의 백bag 세 개가 진열되어 있다. 아내에게 사 줄 백을 고르라면 대개는 중간가격대인 100만 원짜리를 선택한다. 이번에는 2,000만 원 하는 고급 백을 치운 다음 선택하라고 하면 17만 원짜리를 구입하는 사람이 늘어난다. 2,000만 원짜리 백이 일종의 닻, 기준점 역할을 한 것이다. K&T는 아프리카 국가 중에

UN에 가입한 나라의 비율을 묻는 실험을 하면서 10과 60이라는 두 가지 기준점을 제시했다. 10%의 기준점을 제공받은 참가자들은 평균 25%라고 답한 반면, 60%의 기준점을 제공받은 참가자들은 평균 45%라고 답변했다.

3. 가용성 편향

어떤 사건이 출현하는 빈도나 확률을 판단할 때 저장된 기억에서 쉽게 끄집어낼 수 있는 정보(최근의 경험, 강한 인상을 받은 경험)를 활용하는 경향이다. 예를 들어 소설 4페이지를 빠르게 읽힌 다음 ①어미가 ~ing로 끝나는 7문자로 이루어진 단어와 ②여섯째 자리가 n으로 되어 있는 7문자로 이루어진 단어가 각각 몇 개였는지 물었다. 답변자의 평균을 보면 ①이 13.4개, ②가 4.7개였는데 이 또한 말도 안 되는 결과다. ~ing로 끝나는 단어는 언제나 ②의 조건을 만족시키는데 ①이 아니면서도 ②의 조건을 만족시키는 단어가 있으므로 (예: payment) 당연히 ②가 더 많아야 한다. 하지만 사람들이 ~ing로 끝나는 단어를 쉽게 기억해내기 때문에 그런 형태의 단어가 훨씬 많을 것으로 착각한다.

두 번째 단계는 1940년대 이후 1970년대까지 경제학과 경영학을 지배해 온 합리적 기대이론이다. 이 이론은 경제활동을 하는 주체들이 합리적으로 판단하고 행동한다고 가정한다. 금융행위 결정 분야에서는 1944년 폰 노이만Von Neumann과 모건스텐Morgenstern이 발표한 기대효용이론이 결정적 역할을 했고 이를 바탕으로 파마의 효율적 시장 가설이 탄생했다.

세 번째 단계는 1980년대부터 활발한 연구가 이루어지고 있는 행태금융론이다. 심리학자인 K&T가 제창한 프로스펙트 이론을 기반으로 사람들은 결코 이성적이지 않다는 것을 전제로 한 금융이론이다. 수시로 터지는 금융위기가 투자자들의 비이성적인 욕심 때문인 것으로 밝혀지면서 더욱 주목받고 있다.

네 번째 단계는 투자자들의 심리를 더 깊숙이 들여다보기 위해 신경과학이나 무의식 분석기법까지 동원하는 것으로 아직은 초기 연구단계라 하겠다.

네 가지 단계 가운데 노벨 경제학상을 공동 수상한 파마와 실러가 대표하는 두 번째와 세 번째 단계의 논리와 주장에 대해 좀 더 자세히 살펴보자.

2 기대효용이론과 효율적 시장가설

우리는 소비를 할 때마다 기쁨을 느낀다. 경제학에서는 이것을 효용이라는 말로 표현하는데 소비자의 목적은 예산 범위 내에서 최대의 효용을 얻도록 소비패턴을 짜는 것이다. 소비할 때와 마찬가지로 투자를 해서 수익이 생겨도 기쁨 또는 효용을 맛본다.

소비 또는 투자수익과 효용 간의 관계는 친숙한 효용함수utility function에 기초해 〈그림 4-1〉과 같이 그릴 수 있다. 원점에 대해 오목한 형태를 띠고 있어 소비나 투자수익이 늘어날수록 효용은 커지지만 증가폭은 줄어든다는 걸 알 수 있다. 효용함수는 왜 이런 형태를 띠는 것일까? 소비의 경우에는 한계효용체감의 법칙이 작용해서이고 투자수익의 경우에는 사람들의 위험회피 성향risk aversion 때문이다. 〈2장〉에서 잠시 설명한 적이 있지만 위험회피 성향에 대해 조금 더 살펴보자.

기대치expected value와 기대효용expected utility은 다른 개념이다. 기대치는 여러 대안에서 확률적으로 얻을 수 있는 값으로 예컨대 동전을 던져 앞면이면 100원, 뒷면이면 200원을 주는 게임이 있다면 기대치는 $100 \times 0.5 + 200 \times 0.5 = 150$원이다. 기대효용은 기대치가 주는 효용 $EU(150)$으로 함수의 형태에 따라 크기가 달라진다. 예를 들어 기대효용함수 $EU(x) = x$라면 $EU(150$원$)$=150이고 $EU(x) = \sqrt{x}$ 라면 $EU(150$원$)$=12.2가 된다.

〈그림 4-1〉 효용함수

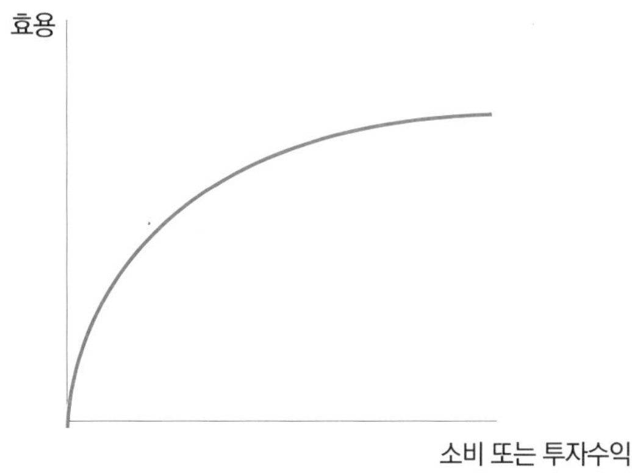

위험에 대한 태도에 따라 효용함수의 형태가 달라진다. 위험에 중립적인 사람은 기대치가 150원인 동전던지기 게임에서 얻는 기대효용과 지갑에 들어 있는 150원에서 얻는 효용이 동일하다.[7] 다시 말해 $EU(150$원$) = U(150$원$)$이라는 뜻이다. 따라서 동전던지기 게임의 참가비가 150원이라면 이 사람은 게임을 할 수도, 하지 않을 수도 있다. 어떤 결정을 내리든 최종 효용은 동일하기 때문이다. 반면 위험을

7 불확실한 상태에서 확률에 의해 결정되는 게임의 기대치가 주는 효용함수를 EU로, 현재 내 수중에 있는 (확실한) 돈에서 얻는 효용함수를 U로 구분해 사용한다.

싫어하는 사람에게는 지갑 속 150원의 효용이 크다.

U(150원) > EU(150원)이므로 게임에 참여하지 않는다.

기대효용이론은 일반적 투자가들이 위험회피 형이라고 생각한다. 〈그림 4-2〉는 U와 EU의 관계가 위험회피자인 경우 어떤지 보여주는데 같은 150원이어도 U(150원) > EU(150원)이 성립하므로 그림은 원점에 대해 오목한 형태를 띤다.[8]

〈그림 4-2〉 기대효용과 효용

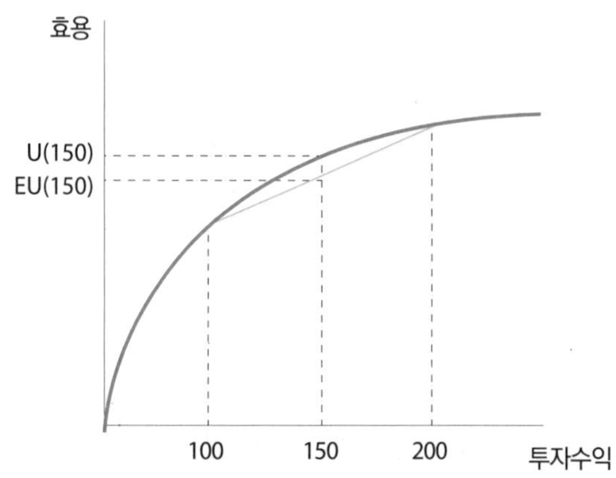

기대효용이론이 말하고자 하는 바는 크게 두 가지로 요약할 수 있다.

첫째, 게임 X에서 $x_1, x_2, \cdots\cdots x_n$의 결과가 각각 $p_1, p_2, \cdots\cdots p_n$의 확률로 나타난다면 이 게임의 기대효용 $EU(X)$는 각 결과의 효용을 확

8 이 게임에서 기대효용(EU)이 U(100)과 U(200)을 잇는 직선의 중간점에 위치하는 이유는 "기대효용은 개별 결과의 효용을 확률로 가중 평균한 것과 같다"는 기대효용이론의 첫 번째 전제 때문이다.

률로 가중 평균한 것과 같다. 수식으로는 $EU(x_1, p_1 ; x_2, p_2 \cdots\cdots ; x_n, p_n)$= $p_1U(x_1)+p_2U(x_2)\cdots+p_nU(x_n)$으로 표현할 수 있다.

일례로 100원의 당첨확률이 50%, 200원은 30%, 300원은 20%인 복권이 있다면 기대치는 170원이고 기대효용은 $EU(170)=0.5U(100)+0.3U(200)+0.2U(300)$이다. 효용이 자연대수의 함수, 즉 $U(x)=\ln x$라면 $EU(170)=0.5\ln(100)+0.3\ln(200)+0.2\ln(300)=5.03$이다. 주머니 속 170원의 효용, 즉 $U(170)=5.14$니까 $U(170) > EU(170)$이다. 〈그림 4-2〉에서 본 위험회피자의 특성이 드러나 있다. 이 사람에게 170원을 내고 복권을 사라고 하면 거절할 것이다.

그런데 복권 값을 150원으로 내리면 어떻게 될까? 이번에는 복권에서 얻는 효용(5.03)이 복권 값 150원의 효용($U(150)=5.01$)보다 크기 때문에 이 사람은 복권을 살 것이다. 하지만 실제도 그럴까? 이런 기계적 비교방식은 K&T에 의해 비판을 받는다.

둘째, 〈그림 4-2〉의 가로축을 구성하는 '투자수익'이 구체적으로 무엇을 뜻하느냐는 문제다. 두 가지로 볼 수 있는데 하나는 어느 시점에 누적되어 있는 최종재산(저장량stock)이고 다른 하나는 특정게임, 복권, 또는 투자에서 발생하는 이익이나 손실(유량flow)이다. 예컨대 현 재산이 1000원인 사람이 게임을 해서 10원을 잃었다면 재산은 990원이 된다. 그렇다면 〈그림 4-2〉는 게임을 하고 난 후의 재산인 990원의 함수일까, 아니면 단 한 번의 게임에서 생긴 -10원의 함수일까? 다시 말해 효용을 좌우하는 것은 모든 투자나 게임의 결과가 종합되어 나타난 최종 재산일까, 아니면 이전 것은 지나갔으니 상관없고 오직 바로 직전의 결과만일까? 기대효용이론에서는 전자라고 생각한다. 사람들이 효용을 재는 기준은 개별적인 성과가 아니라 최종 재산이라는 것이다.

수식으로는 다음과 같이 표현할 수 있다.

$U(w+x_1, p_1; w+x_2, p_2 \cdots ; w+x_n, p_n) > U(w)$의 조건을 만족해야 $(x_1, p_1; x_2, p_2 \cdots ; x_n, p_n)$을 수용한다.

어떤 게임을 수용하려면 보유하고 있는 재산에 기대치를 더한 최종 재산의 효용이 증가해야 한다는 뜻인데 이 또한 비판의 대상이 된다.[9]

기대효용이론은 이후 등장한 포트폴리오 이론, 자본구조이론, 효율적 시장가설, 자본자산 가격 결정모형capital asset pricing model, CAPM 등 현대 재무이론에 초석을 놓았다.[10] 이 가운데서 자산 가격 결정이론에 가장 큰 영향을 미친 효율적 시장가설에 대해 알아보자.

효율적 시장가설이란?

효율적 시장가설은 파마에 의해 제시된 이론으로서 전지전능한 시장[11]에서 형성된 주식가격이야말로 가장 합리적이라는 말로 요약할 수 있다. 삼성전자의 주가는 130만 원이나 하는데 우리은행 주가는 만원이 조금 넘는다. 두 회사의 주가수준이 이렇게 다른데도 사람들은 이

9 행태금융론만 기대효용이론에 의문을 제기한 것은 아니다. 가중기대효용론, 암묵적 기대효용론, 후회이론, 계층의존적 기대효용론 등이 전통적 기대효용론을 수정하려는 목적에서 등장했다. 하지만 프로스펙트 이론에 기초한 행태금융론이 기대효용론에 배치되는 실험결과를 가장 잘, 그리고 체계적으로 설명한 것으로 평가받고 있다. Barberis, N. & R. Thaler, 2003, "A Survey of Behavioral Finance", *Handbook of the Economics and Finances*

10 기대효용이론은 투자자의 합리성을 전제로 하고 있다. 개별 대안의 기대수익과 확률을 정확히 알고 있어야 하며 폰 노이먼과 모건스텐의 네 가지 공리(axiom)에서 비롯되는 합리적 판단기준을 충족시켜야 한다. 투자자가 합리적이라는 전제는 주류 재무이론의 가장 중요한 전제가 되었다.

11 시장이 전지전능한 것은 '합리적'인 다수의 투자자들이 참여하여 거래를 하기 때문이다.

상하게 생각하지 않는다. 그럴 만한 이유가 있고 시장이 그 이유를 가격에 잘 반영하고 있다고 생각해서다. 복잡한 이론은 모르더라도 우리는 알게 모르게 효율적 시장가설을 믿고 있는 셈이다. 하지만 이 가설은 상식을 뛰어넘는 주장을 펼치기도 한다.

효율적 시장가설에 따르면 주가는 기업에 관한 모든 정보를 완벽히 반영하고 있기 때문에[12] 가장 합리적이다. 예컨대 기업가치가 100이라면 주가도 100이다. 50의 가치밖에 안 되는 기업의 주가가 80이나 100이 될 수 없고, 반대로 100의 가치를 지니는 기업의 주가가 60이나 70이 될 수도 없다. 달리 말하면 주가에 고평가, 저평가란 있을 수 없다는 것이다. 물론 일시적으로 주가가 적정수준에서 벗어날 순 있지만 합리적인 시장참가자들의 차익거래 덕분에 금세 적정수준을 회복한다고 본다.[13] 기업의 가치를 완벽히 반영한 주가가 100인데 현재 주가가 105라면 사람들은 그 주식을 팔려 할 것이고 반대로 95라면 사려고 한다. 이런 거래는 주가가 100에서 안정될 때까지 이어진다.

그렇다면 주가는 전혀 움직이지 않는 걸까? 그렇지는 않다. 기업에 관한 새로운 뉴스나 정보가 있으면 주가는 이에 반응해서 움직이다. 하지만 이런 뉴스나 정보를 미리 알 수 없기 때문에 주가의 움직임을 예측하는 것도 가능하지 않다고 본다. 주가를 결정하는 뉴스나 정보가 불규칙한 탓에 주가 역시 '제 멋대로' 움직인다는 것인데 이것이 '불규칙 행보가설random walk hypothesis'이다.

12 사람들이 새로운 정보를 얻었을 때 이를 정확히 반영하여 자신의 믿음을 업데이트한다는 사실은 기대효용을 비교하여 선택을 하는 성향과 함께 '합리성'을 구성하는 핵심요인이다. Barberis & Thaler(2003), 전게서

13 비이성적인 투자자(irrational investor)들이 주가를 적정수준에서 이탈시키더라도 시장에는 '현명한 투자자들의 돈(smart money)'이 풍부하기 때문에 차익거래를 통해 곧바로 원상 복구된다고 본다.

이런 상황을 상상해 보자. 어떤 사람이 술에 잔뜩 취해 전봇대를 붙들고 서 있다. 주정꾼은 비틀대면서 이리저리 걸음을 옮긴다. 첫 걸음은 왼쪽으로 떼었다. 다음에는 어느 쪽으로 갈까? 전혀 예측할 수 없다. 동서남북 어디로도 갈 수 있다. 이런 상황에서 가장 합리적인 예측은 주정뱅이가 비틀비틀 걷다가 결국 처음에 출발한 곳, 전봇대로 되돌아오리라는 것이다. 효율적 시장가설은 주가도 이와 비슷한 움직임을 보인다고 생각한다.[14]

오늘의 주가를 P_t라고 하자. 이 주가에는 모든 정보가 다 녹아 있어서 가장 합리적인 가격이다. 내일의 주가 P_{t+1}는 어떻게 될까? 뭔가 새로운 뉴스나 정보가 없는 한 P_{t+1}이 P_t와 다를 이유는 전혀 없다. 새로운 뉴스나 정보를 e_{t+1}이라고 하면 내일의 주가 $P_{t+1}=P_t+e_{t+1}$로 쓸 수 있다. 오차항 e_{t+1}은 주정뱅이 같이 불규칙 행보를 한다. 주정뱅이가 이리저리 걷다 전봇대로 되돌아오듯이 평균적으로 보면 e_{t+1}은 제로가 된다. 하지만 단기적으로는 제로가 아닐 테니까 주가는 변동한다. 단지 주정뱅이의 발걸음이 어디를 향할지 알 수 없듯이 주가도 예측할 수 없을 따름이다.

효율적 시장가설은 주가란 제 멋대로 움직이는 것이어서 예측을 통해 부자가 될 수는 없다고 주장한다. 투자분석가나 애널리스트들이 즐겨 쓰는 주가예측 기법은 과거에 주가가 이러저러한 패턴을 보였으니까 앞으로도 이러저러하게 변할 것이라는 생각에 기초한다. 이걸 기술적 분석technical analysis이라고 하는데 효율적 시장가설의 입장에서 보면 말도 안 되는 발상이다. 주정뱅이가 방금 전 이런저런 방향으로 움직였다고 해서 앞으로도 그렇게 걸으리라고 예측하는 것과 마찬가지

14 Mishkin, F., 2012, *Financial Markets and Institutions*, 7th edition, The Prentice Hall

로 어리석은 짓이라는 것이다.

또한 주식투자를 통해 지속적으로 돈을 버는 것도 불가능하다고 본다. 누군가 돈을 벌었다면 그건 주정뱅이의 다음 행보를 우연히 알아맞힌 것과 같이 순전히 운 때문이다. 이런 행운이 가끔씩은 있을 수 있지만 계속해서 찾아오기를 기대할 수는 없다.[15] 결국 효율적 시장가설이 의미하는 바는 "예측을 통해, 그리고 지속적으로 시장평균을 상회하는 수익률을 낼 수는 없다one should not be expected to outperform the market predictably and consistently."는 말로 요약할 수 있다. 이런 시각은 모든 주식종목을 포함시켜 시장 평균수익률을 추구하는 인덱스펀드index fund의 탄생배경이 되었다.[16]

효율적 시장가설은 현실세계의 검증을 통과했을까? 파마가 1965년 이 가설을 제시한 이후 수많은 테스트가 이루어졌다. 테스트의 주제는 효율적 시장가설의 뼈대를 이루는 세 가지 질문이었다. 첫째, 주가는 불규칙행보를 하는가? 둘째, 새로운 정보는 주가에 빠르게 반영되는가? 셋째, 주가는 합리적인가?

먼저 주가가 불규칙행보를 한다는 사실은 어느 정도 입증되었다. 주가를 예측하는 것이 아예 불가능하지는 않더라도 상당히 어렵다는 것

15 그럼에도 많은 사람이 주식시장에서 돈을 벌려고 뛰어들고 실제 큰돈을 번 사람도 있다. 세계적인 거부인 워렌 버핏(W. Buffett)이 대표적이다. 효율적 시장가설은 이 사실을 어떻게 설명할까? 동전 던지기에서 앞면과 뒷면이 나올 확률은 50%이다. 한 사람이 동전을 천 번이나 만 번 던지면 앞면과 뒷면은 500번, 5,000번에 근접하게 나온다. 그러나 만 명이 각각 10번씩 던지면 상황이 달라진다. 10번 모두 앞면 또는 뒷면이 나오는 사람이 몇 명은 나온다. 이런 사람들이 출중한 동전던지기 재주를 갖고 있어서 그렇게 된 게 아니라 운이 좋았을 뿐이라는 게 효율적 시장가설의 생각이다. 주식시장에서 돈을 번 사람도 비슷한 경우라고 본다. 정대영, 2013, 「동전에는 옆면도 있다」, 한울

16 최초의 인덱스펀드는 1975년 뱅가드Vanguard사에서 출시한 S&P500 인덱스펀드이다. 이 펀드는 S&P500 지수에 포함되어 있는 500개 주식에 모두 투자한다. 어떤 주식을 고를 것인지 분석하는 비용stock picking cost을 절약할 수 있어 인기를 끌었다.

은 상식에 속한다. 복잡하고 어려운 계량모형을 이용하는 방법도 있지만 여기서는 직관적으로 이해하기 쉬운 두 가지 테스트를 소개하려고 한다. 첫째는 인덱스펀드와 다른 펀드의 수익률을 비교하는 방법이다. 효율적 시장가설에 따르면 아무리 훌륭한 주식분석가라도 시장을 이길 수는 없다. 따라서 인덱스펀드의 수익률이 더 높아야 한다. 최초의 인덱스펀드였던 뱅가드사의 S&P500 인덱스펀드는 1978년부터 1998년까지 존재했던 모든 펀드의 79%보다 더 나은 수익을 올렸다. 이 펀드는 2008년까지 30년 동안 연평균 11% 수익률을 기록했는데 이는 다른 펀드의 평균수익률 9.3%보다 높은 것이다.[17]

또 다른 테스트는 미국의 경제전문지 월스트리트저널에서 주관하는 '다트 던지기 시합The Wall Street Journal Dart Board Contest'이다. 분석을 거쳐 엄선한 주식과 신문의 주식시세 면에 다트를 아무렇게나 던져 고른 주식 가운데 어느 쪽이 더 나은 수익을 올리는지 보자는 것이다.[18]

이 테스트는 참가자를 일반 독자, 다트 던지기, 전문가의 세 그룹으로 나누어 종목을 고르게 한 다음 6개월간 수익률을 비교하는 방식으로 진행되었는데 지금까지 49차례 대회가 열렸다. 결과는 49번 가운데 30번이나 다트를 던져 고른 종목의 수익률이 높았다. 이쯤 되면 주가가 불규칙 행보를 한다는 가설이 상당히 설득력 있게 들린다. 마지막 시합 결과(2013년 4월)를 보면 다트 던지기로 고른 주식의 수익률은 17.4%로서 일반 독자(10.5%)는 물론 전문가(15.3%)도 누른 것으로 나타났다.

17 존 어서스(2012), 전게서

18 이 테스트는 *A Random Walk Down Wall Street*의 저자인 말키엘Burton Malkiel의 다음과 같은 언급에 착상한 것이다. "원숭이에 눈가리개를 씌운 후 신문의 금융 면에 다트를 던지게 해서 포트폴리오를 구성하더라도 전문가에 의해 선택된 포트폴리오에 못지않은 성과를 낼 수 있다."

현재 주가가 미래 주가와 어떤 관계를 갖는지 그림으로 그려보는 것도 하나의 방법이다. 주간 단위로 t기의 주가와 t+1기의 주가를 구해 둘 사이에 어떤 패턴이 있는지 보는 것이다. 불규칙행보 가설에 따르면 이 둘은 전혀 관계가 없어야 한다. 2004년부터 2013년까지 우리나라의 종합주가지수와 미국의 다우존스지수를 이런 식으로 그려보면 〈그림 4-3〉과 〈그림 4-4〉가 된다. 언뜻 보아도 전혀 관계없이 움직인다. 주 단위 평균주가의 상관계수는 0.17로 상당히 낮은 편이다.

〈그림 4-3〉 한국의 종합주가지수(KOSPI)

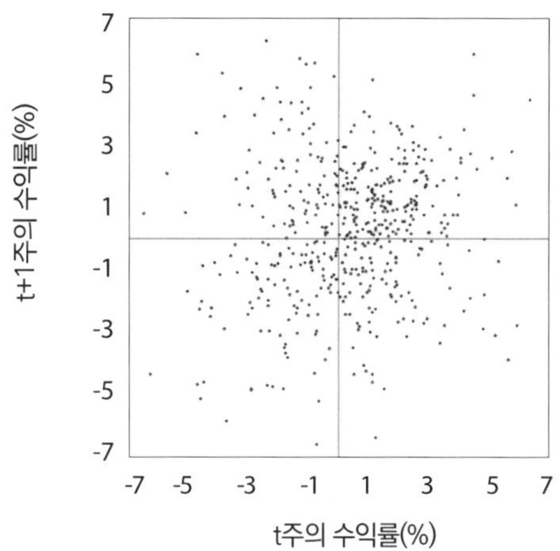

〈그림 4-4〉 미국의 다우존스지수

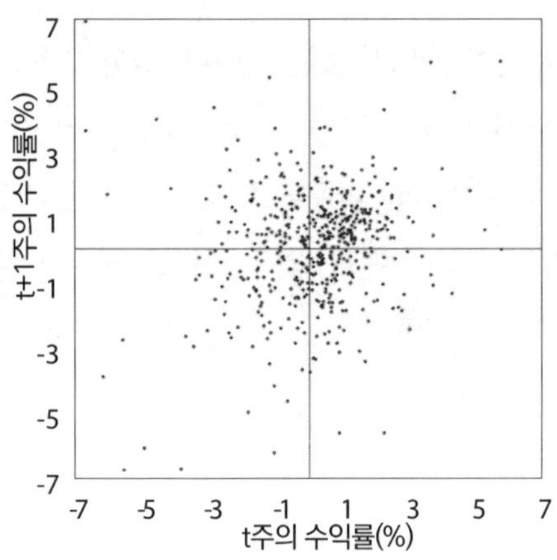

둘째, 새로운 정보가 주가에 즉시 반영되는가 하는 질문도 대체로 그렇다는 답을 얻었다. 인수합병, 주식분할과 같은 정보는 주가에 미리 반영되고 정작 공식적으로 발표되는 시점에는 주가에 영향을 미치지 못하는 경우가 허다하다. 개미투자가로 알려진 개인들이 소식을 들을 때쯤이면 주가는 이미 오를 대로 오른 후라는 이야기가 있다. "소문에 사서 뉴스에 팔라."는 주식시장의 금언도 효율적 시장가설의 주장과 맥을 같이 한다.

세 번째 질문에 대한 답은 어떨까? 효율적 시장가설이 옳다면 고평가, 저평가된 주식이란 있을 수 없다. 거품이 있을 수 없다는 말이다. 하지만 이 주장은 역사적 경험과 잘 맞지 않는다. 17세기 네덜란드에서 일었던 튤립투기 광풍에서 시작해서 가장 최근의 글로벌 금융위기에 이르기까지 주식, 채권, 부동산과 같은 자산 가격에 엄청난 거품이

끼고 터지면서 경제가 수렁에 빠지는 일은 너무 자주 있어왔다. 극단적인 거품 형성과 붕괴까지는 아니더라도 주식시장이 극심한 변동성을 보인 적은 많다. 또한 소규모기업 효과small firm effect, 1월 효과January effect, 중도회귀성향mean reversion과 같이 효율적 시장가설로는 설명이 어려운 이상 현상[19]anomalies도 자주 목격된다.

행태금융론은 재무이론을 심리학에 접목하여 이상 현상이 나타나는 이유를 투자자의 심리와 행태에서 찾으려는 시도다. 이들은 기대효용이론이나 효율적 시장가설이 생각하듯 투자자들은 그다지 합리적이지도 기계적이지도 않다고 본다. 이제 행태금융론의 기초가 된 프로스펙트 이론prospect theory에 대해 알아보기로 하자.

---

19 소규모기업 효과란 규모가 작은 기업일수록 발전기회가 많고 주가가 저평가되어 있어 큰 기업에 비해 수익률이 높은 현상을 말한다. 1월 효과는 절세차원에서 주식을 12월에 매각하고 1월에 재매입하거나 연말연초에 지급되는 보너스로 주식을 매입하려는 사람이 많아 다른 달에 비해 주가수익률이 높은 현상이다. 중도회귀란 중장기적으로 주가가 과거평균에 회귀하는 경향이 있음을 의미한다.

3 프로스펙트 이론-행태금융론

1979년 K&T는 투자자들의 심리적 편향성을 고려한 금융의사결정 메커니즘을 프로스펙트 이론이라는 제목으로 발표했다.[20] 카네먼은 심리학자임에도 불구하고 행태경제학, 행태금융론에 이론적 토대를 만든 공로로 2002년 노벨경제학상을 수상했다.[21] 프로스펙트 이론의 등장으로 기대효용이론과 그 위에 구축되어 있던 효율적 시장가설을 비롯한 재무이론이 도전받게 되었다.

기대효용이론의 핵심내용을 다시 한 번 상기해 보자. 첫째는 어떤 게임에서 기대할 수 있는 효용은 개별 결과에서 얻어지는 효용을 확률로 가중 평균한 것과 같다는 것이고, 둘째는 효용은 게임을 하는 동안 발생한 이득/손실이 아니라 이득/손실이 반영되어 얻어지는 최종재산 또는 부wealth에 따라 결정된다는 것이었다. K&T는 이 두 가지 내용

20 Kahneman, D. & A. Tversky, 1979, "Prospect Theory : An Analysis of Decision under Risk", *Econometrica*, 47:263~291

21 공동저자 트버스키는 1996년 사망했기 때문에 노벨상을 받지 못했다.

모두에 오류가 있다고 주장하였다.

첫 번째 내용의 반박 : 사람들의 선택은 상황 의존적이다

기대효용이론은 투자자들이 어떤 상황에 처해있든 관계없이 기대효용의 크기에 따라 의사를 결정한다고 보았다. 하지만 K&T는 그렇지 않을 수도 있음을 실험을 통해 증명했다.

첫 번째는 '돈 버는 게임gain game'이다. 실험자들에게 A와 B의 서로 다른 게임을 제시하고 어느 쪽을 선택할 것인지 묻는다.[22] 게임A는 4,000을 얻을 확률이 80%로 높지만 아무 소득이 없을 확률도 20%나 된다. 반면 게임B에서는 무조건 3,000을 얻을 수 있다. 실험결과 A를 선택한 비중은 20%, B를 선택한 비중은 80%로 B가 압도적이었다.

	보 상	(확률)		보 상	(확률)
게임 A	4,000	(0.80)	게임 B	3,000	(1.00)
	0	(0.20)		0	(0.00)

이제 질문지를 수정해서 다시 물었다. 게임C는 4,000을 얻을 확률이 20%로 낮은 편이고 아무 것도 얻지 못할 확률이 80%로 큰 게임이다. 게임D는 3,000을 획득할 확률이 25%, 아무 소득도 없을 확률이 75%이다. 이때는 C의 선택 비중이 65%로 D를 선택한 35%를 앞섰다.

22 이하 K&T(1979)에서 인용

	보상	(확률)		보상	(확률)
게임 C	4,000	(0.20)	게임 D	3,000	(0.25)
	0	(0.80)		0	(0.75)

이런 실험 결과는 무엇을 의미하는 것일까? A/B의 선택게임에서 사람들은 확실성을 선호했다. A를 선택하면 더 큰 보상(4,000)을 얻을 가능성이 높긴 하지만 '꽝'이 나올 확률도 어느 정도 있으니 그런 위험을 지기보다는 확실한 3,000을 얻는 것이 좋겠다고 생각한 결과다. 반면 C/D의 선택게임에서는 보상을 받을 확률이 별로 높지 않고 두 게임 사이에 큰 차이도 나지 않으니 이왕이면 보상이 큰 쪽을 선택하겠다는 생각이다.

사람들의 이런 선택은 상식적으로 수긍이 가지만 기대효용론과는 정면 배치된다. A/B 게임의 선호관계를 효용함수로 나타내면 U(3,000)>0.80U(4,000)이고, C/D 게임의 선호관계는 0.25U(3,000)<0.2U(4,000)로 표시된다. 이제 C/D 게임의 선호관계 양변에 4를 곱하면 U(3,000)<0.80U(4,000)이 되어 A/B게임 선호와 정반대되는 결과가 나온다. 사람들의 실제 선택을 기대효용론 체계로 해석하면 모순된 결과가 도출되는 것이다.

또 다른 문제도 있다. 기대효용론에 따르면 A/B의 선택게임에서 사람들은 B가 아니라 A를 선택해야 한다. 효용함수의 형태에 따라 차이는 있겠지만 A게임의 기대치는 3,200으로 B의 기대치 3,000보다 크기 때문에 기대효용도 A게임이 B게임을 상회해야 한다. 하지만 사람들은 기대치나 기대효용보다는 확실성에 중점을 둔 선택을 했다. 확실성 효과certainty effect가 작용한 것이다.

두 번째 실험에서는 '돈을 잃는 게임loss game'을 제시했다. A*/B*의 선택게임은 앞선 A/B 선택게임에서 보상을 플러스에서 마이너스로 바꾼 것이다. 게임A*는 4,000을 잃을 확률이 80%로 꽤 높은 편이지만 손해를 안 볼 확률도 20%나 된다. 반면 게임B*에서는 백퍼센트 3,000을 잃는다. 실험결과 A*를 선택한 비중은 92%로 B*의 8%보다 크게 높았다.

	보상	(확률)		보상	(확률)
게임A*	-4,000	(0.80)	게임B*	-3,000	(1.00)
	0	(0.20)		0	(0.00)

C*/D* 선택게임 역시 C/D게임을 이득에서 손해로만 바꾼 것이다. 게임C*는 4,000을 잃을 확률이 20%, 손실을 안 볼 확률이 80%이고 게임D*는 3,000을 잃을 확률이 25%, 손실이 발생하지 않을 확률이 75%다. 이때는 D*의 선택 비중이 58%로 C*의 선택 비중 42%보다 높았다.

	보상	(확률)		보상	(확률)
게임C*	-4,000	(0.20)	게임D*	-3,000	(0.25)
	0	(0.80)		0	(0.75)

이득을 손실로 바꾸면 선호하는 선택지가 완전히 반대로 된다. 이 실험결과는 무엇을 의미할까? A*/B* 선택게임에서 사람들은 불확실성을 선호했다. 3,000을 확실히 잃느니 20%의 확률에 기대어 손해를 안 볼 수도 있는 쪽에 베팅해 보자는 것이다. 그런데 C*/D* 게임에서

는 어차피 확률에 크게 차이가 나지 않으니 조금이라도 손해를 덜 보는 D*를 선택하자는 것이다.[23]

두 가지 실험을 통해 알 수 있는 것은 이득게임이냐 손실게임이냐에 따라 의사결정패턴이 달라진다는 사실이다. 이득이 예상될 때는 확실성을 선호하고 위험을 회피한다. 반대로 손실이 예상되면 불확실성을 선택해 위험을 적극 수용한다. 기대효용이론에서의 의사결정은 기계적으로 이루어지지만 프로스펙트 이론은 상황에 따라 다른 패턴이 나타난다고 주장한다.

이처럼 이득게임에서는 위험을 피하고, 손실게임에서는 위험을 추구하는 성향은 주식투자 패턴을 이해하는 데 유용하다. 투자자들은 보유 주식의 가격이 오르면 얼마 안 가서 주식을 팔아 현금화한다. 어느 회사의 주가가 1년에 두세 배 뛰었다고 해서 두세 배 이익을 거둔 투자가는 찾아보기 어렵다.

반면 주가가 하락하면 손절매 하지 못하고 계속 보유하려는 경향이 있다. 주가가 오르는 이득게임에서는 확실성을 중시해서 현금화하지만, 주가가 하락하는 손실게임에서는 혹시나 하는 마음에서(불확실성 선호) 과감히 팔지 못하기 때문에 빚어지는 현상이다.

이득과 손실에 대처하는 사람들의 패턴이 언제나 이런 건 아니다. 확률이 낮은 상황에서는 정반대의 현상이 나타난다. 낮은 확률에서의 이득게임과 손실게임이 아래와 같다면 어떤 쪽을 더 많이 선택할까?

---

23 손실게임 역시 기대효용론과 배치된다. 이득게임과 동일한 논리의 흐름을 따라 쉽게 계산해 볼 수 있다.

이득게임						손실게임					
	보상	(확률)		보상	(확률)		보상	(확률)		보상	(확률)
A**	5,000	(0.001)	B**	6	(1.00)	C**	−5,000	(0.001)	D**	−6	(1.00)
	0	(0.998)		0	(0.00)		0	(0.999)		0	(0.00)

이득게임에서는 확실성을 선호한다고 했으니까 B**를 선택할 것 같지만 실제는 A**의 선택비중이 더 컸다. 보상액이 6밖에 되지 않으니 그걸 받느니 확률은 낮지만 5,000이라는 대박을 노려보겠다는 심산이다. 확률이 높았을 때와는 달리 위험추구 형이 되었다. 복권은 바로 이런 심리를 이용한 것이다. 손실게임에서는 어떨까? 위험추구 형이 되리라는 예상과는 달리 D**를 선택한 사람이 많았다. C**는 확률이 아주 낮긴 하지만 일단 터지면 5,000이라는 거액을 잃게 되니 차라리 적은 금액인 6을 부담하고 말겠다는 것이다. 낮은 확률에서 사람들이 위험회피 형으로 변하는 심리를 이용한 것이 바로 보험이다.

이처럼 프로스펙트 이론은 이득게임이냐 손실게임이냐에 따라, 또 확률에 따라 투자자의 의사결정이 달라지는데 그 결과를 요약한 것이 〈표 4-1〉이다.

〈표 4-1〉 상황의존적 의사결정패턴

	확률이 높은 사건	확률이 낮은 사건
수익게임	· 확실성 추구 – 위험회피 · 주머니 속의 만원이 낫다	· 베팅 – 위험추구 · 대박을 노린다 – 복권구입
손실게임	· 베팅 – 위험추구 · 운에 맡겨본다	· 안전해야 한다 – 위험회피 · 잘못하면 피박을 쓴다

손실회피loss aversion 성향도 프로스펙트 이론의 중요 개념이다. 이득에서 생겨나는 플러스 효용과 손실에서 발생하는 마이너스 효용을 비교하면 후자가 훨씬 크다는 것이다. 예컨대 100원을 벌었을 때 효용이 10 증가한다고 하면 100원을 잃었을 때는 10이 아니라 20 정도 효용이 줄어든다. 손실이 생겼을 때 체감하는 고통의 정도가 이득의 기쁨보다 2배 이상 큰 탓에 사람들은 위험을 회피하거나 불가피하게 위험을 떠안을 때는 훨씬 더 큰 보상을 요구한다.

두 번째 내용의 반박 : 사람들의 시각은 좁다

효용은 재산의 함수인가, 소득의 함수인가? 부유한 스폰서가 두 명의 도박사에게 돈을 대주면서 다음과 같은 주문을 했다고 하자. A에게는 1,000원을 주면서 500원을 딸 수 있는 게임을, B에게는 2,000원을 주면서 500원을 잃는 게임을 하라고 요구한다. 게임을 끝낸 도박사들의 효용은 같을까? 두 사람의 최종재산은 1,500원으로 같기 때문에 기대효용이론의 관점에서는 효용도 동일해야 하다. 하지만 심리실험을 해보면 전혀 다른 결과가 나온다.

도박사 A가 느끼는 효용은 $U_A(1000+500=1500)$이 아니라 $U_A(500)$이다. B가 느끼는 효용은 $U_B(2000-500=1500)$이 아니라 $U_B(-500)$이다. $U_A(500) > U_B(-500)$인 데다 손실회피성향까지 더해지니 B가 느끼는 불행감은 훨씬 크다.

이런 현상은 주변에서 쉽게 찾아볼 수 있다. 연봉 1,000만 원인 사람의 봉급이 1,000만 원 더 오르면 뛸 듯이 기뻐하지만 3,000만 원이었던 사람이 1,000만 원 깎이면 비참함은 이루 말할 수 없을 정도다. 둘의 연봉은 똑같이 2,000만 원이지만 체감하는 행·불행의 정도는 비교하기 어렵다. 천하가 다 자기 것인 황제도 선물을 받으면 기분이 좋아진다. 아무리 비싼 선물이라 한들 황제의 재산에 비할 순 없겠지만 황제는 재산이 아니라 지금 받은 선물 그 자체만으로 순간의 행복을 맛보는 것이다.

이런 현상을 '좁은 프레이밍narrow framing'이라고 부른다. 시각이 좁다는 뜻인데 과거사까지 모두 종합해서 행복이나 불행을 결정하는 게 아니라 당장 이 순간의 상황에 따라 희비가 갈라진다는 말이다. 가만히 생각해 보면 우리의 시각, 프레이밍은 상당히 좁다는 걸 깨달을 수 있다.

좁은 프레이밍 때문에 혼란이 빚어지는 일도 꽤 많다. 2013년 봄에 있었던 세제개편안 논란을 예로 들 수 있다. 정부는 세제감면혜택을 대폭 줄이는 방향으로 세제를 바꾸면서 증세는 아니라고 주장했다. 하지만 국민들은 정부의 논리를 이해하지 못했다. 세제감면으로 혜택을 받은 것은 맞지만 그건 과거지사다. 세제감면이 줄어들어 당장 내 봉급이 깎이게 되니 효용은 마이너스가 된다. 이전에 받았던 감면액까지 모두 합산해서 "이 정도면 나쁘지 않아", 이렇게 생각할 사람은 많지 않다는 얘기다.

또 하나의 사례는 2013년 연말정산에서 많은 봉급생활자가 세금을 더 내게 된 일이다. 정부는 소비를 늘리려는 의도에서 매월 징수하는 원천징수세금을 줄여주었다. 매월 세금을 적게 냈으니 연말정산 결과 더 많은 세금을 내야 하는 건 당연한데도 봉급생활자들의 불만은 컸다. 지난해에 세금을 덜 냈던 일은 지나간 과거다. 당장 2월 월급이 적어진 것이 사람들에게 고통을 안겨주었다. 조삼모사라는 말이 있다. 원숭이에게 주는 도토리를 아침에 세 개 주고, 저녁에 네 개 주던 것을 아침에 네 개, 저녁에 세 개로 바꾸니 원숭이들이 좋아하더란 중국의 고사에서 유래된 말이다. 하지만 좁은 프레이밍을 적용하자면 아침에 잠깐 좋아하던 원숭이들은 반드시 저녁 때 불만을 터뜨리게 되어 있다.

행태금융론 응용의 예

행태금융론의 시각에서 현실을 이해하려는 시도가 다양한 분야에서 이루어졌다. 그 가운데 두 가지만 간단히 살펴보기로 하겠다. 하나는 자산 가격에 버블이 발생하는 원인이고 둘째는 '주식리스크프리미엄 수수께끼equity risk premium puzzle'라고 불리는 현상이다. 기대효용론의 토대에 세워져 있는 효율적 시장가설은 이 두 현상을 만족스럽게 설명하지 못했다.

자산 가격 버블

자산 가격 거품은 보통 피드백 모델feedback model로 설명한다.[24] 가격이 올랐다는 사실 그 자체가 다시 가격을 끌어올리는 원동력이 되기 때문에 꼬리에 꼬리를 물고 돌아가는 고리가 만들어진다는 것이다. 물론 주가의 상승 배후에는 새로운 경제new economy라든가 기술혁신과 같은 논리가 있다. 2000년대 초 미국에서 일어났던 닷컴버블, 80년대 중반 일본의 버블경제, 최근 전 세계가 목격한 부동산버블 등이 그 예다. 효율적 시장가설에 따르면 '똑똑한 투자자'들이 재빨리 차익거래에 나서기 때문에 주가가 기업의 가치에서 멀어지는 일은 오래 지속될

24 Shiller, R., 2003, "From Efficient Markets Theory to Behavioral Finance", *Journal of Economic Perspectives*, Vol.17, No.1

수 없다. 결국에는 합리적 수준으로 회귀하므로 거품은 없다. 하지만 현실세계는 자산 가격 거품 이야기로 가득하다. 주가가 과도한 변동을 보이는 현상(거품의 형성과 붕괴)을 효율적 시장가설로는 설명하기 어렵다. 노벨 경제학상 수상자 실러가 1981년 이 문제를 제기한 이후 변동성 수수께끼volatility puzzle을 규명하려는 연구가 활발히 진행되었다.

자산버블의 원인은 무엇인가? 우선 K&T가 제시했던 '대표성'을 들 수 있다. '작은 수의 법칙law of small numbers'으로도 알려진 대표성은 적은 표본에서 발견되는 특성이 모집단을 대표한다고 쉽게 믿는 경향이다. 강세장을 몇 차례 목격(표본)한 투자자들은 앞으로도 주가가 계속 오를 것(모집단)이라 생각하고 주식 매입에 나선다. 사람들이 가격상승의 순환 고리에 탑승하면서 주가 거품은 더 커진다.

피드백 현상은 투자자의 '과신overconfidence'과 '편향된 자기귀속biased self-attribution' 때문에 발생하기도 한다.[25] 사람들은 자신이 실제 능력보다 뛰어나다고 믿는 경향이 있다(과신). 그러다보니 자기의 결정을 지지하는 사건을 접하면 자신의 뛰어난 능력에 대한 믿음이 커지고, 반대로 잘못된 결정이었음을 입증하는 사건이 벌어지면 불운이나 외부의 방해꾼 탓으로 돌린다(편향된 자기귀속).

주가가 오를 것이라는 나름대로의 정보와 판단에 입각해서 주식을 샀다고 하자. 다음 날 정말 주가가 뛰면 기고만장해져서 주식을 더 사고 가격은 치솟는다. 반대로 믿었던 정보가 허위로 드러나 주가가 떨어진다 해도 그건 자기 탓이 아니라고 생각한다. 운이 나빴거나 어떻게 해볼 수 없는 외부여건 탓으로 돌린다. 통렬한 자기반성이 없으니

25 Daniel, K., D. Hirshleifer and A. Subrahmanyam, 1998, "Investor Psychology and Security Market Under- and Over-reaction", *The Journal of Finance*, 53:1839~1885

별로 위축되지도 않는다. 평균적으로 보면 과신의 폭이 커서 버블을 쉽게 만들어낸다.

주식리스크프리미엄 수수께끼

주식은 가격변동이 심한 위험자산이어서 안전한 채권에 비해 수익률이 높다. 주식과 채권의 수익률 차이를 리스크 프리미엄이라고 하는데 이것이 있어야만 주식에 투자할 마음이 생긴다. 문제는 리스크 프리미엄의 크기다. 투자자의 합리적 선택을 전제로 하는 전통적 자본자산 가격 결정모형에 따르면 리스크프리미엄은 1%포인트 정도가 적당하다. 그런데 실제 데이터를 가지고 측정해 보면 이보다 훨씬 높게 나타난다. 이 문제를 처음 제기한 메라Mehra와 프레스콧Prescott이 계산한 바에 의하면 리스크프리미엄은 무려 6%포인트나 되었다.[26] 이후 많은 사람들이 이리저리 데이터를 바꾸어가며 계산을 해 보았는데 낮게는 5%포인트에서 높게는 8%포인트까지 나왔다. 우리나라 주식시장을 대상으로 한 연구에서도 리스크프리미엄은 최대 5.32%포인트까지 산출되었다.[27]

많은 학자들이 이 수수께끼를 풀기 위해 매달렸는데 그 가운데 '근시안적 손실회피myopic risk aversion'라는 접근방식을 살펴보자.[28] '근시안적'이라는 말은 앞서 설명한 좁은 프레이밍과 비슷한 개념이다. 구

26 Mehra, R. & E. Prescott, 1985, "The equity premium: a puzzle", *Journal of Monetary Economics* 15:145-61

27 김인수, 홍정훈, 2008, "우리나라 주식시장에서의 주식프리미엄 퍼즐에 관한 연구", 재무연구 제21권 제1호

28 Benartzi, S. & R. Thaler, 1995, "Myopic loss aversion and the equity premium puzzle", *Quarterly Journal of Economics* 110:75-2

체적으로는 두 가지 행태를 의미하는데 하나는 투자성과를 빈번히 평가하는 것이고 다른 하나는 재산이 아닌 이득/손실이 효용을 좌우한다는 것이다. 손실회피는 똑같은 금액을 따고 잃더라도 손실에서 더 큰 고통을 느낀다는 것으로 프로스펙트 이론의 핵심이기도 하다.

좁은 프레이밍과 손실회피 성향을 결합해 보자. 손실이 났을 때 큰 고통을 느끼는 주식투자자들이 투자성과를 지나치게 자주 평가하면 어떤 일이 벌어질까? 주가는 내려가기도 하고 올라가기도 한다. 시간을 길게 놓고 보면 수익률이 평탄해질 수도 있는데 투자성과를 너무 자주, 어떤 때는 매일 평가하다 보면 투자자의 고통이 훨씬 커진다. 예컨대 주가가 3일은 오르고 3일은 내렸다고 하자. 평균적인 주가는 별로 달라진 것이 없지만 내릴 때의 고통이 오를 때의 기쁨보다 두 배나 큰 데다 좁은 프레이밍 탓에 전날 오른 것은 심적 계산mental accounting에 영향을 주지 못하므로 고통은 누적된다. 투자자들은 이런 고통을 보상받기 위해 더 높은 프리미엄을 요구한다. 실제 전통적인 자본자산 가격 결정모형에 손실회피와 좁은 프레이밍을 접목시켜 새로운 모형을 구축한 다음 리스크프리미엄을 계산해 보았더니 실제 데이터를 이용해 계산한 것과 큰 차이를 보이지 않았다.[29]

29 실제 투자자들이 근시안적 손실회피 성향을 가지고 있는지 검증하기 위해 대학생과 전문 트레이더 두 그룹을 대상으로 실시한 실험결과에 따르면 이들 모두 손실이 났을 때 훨씬 힘들어 하고 투자결과도 좁은 프레이밍으로 바라보는 성향을 보였다. 특이한 것은 투자에 문외한인 대학생보다 전문 트레이더 그룹이 훨씬 더 근시안적이고 손실회피적이었다는 사실이다. Haigh, M. & J. List, 2005, "Do Professional Traders Exhibit Myopic Loss Aversion? An Experimental Analysis", *The Journal of Finance*, Vol.60, No.1

근시안적 손실회피의 예

경제학자 폴 사무엘슨Paul Samuelson은 1960년대 초에 동료와 점심식사를 하다가 재미삼아 다음과 같은 내기를 제안했다.

"동전을 던져서 당신이 미리 정한 쪽이 나오면 200달러를 줄테니 반대 방향이 나오면 나한테 100달러를 달라."

앞면과 뒷면이 나올 확률이 각각 50%씩이므로 이 내기는 동료에게 유리한 것이었다(동료의 기대치=200×0.5 - 100×0.5=50달러). 그런데도 동료는 거절했다. 그러면서 이렇게 말했다.

"200달러를 따서 얻는 기쁨보다 100달러를 잃을 때 고통이 훨씬 크다네. 하지만 자네가 동전을 100번 던질 수 있게 허용해 준다면 내기에 응하도록 하지."

기대효용론을 믿고 있던 사무엘슨에게 이득과 손실의 고통이 다르다는 건 비이성적으로 들렸다. 하지만 100번을 던지게 해 달라는 건 '큰 수의 법칙'에 따르겠다는 것으로 합리적으로 보였다. 의식한 것은 아니었겠지만 사무엘슨의 점심 동료는 K&T보다 훨씬 앞서 손실회피 개념을 생각해낸 셈이다.

한 번 시도할 때와 여러 번 시도할 때 효용이 어떻게 변하는지를 간단한 예를 통해 알아보도록 하자. 사무엘슨의 내기와 유사하게 이기면 27을 받고 지면 13을 잃는 게임(각 확률 50%)이 있다고 하자. 손실회피비율 δ는 2.5(사무엘슨 동료의 손실회피비율은 2보다 높은 것이 틀림없다), 효용의 크기와 이득/손실의 크기는 같다고 가정한다.[30]

30 Haigh, M & J. List(2005), 전게서에서 인용

개별게임의 기대효용은,

$$U(X) = 0.5 \times 27 + \delta(2.5) \times 0.5 \times (-13) = -2.75$$이다.

효용이 마이너스니 내기를 거부하는 게 당연하다.

게임을 두 번 연속한다면 어떨까? 승리(W)와 패배(L)를 조합하면 WW, WL, LW, LL의 네 가지 경우가 나온다. 연속게임의 기대효용은,

$$U(X) = 0.25 \times 2 \times 27 + 0.25 \times 2 \times (27-13) + \delta(2.5) \times 0.25 \times 2 \times (-13) = 4.25$$ 이다.

효용이 플러스가 되었으니 연속게임은 받아들일 것이다.

이것을 주식투자에 원용하면 개별게임은 평가주기를 짧게 하는 것과 같다. 예컨대 주식을 1년간 보유하더라도 한 달마다 평가를 한다면 이 사람은 새로운 게임을 12번 하는 것과 동일하다. 매번 느끼는 기대효용은 게임이 누적되는 경우보다 못하기 쉽다. 따라서 평가주기가 짧을수록 더 높은 리스크프리미엄을 요구하게 된다.

개별게임과 연속게임은 효용을 좌우하는 요소가 당기의 이득/손실이라고 보는 프로스펙트 이론과 모든 결과가 종합된 최종재산이라고 보는 기대효용론의 주장과 각각 맥을 같이하는 것으로 볼 수도 있다.

5장

단기 불균형을 메워주는 도구 – 머니 마켓

단기불균형을 메워주는 도구

이번 장에서는 머니마켓money market에 대해 알아보려 한다. 흔히 머니마켓을 '단기금융시장' 또는 '자금시장'이라 부르기도 하는데 이 명칭은 머니마켓의 특성을 부분적으로만 말해주는 한계가 있어 다소 어색하지만 영문 명칭을 그대로 쓰려고 한다.

머니마켓이라는 명칭이 시장의 본질을 더 잘 묘사한다고 보는 이유는 여기서 거래되는 금융상품들이 '현금(돈)'과 비슷하기 때문이다. 위조지폐만 아니면 한국은행 총재의 직인이 찍힌 지폐는 결코 부도가 나지 않는다. 적어도 국내에서는 미국 정부가 발행하는 국채보다 신용도가 높다. 또 돈이 있으면 어떤 물건도 살 수 있다.

유동성이란 언제든지 내가 원할 때 원하는 물건과 바꿀 수 있는 능력을 말하는데(8장에서 자세히 설명한다) 위조지폐만 아니면 어떤 물건도 살 수 있으니 돈의 유동성은 매우 높다. 머니마켓 금융상품은 현금보다는 못하지만 그에 버금가는 신용도와 유동성을 갖고 있다.

머니마켓을 규정하는 특징은 몇 가지 더 있다. 거래되는 상품의 만기가 1년 미만으로 짧고, 개인이 참여할 수 없는 건 아니지만 주로 금융회사끼리 거액의 자금을 주고받는 도매시장의 성격이 강하다. 또한 중앙은행의 통화정책이 펼쳐지는 필드이기도 하다.

머니마켓을 구성하는 하부시장으로는 은행끼리 초단기(보통 하루)로 자금을 주고받는 은행 간 시장interbank market, 증권을 담보로 돈을 빌려주는 환매조건부 매매시장repurchase agreement, RP, 기업 등이 이용하는 기업어음시장commercial paper market, CP 그리고 은행의 자금조달 수단인 양도성예금증서시장certificate of deposit, CD 등이 있다.

1. 머니마켓의 발전 배경

머니마켓은 은행 규제에 따른 반사이익을 누리며 발전했다. 은행은 '남의 돈other people's money'을 가지고 장사하는 곳이라서 공공의 감시를 받는 게 당연하지만 1930년대에 발생한 대공황The Great Depression의 충격 때문에 더 엄격한 규제망에 갇혀 지냈다. 은행이 예금과 대출이라는 본업보다 증권투자에 몰두한 것이 대공황의 빌미를 주었고, 그런 끔찍한 일을 다시 겪지 않으려면 은행을 철저히 통제해야 한다는 믿음이 정책당국을 지배해 왔기 때문이다. 그래서 은행은 이러이러한 업무는 할 수 없다든가, 금리는 얼마 이상 줄 수 없다든가 하는 규제를 받았다. 특히 금리 규제는 은행에 아주 불리했다. 영업을 하려면 예금을 많이 끌어와야 하는데 정부나 중앙은행이 예금금리를 몇% 이상은 받을 수 없다고 하니 영업력이 제한될 수밖에 없었다.

그 틈을 타고 발전한 것이 머니마켓이다. 머니마켓에서 거래되는 상품의 금리는 규제를 받지 않아 경쟁력이 높았다. 특히 1980년대 초반은 전 세계적으로 시장금리가 많이 올랐던 때였다. 인플레이션이 하도

심해 중앙은행들이 물가를 잡으려고 정책금리를 대폭 인상한 결과였다. 시장금리는 막 뛰는데 은행금리는 묶여 있다 보니 은행과 머니마켓 상품의 경쟁력 격차는 더 벌어졌다. 〈그림 5-1〉은 규제대상이었던 상업은행의 저축예금 금리와 자유화되어 있던 시장금리(3개월물 재정증권 금리)를 그린 것이다. 1960년대 초반까지만 해도 은행금리가 더 높았으나 이후 시장금리가 은행금리를 앞섰고, 특히 80년대 들어서는 그 격차가 크게 벌어졌음을 볼 수 있다.

〈그림 5-1〉 미국의 시장금리와 은행금리

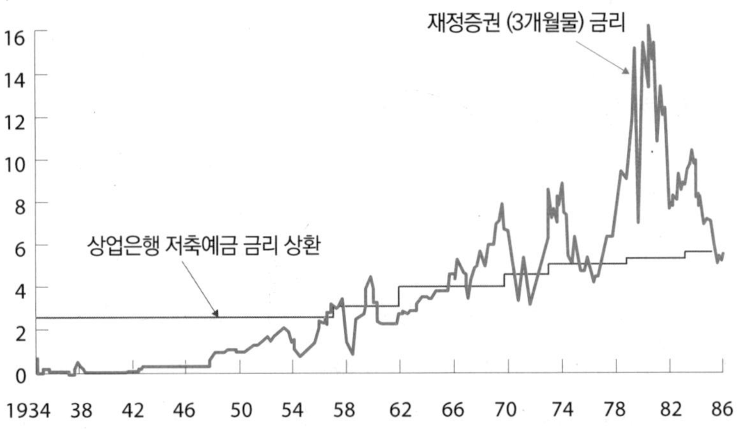

머니마켓은 1970년대에 등장한 머니마켓펀드money market fund, MMF로 인해 폭과 깊이를 더하게 된다. MMF는 사람들한테 돈을 조금씩 모아(소매금융) 큰돈을 만든 다음, 이를 높은 금리의 머니마켓 상품에 투자(도매금융)하는 상품이다. 도매시장인 머니마켓을 소매금융의 영역까지 확장한 것으로서 높은 수익성, 안전성, 유동성 덕분에 인기를 끌었다. MMF가 많이 팔리자 편입자산인 머니마켓 금융상품 수요도 활발해져 전체 시장이 커지는 선순환이 일어났다. MMF에 대해서는 뒤에서 자세히 살펴본다.

2 머니마켓은 왜 필요한가?

우리는 누구나 돈을 벌고 쓰면서 살아간다. 버는 돈보다 쓰는 돈이 많으면 적자, 반대면 흑자다. 그런데 돈이 들어오고 나가는 시기가 반드시 일치하지는 않는다. 예컨대 우리나라의 중앙정부는 1, 4, 7, 10월에 부가가치세를 거두고 지방정부는 7, 9월에 재산세를 받는다. 그때는 자금사정이 풍족하지만 지출은 매월 균등하게 발생해 월별로 수입과 지출 사이에 불균형이 생긴다. 은행도 마찬가지다. 어느 날 갑자기 예금이 밀려들어 돈이 남아도는가 하면 또 어떤 날은 예금이 빠져나가고 대출도 많아져 돈이 모자라기도 한다. 기업은 매달 월급을 주고 경비를 지출해야 하지만 매출수입은 계절에 따라 차이가 난다. 이렇게 수입과 지출 사이에 일시적 간극이 생겼을 때 이를 메워주는 역할을 하는 것이 머니마켓이다. 이 점을 이해하기 위해 가상의 예를 들어보자.

1개월 후 인천 항구에 들어올 배가 있는데(목돈이 생긴다는 표현) 지금 당장 돈이 필요한 A라는 사람이 있다. A는 당당히 돈을 꾸러 다닐 수 있다. 들어올 돈이 있으니 빌린 돈을 곧 갚을 수 있어서다. A가 믿을 만한 사람이라면(항구에 배 들어오는 것이 확실하다면) 돈 빌리기가 어렵지 않을 것이다. A는 배가 들어올 것이라는 공증서류를 제시하고 돈을 빌린다. 한 달이 지나 진짜 배가 입항하면 빌린 돈에 약간의 이자를 더해 갚으면 된다. 수입과 지출 사이에는 늘 시차가 있는 법이니까 A는 둘 사이의 일시적 간격을 메울 수 있어서 좋고, 여윳돈이 있는 사람은 이자를 벌 수 있으니 서로 좋은 일이다.

그런데 A가 양치기 소년이라면 어떨까? 사실 인천에 들어올 배는 없다. 언제나 적자인생이다. 그런데도 돈이 곧 들어올 테니 그때까지만 빌려달라고 요청한다. A가 양치기 소년이라는 것이 이미 알려져 있다면 모든 사람들이 그를 외면할 것이다. 하지만 아직 그의 정체가 드러나지 않았다면 누군가는 돈을 빌려줄지도 모른다. 그러다 돈을 갚기로 약속한 날이 오면 A는 "바다에 교통정체가 일어나서 배가 도착하지 못했으니 한 달만 더 참아 달라"고 부탁한다. 돈을 빌려준 사람은 어쩔 수 없이 그렇게 할 것이다. 이런 일이 몇 차례 반복되다가 사실은 배가 아예 없었다든가, 있긴 있었는데 오는 도중 난파했다든가 하면 부도가 나고 시장질서가 무너진다. 현실에서는 이런 일이 자주 발생한다.

머니마켓에서 가장 중요한 점은 돈을 빌리려는 주체가 반드시 단기적인 지급능력(항구에 들어올 배)을 갖고 있어야 한다는 사실이다. 돈을 빌리는 이유가 일시적인 수입과 지출의 불균형을 메우는 것이어야 한다는 말이다. 지급능력이 확실치도 않으면서 머니마켓을 기웃거리는 사람이 많으면 많을수록 시장질서는 흐트러지고 시장 발전도 지체된다.

3 우리나라의 머니마켓, 무엇이 문제인가?

우리나라의 머니마켓은 다른 나라에 비해서나, 국내의 자본시장에 비해서나 발전이 뒤쳐진 것으로 평가된다. 그 이유는 세 가지 관점에서 설명할 수 있다.

첫째는 영세한 규모다. 우리나라의 머니마켓을 명목GDP로 나눈 비율은 16% 정도인데 이는 미국의 48%, 일본의 71%에 비해서 크게 떨어지는 수치다.[1] 자본시장과 비교해도 그렇다. 우리나라의 머니마켓은 자본시장의 7%밖에 되지 않는다. 미국이 14%고 일본이 23%인 것과 비교해도 시장간 불균형이 크다는 걸 알 수 있다

1 우리나라는 2012년 9월말 기준이고 미국과 일본은 2012년 3월말 기준이다.

〈그림 5-2〉 머니마켓 규모 비교(%)

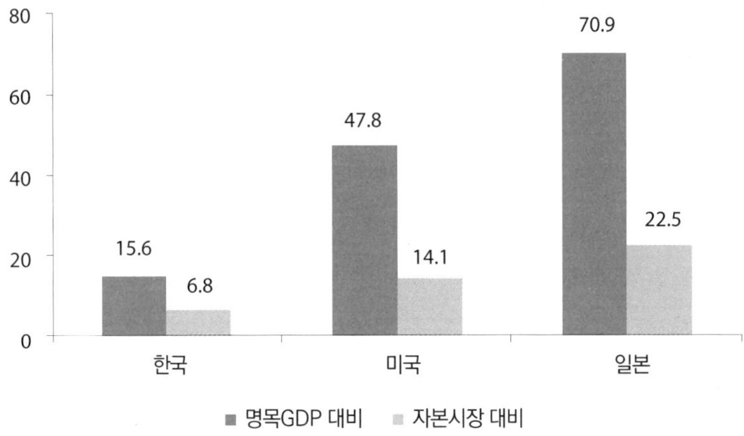

여기에 머니마켓의 16%나 차지하고 있는 단기 통화안정증권을 제외하면 실제 규모는 더 줄어든다.[2] 통화안정증권은 중앙은행인 한국은행이 통화조절 목적으로 발행하는 채권이다. 한국은행은 돈이 부족해서가 아니라 시중에 돈이 많이 풀렸다고 판단할 때 통화안정증권을 은행에 팔아 시중의 돈을 흡수한다. 일시적인 돈의 과부족을 조절한다는 머니마켓의 취지와는 맞지 않는 측면이 있다. 통화안정증권을 빼고 나면 우리나라 머니마켓 규모는 더 왜소해진다.

두 번째 문제점은 머니마켓을 구성하는 개별시장들이 고유의 목적이나 기능과는 다르게 운용되는 경우가 많다는 사실이다. 이 점에서 대해서는 각각의 시장을 다루면서 자세히 설명할 것이다.

2 2013년 말 현재 머니마켓의 시장별 구성비를 보면 기업어음시장이 37%로 가장 크고, 다음이 환매조건부 매매시장(30%), 통화안정증권시장(16%), 양도성예금증서시장(8%), 은행 간 시장인 콜 시장(8%)의 순이다.

세 번째 문제는 마땅한 단기금리가 없다는 점이다. 그동안 양도성예금증서금리, 즉 CD금리가 머니마켓의 대표 역할을 해 왔는데 신빙성에 대한 의문이 끊임없이 제기되었다. 2012년에 불거져 아직도 파문이 가라앉지 않고 있는 리보금리 조작사건을 보면 단기금리가 마땅치 않은 건 우리나라나 금융선진국이나 마찬가지인 듯하다.

머니마켓으로 분류되는 개별시장 가운데 이 책에서는 은행 간 시장, 환매조건부 매매시장, 기업어음시장의 셋만 다루기로 한다. 양도성예금증서시장은 단기금리 문제를 설명하면서 자연스럽게 나올 것이고 통화안정증권시장은 머니마켓의 성격과는 동떨어져 있어 제외하였다.

은행 간 시장

은행 간 시장이란 말 그대로 은행들끼리 남고 모자라는 돈을 잠시 동안 주고받는 시장이다. 나라마다 명칭이 조금씩 다른데, 미국에서는 페더럴펀드시장federal fund market이라 하고 유럽에서는 무담보시장unsecured market이라고 부른다. 우리나라와 일본에서는 콜 시장call market이라고 한다. 무엇이라 부르든 공통적으로 요구되는 조건은 은행들만 참여하는 배타적인 시장이어야 한다는 것이다. 은행 간 시장에서 배타성이 필요한 이유는 은행만이 가지는 두 가지 특성 때문이다.

첫째, 은행은 중앙은행에 지급준비금을 쌓을 의무가 있다. 지급준비란 은행에 돈을 예금한 고객의 인출요구에 대비해서 예금의 일부를 중앙은행에 맡기도록 한 제도다. 은행들이 지급준비의무를 지키지 못하면 중앙은행으로부터 벌칙을 받게 되고 해당은행의 평판은 크게 떨어진다. 그러니 은행들이 신경을 곤두세울 수밖에 없지만 매일매일 자금이 들어오고 나가는 과정에서 중앙은행에 맡겨야 할 돈이 부족해질 때도 있다.[3] 반면 지급준비금을 예치하고도 돈이 남는 은행이 있다. 이럴 때는 지급준비금이 부족한 은행이 남는 은행한테서 돈을 잠깐 빌린다. 만약 이런 시장이 없다면 지급준비금을 쌓지 못한 은행들은 속수무책으로 벌칙을 받을 수밖에 없을 것이다. 은행 간 시장은 지급준비금의 과부족을 조정하는 역할을 하기 때문에 지준시장reserve market이라고도 불린다.

둘째, 은행은 지급결제의 중심이다. 우리가 일상적으로 주고받는 자금은 최종적으로 은행을 통해 결제된다. 수표와 어음의 지급, 인터넷 뱅킹을 통한 자금이체가 일어난 후 결산을 해보면 다른 은행에서 돈을 더 받아야 할 때도 있고, 더 주어야 할 때도 있다. 예컨대 결산을 해 보니 A은행이 B은행에 1,000억 원을 지급해야 하는데 A은행에 당장 돈이 없다면 부도가 날 수도 있다. 이를 막으려면 어디선가 돈을 빌려와야 하는데 주된 장소가 은행 간 시장이다.

이처럼 은행 간 시장은 은행만이 갖는 두 가지 특성, 중앙은행에 지준을 쌓을 의무와 결제의 중심이라는 특성을 배경으로 한다. 금융시스템의 중추인 은행들이 잘 돌아갈 수 있도록 도와주는 것이 은행 간 시장의 핵심 역할인 것이다.

은행 간 시장이 중요한 또 다른 이유는 여기서 형성되는 금리가 모든 금리의 출발점이 되기 때문이다. 은행들이 주고받는 자금은 대부분 하루짜리다. 오늘은 돈이 부족하지만 내일이면 확실한 수입이 있다고

3 매일 지급준비금 의무량을 채워야 하는 건 아니다. 요구되는 금액을 한 달 동안 평잔 기준으로 한국은행에 예치하면 된다. 예를 들어 필요지급준비금이 1,000억 원인데 첫날 잔액이 500억 원이고 2~29일까지 잔액이 매일 1,000억 원이라면 마지막 날에는 1,500억 원을 쌓아야 한다. 은행은 매일 매일 자금사정에 따라 탄력적으로 지급준비금을 예치할 수 있다. 다만 여기서는 설명의 편의를 위해 매일 동일한 잔액을 유지하는 것으로 가정했다.

판단되면 딱 하루만 빌린다. 하지만 자금사정이 꼭 예상대로만 돌아가는 건 아니다. 막상 다음날이 되었는데 기대했던 돈이 들어오지 않을 수도 있다. 그럴 때는 만기를 하루 더 연장한다. 은행의 자금사정은 매일매일 큰 폭으로 변해 불확실성이 크기 때문에 며칠 동안 돈을 빌리기보다는 하루 단위로 돈을 빌린 후 사정을 보아가며 갚든지 연장하든지 하는 것이다.

하루짜리 금리가 형성되면 이를 주춧돌로 1주일, 1개월, 3개월, 1년 등등 다양한 만기의 금융상품 금리가 만들어질 수 있다. 금리의 만기구조가 형성되는 것이다. 1일물 은행 간 금리는 긴 대열의 출발점이자 기준점이면서 향도의 역할을 한다. 기준점이 틀리면 나머지 줄도 전부 흐트러질 수밖에 없다.

이처럼 은행 간 시장은 매우 중요한데 그동안 우리나라 콜 시장은 이런 조건을 갖추지 못했다. 가장 큰 문제는 콜 시장에 은행이 아닌 금융회사들이 대거 참여하고 있다는 사실이다. 지준예치의무를 지면서 결제의 중심축 역할을 하는 은행들 외에도 증권회사, 자산운용사, 카드사 등등 우리나라에서 영업하고 있는 거의 모든 금융회사들이 콜 시장에서 거래한다. 콜 시장을 은행 간 시장으로 보기 어려운 이유다.

은행 간 시장이 제 기능을 발휘하려면 자금을 공급하는 측과 수요하는 측이 딱 부러지게 구분되어서는 곤란하다. 일시적으로 돈이 남거나 부족한 걸 조정하는 것이 머니마켓의 역할인데, 만약 A은행은 언제나 돈이 남고 B은행은 언제나 부족하다면 그건 뭔가 잘못된 것이다. 그런데 우리나라의 콜 시장에서는 그런 현상이 뚜렷이 드러난다.

〈표5-1〉은 콜 시장에서 자금을 공급(콜론이라고 함)한 주체와 수요(콜머니라고 함)한 주체의 구성비를 보여준다. 2013년 중 이루어진 콜거래의

주체별 비중을 보면 국내은행들은 콜 자금의 27%를 공급했고 이보다 두 배 가량 많은 53%를 수요했다. 증권회사는 콜 자금의 1%만 공급했는데 25%의 자금을 가져갔다. 자산운용사는 무려 61%의 자금을 공급했는데 한 푼도 빌리지 않았다. 외은지점들도 돈을 내놓기보다는 빌려간 비중이 2배 이상 크다.

〈표 5-1〉 주체별 콜거래 구성비(중개거래기준, %)

		2007	2009	2011	2013
콜공급 (콜론)	국내은행	11.4	30.3	28.2	26.6
	외은지점	3.9	8.7	6.6	7.1
	은행신탁	11.6	0.9	1.2	1.7
	증권회사	4.7	3.1	1.9	0.9
	자산운용	59.1	55.5	58.8	60.5
	기타	9.3	1.5	3.3	3.2
콜수요 (콜머니)	국내은행	49.3	55.2	44.2	53.3
	외은지점	26.2	9.5	13.1	16.9
	종합금융	0.3	0.3	0.1	0.0
	증권회사	20.1	28.1	37.1	24.8
	기타	4.2	6.9	5.5	5.0

이 통계가 의미하는 바는 무엇일까? 은행의 콜 자금 공급과 수요에 큰 괴리가 있고 증권회사는 아예 콜 시장에서 영업자금을 갖다 쓰고 있으며 자산운용사는 펀드로 들어온 자금을 운용하는 수단으로 콜 시장을 이용하고 있다는 것이다. 지점수가 적어 예금을 받기 어려운 외은지점들도 콜 시장에서 영업자금을 마련하고 있는 것으로 보인다. 이들

은 대부분 하루짜리 콜 자금을 이용하면서 필요할 때까지 계속 만기를 연장하는 방법을 쓰고 있다.

머니마켓의 본질은 돈의 단기적인 과부족 현상을 해소하는 데 있다고 했다. 항구에 배가 확실히 들어온다는 보장이 있을 때만 이용해야 한다는 것이다. 콜 시장에서 영업자금을 조달하는 행위는 이런 원칙에서 벗어난다. 영업을 해서 항구에 들어올 배를 만들 수도 있지만 불확실성과 위험이 뒤따른다. 만약 어떤 금융회사에 들어올 배가 없다는 사실이 알려져 만기연장이 안 되면 어떤 일이 벌어질까? 해당 금융회사만의 부도로 끝날 문제가 아니다. 비슷한 패턴으로 돈을 빌려 온 모든 금융회사들도 의심받게 된다. 내가 거래하는 회사에 입항할 배가 정말 있을까 하는 의구심에서 비롯된 거래상대방위험counterparty risk이 커지면 모든 거래가 중지되면서 시장이 마비된다.

이렇게 초단기 시장에서 매일매일 만기를 연장해 가며 영업자금을 마련하는 행태는 상당한 위험을 안고 있는데 그것 말고도 또 다른 부작용이 있다. 모든 금융회사들이 하루짜리 거래만 좋아하다 보니 만기가 긴 금융상품이 거래되는 기일물시장term market이 발전할 수 없다는 사실이다. 경우에 따라서는 일주일, 보름 정도의 만기로 이루어지는 거래도 있어야 하는데 하루짜리 거래가 편하고 비용도 적게 들다 보니 아무도 기일물시장에 관심을 갖지 않는 것이다. 다양한 만기의 상품이 거래되는 하부시장이 없으면 금융시장 발전도 그만큼 지체된다.

정부도 이 점을 인식하고 콜 시장을 은행 간 시장으로 바꾸기 위해 노력해 왔다. 개선책의 핵심은 은행 이외의 금융회사가 콜 시장에 들어오지 못하도록 막는 것이다. 정부조치로 가장 큰 영향을 받게 된 금융회사는 콜 자금을 많이 빌려가는 증권사다. 증권사에 대해서는 2011

년 6월부터 규제가 시작되었다. 콜 시장에서 맘대로 돈을 빌릴 수 없도록 차입한도를 자기자본의 25%로 묶은 것이다. 2013년 11월에 확정된 규제방안에서는 25%로 되어 있는 차입한도 비율을 더 줄인 다음 2015년부터는 아예 콜 차입을 못하도록 금지했다.

하지만 모든 증권사가 배제되는 건 아니다. 정부의 국고채 발행이나 중앙은행의 통화정책에 파트너 역할을 하는 증권사는 일정 한도에서 콜 자금을 계속 빌릴 수 있도록 했다. 한편 콜 자금의 주된 공급원인 자산운용사의 콜 시장 참여는 계속 허용되었다. 자산운용사가 MMF 등으로 모은 자금을 운용할 만한 다른 방법이 마땅치 않은 현실적 문제를 고려한 듯하다. 콜 시장 규제가 실행되는 2015년이 되면 시장에 참여하는 금융회사의 수는 크게 줄어든다. 콜 자금을 빌리는 회사의 수는 지금의 413개에서 63개로, 빌려주는 회사의 수는 414개에서 132개로 축소될 전망이다.[4]

환매조건부 매매시장

환매조건부 매매, 즉 RP매매란 뭔가를 팔되, 일정 시간이 지난 다음 다시 사겠다는 조건을 붙인 매매 행위를 뜻한다. 전세도 일종의 RP계약이다. 집 주인이 세입자에게 집을 팔되 계약기간이 끝나면 다시 사들이는 형식이기 때문이다. 이렇게 집을 포함해 다양한 물건을 RP로 사고팔 수 있지만 RP매매의 주된 대상은 증권이다. 예를 들어 보자. 액면 1억 원의 채권을 갖고 있는 A에게 일주일 정도 돈을 써야 할 일이

4 금융위원회, "금융회사 간 단기자금시장 개편방안", 2013.11.20

생겼다. 채권을 팔아 돈을 마련하려는데 채권가격이 많이 떨어져서 팔면 손해다. 이럴 때는 RP계약이 큰 도움이 된다. A는 B에게 채권을 팔아 1억 원을 마련하면서 7일 후에는 판 가격에 소정의 이자(RP금리)를 붙여 다시 사겠다고 약속한다. 형식적으로 보면 A와 B 사이에 두 번의 채권 거래가 이루어진 것이지만 실제는 A가 B에게 채권을 담보로 넘겨주고(RP 매각) 돈을 빌린 셈이다. 일주일 후에는 A가 B에게 1억 원을 갚으면서 담보로 맡겼던 채권을 찾아온다.

RP거래는 금융 분야에서 이루어진 혁신 가운데 하나다. 채권은 만기가 긴 금융상품이기 때문에 오랫동안 돈이 묶이는 단점이 있다. 돈이 필요해지면 채권을 팔 수도 있지만 처분시점의 금리에 따라 손해를 볼 수도 있다. RP거래는 이런 위험 없이 돈을 빌릴 수 있게 해 준다. 중도에 팔지 않고도 현금을 확보할 수 있는 수단으로 이용할 수 있어 채권의 매력이 높아진다. RP는 단기적인 자금조달 수단이지만 긴 만기의 채권을 매개로 한다는 점에서 머니마켓과 자본시장을 이어주는 교량 역할도 한다.

RP는 돈을 빌릴 때 채권을 담보로 제공하므로 담보 없이 거래되는 은행 간 시장에 비해 금리가 낮다. 또 은행 간 시장과는 달리 여러 금융회사나 기업이 참여할 수 있고 필요에 따라 만기도 다양하게 설계할 수 있다. RP시장을 유연하고 선진적인 금융시장이라 부르는 것도 이런 연유에서다.

우리나라의 RP시장을 보면 금융회사끼리 거액의 자금을 주고받는 금융회사 간 RP(도매금융)보다 일반인을 대상으로 한 대고객 RP(소매금융)가 훨씬 많다. 대고객 RP는 증권사의 영업자금 조달수단이다. 예금을 받지 못하는 증권사가 자신이 보유한 채권을 담보로 사람들한테 돈을 빌리는 것이다. RP 형식을 취하고는 있지만 은행의 예수금과 다를 바 없다. 이런 거래는 증권사의 현금관리계좌cash management account, CMA를 통해 이루어지기도 하는데 CMA에는 RP형과 MMF형이 있다.[5] RP형 CMA에 가입한 고객은 돈을 찾기 전까지 증권사의 채권 일부를 소유하게 된다. 하지만 RP와 은행 예금의 차이를 잘 모르는 고객들은 일시적으로나마 자신이 채권의 주인이라는 사실을 인지하지 못할 때가 많다.

2013년 말 RP잔액은 총 100조 원인데 이 가운데 77%인 77조 원이 대고객 RP다. 이 비율은 2008년 말에 무려 86%였다. 그나마 정책당국의 노력 덕분에 금융기관 간 RP가 늘어나면서 대고객 RP 비중이 낮아지고 있다. 콜 시장에서 비은행 금융회사를 배제시키려는 것도 이들로 하여금 콜거래 대신 RP거래를 하도록 유도해 금융회사 간 RP를 늘리기 위한 목적도 있다.

〈표 5-2〉 RP 현황(연말 기준, 조원)

	2008	2010	2012	2013
RP매도 총 잔고	68.9	76.9	84.6	99.7
기관 간 RP	6.4	10.3	17.4	22.8
대고객RP	62.5	66.7	67.2	76.9

머니마켓은 영업자금을 조달하는 곳이 아니다. 일시적인 자금 과부족을 조정하는 기능이 우선시되어야 하는데 RP시장에서 대고객 RP가 훨씬 많은 것은 정상적이라고 보긴 어렵다. 증권사의 자금조달 수

5 CMA는 독자적 상품이 아니라 단지 관리계좌이기 때문에 고객들은 RP나 MMF를 사는 것이다.

단이 마땅치 않은 현실을 고려할 때 대고객 RP는 불가피한 면이 있으나 두 형태의 RP간 균형회복은 필요해 보인다.

RP는 채권을 담보로 하므로 무담보인 콜 자금보다 금리가 낮은 것이 정상이다(RP금리에서 콜금리를 뺀 스프레드가 마이너스여야 한다). 그런데 우리나라에서는 비교적 최근까지 RP금리가 항상 높았다. 이런 현상의 원인은 RP 거래에 비용이 많이 들고 거래절차가 복잡했기 때문이다. 하루 이틀의 짧은 기간이라 하더라도 RP 대상채권의 소유주가 바뀌기 때문에 이를 처리하고 관리하는 데 비용이 든다. 담보 없이 간편히 자금을 주고받는 콜거래에 비해 RP는 담보증권을 설정하거나 만기 때 청산하는 절차도 다소 복잡하다. 이런 이유로 금융회사들이 RP거래를 꺼려 RP금리가 높았다. 하지만 2013년 이후에는 RP거래를 활성화시키기 위한 제도개선이 꾸준히 이루어지면서 두 금리 간 스프레드가 정상적으로 바뀌고 있는 추세다.

〈그림 5-3〉 증권사 RP금리와 콜금리의 스프레드(bps)

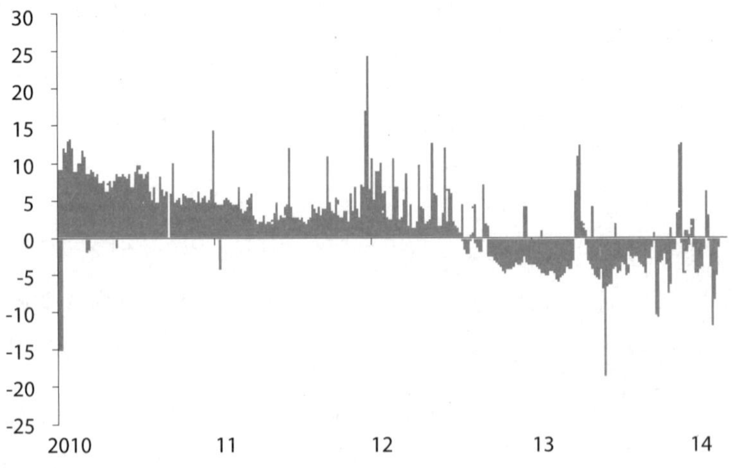

기업어음시장commercial paper, CP

CP는 기업이 단기적으로 자금을 조달할 때 발행하는 채무증서다. 돈을 빌려주는 사람은 떼일 위험에 대비하려고 제3자를 연대 보증인으로 세우거나 부동산을 담보로 잡기도 하는데 CP에는 이런 보증장치가 없다. CP를 발행하는 기업의 신용도가 사실상의 보증장치다. 그렇기 때문에 CP를 발행할 수 있는 기업의 자격은 엄격히 제한되어야 한다. 신용도가 높고 우수한 기업만이 CP를 발행해야 한다는 말이다. 그런데 현실은 꼭 그렇지 않다.

우리나라의 예를 보면 신용도가 높은 투자등급 기업뿐 아니라 위험성이 높은 투기등급 가운데 B등급 이상인 기업도 CP를 발행할 수 있다. 담보 없이 발행하는 CP를 왜 B등급 기업에까지 허용하느냐는 의문을 가질 수도 있다. 하지만 투자자에는 여러 부류가 있다. 부도 가능성이 적은 기업을 고르는 안정적 투자자가 있는가 하면, 위험하기는 해도 높은 수익을 얻으려는 위험추구 형 투자자도 있다. 다양한 투자자의 선호를 맞추려면 다양한 위험-수익 구조를 갖는 투자수단이 필요하다. 문제는 전문적 지식이 없는 사람들에게 투기등급의 CP를 파는 행위다. 리스크가 높은 CP에 투자하는 사람들은 대체로 전문가들이다. 이들은 부도날 가능성과 수익률을 체계적, 경험적으로 비교해 가면서 자기책임 하에 투자한다. 하지만 일반투자가들에겐 이런 능력이 없다. 2012년 LIG건설과 2013년 동양그룹의 부실 CP 판매가 대표적인 예다. 리스크 높은 CP를 판 행위 자체가 아니라 위험판별 능력이 없는 일반인들에게 충분한 설명 없이 판매했다는 것이 문제라는 말이다.

기업들에게 CP는 매력적인 자금조달 수단이다. 대출을 받으려면 은행의 엄격한 심사를 거쳐야 한다. 때로는 별도의 대출약정에 따라 경영 간섭도 감수해야 한다. 은행으로서는 당연히 해야 하는 일이지만 기업 입장에서는 성가시기 그지없다. 회사채도 마찬가지다. 발행을 하려면 이사회 의결을 거쳐야 하고 등록도 해야 한다. 많은 사람의 감시를 피하기 어렵다. 하지만 CP는 다르다. 현행법에서 CP는 어음으로 분류된다. '언제까지 돈을 갚겠다는 각서'에 불과하다. 이사회의 의결이나 등록도 필요 없다. 문제가 있다면 만기가 짧다는 것이다. 90일 만기로 발행하면 1년에 네 차례나 만기를 연장해야 한다. 돈을 갚고 다시 빌리는 절차를 반복해야 하니 번거롭다. 혹시라도 만기 연장에 실패하면 자금사정에 비상이 걸린다.

그런데 이런 기업의 고민을 해소시켜준 조치가 있었다. 2009년 정부가 자본시장 육성의 일환으로 장기CP의 발행을 허용해 준 것이다. 이전까지만 해도 기업은 1년 미만으로만 CP를 발행할 수 있었는데 이 제한이 풀렸다. 2년, 3년, 4년짜리 CP를 발행할 수 있게 되었으니 만기 때마다 겪어야 했던 번잡함이 크게 줄었다. 당연히 장기CP를 발행하려는 수요가 늘었다.

이러한 사실은 통계에서도 잘 드러난다. 2009년 발행이 허용된 장기CP는 2009년 말 2.3조원에 불과했으나 2011년부터 급증하기 시작해서 2013년 말에는 55조 원까지 늘어났다. 전체 CP에서 차지하는 비중도 4년여 만에 44%까지 확대되었다.[6]

6 장기CP가 급증하자 정부는 속도조절을 위해 발행요건을 강화했다. 2013년 5월 장기CP에 대해서는 증권신고서 제출을 의무화했다. 이는 회사채에 준하는 규제를 부과하여 회사채와 장기CP간 규제의 형평성을 기하려는 목적을 가지고 있다. 이 조치 이후 장기CP 발행이 다소 주춤해지고 있다.

〈표 5-3〉 만기별 CP발행

		2008	2009	2010	2011	2012	2013
잔액(조원)	1년 이하	82.9	69.1	69.0	67.8	69.8	71.0
	1년 초과	0.0	2.3	7.3	19.3	42.7	55.0
비중(%)	1년 이하	100.0	96.8	90.4	77.8	62.0	56.4
	1년 초과	0.0	3.2	9.6	22.2	38.0	43.6

보통의 CP는 담보와 같은 보증장치를 갖고 있지 않다. 오직 발행기업의 신용도에만 의존하다 보니 상환능력을 의심받는 일이 많았다. 그래서 신용을 보강한 CP가 등장했다. 자산담보부CP Asset Backed CP, ABCP가 그것이다. '항구에 들어올 배'가 ABCP의 뒤를 받쳐주는 자산이 된다. 내가 발행하는 CP는 단순한 종잇조각이 아니라 배후에 현금을 만들어내는 든든한 자산이 버티고 있다고 설득해 CP 투자자를 안심시키는 것이다. 예컨대 프로젝트 파이낸싱 project financing, PF을 기초자산으로 하는 PF ABCP는 아파트나 건물의 분양대금을 담보로 발행하는 CP다. 2013년 말 현재 발행 잔액을 보면 ABCP가 78조 원으로 일반CP 48조 원보다 훨씬 많다.[7]

하지만 ABCP라 해서 100% 안전한 건 아니다. PF ABCP를 예로 들면, 건설경기가 좋을 때는 아파트나 상가가 순조롭게 분양되기 때문에 현금 확보에 아무런 문제가 없고 PF ABCP도 믿음직스럽지만 건설경기가 나빠지면 분양이 제대로 안 되어서 현금흐름이 막힌다. 담보자산이 있어도 당장 쓸 수 있는 유동성을 만들어내지 못하니 ABCP의 신뢰가 떨어진다. 글로벌 금융위기 때 미국에서 터진 문제도 비슷하다.

7 ABCP 가운데는 일반ABCP가 66조 원으로 대부분이고 PF-ABCP는 12조 원이다.

담보로 편입한 자산의 질이 그리 좋지 못한데도 투자자들은 ABCP를 믿고 샀다. 그러다 문제가 불거지자 만기연장을 거부했고 그 결과 연쇄부도를 불러왔다.

4 MMF money market fund를 규제하라

머니마켓은 기본적으로 도매 금융시장이다. 투자할 돈이 조금밖에 되지 않는 개인들이 접근하기 어려운 시장이다. 하지만 개인들, 소위 개미들을 위한 상품이 등장했는데 앞서 잠깐 소개했던 MMF가 그것이다. 여러 사람에게서 돈을 모아 풀을 만든 다음 그 돈으로 머니마켓에서 거래되는 금융상품들, 예컨대 RP, CD, CP 등을 사고 이 상품에서 나오는 수익을 투자자들에게 돌려주는 구조다.

이 상품은 1970년대에 처음 등장했는데 은행의 요구불예금을 대신할 수 있는 것이어서 큰 인기를 끌었다. 은행이 망하더라도 예금은 일정 한도 내에서 보호를 받는다. 예금보호제도라는 것인데 미국은 25만 달러, 우리나라는 5,000만 원이 한도다.

하지만 거액 자산가 입장에서 볼 때 이 한도는 너무 낮다. 100억 원을 갖고 있는 사람이 예금보호를 받으려면 200개의 계좌로 나누어 각기 다른 은행에 예금을 해야 하는데 이건 거의 불가능한 일이다. 그래서 거액 자산가들은 은행을 대신할 수 있는 금융상품을 찾게 되었고

MMF가 그 필요를 충족시켜 주었다.

원하면 아무 때나 돈을 찾을 수 있다는 점에서 MMF는 은행의 요구불예금과 흡사하다. 게다가 안전성 면에서도 은행예금에 못지않다. 예금처럼 국가에서 보호해 주는 건 아니지만 MMF는 두 가지 측면에서 암묵적인 보호기능을 제공한다.

첫째는 앞서 설명한 대로 MMF가 사들이는 머니마켓의 금융상품들이 높은 신용도와 유동성을 갖춘 데다 만기가 짧아 투자기간 동안 부도가 날 확률이 아주 낮다는 사실이다.

둘째는 이자를 못 받는 한이 있어도 원금만큼은 돌려준다는 보장이다. MMF에 편입된 자산의 시장가치는 매일매일 변한다. 따라서 어느 시점에서 돈을 찾느냐에 따라 원금에 손실이 날 수도 있다. 이럴 때에도 MMF는 적어도 원금은 보장해 주었다.

예컨대 거액자산가 A씨가 MMF에 가입했을 때 편입자산의 가치가 100이었는데 시장상황이 나빠져 그 가치가 90으로 떨어졌다고 하자. A씨가 돈을 찾으려 하면 90을 돌려주는 것이 맞지만 통상 100을 지급하고 10 만큼의 손해는 MMF가 스스로 진다(사실은 MMF의 스폰서은행이 진다). 적어도 원금은 보장받는다는 인식이 있었기에 MMF는 은행예금을 빠르게 대체할 수 있었다.

미국을 비롯해 많은 나라에서는 MMF를 평가할 때 고정 순자산가치stable net asset vale 방식을 사용한다. 이 방식은 MMF의 한 주share당 순자산가치를 1달러로 고정하는 것인데 이는 편입자산을 매입 시점의 장부가격으로 평가한다는 의미다. 환매요청이 들어왔을 때 시가로 평가한 순자산가치(이를 shadow NAV라고 한다)가 장부가격보다 0.5% 이상 하락했을 경우에만 시가를 적용한다. 이때 손실이 발생하는데 '달러를 깬다breaking the buck.'는 표현을 쓴다. 하지만 미국에서 MMF가 도입된 이래[8] '달러를 깨는' 사태는 1994년에 딱 한 차례 있었을 뿐이다. 미국 MMF의 잔고가 2.7조 달러(2012년 말)에 달할 정도로 막대한데 손실 경험은 한 번밖에 없으니 사람들이 MMF를 안전자산으로 인식했던 것도 이해할 만하다.

이런 인식은 글로벌 금융위기 때 깨졌다. 리먼 브러더스가 파산을 선언한 다음 날인 2008년 9월 16일에 대형 MMF인 Reserve Primary Fund가 '달러를 깨는 선언'을 한 것이다. 편입자산이었던 리먼 브러더스 발행 CP에서 큰 손실이 발생한 탓이었다. 그제야 MMF에서도 손실이 날 수 있음을 깨달은 투자자들이 MMF 환매에 나섰고 이 요청에 부응하느라 편입되어 있던 각종 자산이 매물로 쏟아지면서 자산 전체의 가격이 폭락했다. 머니마켓이 일대 소용돌이에 휩싸인 것이다.

미국 정부와 중앙은행의 비상조치로 줄파산은 겨우 면했지만 이를 계기로 MMF의 리스크가 새삼스럽게 부각되었다. 고객에게 제공되던 암묵적 보호 장치가 의심받기 시작하면서 MMF가 더 이상 안전한 상품이 아니라는 인식이 빠르게 퍼졌다. MMF의 덩치는 엄청 커졌는데 제대로 된 감독이나 규제를 받지 않아 시장불안을 키웠다는 반성도 나왔다. 그때부터 국제기구를 중심으로 MMF의 규제방안이 만들어지기 시작했다. 이들이 주목한 MMF 관련 리스크는 다음과 같이 정리할 수 있다.

첫째, 고정 순자산가치 평가제도다. MMF에 편입된 자산들도 신용리스크와 금리리스크를 갖고 있어 원금 손실 가능성이 분명 있다. 그

8 1971년에 미국의 교원보험연금조합에서 일하던 브루스 벤트와 헨리 브라운이 첫 번째 MMF인 The Reserve Fund를 만들어 투자자들에게 제공한 것이 효시다.

런데도 순자산가치를 1달러로 평가해 위험이 전혀 없는 자산으로 오인시켰다는 것이다.

둘째, 선환매 효과first mover's advantage다. 먼저 환매를 요청한 고객에게는 유동성 자산을 처분해 투자금액을 돌려줄 수 있지만, 쉽게 팔 수 있는 자산이 고갈되면 이후에 오는 고객들의 인출요구는 들어주기 어렵다.

셋째, 부정확한 MMF 평가방식이다. MMF는 상각 후 원가amortized cost[9]를 적용해 평가하는데 이렇게 되면 공시된 자산가치와 실제 자산가치가 일치하지 않을 공산이 커진다.

넷째, MMF의 순자산가치 유지와 평판 관리를 위해 손실이 나더라도 이를 보상해 온 후원기관[10]의 암묵적 지원이 MMF를 무위험자산으로 인식시켰다.

국제증권감독기구는 2012년 말 MMF의 규제권고안을 내놓았는데[11] 그 내용은 다음과 같이 요약할 수 있다. 먼저 논의의 핵심인 평가방식을 고정 NAV에서 변동 NAV로 바꾸어 MMF가 위험자산임을 알게 한다. MMF 평가는 신뢰할 수 있는 시장가격에 따라 이루어져야 하며 상각 후 원가방식은 제한적으로 사용한다. 외부 신용등급에 너무 의존

9 채권을 할인 매입했을 경우 원금과 매입가격의 차이(유통수익률과 쿠폰금리 간의 차이를 반영)를 매기마다 분할(균등분할은 아님)하여 원금에 가산하는 방식이다. 예컨대 액면 1,000인 채권을 950에 구입했다면 50을 분할하여 만기까지 원금에 가산한다. 3년 만기라면 14, 17, 19를 더하여 1기의 원금은 964, 2기는 981, 3기는 액면인 1,000이 된다. 보유자산의 가치가 기간 중 안정적인 증가세를 보여 MMF의 주당 가격을 일정하게 유지할 수 있는 장점이 있지만, 시장이자율이 변할 경우 실제 자산가치가 상각 후 원금과 크게 차이가 날 가능성이 있다.

10 MMF는 순자산가치를 유지하기 위해 스폰서로부터 지원을 받아왔다. 보통 스폰서 역할은 금융지주회사의 주력기업인 은행이 수행한다. 이들은 자회사인 투자은행 등에서 만들어 파는 MMF의 부실자산을 인수하거나 지급을 보장하고 경우에 따라서는 자본도 공급한다.

11 International Organization of Securities Committee, 2010, *Money Market Fund System Risk Analysis and Reform Options : Consultation Report*

하지 않도록 내부의 신용위험 평가절차를 강화한다. 환매에 대응하기 위해 최소한의 유동성 자산을 보유토록 하는 한편 편입자산의 등급과 만기를 제한한다. 각국은 이러한 국제증권감독기구의 권고안을 토대로 자국 실정에 맞는 규제체계를 만들고 있다.

우리나라는 MMF의 규모나 비중이 그다지 큰 편이 아니다.[12] 평가방법은 미국과 마찬가지로 고정 NAV 방식을 사용하고 있고 시가와 장부가의 차이가 ±0.5%인 경우 시가평가로 전환토록 의무화하고 있다. 이밖에 동일인이 발행하는 채무증권에 투자한도를 두고 있고, MMF의 가중평균 잔존만기를 90일 이내로 제한하는 등 리스크를 줄이기 위한 규제제도를 시행하고 있다.

12 2013년 말 현재 우리나라 MMF 잔액은 67조 원으로 미국의 2% 수준이다.

5 제대로 된 단기금리를 찾아라

리보금리 조작 사건libor scandal

머니마켓은 짧은 만기의 금융상품이 거래되는 곳으로 여기서 형성되는 단기금리는 만기가 더 긴 금리의 출발점이 된다. 또한 변동금리로 금융계약을 맺을 때 기준금리의 역할을 한다. 예컨대 우리나라에서 주택담보대출을 받을 때는 3개월 만기 CD금리에 연동해 이자를 내는 경우가 많다. 3개월마다 적용금리를 달리하니 그때 가서 CD금리가 내리면 이자가 줄고 반대로 오르면 이자가 늘어난다. 3년 만기로 대출을 받으면 12번이나 금리가 바뀐다. CD금리가 공정하게 결정된다는 믿음이 있어야만 이런 대출계약이 가능하다. 만약 누군가 CD금리를 조작하고 있다면, 그것도 은행에 유리한 쪽으로 조작하고 있다면 대출자들은 이자를 부당하게 더 냈다고 억울해 할 것이다. 이것이 최근 불거진 이른바 리보 조작 스캔들의 본질이다.

리보란 London interbank offered rate의 약자로서 런던에서 영업

하는 대형은행끼리 자금을 주고받을 때 적용하는 금리다. 은행 간 시장이 무엇인지는 앞서 설명한 바 있다. 런던시장은 뉴욕과 더불어 가장 큰 국제금융시장이기 때문에 여기서 영업하는 은행들은 규모가 크고 신용도 높다. 그래서 이들 사이에서 형성되는 금리는 가장 깨끗하고(잡음noise이 없다는 뜻), 시장상황을 잘 반영할 것이라는 믿음이 있다. 이런 이유로 리보는 전 세계 금융거래의 표준으로 널리 이용된다. 한 통계에 따르면 리보에 연동되어 있는 금융거래는 무려 300조 달러에 이른다. 전 세계 GDP의 4.5배에 이르는 천문학적 규모다.[13] 그러니 리보를 조금만 조작해도 막대한 부당이득과 억울한 손실이 생길 수 있다.

리보는 호가금리, 다시 말해 무담보로 자금을 차입할 때 상대에게 지급하겠다고 약속하는 금리여서 호가 제시 은행의 자금사정을 반영한다. 유동성 사정이 악화되면 호가금리가 높아지고 개선되면 낮아진다. 리보는 영국은행협회British Bank Association가 지정한 은행들이 달러, 엔, 유로 등 10개 통화에 대해 각각 15개 만기의 호가를 제시하면 이 가운데 상하금리 25%씩을 제외하고 나머지를 평균해 산출해 왔다. 산술적으로는 한 은행이 150개의 호가금리를 내야 하는데 가장 중요한 것은 3개월 만기 리보다. 변동금리가 적용되는 파생상품거래, 모기지대출 등에 가장 많이 쓰이기 때문이다.

리보스캔들이 불거진 것은 2012년이지만 은행들이 관행적으로 리보를 조작하고 있다는 의혹은 이전부터 있었다. 2008년 4월에 월스트리트저널은 신용경색으로 어려움을 겪고 있던 몇몇 은행이 리보를 낮추어 제시했을지도 모른다는 의혹을 제기했다.[14] 2010년에는 스나이

13 "Libor - what is it and why does it matter?", *BBC*, 2012.12.18

14 "Bankers Cast Doubt On Key Rate Amid Crisis", *Wall Street Journal*, 2008.4.16

더와 율이 2년 전 월스트리트저널의 기사내용을 통계로 입증하는 논문을 발표했다.[15] 이들은 은행이 금융위기 때 평판을 유지하려고 금리를 조작했을 뿐 아니라 평소에도 부당한 이익추구를 위해 불법을 저질렀을 가능성이 있다고 주장했다. 시티은행을 예로 들어 리보를 1% 낮게 조작했다면 2009년 1분기 시티은행의 이익은 19억 달러나 늘어났을 것으로 추산했다.

소문으로만 떠돌던 조작관행이 수면 위로 떠오른 것은 2012년 7월 바클레이즈 은행이 거액의 벌금을 물게 되었다는 사실이 알려지면서다. 이 은행에 적용된 혐의는 스나이더와 율이 지적한 그대로였다. 자신의 트레이딩 포지션에 유리하게 리보를 조작했고 2008년 금융위기가 터졌을 때는 은행의 취약성을 숨기기 위해 일부러 낮은 금리를 제시했다는 것이다. 실제 위기감이 최고조에 달했던 2008년 9월 이후 바클레이즈가 제시한 리보 호가금리를 보면 두 번째 의혹이 사실일 가능성이 커 보인다.

〈그림 5-4〉는 바클레이즈가 제시한 3개월물 스털링화 리보가 평균과 얼마나 차이가 있는지 보여준다. 9월 중순까지 바클레이즈의 호가금리는 다른 은행들과 크게 다르지 않았는데 이후 한 달 반 동안은 훨씬 높아지는 모습을 보인다.[16] 그러다 11월초에 들어서자 급격히 낮아지기 시작해서 상당기간 평균을 밑돈다. 바클레이즈의 재무상황에 별다른 변화가 없었는데도 호가금리가 이토록 크게 변화한 것 자체가 비

---

15 Snider, C. & T. Youle, 2010, "Does the Libor Reflect Banks' Borrowing Costs?". *Social Science Research Network*: 13-14

16 바클레이즈는 자신들보다 낮은 호가금리를 제시했던 일부 은행들이 실제 머니마켓에서는 호가제시 금리보다 0.3%포인트나 높게 자금을 차입했다는 사실을 근거로 들어 높은 금리를 제시한 자신들이 정직했고 낮은 금리를 제시한 다른 은행들이 조작을 한 것이라고 주장했다. "The Rotten Heart of Finance", *The Economist*, 2012.7.7

정상으로 보인다. 더구나 호가금리가 꺾이기 시작한 시점이 바클레이즈가 영란은행과 무언가 협의했던 10월 29일 직후라는 점이 더 큰 의구심을 불러일으켰다. 시장안정이 절실했던 영란은행의 금융안정담당 부총재 폴 터커Paul Tucker가 높은 호가금리를 제시하고 있던 바클레이즈에게 압력을 넣은 것 아니냐는 의혹이 불거졌다. 터커 부총재는 혐의를 부정했지만 그 여파로 차기 영란은행 총재 후보에서 낙마하였다.

〈그림 5-4〉 바클레이즈의 리보 호가금리 추이(3개월물 스털링화)

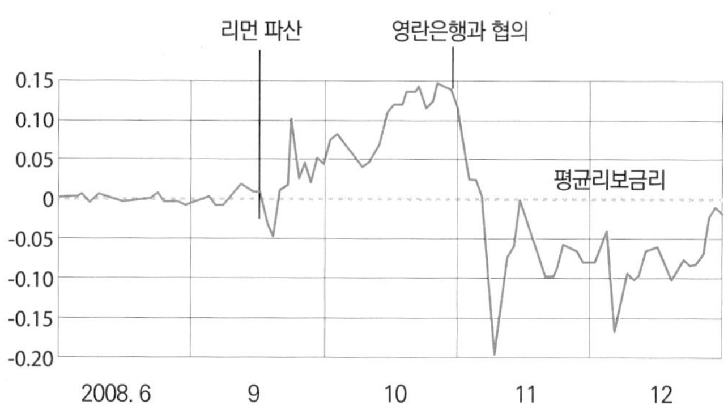

리보조작 수사는 다른 은행들로 확대되었고 영국뿐 아니라 미국, 유럽연합, 캐나다, 일본, 스위스 정부도 조사에 나섰다. 바클레이즈의 4.5억 달러를 시작으로 RBS, UBS, 라보뱅크Rabobank, ICAP, JP모건체이스, 도이치뱅크 등에 총 60억 달러의 벌금이 부과되었다. 이와는 별도로 리보조작으로 피해를 봤다고 주장하는 투자자들이 관련 은행을 상대로 거액의 민사소송을 진행하고 있다.

부정을 저지른 은행들을 처벌하는 절차와 함께 조작을 차단하기 위한 리보 개편방안도 논의되고 있다. 하지만 어떻게 하든 조작 가능성을 완전히 차단하긴 어렵다는 것이 중론이다.[17] 리보는 실거래를 통해 시장에서 결정되는 것이 아니라 은행들이 '이 정도가 적당할 것'이라고 생각하는 금리perceived offered rate인 데다 소수의 트레이더나 은행 담당자들 사이에서 비밀리에 이루어지는 담합을 막기도 어렵다. 리보가 어떻게 결정되느냐에 따라 해당 은행의 수익성이나 건전성, 나아가서 직원의 성과급까지 큰 영향을 받다보니 조작의 유혹을 떨쳐버리기란 쉽지 않다는 얘기다. 그래서인지 리보체계 개편작업은 아직까지 이렇다 할 성과를 보이지 못하고 있다.

우리나라의 CD금리는 어떤가?

리보 조작스캔들의 파장은 전 세계로 퍼져나갔다. 많은 나라들이 자국에서도 이런 변칙이 있었을 것이라 생각해 조사에 나섰다. 우리나라에서도 금융소비자 단체를 중심으로 변동금리대출의 기준이 되는 CD금리 조작 의혹이 제기되었고 공정거래위원회가 2012년 7월에 10개 증권사와 9개 은행을 상대로 담합 여부의 조사에 착수했다. 1년 후인 2013년 8월에는 금융투자협회까지 조사했으나 뚜렷한 혐의를 발견하진 못했다.

양도성예금증서, 즉 CD는 정기예금에 양도성을 부여한 것이다. 보

17 "The Best Way to Reform Libor : Scrap It", *Wall Street Journal*, 2013.7.24

통의 예금은 예금주가 정해져 있어서 타인에게 넘겨주지 못하지만 CD는 예외다. 무기명으로 발행되므로 얼마든지 양도할 수 있고 시장에 내다팔 수도 있다. 전통적 은행상품의 속성에 시장성을 가미한 일종의 하이브리드 상품이어서 CD의 법적 성격이 모호한 측면이 있다.[18]

RP와 마찬가지로 CD도 일반인을 대상으로 발행되는 대고객 CD와 은행끼리 주고받는 은행 간 CD의 두 가지가 있다.[19] 우리나라에서는 대고객 CD의 비중이 90%대로 절대적이고 은행 간 CD 발행 실적은 아주 미미하다.[20] 〈8장〉에서 살펴보겠지만 CD는 은행의 중요한 자금조달 수단이다. 예금으로 돈을 끌어들이는 게 여의치 않으면 CD를 발행해 부족한 자금을 메운다. 이런 행태는 주택담보대출과 중소기업대출이 급증한 2000년대 중반에 두드러지게 나타났다. CD 발행 잔액을 보면 2001년 말 12조 원이던 것이 2008년 말에는 110조 원으로 7년 만에 10배 가까이 급증했다. 그러다 시장성 수신 급증을 우려한 금융당국의 지도, 글로벌 금융위기, 예대율 규제의 영향으로 급락하기 시작해 2013년 말에는 10년 전 수준에 불과한 26조 원으로 움츠러들었다.[21]

더 큰 문제는 유통이 극히 부진하다는 사실이다. 우리가 흔히 쓰는 CD금리는 유통수익률이다. 다시 말해 발행된 CD의 시장거래 가격,

---

18 1997년에 예금에만 부과되던 한국은행의 지급준비의무를 CD에도 부과했는데 이는 CD를 은행예금의 일종으로 보았기 때문이다. 한편 2000년 대법원은 CD를 유가증권으로 해석하여 실제 증권이 발행되지 않으면 매매계약이 성립되지 않는다고 판시한 적도 있다. 한국은행, 2012, 「한국의 금융시장」

19 RP의 경우 금융기관 간 RP는 은행, 비은행을 구분하지 않는 데 비해 CD의 경우 대고객 CD에는 비은행 금융회사도 포함한다. 예를 들어 은행이 증권사와 RP거래를 하면 이는 금융기관 간 RP에 포함되지만 은행이 발행한 CD를 증권사가 사면 대고객 CD에 포함된다.

20 2013년 말 현재 CD발행 잔액은 26조 원인데 이중 대고객 CD가 25.3조 원(97.4%)이고 은행간 CD가 0.7조 원(2.6%)이다.

21 CD발행이 너무 위축되자 금융당국은 2012년 8월에 은행에 대한 행정지도를 통해 일정규모의 CD를 지속적으로 발행해 줄 것을 요청하였다.

그것이 여러 금융계약의 지표금리로 이용된다는 뜻이다. 지표금리는 신뢰성이 생명인데 거래가 되질 않으니 시장상황을 반영한 가격이 만들어질 리 만무하다. CD의 유통규모는 월평균 천억 원 정도에 불과하다. 국고채 유통액이 413조 원, 회사채 유통액이 15조 원에 이르는 것에 비하면 거래가 전혀 없다 해도 틀린 말이 아니다. 사정이 이런데도 증권사들은 하루에 두 차례씩 금융투자협회에 91일물 CD의 호가 수익률을 통보해야 한다.[22] 거래가 없어서인지 CD수익률이 변하지 않고 고정되어 있는 날도 꽤 많다.[23] 유통수익률이 제 구실을 하려면 자금사정을 반영해 신축적으로 움직여야 하는데 한 군데 고정되어 있으니 신뢰를 얻기 어렵다.

〈그림 5-5〉 예금은행의 CD발행 잔액(조원)

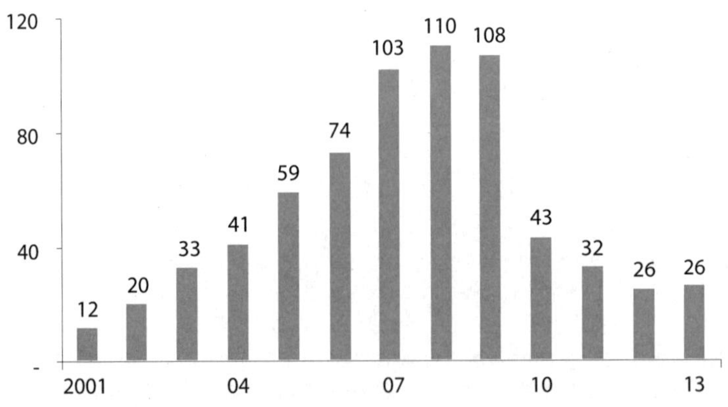

22 금융투자협회가 매 6개월마다 선정하는 10개 증권사가 제시하며 이 가운데 상하 1개씩을 제외한 나머지 8개의 수익률을 단순 평균하여 고시한다.

23 2012년 4월 9일에서 7월 11일까지 64영업일 동안 CD금리가 3.54%에서 고정된 적도 있다. 한국은행, 2012, 「한국의 금융시장」

CD금리의 대표성에 대한 회의론은 리보 스캔들이 터지기 훨씬 전부터 있었다. 2004년에는 리보를 벤치마킹한 코리보(Korea Interbank Offered Rates)를 도입해 CD금리를 대체하려고 했다. CD유통수익률은 증권사가 제시하지만 코리보는 은행이 호가금리를 제시한다. 은행이 담보 없이 돈을 빌리려 할 때 이 정도 금리를 주겠다고 제안하는 것이다. 15개 은행이 10개의 만기에 걸쳐 호가금리를 제시하면 이 가운데서 상하 세 개씩을 제외한 아홉 개를 평균해 최종금리를 결정한다.

하지만 코리보 도입은 그다지 성공을 거두지 못했다. 은행 대출금의 금리구조를 보면 코리보에 연동되어 있는 대출 비중은 5~6%에서 벗어나지 못하고 있다. 원인은 무엇일까? 은행끼리 주고받는 자금은 대부분 하루짜리인데 코리보는 짧게는 1주에서 길게는 1년 만기까지 금리다. 코리보의 대부분이 거래가 전혀 없는 만기영역의 금리라는 얘기다. 가상의 금리일 수밖에 없어 호가를 제시하는 은행도 자신이 없고 시장도 코리보를 별로 믿지 못한다.

코리보가 호응을 얻지 못하자 금융당국은 2010년 1월에 코픽스cost of funds index, COFIX를 도입하였다. 코픽스는 은행이 예금을 받거나 CD, 은행채 발행으로 자금을 조달할 때 드는 평균비용으로 9개 은행이 제시하고 있다.

예컨대 A은행이 정기예금으로 1조 원(금리 2.5%), CD 발행으로 5,000억 원(금리 2.3%), 은행채로 8,000억 원(금리 2.8%)을 조달하고 있다면 이 은행의 평균자본조달코스트, 즉 코픽스는 2.56%가 된다.[24] 은행은 자금조달비용에 일정 마진을 붙여 대출 금리를 정하기 때문에 코픽스는 신뢰할 만한 기준지표라 할 수 있다. 만기별로 구분된 통계를 만들기 어

24 $2.5\% \times \frac{1조}{2.3조} + 2.3\% \times \frac{0.5조}{2.3조} + 2.8\% \times \frac{0.8조}{2.3조} = 2.56\%$

렵고 한 달에 한 차례만 고시되는 한계에도 불구하고 코픽스는 빠른 속도로 CD금리를 대체해 나갔다. 2010년 말 코픽스 연동대출 비중은 6.9%였는데 2013년 6월 말에는 14.6%까지 늘어났다. 이에 고무된 금융당국은 2012년 12월에 단기 코픽스를 도입했다. 만기가 3개월 미만인 예금이나 시장성 상품만을 따로 골라내 별도의 코픽스를 만들고 발표도 1주일에 한 차례로 늘렸다. CD금리에 더 근접한 단기지표금리를 만들겠다는 취지다. 하지만 아직까지 단기 코픽스는 널리 활용되지 못하고 있다. 시간이 좀 더 지나봐야 유용성 여부가 가려질 것이다.

여러 한계에도 불구하고 CD금리는 아직도 많이 활용된다. CD연동대출의 비중은 낮아졌지만 파생금융상품 시장에서는 지표금리로 사실상 CD금리만 활용되고 있다. CD금리를 매개로 한 파생거래는 〈7장〉에서 살펴볼 것이다.

〈그림 5-6〉 은행 대출금의 금리구조 비중(%)

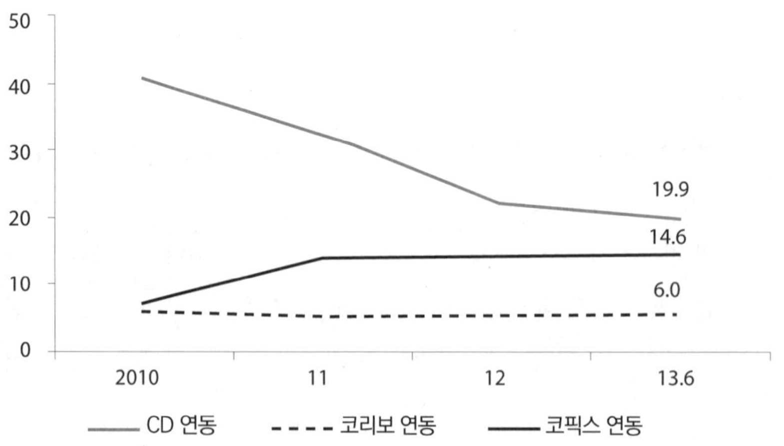

경제성장의 원동력
– 자본시장

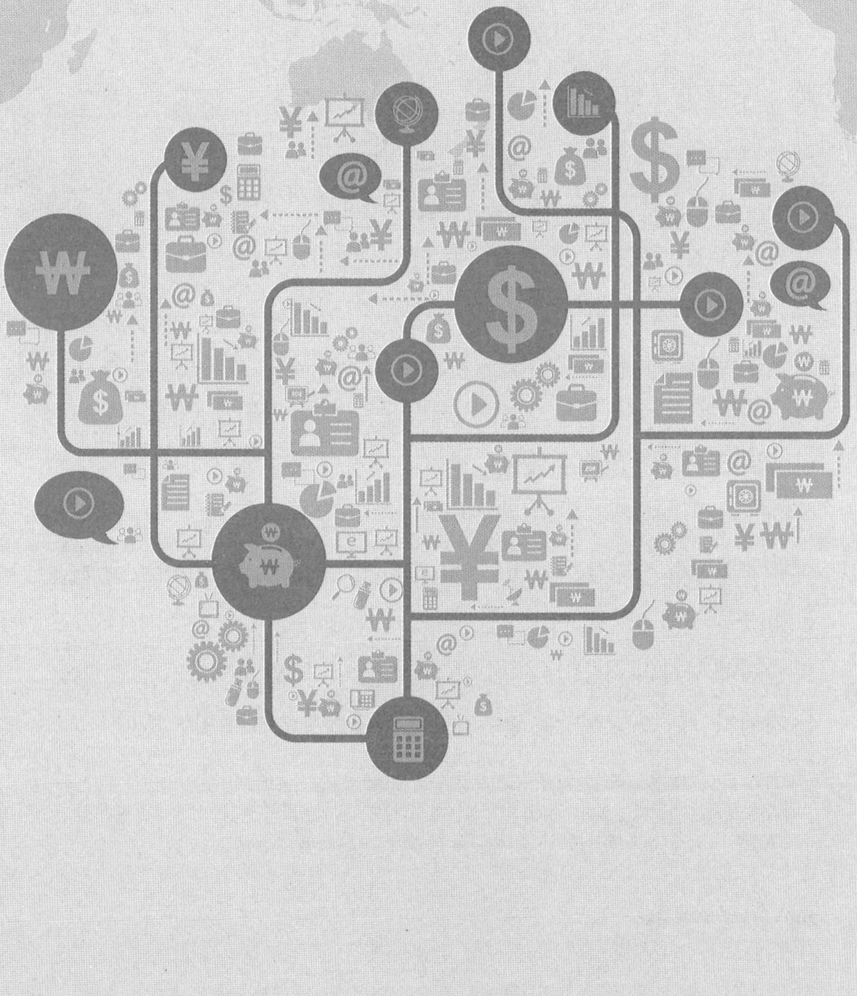

경제성장의 원동력

경제성장에 핵심적 역할을 하는 투자는 두 가지 측면에서 성장에 기여한다. 우선 투자 자체가 수요를 구성한다. 삼성전자가 반도체 생산 장비를 들여놓을 계획을 갖고 있다면 누군가는 그 기계를 생산해야 한다. 만약 국내업체가 기계를 생산하면 총국내소득, GDP가 올라간다.

또한 투자는 생산성을 높인다. 삼성전자는 업그레이드된 생산 장비 덕분에 적은 비용으로 더 많은 반도체를 생산해서 2차적으로 GDP에 기여한다. 주택, 상업용 건물, 공장, 생산 장비, 소프트웨어, 사회간접자본과 같이 눈에 보이는 자산tangible asset 뿐 아니라 R&D, 교육과 같이 눈에 보이지 않는 자산intangible asset까지 포괄하는 투자는 이처럼 다중 역할을 수행함으로써 경제성장을 이끈다.

투자에 필요한 자금은 어디서 나오는가? 크게 자체조달internal financing과 외부조달external financing의 두 가지 원천으로 나눌 수 있다. 자체조달이란 도로를 건설하는 정부는 세금으로, 공장을 짓는 기업은 이익잉여금으로, 집을 사는 개인은 저축으로 투자자금을 충당하는 방식이다. 빚이 아니라 자신의 노력에 의해 번 돈으로 투자자금을 대는 것이다. 외부조달은 은행에서 대출을 받거나 시장에서 주식, 채권을 발행해 마련하는 방식으로 빚을 지는 것이다. 둘의 비중은 어느 정도 될까? 투자형태에 따라 차이가 나는데 G-30 보고서에 따르면 설비투자의 경우는 48%를 자체조달로, 나머지를 외부조달(은행대출 28%, 주식 및 회사채 25%)로 충당해 양자의 비중이 엇비슷하게 나타났다. 반면 주택을 구입할 때는 자기자금이 25%로 낮은 편이었고 은행대출이 75%로 훨씬 컸다.[1]

1 세계 GDP의 60%를 커버하는 미국, 중국, 독일, 일본 등 9개국을 대상으로 2010년 실적을 서베이한 결과다. 원래는 비중이 범위(20~30%)로 되어 있는데 여기서는 동 범위의 중간 값으로 표시해 알기 쉽도록 했다. Group of Thirty, 2013, *Long Term Finance and Economic Growth*

〈그림 6-1〉 투자형태별 자금조달 원천 비중(%)

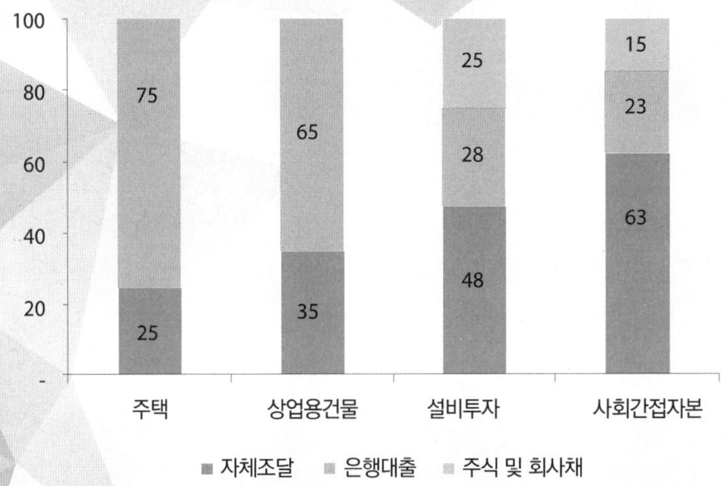

어떤 형태든 투자가 마무리되려면 시간이 걸리고 더더구나 수익이 날 때까지는 더 오랜 시간이 필요하다. 그래서 투자자금을 대준 사람은 인내심을 가져야 한다. 빌려준 지 1년 만에 갚으라고 종용하면 제대로 된 투자가 이루어질 리 없다. 투자를 뒷받침하는 자금의 만기가 길어야 하는 이유다. 장기자금은 머니마켓에서 거래되는 단기자금과 성격이 다르다. 단기자금이 일시적으로 발생하는 갭을 메워 효율을 높여주는 것이라면 장기자금은 노동, 자본과 같이 직접적인 생산요소 역할을 통해 성장에 기여한다.

장기자금은 금융시스템의 안정성을 높이는 데도 효과적이다. 경기가 나빠져 불안감이 커진다 해도 만기가 될 때까지는 돈을 갚으라고 강요할 수 없다. 반면 단기자금은 불안정성이 매우 크다. 만기가 금방금방 돌아오므로 상황이 조금이라도 나빠질 듯싶으면 만기연장이 어려워진다. 갚을 돈이 충분하지 않으면 부도가 발생한다. 신속히 이루어지는 자금회수가 가뜩이나 나빠진 경기상황을 더 악화시킨다(이것을 경기순응성pro-cyclicality이라 한다. 8장에서 다시 설명한다). 이런 불안정성과 위험은 경제활동을 뒷받침하는 돈 가운데 장기자금 비중이 높을수록 줄어든다.

장기자본을 공급하는 데는 은행보다 자본시장이 강점을 지닌 것으로 평가된다. 은행 장기자금의 상당부분을 차지하는 모기지대출은 새로운 주택건설이 아닌 기존 주택의 매입용으로 쓰여 주택가격 상승에만 기여하는 경우가 많다. 영국에서는 전체 공급 자금의 15%만이 성장에 도움을 주는 투자 프로젝트에 쓰이고 나머지는 기존주택을 사기 위한 용도였던 것으로 추정된다.[2] 은행이 공급하는 장기자금의 생산성productivity of money이 낮다는 말이다. 평균만기를 보더라도 은행이 공급하는 자금의 만기가 상대적으로 짧다. G30 보고서에 의하면 은행대출의 만기는 선진국이 4.2년, 개도국은 2.8년인데 비해 자본시장의 한 축인 회사채는 선진국이 8년, 개도국이 6년이다. 자금의 생산성이나 만기 면에서 볼 때 은행보다 자본시장이 적합한 자금 공급원으로 보인다.

2 "West's Debt Explosion is Real Story behind Fed QE Dance", *Financial Times*, 2013.9.19

1. 자본시장 발전의 조건

자본시장을 통해 경제성장에 필요한 장기자금이 잘 공급되려면 몇 가지 조건이 갖추어져야 한다. 우선은 돈을 오랫동안 빌려주겠다는 장기적 안목long-term horizon이 필요하다. 저개발국이나 빠르게 성장하는 개발도상국을 보면 정부, 기업, 개인 할 것 없이 단기성과에 집착하는 경향이 짙다. 환경이 워낙 빠르게 변하다 보니 10년 후는커녕 1년 앞을 내다보기도 어렵다. 긴 시간을 들여 완성해야 할 프로젝트를 1~2년 만에 마무리하는 일도 흔하다. 투자성과도 금세 드러나야지 아무리 높은 수익률이 기대되더라도 수년이 지난 다음에야 가시화된다면 수용하지 않는다. 인플레이션 때문에 몇 년 후 내 돈의 가치가 어찌 될지 알 수 없고 정치사회적 변동이 심해 재산권이 보호받을 수 있을지도 불투명하다. 이처럼 경제사회가 극히 유동적이면 사람들이 길게 내다보고 의사결정을 내릴 수가 없다. 경제가 성숙단계에 들어서서 미래에 대한 불확실성이 줄어들고 금융거래와 관련된 법적 장치의 신뢰성이 향상되어야만 사람들의 안목이 길어진다.

둘째는 유통시장이 갖추어져야 한다. 〈8장〉에서 자세히 다루겠지만 투자자 입장에서 유동성은 매우 중요하다. 10년짜리 채권을 산다고 해서 10년 동안 돈을 절대 찾지 못한다면 아무리 장기적 안목을 가진 사람이라 해도 선뜻 투자에 나서긴 어려울 것이다. 손해를 보는 한이 있어도 꼭 필요할 때 돈을 찾을 수 있도록(유동성을 확보할 수 있도록) 투자자산을 내다팔 수 있는 시장이 있어야 한다.

셋째는 저축의 형태가 바뀌어야 한다. 경제개발 초기에는 은행 말고 다른 금융회사가 없어 사람들은 잉여자금의 대부분을 은행에 맡긴다. 그러다보니 주된 자금공급 루트는 대출이고 만기가 긴 자금을 구하기도 어렵다. 그러나 경제가 발전하고 금융시스템이 제 모습을 갖추어 가면 대체금융수단이 많아지고 보험이나 연금의 규모도 커진다. 고령화 사회가 현실로 다가올수록 연금시장은 폭발적으로 늘어난다. 보험과 연금은 보통 20~30년간 지급의무를 지기 때문에 그에 걸맞은 장기 투자수단이 있어야 한다. 1~2년 위주의 금융상품으로 포트폴리오를 구성하면 미스매치가 발생하기 때문이다. 경제 발전, 노령화 진전으로 저축의 형태가 연금, 보험, 펀드로 바뀌면 주식, 채권 등 자본시장 상품에 대한 수요가 늘어나 장기자금 공급 능력이 확장된다.

넷째는 전반적인 금융 역량이 커져야 한다. 한쪽에서는 투자할 곳을 찾는 돈이 넘쳐나고, 다른 한 쪽에서는 막대한 투자자금을 필요로 하는데도 정작 '남음'과 '부족함'을 이어줄 마땅한 수단이 없다면 경제에 아무런 도움도 주지 못할 것이다. 다양한 금융상품을 개발하고 리스크를 관리할 수 있는 금융회사의 능력에 적절한 감독과 규제역량이 더해져야만 자본시장 발전의 길이 열린다.

마지막으로 자본시장이 적절한 수준으로 개방되어 있어야 한다. 국내에서 이루어진 저축만으로는 투자에 필요한 장기자금을 대기가 벅찰 수도 있다. 이럴 때는 외국자본의 힘을 빌려야 하는데 자본이동을 까다롭게 규제한다면 목적을 달성하기 어렵다. 그렇다고 자본시장을 아무 제한 없이 열어젖히면 주가, 금리, 환율이 그 나라의 경제여건과 무관하게 요동칠 위험도 있다. 장기자본의 확보라는 플러스 효과와 금융시장 급변동이라는 마이너스 효과 사이에 밸런스를 유지하도록 시장개방 정도를 잘 조절해야 한다.

이렇게 보면 자본시장은 경제의 전반적인 성숙도와 관련이 있을 것 같다. 거시경제와 사회·법률체계가 안정기에 접어들고, 발달된 유통시장이 갖추어지고, 노령화 대비를 위한 장기저축의 비중이 커지고, 금융기법이 발달하고, 자본시장이 개방되는 이 모든 양상이 성숙한 경제, 발달된 자본시장을 보여주는 단면이기 때문이다. 이런 관찰은 금융시스템이 은행 중심이냐, 시장 중심이냐가 아니라 금융의 전반적인 성숙도가 경제성과에 더 큰 영향을 미친다는 〈2장〉의 결론과 다르지 않다.

2. 자본시장을 경유한 자금흐름

자본시장을 통해 여유자금이 어떻게 실물투자로 연결되는지 〈그림 6-2〉를 이용해 살펴보자. 일반적인 금융행위와 마찬가지로 자본시장에서의 자금흐름도 자금공급자, 중개자, 자금수요자의 셋으로 구성된다.

자금공급자는 가계, 기업, 정부, 그리고 자본이 자유롭게 국경을 오고간다는 전제 하에 해외투자가 이렇게 넷으로 이루어진다. 먼저 이들은 자신의 돈을 가지고 직접 실물자산에 투자할 수 있다. 가계는 소득이나 재산으로, 기업은 내부 유보금으로, 정부는 조세수입으로 주택을 구입하거나 장비를 도입하거나 사회간접자본을 건설한다. 자체조달에 의한 투자다(①과 ⑦).

또한 이들은 여윳돈을 은행, 증권사, 연금기금 등 기관투자가에게 맡기거나(②) 자본시장에서 직접 주식이나 채권을 사기도 한다(③). 기관투자가는 조성된 자금을 바탕으로 전문적 기법을 동원하여 주식, 채권, 기타 여러 자산에 투자한다(④). 경우에 따라서는 중앙은행도 자본시장에 참여한다⑤. 가계, 기업, 해외투자가, 기관투자가, 중앙은행이 매입한 주식과 채권은 외부조달 형태로 여러 형태의 실물투자 재원으로 이용된다⑥.

〈그림 6-2〉 자본시장을 경유한 자금흐름[3]

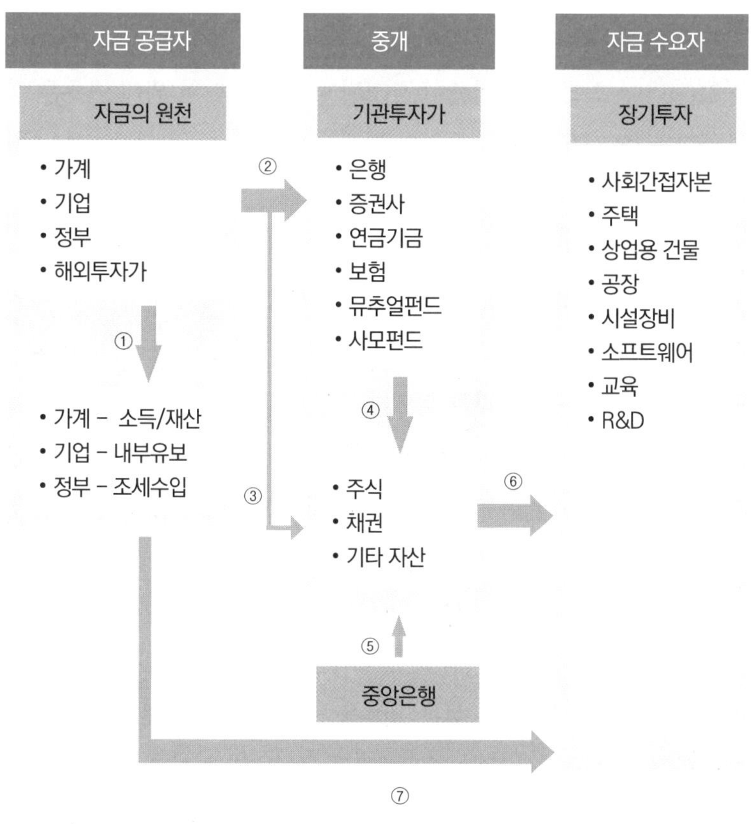

3 "Group of 30"의 도표를 일부 수정한 것임

중앙은행의 자본시장 참여에 대해서는 부연 설명할 필요가 있다. 중앙은행은 정책금리인 단기금리를 조정해서 장기금리를 간접적으로 움직인다. 그런데 장기금리가 언제나 중앙은행의 뜻대로 변동하는 건 아니다. 정책금리를 올렸는데 거꾸로 장기금리가 내려가는 경우도 종종 있다. 채권금리는 통화정책이나 성장, 물가와 같은 거시경제변수에 크게 영향을 받긴 하지만 그때그때의 수급상황에 따라 방향이 달라지기도 한다. 미국의 사례를 들어보자.

2000년대 초에 닷컴 버블이 붕괴되자 파국을 막기 위해 연준은 정책금리를 1%까지 내렸다. 그러다 경제가 회복되기 시작한 2004년 6월부터 서서히 금리를 올리기 시작했다. 당시는 연준 의장 그린스펀의 시장 영향력이 워낙 컸던 때라 당연히 채권금리도 따라 올라갈 것으로 예상되었다. 하지만 상황은 예상과 전혀 달리 반대로 나타났다. 채권금리는 거의 변하지 않았던 것이다. 체면을 구긴 그린스펀은 이 현상을 '수수께끼conundrum'라고 불렀다.

사실 수수께끼라고까지 할 것도 없었다. 배후에 중국의 거대한 외환보유액이 있다는 건 누구나 다 아는 사실이었기 때문이다. 중국은 무역으로 벌어들인 돈의 대부분을 미국 국채 매입에 쏟아 부었다. 수요가 워낙 많이 몰리다 보니 연준의 의도와 달리 국채금리가 하락(국채가격은 상승)했던 것이다. 단기금리 조절이 효과를 보지 못하면 중앙은행은 시장에 직접 개입하고 싶은 유혹을 느낀다. 금리상승을 원할 때는 보유하고 있는 국채를 팔아 국채가격을 끌어내리고 싶어 한다. 문제는 가지고 있는 국채의 양이 많지 않다는 사실이다. 중앙은행이 국채를 보유하는 것은 RP를 통해 시중유동성을 짧게 조절하려는 목적 때문이니 구태여 많은 국채를 보유할 이유가 없다.

〈그림 6-3〉 미국의 정책금리(페더럴펀드금리)와 장기국채금리(%)

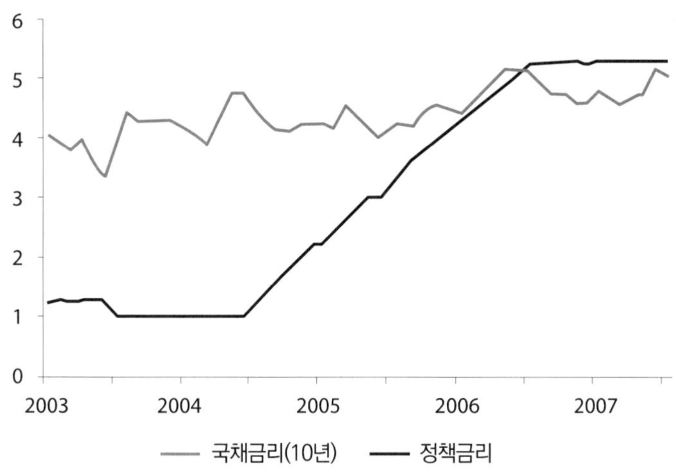

하지만 반대의 경우라면 이야기는 달라진다. 금리를 떨어뜨리고 싶을 때는 국채를 사들이면 된다. 중앙은행은 이론상 무한정 발권력을 동원할 수 있기 때문에 국채를 포함해 무엇이든 제한 없이 살 수 있다. 이것이 글로벌 금융위기 이후 미 연준, 유럽중앙은행, 최근에는 일본은행까지 가세한 '양적완화정책quantitative easing, QE'이다. 이들도 처음에는 정통적 수단인 금리정책에 의존했다. 그러나 금리를 0%까지 떨어뜨려도 기대했던 효과가 나오지 않자 자본시장에 들어가 국채, 유동화증권 등을 사들이는 선택을 한 것이다.

한국은행도 국채를 직접 사들인다. 양적완화정책과 같은 비상조치가 이유는 아니지만 꾸준히 보유량을 늘려 왔다. 2005년 말 5.3조 원에서 2013년 말에는 15.3조 원으로 3배가량 커졌다. 채권금리에 바로 영향을 미치려는 의도라기보다는 RP의 담보자산으로 활용하기 위한 것이다. 한국은행이 발행하는 통화안정증권은 일반적인 장기자금 조달 수단과는 거리가 있지만 시장금리에 영향을 준다는 점에서 자본시장의 범주에 포함시키기도 한다. 중앙은행이 자본시장에 참여하는 것은 통화정책 수단을 확보하거나 양적완화정책처럼 비상시에 시장을 지탱하기 위한 것이어서 장기투자자금을 공급하는 일상적 자본시장 활동과는 다소 거리가 있다.

3 자본시장의 규모 비교

자본시장이 제대로 작동하는지 보려면 크기 외에도 고려해야 할 요소가 많다. 예를 들어 자본시장을 경유한 자금조달 비용은 어느 정도인지, 공급되는 자금의 생산성은 얼마나 되는지, 유망한 기업이 쉽게 접근할 수 있는지, 자금공급자에서 최종수요자까지 별다른 마찰이나 막힘없이 돈이 흘러가는지 등등을 점검해야 한다. 이런 항목 하나하나는 공식통계로 확인할 수 없는 것이어서 정밀한 분석도구를 활용해야만 답을 얻을 수 있다. 세밀한 분석은 이 책의 범위를 벗어나는 것이어서 여기서는 입수 가능한 통계만을 이용해 우리나라 자본시장의 위상을 살펴보려고 한다.

통상 주식시장의 크기는 거래소에 상장되어 있는 기업의 시가총액 market capitalization으로 알 수 있다. 세계은행 통계에 따르면 2012년 말 세계 전체 주식거래소의 시가총액은 53.2조 달러였는데 미국이 18.7조 달러로 압도적 1위였고 다음이 유로지역 6.3조 달러, 일본 3.7조 달러, 영국 3.0조 달러 순이었다. 미국의 주식시장 점유율은 35.1%인데 전 세계GDP에서 차지하는 비중이 25% 정도인 것을 감안하면 실물에 비해 금융, 특히 주식시장의 발달 정도가 앞서고 있음을 짐작할 수 있다. 우리나라는 1.2조 달러로 GDP 비중과 비슷한 2% 정도의 점유율을 보였다.

〈그림 6-4〉 주식시장 시가총액(2012년 말, 조 달러)

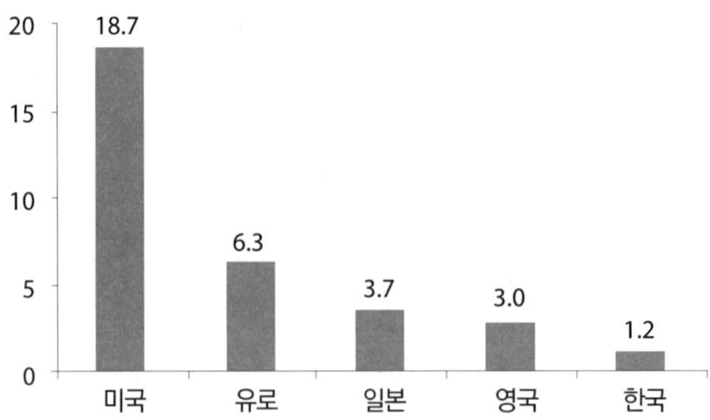

〈그림 6-5〉 주식시장 시가총액/경상GDP(%)

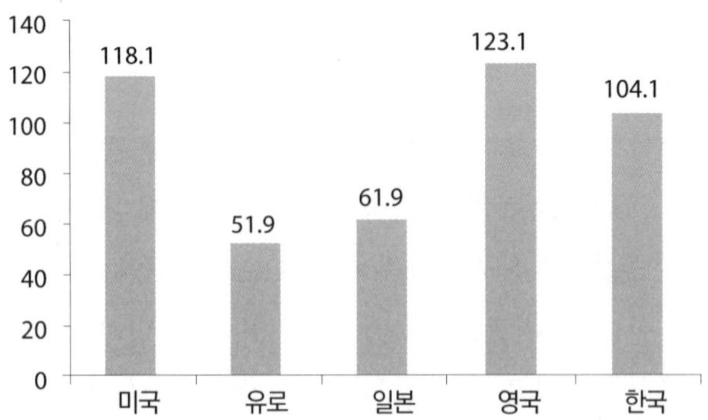

우리나라가 절대수준에서는 많이 밀리지만 경제규모를 고려한 상대적 크기로 보면 반드시 그렇지만도 않다. 경상GDP에 대비한 시가총액의 비율은 영국이 123%로 가장 높고 미국이 118%로 그 다음이다. 우리나라는 104%로 3위다. 일본과 유로가 62%, 52%인 데 비하면 한참 높은 수준이다. 기업공개가 그다지 활발하지 않고 제 실력에 비해 낮은 평가를 받는 소위 '코리아디스카운트Korea discount' 현상을 생각하면 다소 의외의 결과라 하지 않을 수 없다.

채권은 주식에 비해 통계 확보가 어렵다. 주식은 거래소에 상장되어 있지만 채권은 통계집계가 쉽지 않은 장외거래가 훨씬 많아서 그렇다. 세계 전체를 아우르는 통계도 없을 뿐더러 국별로도 편제기준이 제각각이다. 국제결제은행이 분기별로 발표하는 국내채무잔액domestic debt outstanding에서 한국과 일본의 채권 잔액을 구할 수 있다. 다만 미국과 유로는 BIS통계에 포함되어 있지 않아 증권금융시장협회Securities Industry and Finacial Market Association, SIFMA와 유럽중앙은행ECB에 의존하였다. 한국, 미국, 일본은 2003년 6월말, 유로는 2002년 6월말 기준이다. 국채시장이 크고 유동화증권시장이 잘 발달해 있는 미국의 채권시장이 39.1조 달러로 역시 압도적 1위였다. 유로가 21.6조 달러, 일본이 12.7조 달러로 그 뒤를 이었다. 순위로 보면 주식시장과 같았다. 우리나라는 1.3조 달러로 주식 시가총액과 비슷했다. 하지만 미국은 채권시장이 주식시장보다 두 배가량, 일본과 유로는 3.5배쯤 더 컸다. 선진국의 경우 주식시장에 비해 채권시장이 훨씬 크다는 얘기가 된다.

〈그림 6-6〉 채권 잔액(조 달러)

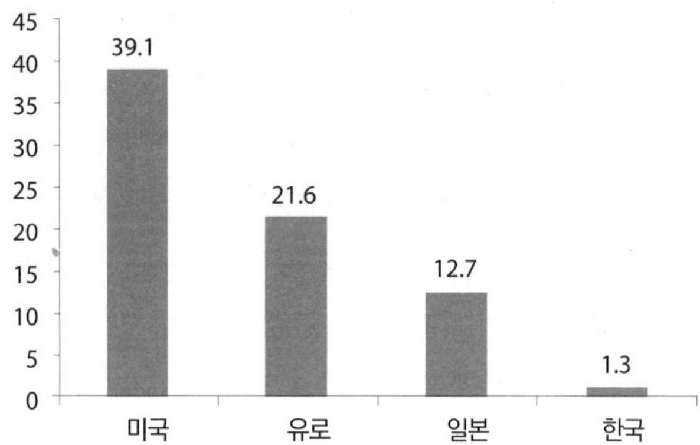

〈그림 6-7〉 채권 잔액/경상GDP(%)

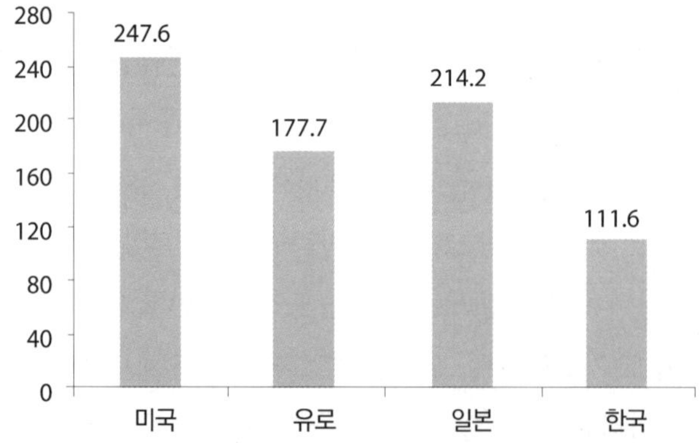

은행과 비교하면 어떨까? 우리나라 자본시장은 선진국에 비해 규모가 미미할 뿐 아니라 은행에 비해서도 크게 뒤져 금융업권간 불균형이 심하다는 인식이 널리 퍼져 있다.[4] 총자산과 자기자본 측면에서 보면

4 금융투자협회, 2012, "최근 국내외 경제 현황과 자본시장 발전과제"

맞는 말 같다. 2013년 9월말 은행의 총자산은 1,940조원으로 자본시장의 핵심인 증권사 296조원의 6.6배에 달한다. 자기자본도 158조원으로 증권사 41조원의 4배에 이른다. 하지만 자금공급 규모를 보면 이야기가 조금 달라진다. 〈그림 6-8〉은 은행이 대출로 공급한 자금과 자본시장에서 기업공개, 유상증자, 회사채발행으로 공급한 자금을 비교한 것이다. 2006~2008년에 은행들이 자산규모를 키우기 위해 중소기업 등에 대한 대출을 크게 확대했던 대출 붐lending boom 시기를 제외하면 2003~2013년까지 은행대출은 128조원, 자본시장 자금공급은 146조원이 늘어 자본시장에서 더 많은 자금을 공급했다. 또 은행대출이 부진할 때면 자본시장이 구원투수로 나서 충격을 줄여주기도 했다. 예를 들어 글로벌 금융위기의 여파로 신용경색이 심했던 2009~2010년중 대출은 15조원 늘어나는 데 그쳤으나 자본시장을 통한 자금공급액이 58조원 늘어나 충격을 다소나마 완화시켜 주었다. 그린스펀 전 연준의장은 1999년에 했던 한 연설에서 자본시장을 스페어타이어에 비유했다.[5] 은행시스템이 고장을 일으켰을 때 대타로 나설 수 있는 튼튼한 자본시장이 있어야만 금융이 강건해질 수 있다는 논리였다. 은행과 시장을 대립적 시각이 아닌 보완적 관계로 본 것이다.

5 Greenspan, A., "Do Efficient Financial Market Mitigate Financial Crises?", 1999.10.19

〈그림 6-8〉 은행과 자본시장을 통한 자금공급[6] 규모(조원)

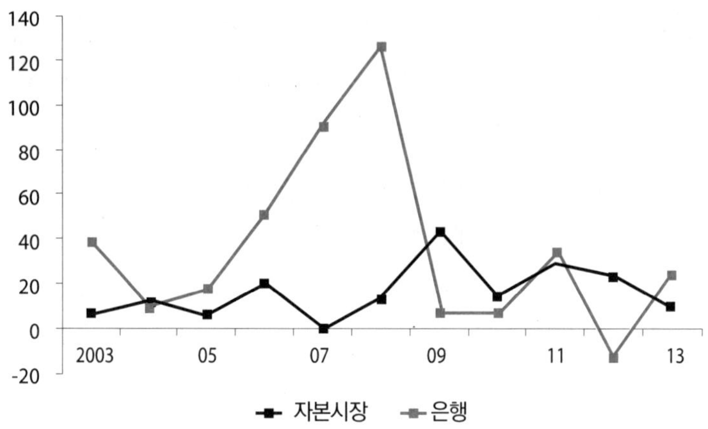

증권사의 자산과 자기자본이 은행보다 적은 것은 브로커 업무를 위주로 하는 증권사의 특성상 불가피한 것으로 보인다. 〈9장〉에서 자세히 살펴보겠지만 증권사(또는 투자은행)의 자산이 크다는 것은 자기책임 하에 리스크를 지는 트레이딩이 많다는 뜻이다. 금융위기 이후 이 부문을 줄이려는 규제당국의 의지가 확고한 만큼 자기자본이나 자산만 가지고 은행과 비교하는 것은 문제가 있어 보인다. 자본시장의 기본사명이 실물부문에 장기자금을 원활히 공급하는 데 있다고 본다면 금융회사의 덩치만 가지고 은행에 뒤진다고 하는 게 반드시 옳은 주장은 아니다.

6 은행대출과 회사채는 자금순환표의 민간기업 기준, 주식발행은 기업공개와 유상증자액 기준

4. 자본시장의 펀더멘탈, 국채시장

국채시장의 기능

정부가 발행하는 채권이 거래되는 국채시장은 금융시장의 근간을 이루는 주춧돌이다. 발달된 국채시장 없이 금융시스템의 선진화를 이루기는 어렵기 때문에 어느 나라나 국채시장을 키우기 위해 노력한다. 국채시장이 중요시되는 이유는 다섯 가지로 요약할 수 있다.

첫째, 정부가 자금을 조달할 때 경제사회적 비용을 최소화한다. 재정이 흑자라면 문제가 없지만 대다수의 정부는 세금만으로 지출을 감당하지 못한다. 재정적자가 일상사라는 말인데 이를 메우는 방법에는 세 가지가 있다.

첫 번째 방법은 중앙은행에서 빌리는 것이다. 중앙은행은 독점적인 발권력을 갖고 있어서 마음만 먹는다면 얼마든지 돈을 찍어 정부에 빌려줄 수 있다. 중앙은행이 처음 생긴 것도 따지고 보면 정부가 자금을 쉽게 빌리기 위한 목적에서였다. 하지만 이런 방식은 인플레이션이라는 사회적 비용을 초래한다. 1차 대전 직후 독일의 바이마르 공화국에서 발생했던 하이퍼인플레이션이 극명한 역사적 사례다. 그래서 모든 나라들은 정부의 중앙은행 차입을 엄격하게 제한한다. 두 번째 방법은 해외에서 빌리는 방법이다. 경제개발 초기에 많이 의존하게 되는 해외차관이 그것이다. 이 방법은 통화불일치currency mismatch라는 문제를 낳는다. 달러로 차입했는데 원화가치가 떨어지면 원리금 상환부담이 늘어난다. 또 차관을 빌려준 나라의 사정에 따라 만기연장이 거부될 수도 있다. 불안정한 채무를 안고 사는 것이다. 마지막 방법이 채권, 즉 국채를 발행하는 것이다. 국채는 미래의 재정수입으로 갚아나가야 하므로 인플레이션 우려가 적다. 중앙은행 차입처럼 쉽게 빌릴 수도 없는 것이어서 정부가 함부로 재정을 확대하지 못한다. 재정규율fiscal discipline이 강화되는 것이다. 자국화폐로 발행되어 통화불일치 문제를 피할 수 있고, 발행물량의 대부분을 국내 투자가가 보유하기 때문에 안정성도 높다. 국채는 재정적자를 메우는 여러 대안 가운데 부작용을 최소화할 수 있는 방법이다.

둘째, 벤치마크가 되는 기준금리를 제공한다. 발행액이 크지 않고 거래가 잘 안 되는 자산의 가격은 믿음직스럽지 못하다. 실거래가 없어서 호가만 있는 불황기의 부동산 가격을 신뢰할 수 없는 것과 마찬가지다. 국채시장은 금융시장 가운데서 규모가 가장 큰 데다 거래도 활발해서 여기서 형성되는 금리는 믿을 만하다. 또한 국채는 리스크가 없어서 여타 금리의 기준점 역할을 한다. 국채금리에 신용도에 따른 가산 금리를 붙이면 각종 채권의 금리가 된다. 예컨대 1년 만기 국채금리가 3%라면 같은 만기의 AAA급 회사채에는 0.5%포인트를 붙이고, BBB급 회사채에는 4.5%포인트를 붙이는 식이다. 믿음직한 기준점을 토대로 채권의 금리체계가 만들어지는 것이다. 국채시장 발전이 회사채시장의 동반 성장을 가져오는 이유도 바로 여기에 있다.

국채는 다양한 만기로 발행할 수 있어 〈3장〉에서 설명한 수익률곡선의 기초자산이 된다. 정부는 영원히 존속하는 것이어서 20년, 30년 만기의 국채발행도 가능하다. 수익률 곡선이 의미 있게 형성되려면 동일한 주체가 여러 만기의 채권을, 그것도 많은 규모로 발행해야 하는데 경제 전체를 통틀어 그럴 만한 주체는 정부밖에 없다. 애플과 같은 초일류기업이라면 장기 회사채를 발행할 수도 있겠지만 지속적으로 발행하는 데는 아무래도 한계가 있다. 〈3장〉에서 설명한 대로 잘 형성된 수익률곡선은 경제상황에 대해 많은 걸 알려주는 소중한 정보 원천이다.

셋째, 국채시장은 금융혁신의 기틀이 된다. 리스크가 없고 풍부한 유동성을 갖춘 시장이다 보니 금리리스크를 헤징하기 위한 수단으로 이용된다(국채선물시장). 또 RP나 옵션의 기초자산으로도 쓰인다. 파생금융시장 발전의 토대가 될 뿐 아니라 RP를 통해 시장 전체의 유동성을 확장하는 데도 기여한다. 원금이나 이자를 인플레이션만큼 늘려주어 시장의 인플레이션 기대심리가 어느 정도인지를 알아내는 국채(물가연동국채)도 발행된다.

〈7장〉에서 자세히 살펴보겠지만 국채시장은 외환시장, 파생시장과의 연계거래에서 중요한 한 축을 담당한다. 요즘의 금융거래는 어느 한 시장에서만 완결되지 않는다. 과거에는 주식을 사거나, 채권을 사거나, 외환을 사거나 하는 식으로 하나의 금융거래로 마무리되는 경우가 대부분이었지만 지금은 그렇지 않다. 외국자본이 활발하게 움직이면서 개별 시장에서 거래되는 금융상품간의 수익률 차이를 노리는 거래가 많아졌다. 예컨대 외국자본이 우리나라에 들어올 것인지 결정할 때 국채시장에서 결정되는 수익률은 핵심적 기준이 된다. 시장간 연계거래가 때로는 금융의 안정을 해치는 결과를 낳기도 하지만 선진적인 거래기법을 발전시켜 한 나라의 금융수준을 끌어올리기도 한다.

넷째, 국채시장은 통화정책 수단을 공급한다. 중앙은행은 국채를 기초자산으로 하는 RP를 통해 시중의 유동성을 조절한다. 돈이 너무 많이 풀려 있다고 판단되면 RP를 매각해서(중앙은행이 보유하고 있는 국채를 금융회사에 환매조건부로 팔고 돈을 받는다) 유동성을 흡수한다(중앙은행 금고로 들어오는 돈은 시중에서 전혀 쓸 수 없다). 반대로 돈이 부족하다고 판단되면 RP를 매입해서(금융회사들이 가지고 있는 국채를 환매조건부로 사주고 돈을 지급한다) 유동성을 공급한다. RP의 기초자산은 신용위험이 없고 어느 때라도 사고팔 수 있어야 하는데 이런 조건을 모두 갖춘 채권으로는 국채가 대표적이다. 중앙은행이 실행하는 RP거래는 선진화된 통화정책 수단이다. 국채시장이 없다면 통화정책도 후진적인 방법에 의존할 수밖에 없다.

또한 국채시장은 통화정책 효과가 퍼져나가는 통로 역할을 한다. 경제활동에 결정적 영향을 끼치는 것은 국채금리, 회사채금리와 같은 장기금리다(경제성장에 장기자금이 중요하다는 사실을 상기하라). 중앙은행이 단기의 정책금리를 조절하는 것도 사실은 장기금리를 자신의 뜻대로 움직이기 위해서다. 정책금리 조절 자체가 목적이 아니라는 얘기다. 그런데 국채시장이 발달되어 있지 않으면 통화정책의 효과가 전달되기 어렵다. 자동차를 몰고 100km 떨어진 곳에 가는데 90km까지는 도로 포장이 잘 되어 있어 순탄하게 달렸지만 나머지 10km가 자갈투성이 비포장도로라면 아무리 좋은 차라 해도 속도가 떨어지고 사고가 날 수도 있다. 중앙은행의 예측능력이 뛰어나고 정교한 수단을 가지고 있다 해도 정책효과의 전달통로인 국채시장이 울퉁불퉁한 자갈길 같다면 아무 소용없다는 말이다.

마지막으로 국채시장은 장기투자수단을 제공해 준다. 앞서 언급한 것처럼 한 나라 경제의 성숙도가 높아지고 고령화가 진전될수록 장기투자수단에 대한 수요가 커진다. 연금기금과 보험도 그렇지만 개인들도 긴 세월동안 안정적인 수입을 보장해 주는 금융상품을 원한다. 예컨대 5%의 이자를 20년 동안 꼬박꼬박 주는 상품이 있다면 한 번쯤 가입을 고민해 볼 것이다. 장기투자수단은 오랜 세월 동안 부도가 나지 않을 것이라는 믿음이 필수적인데 그걸 가능케 하는 것이 국채다.

이처럼 국채는 여러 가지 순기능을 가지고 있지만 그렇다고 무결점의 완벽한 자산은 아니다. 2010년에 불거진 유럽의 재정위기는 과도한 국채발행이 불러온 사태다. 보통 때의 국채는 리스크 없는 안전자산이지만 국가의 지급능력이 의심받으면 기업이 발행하는 회사채처럼 위험자산으로 돌변한다. 그리스 국채를 많이 가지고 있던 독일, 프랑스 금융회사들이 만기가 돌아온 국채의 차환발행을 거절하자 그리스는 국가적 유동성 위기에 빠져 구제금융을 받아야만 했다. 국채시장을 육성하겠다고 무조건 발행을 늘리는 것보다는 '국채의 지속가능성debt sustainability'에 주목해야 하는 이유다.

또 다른 문제는 특히 신흥시장국의 경우에 국채시장이 캐리 트레이드의 통로가 된다는 점이다. 금리 차이를 노린 국제자본이 리스크가 적은 국채시장으로 몰리면 시장의 변동성이 커질 수 있다. 돈이 너무 많이 들어오면 환율과 금리가 동시에 떨어져 경제의 원래 실력과는 판이한 결과가 나올 수 있고, 국제환경 변화에 따라 돈이 갑작스럽게 빠져나가면 환율과 금리가 한꺼번에 폭등하는 재앙을 맞을 수도 있다. 미국이 2013년 중반에 양적완화 정책을 단계적으로 줄여나가겠다고 밝히자 인도, 인도네시아, 아르헨티나 등 신흥시장국의 금융시장이 요동쳤던 사태는 이런 우려를 현실감 있게 보여준다.

국채시장은 정부의 재정적자를 가장 낮은 사회적 비용으로 메울 수 있게 해주고 금융시장의 동반성장을 가져올 뿐 아니라 통화정책에도 도움을 준다. 하지만 국채에 대한 과도한 믿음이 정부의 재정규율을 훼손시켜 갚기 어려울 정도로 많은 국채를 발행할 위험이 늘 있고, 발달된 국채시장이 국제자본의 놀이터로 전락할 수도 있다. 국채시장 육성은 반드시 필요한 것이지만 그에 따른 부작용도 충분히 생각해 가면서 균형감 있게 추진해야 한다.

우리나라 국채시장의 현주소

국채시장은 규모, 유동성, 수요자구성, 만기구조, 파생시장의 존재 여부 등 다섯 가지 잣대를 이용해 면모를 파악할 수 있다.

채권시장에서 가장 큰 비중을 차지

어느 나라에서나 국채는 가장 많이 발행되는 채권이다. 2013년 말 우리나라의 채권발행 잔액은 1,375조 원인데 이 가운데 34%인 467조 원이 국채다. 그 다음이 예금보험공사, 자산관리공사, 토지개발공사 등이 공공 목적을 위해 발행하는 특수채(294조, 21%)고 회사채, 금융채가 뒤를 잇는다.

〈표 6-1〉 우리나라 채권시장의 구성

	2000년 말		2013년 말	
	금액(조원)	구성비(%)	금액(조원)	구성비(%)
합계[7]	424	100.0	1,375	100.0
국채	73	17.3	467	34.0
지방채	10	2.3	18	1.3
금융채	49	11.6	225	16.4
통안증권	66	15.7	112	8.1
특수채	97	22.9	294	21.4
회사채	129	30.2	258	18.8

국채 비중이 가장 큰 것은 다른 나라도 마찬가지다. 미국은 채권시장의 29%, 유로는 37%, 일본은 무려 80%가 국채다.[8] 일본은 1980년대 말의 버블붕괴 이후 디플레이션 탈출을 위해 매년 재정지출을 크게 늘려 국채시장이 비대해졌다. 일본의 채권시장은 미국의 1/3에 불과하지만 국채시장만 놓고 본다면 두 나라의 격차는 크게 줄어든다.

7 만기1년 이하 통화안정증권 제외

8 미국, 일본은 2013년 6월말, 유로는 2012년 6월말 기준

〈그림 6-9〉 국별 국채시장 규모

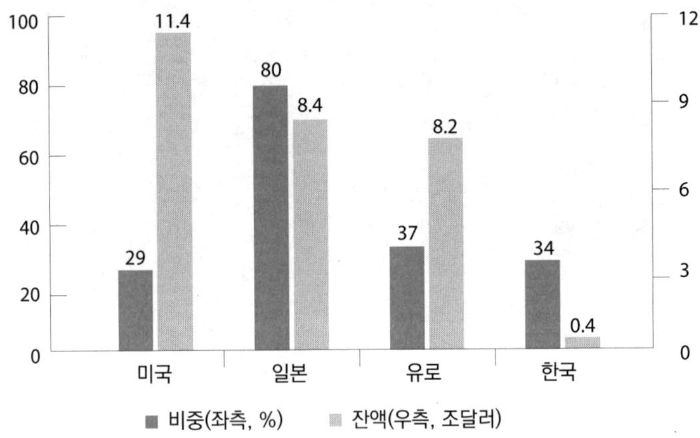

높은 유동성

채권시장의 유동성이 높다는 것은 거래가 활발해서 언제라도 사고 팔 수 있다는 뜻이다. 아무리 규모가 큰 시장이라 하더라도 한 번 구입한 채권을 만기 때까지 보유해야 한다면 투자자의 관심을 끌긴 어렵다. 높은 유동성은 시장이 시장으로서의 면모를 갖추기 위해 꼭 필요한 조건이기도 하다.

나라별로 차이는 있으나 국채시장의 유동성은 다른 시장에 비해 높은 편이다. 유동성의 정도는 회전율turnover ratio과 매입매도 호가 스프레드bid-offer spread를 통해 개략적으로 파악해 볼 수 있다. 거래액을 발행 잔액으로 나눈 것이 회전율인데 1년 기준 회전율은 발행된 모든 채권이 1년에 평균 몇 차례 거래되었는지 알려준다. 회전율이 높을수록 거래가 활발해서 유동성이 높은 것으로 간주된다. 매입매도 호가 스프레드, 줄여서 스프레드는 채권을 사려는 사람과 팔려는 사람이 각각 원하는 가격의 차이를 말한다. 스프레드가 크면 거래가 불발될 가능성이 크기 때문에(부동산시장을 생각하면 쉽게 이해된다) 스프레드가 좁을수록 유동성이 높다고 할 수 있다.

2013년 중 우리나라의 채권종류별 연간 회전율은 〈표6-2〉와 같다. 국채는 12.0회, 월평균 1회 정도 거래되어 가장 높았고 그 다음이 통화안정증권으로 8.6회(월평균 0.7회)였다. 회사채는 연회전율이 0.8회로 가장 낮았다. 대부분의 회사채가 한 번도 거래되지 않고 만기까지 보유된다는 의미다. 다른 나라는 어떤 수준일까? 2013년 중 미국의 국채시장 회전율은 12.4회, 일본은 11.1회로서 우리나라와 비슷한 것으로 나타났다.

〈표6-2〉 채권별 회전율

	한 국(조원)			미국국채 (십억달러)	일본국채 (조엔)
	국채	통안증권	회사채		
잔액(2012년 말, A)	413.4	163.1	210.4	11,046	804.4
거래액(2013년 중,B)	4,953.0	1,403.0	178.0	137,436	8,951.4
회전율(B/A)	12.0	8.6	0.8	12.4	11.1

자료 : 한국(금융투자협회), 미국(Securities Industry and Financial Market Association), 일본(Japan Securities Dealers Association), 미국의 연간 거래량은 일평균 거래량을 거래일수로 곱하여 산출

매도매수 호가 스프레드를 공식적, 지속적으로 보여주는 통계는 없다. 다만 아시아개발은행ADB이 역내 10개국을 대상으로 국채시장 유

동성을 서베이한 자료[9]에 따르면 우리나라의 스프레드는 0.7 베이시스 포인트[10]에 불과해 다른 나라에 비해 낮은 편이었다. 신흥시장국과 비교한 것이라 해석에 주의할 점이 있긴 하지만 BIS의 조사에서도 우리나라 스프레드는 1 베이시스 포인트로 일본(2 베이시스 포인트)보다 낮은 것으로 나타났다.[11]

〈그림 6-10〉 국채시장의 매도매수 호가 스프레드(2011년, bps)

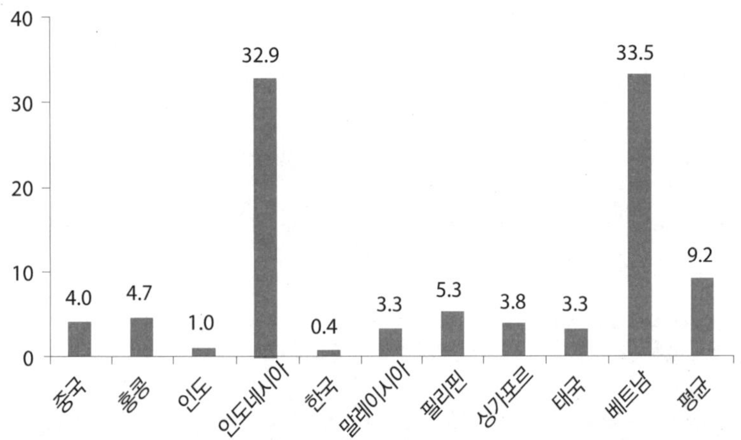

수요자 구성

국채를 누가 가지고 있느냐 하는 것은 국채시장의 안정성을 좌우하는 중요한 요소다. 일본의 국채시장이 GDP의 138%에 이를 정도로 막

9 ADB, AsianbondOnline, "2011 Bonds Market Liquidity Survey"

10 1 베이시스포인트는 0.01%포인트

11 BIS, 2012, "Developments of Domestic Government Bond Markets in EMEs and Their Implications"

대한 규모인데도 큰 동요가 없는 것은 95% 가량을 내국인이 소유하고 있어서다. 반면 그리스는 상당량의 국채를 독일, 프랑스 등 외국계 금융회사가 갖고 있어 그리스의 국가신용등급에 적신호가 켜지면 언제라도 자금이 빠져나갈 위험을 안고 있다. 2010년에 불거진 그리스 위기의 근본원인이 그리스의 방만한 재정운용에 있음은 분명하지만 국채 수요자 구성의 취약성도 한 몫 했음은 부인할 수 없다.

2013년 말 현재 우리나라 국고채는 장기투자기관인 보험 및 연금기금(43.7%)이 가장 많이 가지고 있고 은행도 37.2%를 보유하고 있다. 내국인 비중이 85.7%이고 외국인투자비중은 14.3%다.[12]

한국의 채권시장은 IMF로부터 구제금융을 받고난 다음 해인 1998년에 완전 개방되었다.[13]

한국의 금리가 해외금리보다 훨씬 높았음에도 불구하고 개방 초기 외국인들은 국내 채권시장에 별 관심을 보이지 않았다. 〈3장〉에서 설명한 바와 같이 환율리스크를 헤지할 마땅한 수단이 없었고, 그들이 원하는 형태의 거래를 하기에 한국의 채권시장이 너무 영세했던 탓이었다. 그러나 정부가 재정적자를 메우기 위해 국채를 대량 발행하고 인프라도 정비해 나가면서[14] 한국의 국채시장은 폭과 깊이에서 외국인들을 끌어당길 만한 투자처로 부상했다. 규모가 커졌을 뿐 아니라 유동성이 좋아져 국채를 사거나 팔기에 어려움이 없어졌다.

외국인 채권투자는 2000년대 중반부터 가파르게 늘어났다. 2003년만 해도 국고채의 외국인 보유 비중은 1%도 채 되지 않았으나 2007년

12 기획재정부, "2013년 국고채 시장 동향 및 평가", 2014. 1. 6

13 주식시장은 이보다 한참 앞선 1990년부터 외국인투자를 단계적으로 허용하였다.

14 국채시장 구조개선 정책의 자세한 내용은 한국은행(2012),을 참고하라.

말에 10.6%로 점프하더니 계속 늘어나 2011년 말 15.9%까지 높아졌다. 근래 들어서는 미 연준의 양적완화 축소 방침과 맞물려 주춤하고 있지만 여전히 13%대의 비중을 유지하고 있다.

만기 구조

여러 만기의 국채가 발행되어야 다양한 투자수요를 만족시킬 수 있고 유용한 수익률곡선도 만들어낼 수 있다. 우리나라 국고채는 3년, 5년, 10년, 20년, 30년의 다섯 가지 만기로 발행되는데 최장기 국고채인 30년물은 2012년 9월 11일에 도입되었다. 30년물 국채를 발행하게 된 것은 투자자들의 안목이 그만큼 길어져 국채시장이 성숙단계에 들어섰다는 증좌이기도 하다. 2000년대 초만 하더라도 3년 국채의 비중이 절대적이었지만 점차 만기가 긴 국채의 발행이 늘어나면서 균형 잡힌 모습으로 바뀌고 있다. 2000년 말 3년 만기 국채는 75%, 10년 만기는 14%였으나 2013년 말에는 그 비중이 각각 12%, 38%로 달라졌다.

〈그림 6-11〉 만기별 국고채 발행 잔액 비중(%)

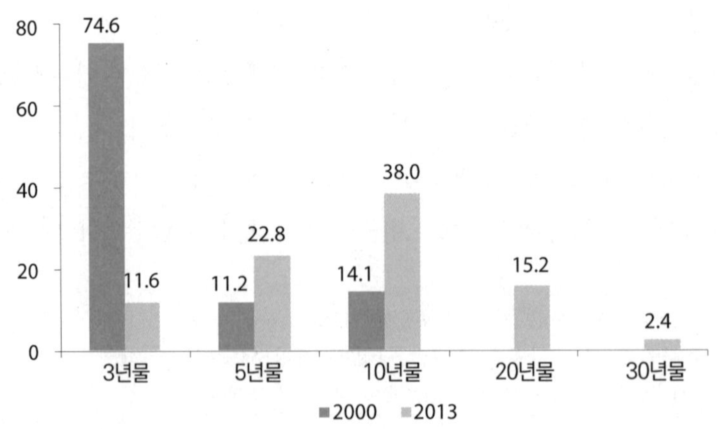

국채시장이 발달한 미국은 훨씬 다양한 만기의 국채를 가지고 있다. 1년 미만 단기국채Treasury Bill와 2년~10년 사이에 5개 구간으로 나뉘어져 있는 중기국채Treasury Notes, 그리고 30년 만기인 초장기국채Treasury Bond가 있다. 2013년 말 발행 잔액을 보면 중기국채가 7.9조 달러(67%)로 가장 많고 다음이 단기국채 1.6조 달러(13%), 초장기국채 1.4조 달러(12%) 순이다. 만기 1년 미만의 국채가 있다는 것이 우리와 다른 점인데 그 구간에서는 국고채와 동급인 통화안정증권이 발행되고 있어서 우리나라도 1년 미만~30년까지의 수익률곡선을 가지고 있다고 볼 수 있다.[15]

파생시장의 존재 여부

선물계약future contract이란 지금 정한 가격으로 미래의 어떤 시점에 자산을 주고받는 약속을 일컫는다. 계약 대상은 주식, 채권, 외환 등 어떤 자산도 가능하다. 선물계약을 하는 이유는 두 가지다.

첫째는 리스크를 피하려는 목적에서다. 손 놓고 있다가 미래 시점에 가서 거래를 하면 지금 가격을 정해놓는 것보다 손해를 볼 수 있다. 가령 1년 후에 1억 달러가 필요한 기업이 있다고 하자(현재 환율 1,000원). 이 기업은 1년 후에 달러를 사거나, 아니면 지금 1,010원에 선물계약을 맺고 1년 후에 그 환율로 달러를 사거나 하는 방법 중 하나를 선택한다. 전자의 방법을 택했는데 1년 후 환율이 선물환율보다 높은 1,020원이 되었다면 이 기업은 손해를 본다. 그래서 현재 환율인 1,000원보

15 통화안정증권은 한국은행이 발행하는 채권이어서 리스크가 없으나 국고채보다는 금리가 조금 높게 형성된다. 그 이유는 통화조절수단으로 활용되다보니 개별종목의 발행규모가 크지 않고 종목도 많기 때문이다. 다시 말해 국고채에 비해 유동성이 떨어지기 때문에 그만큼 디스카운트가 되고 있다. 하지만 최근 통화안정증권의 제도개선이 많이 이루어져 두 증권의 스프레드는 크게 줄었다.

다는 불리하지만 1,010원에 선물계약을 맺어 불확실성에 따른 리스크를 없애려는 것이다(3장 참조). 둘째는 투기목적에서다. 환율이 상승하리라고 점치는 사람은 1년 후 1억 달러를 1,010원에 사겠다는 선물계약을 맺는다. 그런데 이 사람의 예측대로 1년 후 환율이 1,020원으로 올랐다면 이 사람은 1,010원에 달러를 사서 1,020원에 팔아 달러당 10원의 이윤을 남긴다.

마찬가지로 국채선물계약에도 리스크 헤지와 투기의 두 가지 동기가 있다. 채권보유에는 금리리스크가 따르게 마련이다. 금리변동에 의해 보유채권의 가치가 달라지므로 이런 리스크를 피하려고 선물계약을 이용한다. 또 금리의 방향성에 베팅할 수도 있다. 금리가 내려 채권가격이 올라갈 것으로 예상하면 지금 싼 가격에 계약을 맺어 이득을 취하려 한다.

하지만 국채선물은 앞서 예로 든 외환선물과는 차이가 있다. 외환선물은 대부분이 장외거래다. 다시 말해 거래가 특정장소에서 집중적으로 이루어지지 않고 개개 은행이 중개역할을 한다. 이에 비해 국채선물은 주식처럼 중앙거래소에서 거래가 이루어진다.[16]

중앙거래소를 이용해야 하니 거래종목도 표준화되어 있다. 채권은 주식과 달리 발행일, 만기, 금리에 따라 종류가 천차만별이다. 주식으로 말하자면 소형주가 너무 많아서 어떤 종목을 선물거래대상으로 고를지 결정하기 어렵다는 뜻이다. 그래서 가상의 표준화된 채권을 만들어 사용한다. 액면 1억 원에 쿠폰금리는 5%, 1년에 두 차례 이자를 지급하는 3년, 5년, 10년 만기의 국고채를 가정하고 이를 대상으로 선물

16 외환선물 같이 장외에서 거래하는 경우는 forward contract로, 국채 같이 장내에서 거래하는 경우는 future contract로 구분해 표기한다.

거래를 하는 것이다.

3년 만기의 가상 국고채를 TB3라고 하자. 만기가 3년이라고 선물시장에서 3년간 거래되는 건 아니다. 상장 후 6개월 동안만 거래되고 3개월(3월, 6월, 9월, 12월)마다 결제가 이루어지니까 언제나 두 종류의 TB3가 거래된다. 예컨대 2014년 2월 3일에는 2014년 3월과 6월에 결제되는 두 개의 TB3가 존재한다.

국채선물에서는 선물가격과 결제가격이 중요하다. 2014년 2월 3일에 3월에 결제되는 TB3를 103의 가격(선물가격)에 샀다고 하자. 그런데 결제당일 가격이 105가 되었다면(최종 결제일 가격) 이 사람은 103에 TB3를 사서 105에 팔 수 있으므로 2의 차익을 얻는다. 외환선물계약에서는 달러나 원화를 직접 주고받지만 국채선물계약은 이런 절차 없이 차액만 현금으로 결제한다. 가상 국채를 대상으로 거래를 하는 것이므로 사실상 현물을 주고받을 여지도 없다. 여기서 결제가격을 어떻게 정하느냐는 매우 중요한 사안이다. 결제가격에 따라 투자자의 이익과 손실이 판가름 나기 때문에 투명성과 공정성이 요구된다. TB3는 실제 거래되지 않는 가상 국채여서 결제가격은 대용변수를 이용한다. 우리나라에서는 TB3가 상장되기 바로 전날에 한국거래소가 일정 기준에 따라 3개의 국채(10년 만기 국채선물은 2개)를 선정해 발표한다. 결제가격은 결제 당일 이들 최종결제 기준채권의 실제 수익률을 기초로 작성된다.

〈표 6-3〉 2014년 3월에 결제되는 3년물 국채선물[17]의 최종결제 기준채권

지정일	종목명	발행일	만기일	만기	쿠폰금리
2013-09-17	국고02750-1606	2013.06.10	2016.06.10	3년	2.75%
2013-09-17	국고02750-1512	2012.12.10	2015.12.10	3년	2.75%
2013-09-17	국고03250-1809	2013.09.10	2018.09.10	5년	3.25%

국채선물에 투자한 사람들은 결제일까지 기다리기도 하지만 중간에 팔아 이익을 실현하기도 한다. 이런 거래에 따라 선물가격은 주가와 같이 지속적으로 변한다. 현물 국고채는 장외시장에서 많이 거래되어 금리가 연속적으로 형성되지 못하는 데 비해 선물금리는 시장상황이나 금리기대를 반영해 늘 바뀌기 때문에 유용하다.

예컨대 중앙은행이 금리를 인하할 것이라는 기대가 커지면 국채선물을 사려는 수요가 늘어나 가격이 상승한다. 때로는 국채선물가격이 현물금리에 영향을 미치기도 한다. 어떤 이유로든 국채선물가격이 오르면 시장금리엔 하락압력이 된다. 이를 '꼬리가 몸통을 흔든다wag the dog.'라고 표현한다. 국채선물시장에서 외국인 비중은 15% 안팎이지만 공격적인 거래패턴으로 가격결정력이 큰 것으로 분석된다. 외국인들은 현물 국고채시장 뿐 아니라 국채선물시장을 통해서도 우리나라 시장금리에 적지 않은 영향력을 행사하고 있다.

17 2013년 9월 18일 상장되었음

현물가격과 선물가격의 관계

선물가격future price은 미래의 현물가격spot price이다. 현재 100원인 자산의 3개월 후 가격은 얼마가 되는 것이 이론적으로 적정한가? 미래의 자산 가격에 영향을 주는 요소는 매우 다양하지만 선물가격을 이론적으로 계산해낼 수는 있다. 보유비용 cost of carry의 관점에서 보면 이론 선물가격(이하 선물가격)은 현물가격에 보유비용을 더한 것과 같다.

예컨대 3개월 후 1만 톤의 구리가 필요한데 그때 구리 가격이 어떻게 변할지 몰라 불안한 회사가 있다고 하자. 이 회사는 현 가격으로 구리를 구입해서 3개월간 보관했다 사용하거나 아니면 선물거래를 통해 3개월 후 가격은 지금 확정하되 실물은 3개월 후 인도받거나 둘 중 하나를 선택할 것이다. 현 가격이 100이고 보관비용이 3이라면 첫 번째 옵션에 드는 돈은 103이다. 만약 3개월 선물가격이 101이라면 이 회사는 선물을 사려할 것이며 수요증가에 따라 선물가격은 오른다. 만약 선물가격이 108이라면 현물을 사서 보관하는 것이 유리하므로 수요가 떨어져 선물가격은 하락한다. 이런 관계는 선물가격이 103에 이를 때까지 계속될 것이다.

여기서 중요한 것은 무엇을 보관비용으로 볼 것인가이다. 구리 같으면 창고를 짓고 보관하는 데 드는 창고료 및 보험료, 그리고 3개월 미리 구리를 사느라 지출한 돈의 기회비용(3개월간 이 돈을 투자했을 때 얻을 수 있는 이자수입)이 보유비용이 될 것이다. 만약

3개월 동안 보관 중인 구리에서 이익을 얻을 수 있다면 그만큼은 빼 주어야 한다.

이런 관계를 국채선물에 대입시켜 보자. 예를 들어 액면 1억 원, 쿠폰금리 5%인 채권을 지금 9,900만 원에 사서 3개월 보관하는 사람이 부담하는 보유비용은 얼마일까? 채권을 보관하는 데 드는 물리적 비용은 거의 없으므로 채권을 사느라 지출한 9,900만 원의 기회비용(이 돈을 3개월간 운용했다고 가정할 경우 발생하는 이자수익)에서 현물채권을 보유함에 따라 발생하는 3개월간의 쿠폰이자를 차감한 것이 보유비용이 될 것이다.

채권의 현물가격을 S_t, n기 후에 결제되는 선물가격을 F_t^n이라고 하면 $F_t^n = S_t +$ (이자수익-쿠폰이자)의 관계가 성립한다. 3개월물 CD금리가 3%라면 9,900만 원을 3개월간 운용해 발생하는 이자수익은 74만 원이고, 쿠폰이자는 125만 원이므로 보유비용은 -51만 원이 된다. 따라서 선물가격은 9,900만원-51만원 =9,849만원이 된다. 선물가격이 현물가격보다 낮아졌다. 〈3장〉에서 살펴본 바와 같이 수익률곡선이 우상향하는 일반적 상황에서는 장기금리가 단기금리보다 높다. 채권의 보유비용에서 이자수익은 단기금리, 쿠폰이자는 장기금리이기 때문에 우상향하는 수익률곡선에서는 보유비용이 언제나 마이너스가 되며, 따라서 선물가격이 현물가격보다 낮아진다. 옆 그림은 2014년 3월물 국채선물의 현물가격과 선물가격의 차이(이것을 베이시스라고 부른다)를 그린 것이다. 선물가격이 현물가격보다 낮으므로 베이시스가 대부분 플러스 사인을 보이고 있다.

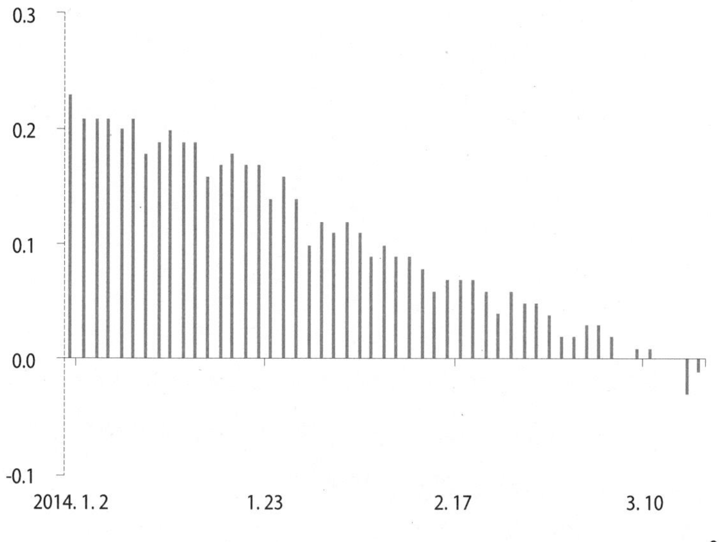

5 기업의 자금조달 통로, 회사채시장

기업이 투자나 일상적 경영에 필요한 자금을 부채 형태로 수혈하는 방식에는 은행대출과 회사채 발행 두 가지가 있다. 두 방법은 편의성, 경영의 자율성, 자금조달 코스트 등에서 장단점을 가지고 있어 기업은 이런 요인을 종합적으로 고려하여 둘 사이의 최적조합을 모색한다. 자금순환표를 보면 기업이 어떤 비율로 대출과 회사채를 이용했는지 알 수 있다. 2013년 말 민간기업(금융회사 제외)의 회사채 발행액은 229조 원, 대출액은 810조 원으로 회사채는 대출의 28% 정도다.

회사채와 대출은 차입주체에서 큰 차이를 보인다. 2013년 발행된 회사채의 99.9%를 대기업이 차지했다. 사실상 중소기업의 회사채 발행은 전무하다고 볼 수 있다. 반면 은행대출의 경우를 보면 2013년 말 잔액기준으로 중소기업 비중이 74%이다. 중소기업 비중이 차츰 하락하고는 있지만 아직도 대기업을 크게 앞선다. 대기업은 회사채 발행으로, 중소기업은 은행대출로 필요자금을 충당하고 있는 형국이다.

이제 회사채시장이 가지고 있는 특성과 관련해 제기되는 이슈를 살펴보도록 하자.

신용리스크 격차, 쏠림을 만들어내다

국채는 정부라는 단일주체가 발행하는 채권이어서 균질적이고 부도의 위험도 거의 없다. 그러나 수많은 기업이 발행하는 회사채의 신용리스크는 천차만별이다. 초우량기업이 있는가 하면, 오늘내일 어찌 될지 알 수 없는 기업도 많다. 기업의 신용상태 판별은 신용평가사에 의존하는데 이들 회사가 매기는 기업의 신용등급 스펙트럼은 아주 넓다. AAA에서 D등급까지 10단계가 있고 일부 등급에는 플러스와 마이너스가 붙기도 한다. 회사채를 발행하는 데 제도적인 진입장벽이 있는 건 아니지만 신용등급이 실질적으로 그 역할을 한다. 신용상태가 좋은 투자등급의 회사가 아니면 회사채 발행이 어렵다. A등급 이상 회사채 발행 잔액 비중은 2008년 말 84%였으나 점차 상승해 2013년 말에는 94%까지 치솟았다. 같은 기간 BBB등급 이하의 비중은 16%에서 6%로 떨어졌다.

리스크 회피성향이 커지면 이런 쏠림현상이 훨씬 심해진다. 동양그룹 사태로 회사채시장이 경색된 2013년이 대표적인 예다 동양그룹의 주요 계열사들이 법정관리에 들어가면서 이들이 발행한 회사채와 CP의 부도 가능성이 커지자 신용등급이 낮은 기업들은 만기가 돌아온 회사채를 재발행하지 못해 애를 먹었다. 2013년 중 회사채 순발행액을 보면 AA등급 이상의 우량 회사채만 15.5조 원 늘었을 뿐 BBB급 이하는 4.4조 원이 줄었고, A등급의 회사채까지도 기피대상이 되어 2.2조 원 감소하였다.

〈그림 6-12〉 신용등급별 회사채 순발행액(조원)

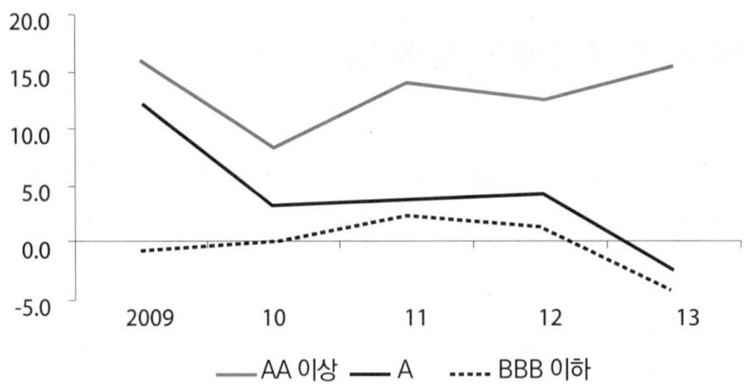

회사채의 신용도가 넓은 스펙트럼을 갖는 것은 어쩔 수 없는 일이지만 이로 인해 발생하는 쏠림현상은 다양한 문제를 낳는다. 첫째는 자본시장의 본질과 관련된 것이다. 부실한 기업이 낮은 신용등급을 받는 것은 당연하지만 그렇지 않은 경우도 있다. 처음에는 괜찮은 기업이었는데 상황이 좋지 않아 등급이 떨어진 '추락한 천사fallen angel'가 있는가 하면, 앞으로의 전망은 좋으나 당장은 이렇다 할 실적이 없는 벤처기업도 있다. 자본시장은 이런 기업들을 골라내어 자금을 공급하는 데 강점이 있는 것으로 알려져 있다(2장을 보라). 하지만 현실이 정반대라면 자본시장은 제 역할을 하지 못한다는 비난을 피하기 어려울 것이다.

둘째는 기업들이 좋은 신용등급을 받기 위해 목을 매다시피 한다는 사실이다. 신용등급이 회사채 발행의 가능여부와 금리를 결정짓는 핵심요소임을 상기하면 이해할 만한 일이다. 하지만 신용평가사와 기업의 관계가 왜곡되는 것이 문제다. 소위 '등급쇼핑' 관행이 그것이다. 기업들이 자신에게 유리한 등급을 부여하는 신용평가사를 골라 평가받는 것을 지칭한다. 고객을 확보해야 하는 신용평가사 입장에서 신용등급을 가혹하게 부여하기는 어렵다. 실제 한국신용평가㈜의 등급현황을 보면(2012년 6월말) A등급 이상의 기업 비중이 78%에 이른다. 이는 무디스가 평가한 4,800개의 한국기업 신용등급 가운데 A 이상 비중이 27%에 불과한 것과 크게 대조된다.[18]

셋째는 다양한 리스크-수익률 모델의 시장이 형성되지 못한다. 신용등급이 낮으면 그에 상응해 수익률도 높은 법이다. 리스크를 감내하는 성향에 따라서는 이런 회사채를 선호하는 투자자가 있을 수 있어 신용도가 높지 않은 기업도 필요한 자금을 조달할 여지가 있다. 정크본드junk bond라고 불리는 하이일드채권high yield bond이 거래되는 시장이 만들어질 수 있다는 말이다. 하지만 우리나라에서 이 부문은 불모지나 다름없다.

1970~80년대에 마이클 밀켄Michael Milken의 드렉셀 번험 램버트Drexel Burnham Lambert증권회사는 정크본드시장에서 큰 성공을 거두었는데 그 요인은 두 가지였다. 하나는 정크본드를 살 사람이 없을 때 자신이 인수해 가지고 있다가 나중에 적당한 매입자가 나타나면 파는 시장조성자로 나선 것이고 다른 하나는 채권을 발행한 기업이 어려움에 처하면 자금을 대출해 준 것이었다. 시장조성 행위와 신용공급 기능을 수행하는 주체가 있어야만 정크본드에 대한 신뢰가 커져 시장이 형성될 수 있음을 보여준 사례다.[19]

하지만 이렇게 과감히 위험을 떠안으려는 투자자나 금융회사를 찾기는 어려워 정크본드시장이 활성화되는 데는 한계가 있다. 문제를 해

18 동아일보, "신용평가사들 뻥튀기", 2013.11.5

19 밀켄은 정크본드시장에서 엄청난 돈을 벌었으나 내부거래 혐의로 기소되어 더 이상 정크본드시장을 떠받치지 못하게 되었고 그 여파로 정크본드시장은 침체되었다. 드렉셀사는 1990년 파산하고 밀켄은 3년을 복역한다.

결할 수 있는 한 가지 방법은 고위험채권을 한데 모아 리스크를 분산시키는 것이다. 서브프라임대출을 기초자산으로 자산담보부채권ABS을 만들고 신용을 보강해 내다파는 방식과 대동소이하다.[20]

실제 우리나라에도 이런 시도가 있었다. 회사채시장 안정화[21]를 위해 정부가 내놓은 P-CBOprimary collateralized bond obligation가 그것이다. 차환발행에 어려움을 겪는 기업의 회사채를 한데 모은 다음 이를 근거로 유동화채권을 발행해 일반투자자에게 매각하는 방식이다. 자산을 한데 풀링하여 리스크를 분산시키고 여기에 신용보증기금의 보증까지 추가하여 투자등급 채권으로 재탄생시키는 방식이다.

또 다른 방법은 하이일드펀드를 만드는 것이다. 높은 수익을 바라는 투자자들한테 돈을 모아 펀드를 만든 다음, 주로 투기등급 채권에 투자하는 방식이다. 이 또한 리스크 분산효과를 기대할 수 있는 현실적 대안이다. 정부는 하이일드펀드를 장려하기 위해서 이 펀드를 사는 투자자들한테 5,000만 원까지 분리과세의 혜택을 주기로 했다.[22] 투자위험을 감수할 능력이 있는 고액자산가를 겨냥한 조치다.

하지만 우리나라 하이일드펀드의 현실은 초라하기 짝이 없다. 2013년 말 현재 국내 하이일드펀드의 조성액은 2.4조 원에 불과한데 이마저도 95%가 외국의 비우량채권에 투자하는 해외형이고 5%만이 국내 기업의 회사채를 편입하는 국내형이다. 이렇게 보면 우리나라에 하이일드채권 시장은 없는 것이나 다름없다.

균질적인 국채와는 달리 회사채의 신용등급 스펙트럼은 넓을 수밖에

20 증권화과정과 문제점에 대해서는 〈10장〉을 참조하라.

21 금융위원회 등, "회사채 시장 정상화 방안", 2013.7.8

22 금융위원회, "분리과세 하이일드펀드 출시 계획", 2014.1.9

없다. 따라서 양질의 채권으로 수요가 몰리는 것은 불가피한 일이다. 하지만 그 정도가 너무 심하면 자금공급의 다양성이 훼손되어 실물경제에도 좋지 않은 결과를 가져온다. 신용리스크의 격차를 인정하면서도 낮은 등급의 회사채도 발행될 수 있도록 유도하는 정책이 필요하다.

낮은 유동성

국채에 비해 회사채 거래는 그리 활발하지 않다. 종목이 많고 종목당 발행액도 크지 않아서다. 회사채시장의 유동성 부족은 비단 우리나라만의 일은 아니다. 2013년 중 우리나라 회사채의 회전율은 0.8회다. 평균적으로 1년에 한 차례 미만으로 거래된다는 뜻이다. 일본은 우리보다 더 못하다. 일반사채 회전율이 0.5회밖에 되지 않는다. 가장 유동성이 높은 미국은 우리보다 두 배가량 높으나 다른 채권에 비해서는 크게 떨어지는 1.7회다.

〈그림 6-13〉 2013년 중 국가별 채권 회전율(회)

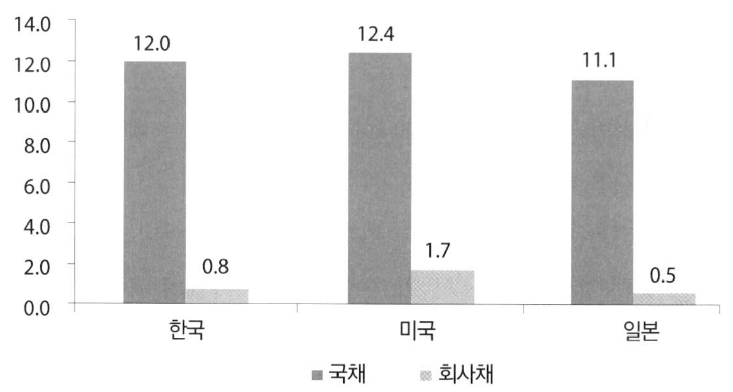

유동성이 떨어지면 그에 합당한 대가를 지불해야 한다. 원하는 때에 원하는 가격으로 팔기 어려운 자산을 사도록 유도하려면 더 높은 금리를 줘야 하기 때문이다. 이것을 유동성 프리미엄이라고 부른다. 국채와 회사채 수익률 사이에는 분명한 격차가 존재한다. 국채는 무위험자산이고 회사채는 위험자산이라는 차이도 있지만 유동성 차이도 금리 격차를 가져오는 원인이다. 유동성 프리미엄의 크기를 추정하는 것이 쉽지는 않지만 회사채시장의 유동성을 높일 수만 있다면 그만큼 금리를 낮추어 기업에 도움을 줄 수 있음은 분명하다.

회사채 가운데서도 유동성의 차이가 존재한다. 신용리스크가 동일하더라도 유동성이 높은 채권과 낮은 채권 간에 1%포인트 이상의 유동성 프리미엄 차이가 있다는 연구결과도 있다.[23] 그러면 회사채 사이에 유동성 차이를 가져오는 원인은 무엇일까?

먼저 신용리스크 격차를 생각해 볼 수 있다. 채권의 질이 높을수록 사려는 사람이 많을 테니 거래도 활발할 것이다. 신용리스크와 유동성 리스크가 같은 방향으로 움직이므로 비우량채권의 디스카운트 폭은 훨씬 커진다. 잔존만기도 영향을 준다. 발행된 지 얼마 되지 않은 근월물on-the-run에 채권거래가 집중되고 만기가 가까운 경과물off-the-run은 투자자 계정에 그대로 남아있는 경향 때문이다. 투자자의 성향도 무시할 수 없다. 서로 다른 생각을 가진 투자자들이 균등하게 분포해야만 정상적인 금융거래가 성사된다. 거래는 사고파는 행위이기 때문에 특정자산을 매입함으로써 효용이 올라가는 사람과 매각함으로써 효용이 올라가는 사람이 동시에 존재해야 한다. 그런데 모든 사람이 매각을 통해 기쁨을 얻는다든가, 아니면 모든 사람이 매입을 해야만

23 이규복, 임형준, 2012, "회사채 유동성 프리미엄 분석 및 시사점", 한국금융연구원

행복해진다면 거래는 성립되지 않는다. 거래가 안 되니 유동성도 떨어진다. 투자자의 이질성heterogeneity이 유동성을 높이는 바탕이 된다.

유동성을 높이려면 어떻게 해야 하나? 회사채를 발행하는 기업의 지배구조를 투명하게 바꾸고, 신용평가사의 역량을 개선하며, 회사채를 사줄 기관투자가의 역할을 확대해야 한다는 주장이 있다. 다 옳은 말이다. 하지만 시장조성의 필요성을 간과해서는 안 된다. 어느 시장에서나 유동성을 높이려면 적극적인 시장조성이 있어야 한다.

우리나라 증권사들은 회사채를 사거나 팔려는 투자자로부터 가격을 받아 반대매매를 원하는 상대방을 찾아 거래를 중개할 뿐이지 시장조성 의무가 없다. 시장조성을 하기 위해 요구되는 자본력이 충분치 않고 회사채의 자체분석능력도 그다지 뛰어나지 못한 것이 원인이다. 이에 비해 외국의 대형 투자은행들은 막대한 자본을 토대로 시장조성을 충실히 수행한다. 시장의 유동성을 높이는 주력 엔진인 셈이다. 〈9장〉에서 상세히 논의하겠지만 우리나라의 자본시장 정책은 대형 투자은행의 육성에 맞추어져 있다. 이들이 덩치를 키워 시장조성자로서 회사채시장에서 역할을 한다면 시장의 유동성 사정은 크게 개선되고 그로 인한 자금조달비용의 하락은 해당 기업뿐 아니라 경제에도 도움을 줄 것이다.

두 회사채 이야기 tale of two corporate bonds

2013년에 회사채를 발행한 기업 가운데 세계적 이목을 집중시킨 두 회사가 있다. IT의 선두주자 애플과 미국의 통신사업자인 버라이즌Verizon이 그들이다. 이들 회사는 미국을 대표하는 기업이기도 하지만 회사채 발행규모가 천문학적이어서 시장이 어떻게 반응할 것인지에 많은 관심이 쏠렸다. 특히 현금 많기로 소문난 애플이 회사채를 발행한다는 사실에 사람들은 흥미를 느꼈다.

애플은 부채가 하나도 없는 회사였다. 1984년에 발행한 3억 달러의 회사채는 1994년 2월에 만기 상환했고, 1996년에 발행한 전환사채convertible bond는 1999년에 조기 상환했다. 현금보유액만 1,450억 달러에 이르는 애플이 회사채를 발행한 것은 '현금을 주주에게 돌려주겠다.'는 프로젝트의 일환이었다. 애플은 스티븐잡스의 사망 이후 IT 최강자로서의 입지가 흔들렸다. 특히 2013년 들어 매출이 둔화되고 영업이익도 축소되자 주가가 큰 폭으로 하락했다.[24]

이에 최고경영자 팀 쿡Tim Cook은 향후 3년간 1,000억 달러를 주주에게 돌려주겠다는 계획을 발표했다. 자사주 매입에 600억 달러, 배당에 400억 달러를 쓰겠다는 통 큰 계획이었다. 재원은 애플이 보유한 현금으로 충분히 커버할 수 있었지만 문

24 애플의 주가는 2012년 9월 21일 700달러로 정점을 찍은 후 계속 하락하여 2013년 4월 19일에는 391달러까지 떨어졌다.

제는 1,000억 달러가 해외에 예치되어 있다는 사실이었다. 미국 세법은 기업이 해외보유 자금을 국내로 들여올 때 35%의 높은 세율로 세금을 부과한다. 애플에 재무 조언을 해주는 골드만삭스가 해외자금의 국내반입보다는 회사채 발행을 권유한 것으로 알려졌다. 마침 저금리가 계속되고 있어서 발행환경도 괜찮았다. 2013년 5월에 애플은 여섯 가지의 만기로 170억 달러의 회사채를 발행했다. 초우량기업이어서 금리는 상당히 낮았지만 수요가 520억 달러에 이르러 경쟁률이 3:1이나 되었다.

채권펀드 매니저 입장에서 보면 애플의 회사채 발행 목적은 그리 탐탁한 것이 아니었다. 회사채 발행 자금으로 새로운 사업에 진출한다든지 투자를 늘린다든지 해야 수익성이 개선되어 회사채가격이 비싸질 텐데 주주의 이익을 보호하려는 목적의 회사채 발행은 회사의 장기적인 수익성에 도움을 주지 못한다고 봤기 때문이다. 목적은 탐탁지 않았지만 애플이라는 브랜드 가치 때문에 많은 투자자가 몰렸다.

애플이 발행한 회사채 170억 달러는 당시까지의 최고기록을 경신한 것이었다. 그 이전까지는 제약사인 로슈가 2009년 165억 달러를 발행한 것이 기록이었다. 그런데 애플 회사채는 신용평가사로부터 최고등급인 AAA를 얻지 못했다. 회사의 신용도는 AAA인데 정작 회사채는 그보다 한 단계 낮은 AA+(스탠다드 앤 푸어사 기준)이었다. 신용평가사들이 애플의 사업 전망에 의문부호를 단 셈이다.

애플의 기록 갱신은 얼마 가지 못했다. 2013년 9월에 통신사업자 버라이즌이 490억 달러의 회사채를 발행한 것이다. 짧게나마 애플이 가지고 있던 세계기록의 3배에 가까운 물량을 쏟아냈지만 시장은 이를 다 소화했다. 버라이즌의 회사채 발행 목적은 애플과 달랐다. 영국의 통신사업자 보다폰Vodafone사가 보유한 버라이즌 무선통신Verizon Wireless의 지분을 매입하기 위한 것이었다. 당초에는 200~300억 달러 정도를 발행하려 했지만 수요가 이보다 훨씬 많은 것으로 나타나자 발행물량을 490억 달러까지 늘렸다. 최종 수요는 900억 달러였다.

버라이즌은 애플에 비해 발행조건이 나빴다. 회사의 신용도에 차이가 있었고(버라이즌은 BBB), 애플이 회사채를 발행한 직후 버냉키 연준 의장이 양적완화 정책을 줄일 방침을 밝히면서 금리가 뛰었다. 막상 뚜껑을 열자 발행금리는 시장이 예상했던 것보다 더 높은 수준이었는데 이는 490억 달러라는 막대한 물량을 소화시키기 위한 어쩔 수 없는 선택이었다.

두 회사의 만기별 회사채 스프레드(동일만기 미국 국채대비, 베이시스 포인트)

	3년	5년	10년	30년
애플	20	40	75	100
버라이즌	165	190	225	265

6 기업의 또 다른 자금조달 통로, 기업공개시장

대출과 회사채는 언젠가 갚아야 하는 채무debt지만 주식은 상환할 필요가 없는 자기자본이다. 주식시장에서 자금을 조달하는 방법에는 기업공개Initial Public Offering, IPO와 유상증자가 있다. IPO는 대주주가 보유한 지분이나 새로운 주식을 일반투자자에게 팔고 그 주식을 시장에 상장시켜 거래하는 절차를 말한다. 유상증자는 상장기업이 더 많은 자금을 확보하기 위해 기존주주를 대상으로 주식을 발행하는 것이다.

규모로 보면 유상증자가 더 크다. 2007~2013년 중 우리나라의 IPO는 13조 원이었는데 유상증자는 52조 원으로 4배가량 많았다. 하지만 중요성 면에서는 IPO가 유상증자에 뒤지지 않는다. 일단 주식시장에 데뷔해야만 유상증자를 할 수 있다. 또한 유상증자는 기존주주만이 타깃이지만 IPO는 다수의 일반투자자를 대상으로 하므로 공정한 게임 규칙의 필요성도 훨씬 크다.

IPO의 기능

한때 IPO는 발행 기업이나 투자자 모두에게 엄청난 부를 안겨주는, 황금알을 낳는 거위로 통했다. 코스닥에 상장하기만 하면 기존 주주들은 떼부자가 되고 IPO 주식의 가격이 몇 배씩 오르는 일이 다반사였다. 페이스북이나 트위터와 같은 유명기업의 IPO는 세계적인 주목을 받고 IPO를 통해 최고경영자의 재산이 얼마로 불어났다더라 하는 기사가 사람들의 관심을 끌었다. 아직도 IPO시장이 투기장터로 인식되는 게 현실이지만 제대로 된 IPO시장은 단순히 기업에 금융을 제공한다는 차원을 넘어서는 효과를 갖는다.

IPO 절차는 상당히 복잡하고 시간도 오래 걸린다. 그만큼 철저한 검증을 받는다는 뜻이다. 회사채 발행이 이사회 결의[25]와 신용평가사의 신용등급 부여로 종결되는 것과는 차이가 있다. 철저한 심사와 검증을 거쳐 주식시장에 상장되는 만큼 회사채 발행기업보다 부실 가능성이 낮다고 할 수 있다. 투자은행(또는 증권사)은 잘 알려져 있지 않지만 사업전망이 좋고 이익구조도 탄탄한 기업을 발굴해 낸다. IPO로 주식시장에 데뷔하는 기업은 여러 사람들로부터 인정을 받는 셈이어서 유상증자를 하거나 회사채발행으로 자금을 조달하기가 훨씬 쉬워진다. 상장기업이라는 레테르가 신뢰의 상징으로 받아들여지기 때문이다. 이들 기업은 금융에 별다른 제약을 받지 않고 기술개발과 시장개척에 주력해 경제를 살찌우는 선순환구조를 만들어낸다.

IPO는 단지 기업에만 유익을 주는 건 아니다. IPO는 투자은행의

25 2012년 상법개정으로 이사회 의결없이 회사채 발행이 가능해졌다. 이사회는 회사채의 종류 및 금액을 미리 정해 대표이사에게 발행을 위임할 수 있다.

주요 업무 가운데 하나다. 〈9장〉에서 자세히 살펴보겠지만 IPO를 주선한 대가로 받는 수수료는 외국계 대형 투자은행의 수입원 가운데 하나다. 그뿐만 아니라 IPO를 거듭할수록 기업분석의 노하우를 축적할 수 있다. 잘한다는 평판이 쌓이면 국내시장에만 머물지 않고 외국기업의 공개 과정에도 개입해 수익원을 다각화할 수 있다. IPO가 활발할수록 시장에서 거래되는 주식의 양이 많아지니 투자은행으로서는 일감도 늘어난다. 실물경제뿐 아니라 자본시장을 중심으로 한 금융에도 도움을 주는 것이다.

하지만 IPO시장이 언제나 이상적인 형태로 돌아가는 건 아니다. 비우량기업의 상장으로 투자자 손실을 불러오거나 잘못된 공모가격의 산정으로 발행기업과 투자자에게 적지 않은 피해를 입히기도 한다. 건전하게 육성된 IPO시장은 실물경제와 금융경제 모두에 기여하지만 그렇지 못하면 부작용을 가져올 위험도 있다. IPO에서 가장 중요하고 민감한 이슈는 공모가격을 어떻게 정하느냐다. 공모가격이 기업의 내재가치를 잘 반영해 정해져야만 부당한 이익이나 억울한 손해가 없어져 IPO시장이 신뢰를 얻을 수 있어서다. 그래서 금융당국의 관심도 어떻게 하면 공정한 가격, 적정한 가격을 책정할 수 있느냐에 쏠려 있다.

공모가격의 결정

나라마다 차이는 있으나 우리나라에서는 기업의 IPO를 도와주는 주관 증권사에 상당한 자율권을 부여하고 있다. IPO를 하려는 기업은 전문적인 분석능력과 네트워크를 가진 증권사의 도움을 받는데, 가장 중요한 공모가격 산정은 기업과 주관 증권사가 협의해 결정한다. 이때 요구되는 것이 수요예측book building이다. 예컨대 A기업이 100억 원의 신주를 발행해 증시에 상장할 계획이라면 주관 증권사는 이 주식에 관심 있는 투자자들로부터 얼마의 가격(희망가격)에 몇 주를 살 의향(배정물량)이 있는지 조사한다. 잠재적인 투자자들이 적어내는 가격과 원하는 매입수량은 최종 공모가를 정하는 데 참고가 된다. 주관 증권사가 자체적으로 산정한 가격보다 수요예측에서 나온 가격이 높고 희망매입수량이 많으면 이에 맞춰 공모가격을 올리거나 발행물량을 늘린다.

여기서 이해상충이 발생한다. 발행기업 입장에서는 가급적 높은 가격을 받는 것이 유리하지만 투자자들은 낮은 가격을 원한다. 주관 증권사는 어떨까? 공모가격이 높을수록 수수료가 많아지니 높은 쪽을 선택할 유인이 있다. 그렇다고 너무 높은 가격으로 IPO를 실행하면 100% 매각이 안 될 수 있고, 설령 전부 소화된다 하더라도 상장 후 주가가 공모가보다 낮아져 공모주식을 받은 투자자들이 손해를 볼 수 있다. 이것은 주관 증권사로서의 평판에 흠집을 남긴다. 때로는 주관 증권사에 금전적인 책임을 묻기 위해 상장 이후 일정 기간 동안 시장가격을 지지해야 하는 풋백옵션putback option 의무를 부과하기도 한다.[26] 발행기업과 투자자의 유인이 한 방향인 데 비해 주관 증권사는 양 방향의 인센티브를 동시에 갖고 있다는 얘기다.

실제는 어떨까? 낮은 쪽을 선택하는 경향이 강한 것으로 나타난다. 이는 공모가와 상장 당일의 종가를 비교해 보면 알 수 있다. 예를 들어 5,000원에 공모주식을 발행했는데 거래가 시작된 첫날 7,500원으로

26 우리나라도 이 제도를 시행했었으나 증권사 부담이 과도하다는 비판을 수용하여 2007년 6월 "기업공개 등 주식인수업무 선진화 방안"을 발표하면서 폐기하였다.

마감되었다면 50% 싸게 발행한 셈이다. 이를 공모가 저평가율이라고 하는데 기업 입장에서는 손해율이지만 투자자 입장에서는 초과이익률이 된다. 2001~2009년까지 우리나라의 공모가 저평가율은 50.1%였고[27] 2013년 기업을 공개한 기업을 대상으로 계산한 결과는 40.9%였다. 다시 말해 우리나라 기업들은 공모주식을 시가보다 40~50% 싸게 발행한다는 뜻이다. 이 통계는 다른 나라와 비교할 때 높은 편이다. 2011년 기준으로 미국의 공모주 저평가율은 13.3%에 불과하고 영국, 프랑스 등 다른 선진국들도 10%대에 머물고 있다.[28]

지나치게 높은 저평가율은 기업에 손해를 끼친다. 공모가보다 높은 가격에 주식을 발행했더라면 더 많은 자본을 확보할 수 있었을 텐데 그 기회를 빼앗겨 결과적으로 자본조달비용이 올라갔기 때문이다. 모든 주식이 다 그런 건 아니지만 평균적으로 초과이득을 거둘 가능성이 크니 청약과열이 빚어지기도 한다.

우리나라의 공모주식 가격이 낮은 것은 주관 증권사의 역할이 미흡한 데도 원인이 있다.[29] 투자자들은 새로 증시에 상장되는 기업을 잘 모르니 당연히 할인된 가격을 요구한다. 하지만 주관 증권사가 해당 기업에 대한 정보를 정확히 파악해서 이를 투자자들에게 충분히 이해시킨다면 할인율을 낮출 수 있다. 다시 말해 저평가율이 높다는 것은 증권사의 IPO 서비스가 충분하지 않다는 증거라고 할 수도 있다. 또 다른 요인으로는 시장가격이 공모가를 밑돌 때 주관 증권사가 져야 할 부담을 들 수 있다. 주관사 입장에서 풋백옵션과 같은 책임을 지지 않으

27 이석훈·박신애, 2010, "국내 IPO시장의 경쟁도 분석", 자본시장연구원

28 이석훈·박신애, 전게서

29 이석훈, 2013, "국내증권업의 현황과 발전방향", 자본시장연구원

려면 가급적 공모가격을 낮추는 것이 안전하다. 실제 풋백옵션이 있었던 시기와 폐지된 2007년 이후를 비교해 보면 앞선 시기의 저평가율이 훨씬 높은 것으로 나온다.[30]

높은 저평가율은 공모주 배정과 관련해 또 다른 문제를 일으키기도 한다. 주관 증권사의 영향력이 강할 경우 낮은 가격의 공모주 배정은 특혜와 부정시비를 몰고 올 가능성이 있다. 1999년 닷컴버블이 한창일 때 골드만삭스의 주관 하에 이루어졌던 eToys의 IPO가 대표적이다. 아마존에 비견될 정도의 성장이 점쳐지던 eToys의 공모가는 20달러였는데 상장 첫날 78달러까지 치솟았다. 저평가율이 무려 390%에 달했던 것이다. 버블이 꺼진 후 eToys의 채권단은 회사에 손해를 끼쳤다는 혐의로 골드만삭스를 제소했다. 공모에 참여한 투자자들이 낮은 가격으로 eToys 주식을 받는 대신 골드만삭스에게 부당한 대가를 지급했다는 것이 채권단의 주장이었다. 이 소송은 아직도 진행 중인데 IPO시장에서 강력한 영향력을 행사하는 주관사와 공모주를 받으려는 투자자 사이에 부당거래가 성립할 수도 있음을 보여준 사례라 할 수 있다.

우리나라에서도 공모주를 어떤 투자자에게 배분할 것인지는 발행기업과 주관사가 협의해 결정한다.[31] 물론 수요예측을 해서 파악한 정보가 물량배정에 영향을 주긴 하지만 구속력이 있는 것은 아니다. 투자자의 관심이 집중되는 IPO일수록 주식을 확보하려는 경쟁이 치열해져 마지막 순간에 공모가격을 올리는 요인이 되기도 한다.

30 이석훈·박신애, 전게서

31 현재는 공모주식의 20%는 우리사주조합에, 20%는 일반투자자에게 배정해야 하며 나머지 60%는 발행기업과 주관사가 기관투자가나 고수익펀드 등에 배정한다. 증권업계에서는 일반투자자 배정분을 없애 주관사의 자율권을 넓혀달라고 요구하고 있으나 받아들여지지 않았다.

IPO의 동향

기업공개가 성공하려면 증시상황이 호의적이어야 한다. 시중자금이 증시에 몰려야 하고 주가가 강세를 보여 공모주식을 받으면 돈을 벌 수 있다는 인식이 있어야 한다. 발행기업의 내부사정에 따라 공개여부나 일정이 변경되기도 하지만 주관사 입장에서는 무엇보다 증시상황을 고려하지 않을 수 없다.

〈그림 6-14〉는 우리나라 종합주가지수와 IPO 금액을 보여주고 있다. 반드시 일치하는 건 아니지만 주가의 오르내림에 따라서 IPO 금액이 달라지고 있음을 볼 수 있다. 2012년이 다소 예외적으로 보이는데 유럽의 위기감이 고조되면서 연 중반에 주가가 최저치로 떨어졌다 반등하는 등 심한 변동성에 영향을 받은 것으로 보인다. 2013년에는 조금 회복된 것 같지만 이전 실적에 비해서는 아직도 많이 부족하다.

전 세계적으로는 어떨까? 2013년에 세계 전체의 IPO는 864건에 1,630억 달러였다. 우리나라가 39건에 10억 달러였으니 건수로는 4.5%, 금액으로는 0.6%를 차지한다. 건수와 금액의 비중 간에 차이가 나는 것은 우리나라의 IPO 규모가 작기 때문이다. 39건의 IPO 가운데 규모가 비교적 작은 코스닥시장 상장이 36건으로 대부분을 차지했다. 반면 미국에서는 페이스북, 트위터와 같은 대형 IT기업의 공개가 2013년에 이루어졌다. 세계 전체의 IPO와 우리나라 IPO는 규모면에서 큰 차이가 나지만 〈그림 6-11〉에서처럼 변동기조는 아주 비슷한 모습을 보이고 있다.

〈그림 6-14〉 우리나라 종합주가지수와 IPO(10억 원)

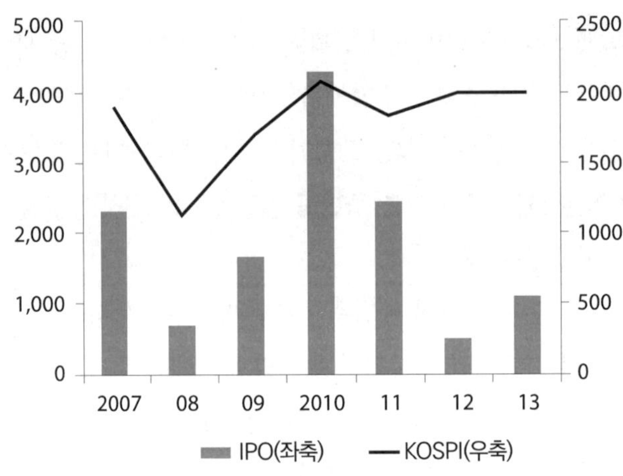

〈그림 6-15〉 전 세계와 우리나라 IPO 금액

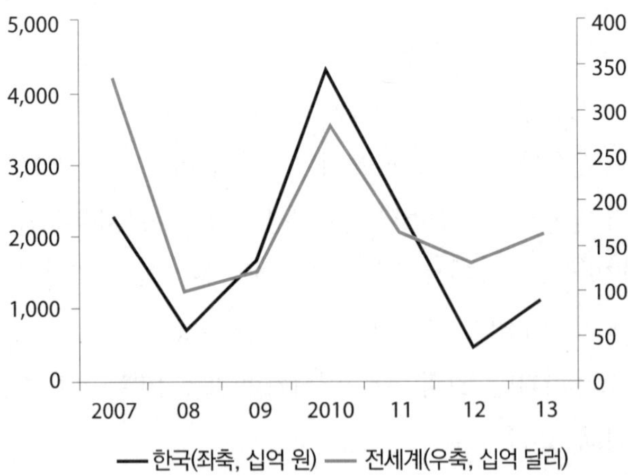

얽혀있는 시장들 – 채권·외환·스왑시장의 연계

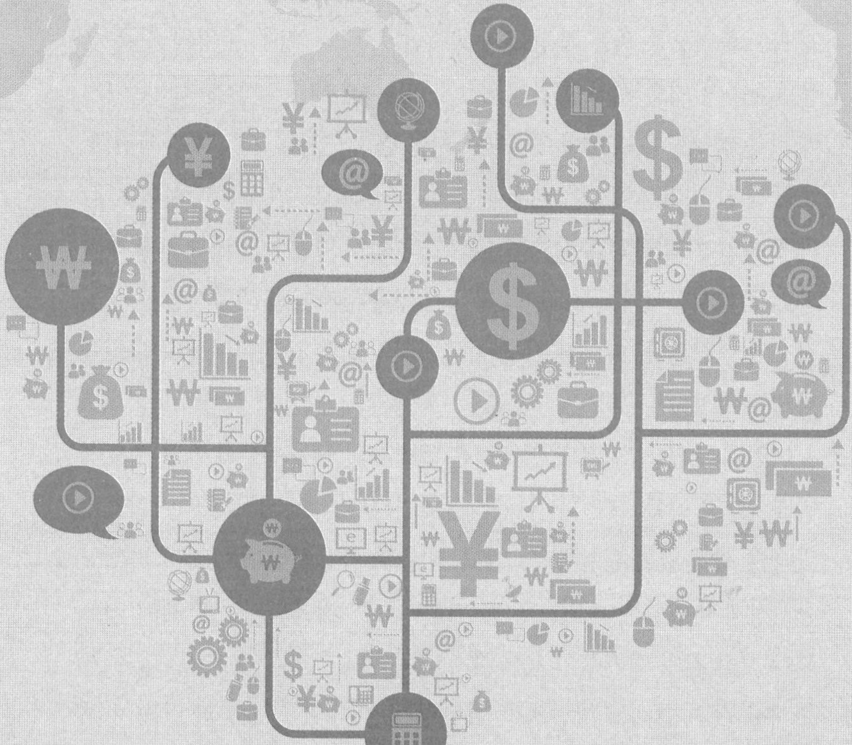

얽혀 있는 시장들

금융시장은 고립된 섬으로 존재하지 않는다. 물 위에서 보면 떨어져 있는 것 같아도 수면 아래로 내려가면 하나로 연결되어 있다. 연결통로를 따라 영향을 주고받으면서 생태계가 비슷해지고, 때로는 서로의 모자란 점을 보완하거나 상생하는 관계로 진화하기도 한다. 한 나라에 존재하는 다양한 금융시장들도 이런 관계에 있다. 독립적으로 돌아가는 것 같지만 알고 보면 복잡한 관계망 속에 얽혀 있다.

시장 간의 연계는 하나의 금융회사나 기업이 여러 시장을 무대로 최적 포트폴리오를 짜는 과정에서 생겨난다. 금리·환율·주가와 같은 금융변수들이 개별 시장을 유기적으로 엮는 데 매개 역할을 하며, 여기에 각종 파생금융시장이 가세하면 시장 간의 연계성은 더욱 강화된다.

국경 간의 자본이동을 허용하는 자본자유화도 연계성의 차원을 한 단계 높인다. 외국인 투자자가 외화를 원화로 바꾸어 국내채권에 투자하면 외환시장과 채권시장이, 주식시장에 투자하면 외환시장과 주식시장이 연결된다. 다양한 시장과 국내외의 많은 플레이어들이 다원적 관계를 형성하는 것이다.

이렇게 보면 시장 간의 연계성은 전반적인 금융시장의 발전 정도에 비례한다고 말할 수 있다. 금융자유화가 진전되어 시장 플레이어들이 별다른 제약 없이 활동할 수 있고, 전통적 금융시장뿐 아니라 파생금융시장까지 발달되어 있으면서, 자본이동이 자유화되는 단계에 이르러야 시장 간의 연계성이 높아지기 때문이다.

시장 간의 연계는 바람직한 현상인가? 여기에도 장점과 단점이 혼재한다. 시장 전체의 효율이 높아지는 것이 가장 큰 장점이다. 시장 사이에 칸막이가 쳐져 있으면 돈과 정보의 흐름이 막혀 최적의 자원배분이 이루어지지 않는다. 반면 여유자금을 투자할 때나 돈을 빌릴 때 다양한 시장, 다양한 대안을 놓고 선택할 수 있으면 투자수익을 최대화하고 자금조달 코스트를 최소화할 수 있다.

연계된 시장이 갖는 약점은 금융시스템의 취약성이다. 개별 시장이 하나로 묶여 있으면 조그만 충격에도 전체 시스템이 흔들릴 위험이 커진다. 적벽대전에서 쇠사슬에 한데 묶여 있던 조조의 전투선단이 화공을 받아 전멸한 것과 유사하다.

시장 간의 연계성이 높아지는 건 반드시 정책 선택의 결과물 만은 아니다. 금융시장이 발달하고 자유화가 진전됨에 따라 자연스레 나타나는 현상이다. 하지만 이로 인한 장점은 살리고 약점은 줄이려는 노력은 필요하다. 그러자면 먼저 연계관계를 정확히 파악해야 한다. 금융회사들이 어떤 방식의 연계거래를 하는지, 금리·환율·주가는 어떤 영향을 주고받는지, 리스크는 어디에 숨어 있는지, 정책으로 대처할 수 있는 범위는 어디까지인지 등등을 세밀히 분석해야 한다. 이와 관련된 연구의 범위는 넓지만 이 책에서는 채권·외환·스왑시장에만 한정해 살펴보려고 한다. 지면의 제약도 있으려니와 우리나라의 시장 간 연계거래가 대부분 이들 시장을 중심으로 이루어지고 있어 이 부분만 이해해도 충분하다고 판단되기 때문이다.

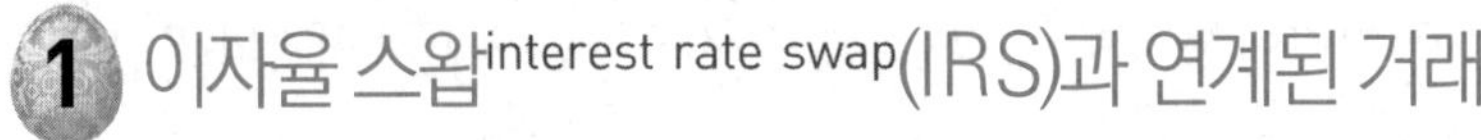

1 이자율 스왑interest rate swap(IRS)과 연계된 거래

스왑이란 뭔가를 교환하는 행위를 말한다. 필요한 물건을 서로 바꾸는 물물교환이나 물건을 돈과 교환하는 매매행위 모두가 스왑이다. 경제활동의 상당부분이 스왑인 셈이지만 20세기 후반 들어 금융분야에 적용되면서부터 스왑은 특별한 의미를 갖게 되었다. 금리, 통화, 외환과 같은 금융가격이나 상품이 스왑의 대상물이 되면서 시장구성과 거래 메커니즘이 단순 스왑에 비해 훨씬 복잡해졌다. 수학이나 공학을 동원해야만 답이 나오는 거래방식도 많아졌다. 하지만 기본원리는 크게 다르지 않다.

스왑에서 중요한 것은 교환대상물의 가치다. 바꾸려는 대상의 가치가 동등해야만 거래가 성립한다. 가치가 같아지도록 조정하는 역할을 하는 것이 화폐 단위로 표시된 가격과 웃돈이다. 예를 들어 3만 원짜리 넥타이를 사고파는 것은 넥타이와 동등한 가치를 갖는 3만 원의 현금과 넥타이를 스왑하는 것이다.

물물교환은 어떨까? 쌀 한 섬을 가진 농부와 북어 다섯 마리를 가진

어부가 물건을 교환한다고 하자. 쌀 한 섬의 가치가 100원, 북어 다섯 마리의 가치가 80원이라면 어부가 농부에게 20원의 웃돈을 얹어주어야 스왑이 성립한다. 두 물건의 가치가 100원으로 같아져야 교환이 이루어지기 때문이다.

쌀이나 북어, 넥타이 같은 물건과 달리 금융상품의 스왑은 이해가 쉽지 않다. 특히 이자율스왑이 그렇다. 이자율을 교환한다는 건 무슨 뜻일까? 스왑이 가능하려면 대상물의 가치가 같아야 하는데 이자율스왑의 가치는 어떻게 정할까? 간단한 예를 들어 설명해 보자.

A는 고정금리 자산을, B는 변동금리 자산을 갖고 있다. A가 보유한 고정금리 자산은 1년 만기 정기예금이고 B가 갖고 있는 변동금리 자산은 만기 3개월의 CD다. 어떤 필요에 의해 둘은 자산을 스왑하려고 한다. 이자율스왑은 정기예금과 CD 자체를 바꾸는 것이 아니라(만약 이 둘을 교환한다면 원금 액수가 같아야 한다) 거기에서 나오는 이자만 교환하는 방식으로 이루어진다. 다시 말해 A는 1년 후 정기예금에서 나오는 이자를 B에게 주고, B는 3개월마다 CD에서 나오는 이자를 A에게 준다.

교환이 성립하려면 대상물의 가치가 동일해야 하지만 그렇다고 정기예금 이자와 CD 이자가 언제나 같아야 하는 건 아니다. 거래 당사자 가운데 어느 쪽이 더 절박한가에 따라 얼마든지 달라질 수 있다. 웃돈이 얹힐 수 있다는 얘기다.

예컨대 원금 100만 원인 정기예금과 CD의 이자가 처음에는 10만 원으로 같았는데 별안간 정기예금 이자를 주고 CD 이자를 받으려는 A같은 사람이 많아졌다고 하자. 이럴 때 A는 10만 원 이외에 웃돈을 더 줘야 한다. 그래야 B가 거래에 응한다. 만 원을 더 줬다면 A는 B에게 11만 원, 금리로 치면 11%를 지급한 셈이다. 반대로 B같은 사람이 많아졌다면 A의 지위가 올라간다. 이번에는 10만 원이 아니라 9만 원, 금리로 치면 9%만 지급해도 된다.

A가 지급하는 금리, 다시 말해 고정금리를 이자율스왑금리 또는 IRS금리라고 한다. A는 변동금리를 받고 고정금리를 지급하므로 "IRS를 지급IRS pay"하는 것이고, B는 변동금리를 주고 고정금리를 받으므로 "IRS를 수취IRS receive"하는 것이다. 이 관계를 도식화한 것이 〈그림 7-1〉이다.

〈그림 7-1〉 이자율스왑의 기본구조

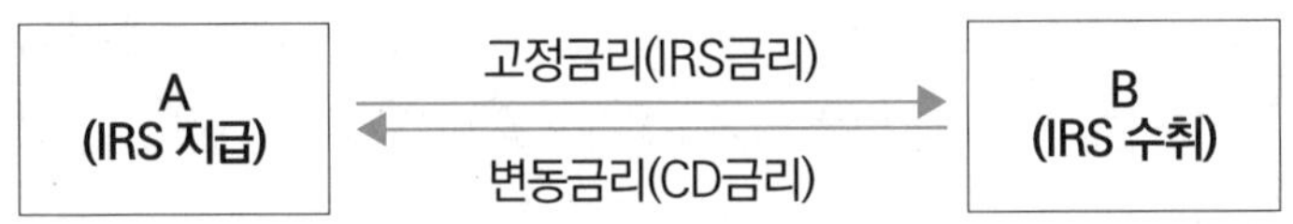

앞의 예에서 본 것처럼 IRS를 지급하려는 사람(A)이 많으면 IRS금리가 올라가고, 반대로 IRS를 수취하려는 사람(B)이 많으면 IRS금리가 내려간다. 이 관계는 이자율스왑시장을 이해하기 위한 핵심이므로 꼭 기억해야 한다.

그러면 사람들은 왜 이자율스왑을 할까? 금융자산과 함께 빚도 지고 있는 A라는 사람이 있다고 하자. A는 만기 1년짜리 정기예금(월지급식)을 가지고 있으면서 3개월마다 금리가 변동하는 주택담보대출을 받았다. 그는 정기예금에서 나오는 이자로 주택담보대출 이자를 갚을 예정이었는데 가만히 생각해 보니 리스크가 있음을 알았다. 예를 들어 정기예금이 1,500만 원, 주택담보대출이 1,000만 원이고 예금금리는

4%, 최초 3개월간 대출 금리는 6%라고 하자.

A는 매월 예금이자 5만 원을 받아($\frac{1,500 \times 0.04}{12}$) 대출이자 5만 원($\frac{1,000 \times 0.06}{12}$)을 갚으려 했다. 그런데 3개월이 지난 시점에서 시중금리가 오르면 문제가 될 것 같았다. 대출금리가 8%로 높아지면 매월 6만 7천 원의 이자를 내야 하니 예금이자로는 부족하고, 반대로 대출금리가 5%로 낮아지면 4만 2천 원만 내면 되니 이익이 생길 것이다. 이처럼 고정금리 자산과 변동금리 부채를 안고 있는 A는 금리가 어떻게 변하느냐에 따라 손해를 볼 수도, 이익을 볼 수도 있다. 양 방향의 리스크가 있는 것이다.

리스크를 싫어하는 A는 이를 피하기 위한 방법을 찾던 중 자기와 반대 포지션에 있는 사람, 다시 말해 변동금리 자산과 고정금리 부채를 안고 있는 사람과 거래하면 어떨까 생각한다. 예컨대 3개월 만기의 CD에 투자하고 있으면서 1년짜리 고정금리 대출을 받고 있는 B같은 사람 말이다. B도 금리변동에 따른 리스크를 안고 있으니(금리가 상승하면 이익, 하락하면 손해. A와 반대 방향임) 만나서 협상하면 두 사람 모두에게 이익이 될 것만 같다.

이자율스왑시장은 이 두 사람을 연결시켜 주는 역할을 한다. A는 자산에서 나오는 고정금리를 B에게 주는 대신, 부채로 갚아야 하는 변동금리를 받는다. B는 반대로 자산에서 나오는 변동금리를 A에게 주고, 부채로 갚아야 하는 고정금리를 받는다. 자산과 부채의 이자 흐름이 일치되었으므로 리스크 헤지가 이루어진다(〈그림 7-1〉 참조). 이처럼 이자율스왑을 하는 이유 가운데 하나는 부채와 자산의 이자율 구조가 일치하지 않아 발생하는 리스크를 없애려는 것이다.

이제 두 가지 예를 통해 이자율스왑의 내용을 살펴보자.

첫째 예는 고정금리로 자금을 조달해 변동금리로 운용하는 甲은행이다. 이 은행이 취급하는 주택담보대출은 3개월 만기 CD금리에 연동되어 있다. 甲은행은 예금이 잘 안 들어와 대출 재원을 은행채로 마련하고 있다(이 문제는 8장에서 다룬다). 은행채는 만기가 1년 이상인 고정금리 부채다. 쿠폰에 적혀 있는 금리를 만기까지 주어야 한다는 말이다. 변동금리 자산과 고정금리 부채를 안고 있는 甲은행이 안고 있는 리스크는 금리가 떨어지는 것이다.[1]

리스크를 피하려고 甲은행은 이자율스왑시장에서 乙은행과 계약을 맺는다. 乙은행에서 고정금리를 받아 은행채를 매입한 투자자들에게 주고, 대출 차입자에게 변동금리를 받아 乙은행에 주면 된다. 이때 甲은행은 IRS를 수취하며, 乙은행은 IRS를 지급한다(〈그림 7-2〉 참조).

〈그림 7-2〉 고정금리 조달 – 변동금리 운용

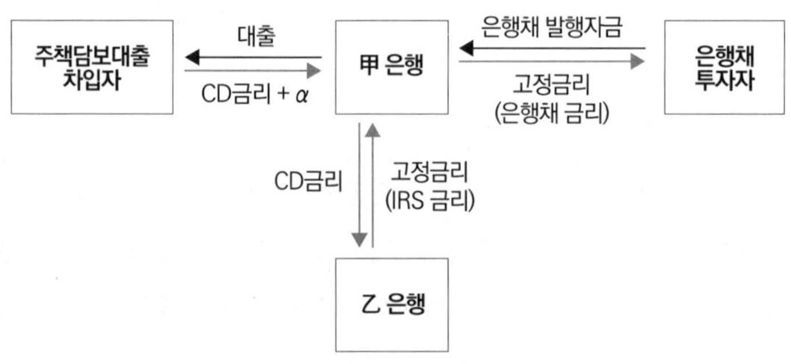

이 거래에서 甲은행이 얻는 수익은 얼마일까? 甲은행의 수입은 乙은행에게서 받는 IRS금리(R_{is})와 주택담보대출 차입자들에게서 받

1 시장금리가 하락하면 CD금리도 내려가서 주택담보대출에 따른 이자수입은 그만큼 줄지만 고정금리로 되어 있는 은행채에 대해서는 높은 금리의 이자를 계속 줘야 하기 때문이다.

는 $CD+\alpha$(가산금리)다. 지출은 乙은행에 주는 CD금리와 은행채를 산 투자자들에게 지급하는 고정금리(R_b)다. 수식으로 표현하면 수입은 R_{is}+($CD+\alpha$)이고, 지출은 R_b+CD니 수익(P)은 R_{is}+($CD+\alpha$)-R_b -CD=(R_{is}-R_b)+α이 된다.

수익이 +가 되려면, 즉 P=(R_{is}-R_b)+$\alpha>0$이 되려면 $\alpha>R_b-R_{is}$가 성립해야 한다. 즉 가산금리 α가 오른쪽 항 R_b-R_{is}, 즉 甲은행이 발행한 은행채 금리에서 乙은행에서 받는 IRS금리를 뺀 것보다 커야 이익이 난다는 말이다. IRS금리, 은행채 금리, 가산금리가 위의 조건을 충족하면 은행채를 발행해 조성한 자금으로 주택담보대출을 하고, 이자율 스왑시장에서 IRS를 수취하면 甲은행은 수익을 얻는다.[2]

두 번째 예는 변동금리로 자금을 조달해 고정금리로 운용하는 丙은행이다. 원리는 첫째 예와 동일하다. 丙은행은 3개월 만기 CD를 발행해 마련한 자금으로 국고채를 사려 한다. 국고채 쿠폰에 적혀 있는 금리를 만기까지 받을 수 있는 반면 3개월마다 변동하는 CD금리를 지급해야 한다. 고정금리 자산과 변동금리 부채를 안고 있는 丙은행의 리스크는 금리가 상승하는 것이다.[3] 리스크를 피하려고 丙은행은 이자율스왑시장에서 丁은행과 계약을 맺는다. 丁은행에서 변동금리를 받아 CD를 매입한 투자자들에게 주고, 국고채에서 나오는 고정금리를 丁은행에 주면 된다. 이때는 丙은행이 IRS를 지급하며, 丁은행은 IRS를 수취한다(〈그림 7-3〉 참조).

2 은행 수익은 IRS금리에 따라 달라진다. 수익= ($R_{is}-R_b$)+α니까 다른 조건이 일정하다면 IRS금리가 높을수록 수익은 커지고 낮을수록 수익은 적어진다.

3 시장금리가 상승하면 CD금리도 올라가서 투자자에게 주어야 할 이자지급액은 늘지만 고정금리로 되어 있는 국고채에서 나오는 수입은 일정해 마이너스가 나기 때문이다.

〈그림 7-3〉 변동금리 조달 – 고정금리 운용

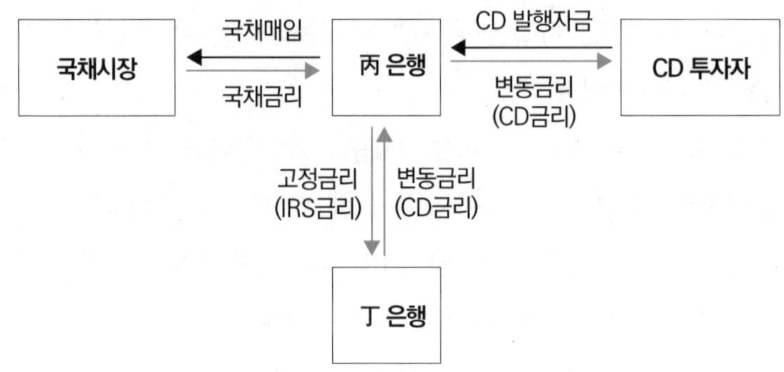

이 거래에서 丙은행은 얼마의 수익을 얻을까? 수입은 丁은행에게서 받는 변동금리(CD)와 국고채 금리 R_T다. 지출은 丁은행에 주는 고정금리 R_{is}와 CD 매입자에게 주는 금리(CD)다. 수식으로 표현하면 수입은 R_T+CD고 지출은 R_{is}+CD니 수익(P)은 $P=(R_T+CD)-(R_{is}+CD)=R_T-R_{is}$가 된다.

수익이 +가 되려면, 즉 $P=(R_T-R_{is})>0$이 되려면 $R_T>R_{is}$가 성립해야 한다. 다시 말해 국고채금리가 IRS금리보다 높아야 수익이 난다. 그런데 둘 다 고정금리인 국고채금리와 IRS금리는 어느 쪽이 더 높을까? 국고채금리는 정부가 지급을 보증하는 채권의 금리지만 IRS금리는 은행끼리 거래할 때 적용되는 금리다. 당연히 위험이 적은 국고채금리가 낮아야 한다. 정상적인 상황이라면 $R_{is}-R_T>0$이 되어야 하고 따라서 CD를 발행해 국고채에 투자하면서 이자율스왑시장을 이용하는 丙은행은 손해를 봐야 한다.[4]

4 손해가 나더라도 이런 거래를 하는 이유는 변동금리-고정금리의 불일치에 따른 리스크를 헤지하려는 목적 때문이다.

그런데 〈그림 7-4〉를 보면 2010년 이후 1~2년을 제외하고는 IRS금리가 국고채금리보다 낮은 현상이 계속되었다. 다시 말해 $R_{is}-R_{T}<0$이 되어 丙은행이 이익을 보았다는 것이다. 이런 현상이 왜 벌어졌을까? IRS금리가 낮다는 것은 고정금리를 받으려는 수요가 더 많다는 것을 뜻한다. 〈그림 7-2〉의 甲은행 같은 플레이어들이 많다는 얘기다.

〈8장〉에서 다시 설명하겠지만 2000년 중반 경 국내은행들은 덩치를 키우기 위해 주택담보대출(대부분이 변동금리)을 경쟁적으로 늘렸다. 그러다보니 대출재원이 부족해 은행채를 대량 발행했다. 자연히 이자율스왑시장에서 변동금리를 주고 고정금리를 받으려는 수요가 급증했고 이는 IRS금리를 비정상적으로 끌어내렸다. 상당히 오랜 기간 동안 IRS금리가 국고채금리보다 낮은 상황이 지속된 것은 이런 연유 때문이다.

〈그림 7-4〉 IRS금리 - 국고채금리(스왑스프레드, %포인트)

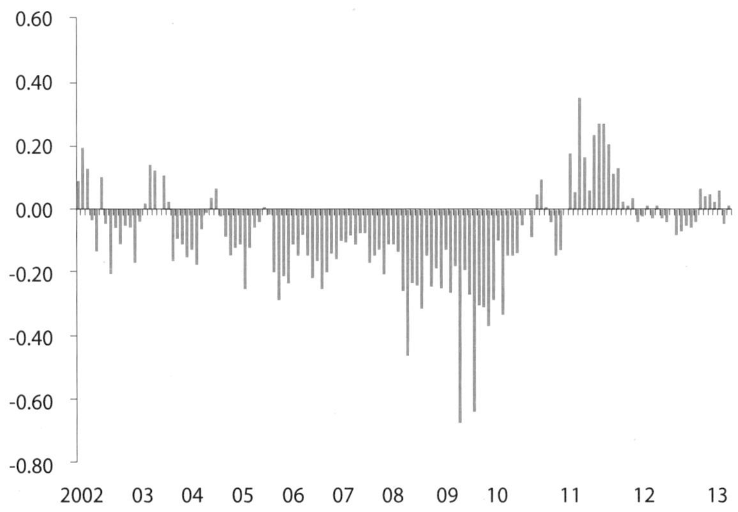

2 통화스왑currency swap(CRS)과 연계된 거래

이자율스왑이 고정금리와 변동금리를 바꾸는 것이라면 통화스왑 currency swap은 서로 다른 통화를 바꾸는 거래다. 원화와 달러, 원화와 엔화, 원화와 유로화 등 바꾸려는 대상에 따라 다양한 통화스왑이 존재한다. 여기서는 가장 일반적인 원-달러의 교환을 중심으로 생각해 보기로 한다. 외국인이 달러를 가지고 한국에 투자하려고 할 때 원화를 바꾸는 방법에는 두 가지가 있다. 통화스왑과 외환스왑이 그것인데 먼저 통화스왑에 대해 알아보자.

외국은행 국내지점인 F은행은 국제금융시장에서 리보libor연동 변동금리부로 달러를 조달해서 원화로 바꾼 다음, 이 돈으로 국고채에 투자하려 한다. 국고채에서 발생하는 이자는 고정금리고 국제금융시장에 지급해야 할 이자는 변동금리기 때문에 F은행은 고정금리를 주고 변동금리를 받는 이자율스왑(IRS 지급)을 우선 고려할 것이다. 하지만 이종통화 간의 교환이라는 변수가 하나 더 있어 이자율스왑만으로는 충분치 않다. 통화스왑시장에서는 변동금리-고정금리의 교환과 함께 이종통화의 교환도 함께 이루어진다. 국내의 G은행이 상대라면 〈그림 7-5〉와 같은 거래가 성립한다.

〈그림 7-5〉 통화스왑의 기본구조

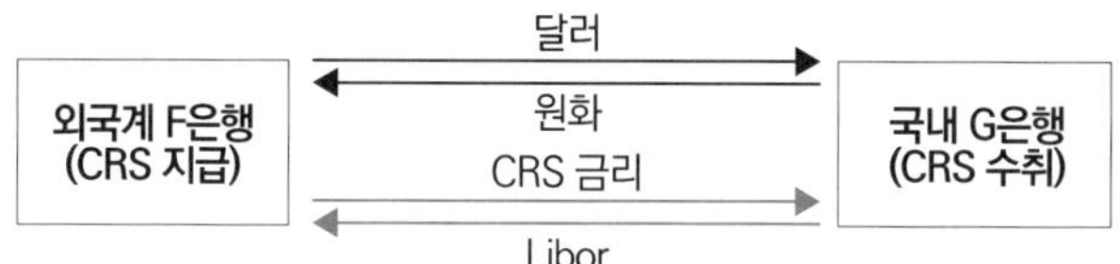

이자율스왑과 마찬가지로 고정금리를 통화스왑금리, 또는 CRS금리라고 한다. 고정금리를 제공하는 F은행이 CRS를 지급하고, 고정금리를 받는 G은행이 CRS를 수취한다.

수요공급에 따라 CRS금리가 변하는 원리는 이자율스왑과 동일하다. F은행과 같이 CRS를 지급하려는 금융회사가 많아지면 F은행의 입지가 약화되니까 웃돈을 얹어주어야 한다. CRS금리가 상승하는 것이다. 반대로 G은행 같이 CRS를 받으려는 수요가 많아지면 F은행의 입지가 튼튼해져 디스카운트를 해도 된다. CRS금리가 하락한다.

CRS금리의 변동은 외환의 수요공급과 밀접히 관련되어 있다. CRS를 지급하려는 은행이 많아진다는 건 시장에 외환공급이 늘어난다는 뜻이다. 세계적으로 달러가 넘쳐나 우리나라에도 물밀 듯이 들어오는 상황이 그렇다. 달러를 들고 온 외국인들이 많아져 원화가 귀해진다. CRS를 지급하겠다는 외국인은 줄을 섰는데 받겠다는 내국인은 별로 없다. 외국인 입장에서 금리를 더 주어야 원화를 구할 수 있으니 CRS금리가 상승한다.

금융쇼크가 발생해 달러 품귀현상이 벌어지면 사정은 반대가 된다. 달러를 구하려는 내국인들은 넘쳐나는데 공급하려는 외국인은 없다. CRS를 수취하려는 수요가 폭발적으로 늘어나니 외국인은 이자를 조금만 줘도 된다. CRS금리가 큰 폭으로 떨어진다. 이렇게 외국인이 원화를 조달할 때 부담하는 금리인 CRS금리는 달러가 귀해지면 하락하고(내국인의 달러 조달금리 상승), 반대로 흔해지면 상승한다(내국인의 달러 조달금리 하락).

이제 F은행의 손익구조를 보자. F은행은 국고채 투자로 얻은 수입 R_T로 CRS금리(R_{cs})를 지급하고 거래상대인 G은행에게서 리보금리를 받아 국제금융시장에 지급한다. 이 은행의 이자수입은 R_T+리보, 이자지급은 R_{cs}+리보다.

따라서 이익 P는 (R_T+리보)-(R_{cs}+리보)=R_T-R_{cs}가 되므로 CRS금리가 국고채금리보다 낮아야($R_{cs}-R_T<0$) 이익이 난다.

〈그림 7-6〉 통화스왑의 예

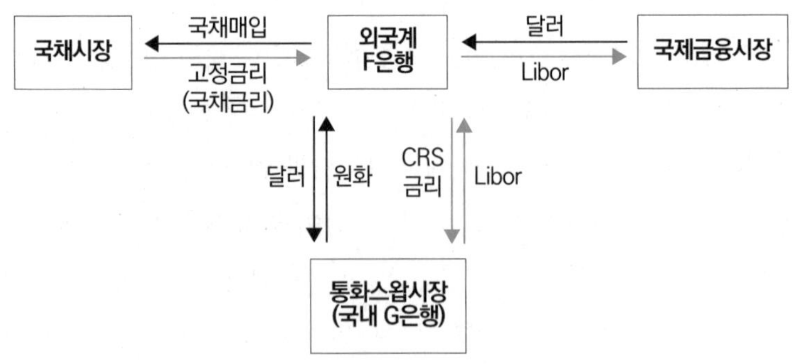

국고채금리와 CRS금리는 어떤 쪽이 더 높을까? 국고채금리는 정부가 원화를 빌릴 때 부담하는 금리고, CRS금리는 외국인이 원화를 빌릴 때 부담하는 금리다. 한국 정부의 신용도가 외국금융기관보다 양호하다면 국고채 금리가 낮겠지만 반대의 경우라면 국고채 금리가 더 높을 것이다. IRS금리는 국고채금리보다 높은 것이 정상이지만 CRS금리와 국고채금리는 국가신용도에 따라 상대적 크기가 달라질 수 있다. $R_{cs}-R_T$는 플러스도, 마이너스도 될 수 있다는 말이다. 현실은 어떨까?

〈그림 7-7〉을 보면 거의 모든 시기에 국고채금리가 CRS금리보다 높게 형성되어 $R_{cs}-R_T$가 마이너스였다. 특히 글로벌 금융위기가 터졌던 2008년 3/4분기부터는 격차가 더욱 벌어졌다. 달러를 들여와 통화스왑시장에서 원화로 바꾼 다음 국고채에 투자하면 언제나 이익을 거둘 수 있었다는 의미다. CRS금리가 낮다는 것은 우리나라의 외환사정이 나쁘다는 뜻이다.

금리를 조금만 주고도 원화를 빌릴 수 있다는 것은 그만큼 달러 품귀현상이 심하다는 얘기다. 글로벌 금융위기 이전에는 조선사의 선물환 매도가 많아 이를 받아주는 은행들의 외화수요가 컸던 게 원인이었다.[5]

5 당시는 원화의 절상기대가 컸던 때라 조선사들은 선박대금을 받는 시기에 맞추어 선물환을 매도했다. 선박대금은 건조기간중 나누어 받는데 그때 가서 달러를 원화로 바꾸려고 하면 이미 원화값이 크게 오른 뒤여서 손해를 볼 가능성이 컸다. 그래서 현시점에서 선물환을 매도함으로써 손해를 줄이고자 한 것이다(〈3장〉을 참조하라). 조선사들이 선물환을 팔면 은행은 이를 사 주어야 한다. 은행입장에서는 1년 후에 달러가 많이 들어오게 되는 셈이어서 환차손이 생길 수 있다(예컨대 1년후 1달러를 1,100원에 사기로 계약을 맺었는데 막상 그때가 되니 환율이 1,000원으로 떨어졌다면 은행은 달러를 비싸게 사서(1,100원) 싼값에(1,000) 보유해야 한다. 이런 위험을 막기 위해 은행은 선물환을 사는 동시에 1년 계약으로 달러를 빌린다. 1년후 환율이 어떻게 되든 상관없이 은행은 조선사에서 사들인 달러로 차입한 달러를 갚는다. 포지션을 스퀘어로 만드는 것이다. 이런 거래가 많아져 외화의 수요가 늘었고 은행들은 통화스왑시장에서 달러를 조달했다.

위기 이후에는 안전자산인 달러의 수요가 늘기도 했지만 외국계 금융기관들이 신용경색을 우려해 긴 만기(아래 그림의 CRS금리는 3년물임)의 통화스왑계약을 피했기 때문에 CRS금리와 국고채금리 간의 마이너스폭이 계속 유지되었다.[6]

〈그림 7-7〉 CRS금리 – 국고채금리(%포인트)

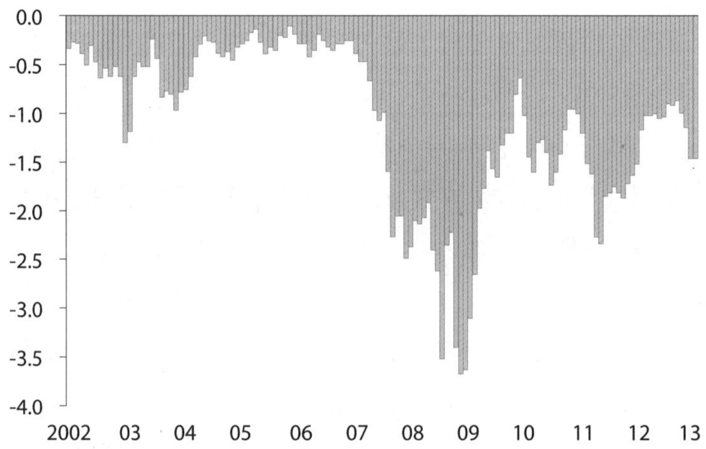

6 외국 금융기관들은 앞으로 달러사정이 어떻게 변할지 불확실했으므로 3년간 돈이 묶이는 장기계약보다는 1년단위 계약을 선호했다. 그러다보니 3년 CRS지급이 줄어 CRS 금리가 큰 폭으로 떨어졌다.

3 외환스왑foreign exchange swap(FX swap)과 연계된 거래

외환스왑은 달러와 원화를 맞교환한다는 점에서는 통화스왑과 동일하다. 차이가 있다면 웃돈을 계산하는 방식이 다르다는 것이다. 통화스왑에서는 이종통화의 교환임에도 불구하고 환율의 영향을 받지 않는다. F은행이 1년 만기 통화스왑시장에서 1억 달러를 풀었다면 환율이 어떻게 되든 상관없이 1년 후 F은행은 1억 달러를 돌려받는다. 웃돈은 CRS금리에 반영된다. 하지만 외환스왑시장에서의 웃돈은 환율 변화로 나타난다. 이 원리는 〈3장〉에서 설명한 바 있는데 다시 한 번 되돌아보자.

F은행이 달러를 원화로 바꾸어 투자한 다음, 다시 달러로 환전하려 할 때는 환율리스크를 고려해야 한다. 달러 가격이 비싸지면 손해가, 싸지면 이익이 난다. 그래서 이익과 손해의 규모를 지금 시점에서 확정하려고 선물환시장을 이용한다.

〈그림 7-8〉 외환스왑 구조

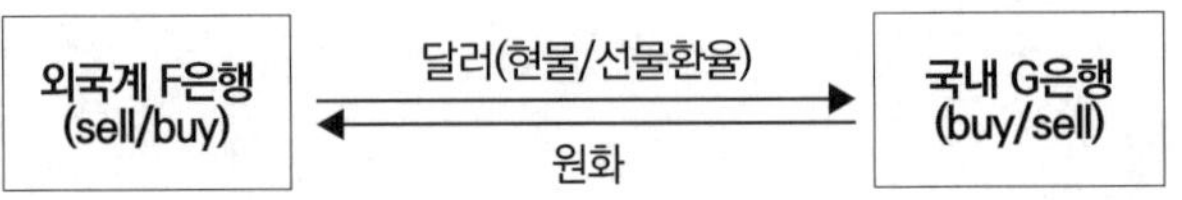

선물환율이 F_t이고 현물환율이 S_t라면 F은행이 감수해야 할 손해는 스왑레이트 $\frac{F_t - S_t}{S_t}$이다. 현물환율이 달러당 1,050원이고 1년 후 선물환율이 1,080원이라면 F은행이 감수해야 할 손해는 2.9%다. 2.9%는 달러를 원화로 바꾸는 데 드는 비용, 다시 말해 원화조달금리라고 할 수 있다. 통화스왑시장에서의 원화조달금리가 CRS금리라면, 외환스왑시장에서는 스왑레이트가 그 역할을 한다. 개념적으로 둘은 동일하기 때문에 비슷하게 움직인다(그림 7-9). 국내 금융회사들의 외환사정이 나빠지면 CRS금리와 스왑레이트가 모두 낮아지고[7], 반대 상황이 되면 상승한다. 외환스왑으로 통화를 바꾼 후 국고채에 투자하는 경로는 통화스왑과 같으므로 설명을 생략한다.

7 현물환율이 크게 상승하면 스왑레이트는 마이너스가 된다. 원화조달금리가 마이너스라는 것은 돈을 빌리면서 오히려 이자를 받는다는 뜻이다. 스왑레이트보다는 덜하지만 CRS금리도 마이너스가 될 때가 있다. 극단적인 외화부족시기에 그런 일이 생긴다. 외국금융회사들은 달러를 원화와 스왑하면서 변동금리를 받는 것은 물론 마이너스 고정금리를 지급(사실상 그만큼 금리를 되돌려 받는 것)받아 이중의 이익을 얻는다.

〈그림 7-9〉 스왑레이트와 CRS금리(%)

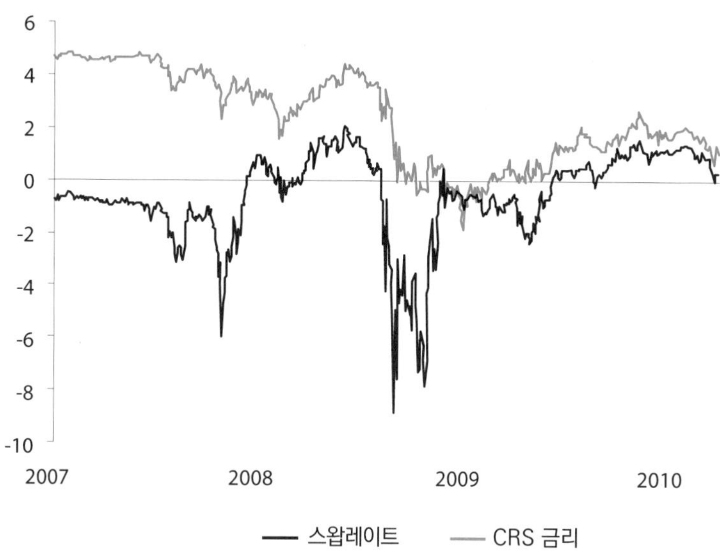

4 스왑베이시스 거래

앞의 예에서는 F은행이 통화스왑시장에서 바꾼 원화를 국고채에 투자하는 상황을 가정했는데 이번에는 고정금리의 국고채가 아니라 변동금리가 적용되는 CD에 투자하는 상황을 생각해 보자. 이때는 통화스왑과 이자율스왑의 두 가지 거래가 동시에 이루어진다.

F은행은 국제금융시장에서 변동금리인 리보금리를 주고 달러를 조달해 한국에 들여온다. 일단은 통화스왑시장에서 리보금리를 받고 CRS금리를 주는 거래를 통해 원화를 확보한다. 그런데 가만히 보니 국고채보다는 CD를 사는 게 유리해 보인다. 금리가 오를 것으로 예상되기 때문이다. 문제는 줘야 할 CRS금리는 고정금리인데 CD를 사면 변동금리를 받으니 불일치가 생긴다. 그래서 이자율스왑시장을 노크한다. 매입한 CD에서 발생하는 변동금리부 이자를 주고 고정금리인 IRS금리를 받아서 CRS 금리를 충당한다. 약간 복잡하긴 하지만 원리는 동일하다.

〈그림 7-10〉 스왑베이시스 거래의 구조

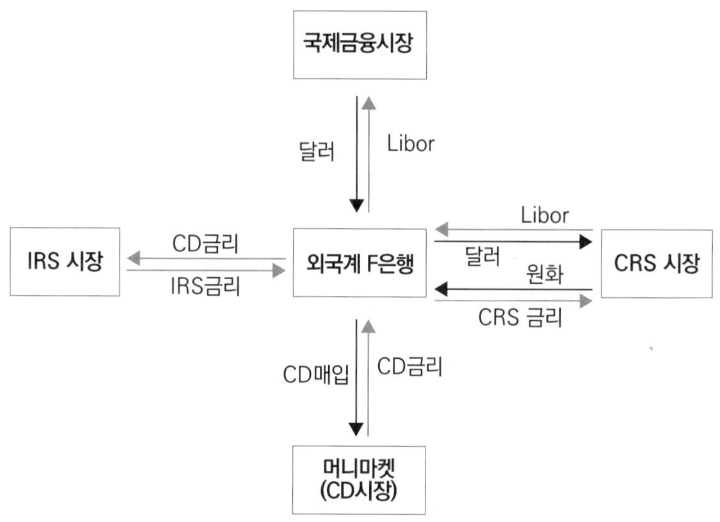

F은행의 손익은 어떻게 될까? 수입은 CRS시장에서 받는 리보금리, CD에서 나오는 CD금리, 그리고 이자율스왑시장에서 받는 IRS금리다. 지출은 국제금융시장에 지급해야 할 리보금리, 통화스왑시장에 줘야 할 CRS금리, 그리고 이자율스왑시장에 주어야 할 CD금리다.

간략히 쓰면, 이자수입 = 리보 + CD + R_{is}이고, 이자지급 = 리보 + R_{is} + CD이다. 따라서 이익은 $P = R_{is} - R_{cs}$가 된다. IRS금리와 CRS 금리의 차이 $R_{is} - R_{cs}$를 스왑베이시스라고 하는데 스왑베이시스가 플러스면 이득, 마이너스면 손해를 보는 구조다. 〈그림 7-11〉은 IRS금리와 CRS금리의 추이를 보여준다. 대부분의 시기에 IRS금리가 CRS 금리를 상회(스왑베이시스가 플러스)하고 있어 이런 거래를 통해서도 지속적인 수익을 얻을 수 있었음을 시사한다.

〈그림 7-11〉 IRS금리와 CRS금리 추이(%)

5 국내외 금융시장을 연계하는 거래 간의 관계와 손익 변화

지금까지 국고채금리와 IRS금리간의 격차를 이용한 스왑스프레드 거래, 국고채금리와 CRS금리간의 격차를 이용한 CRS거래, IRS금리와 CRS금리 간의 격차를 이용한 스왑베이시스 거래에 대해 설명하였다.

〈그림 7-12〉는 세 가지 거래의 관계를 요약한 것이다. 2000년대 이후 대부분의 시기에 국고채금리 > IRS금리 > CRS금리였기 때문에 모든 거래를 실행할 유인이 있었다고 할 수 있다.

〈그림 7-12〉 연계거래 간의 관계

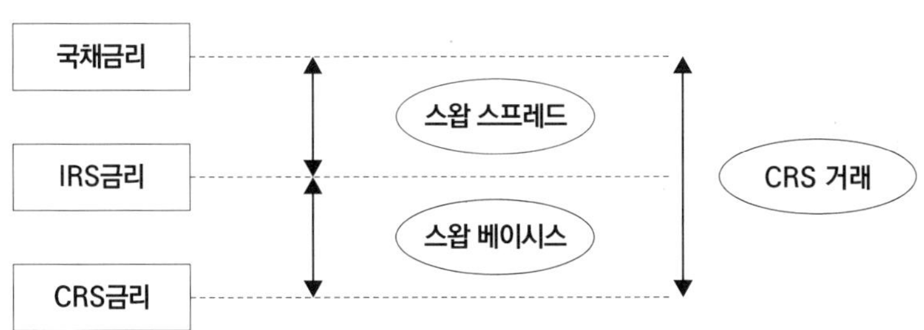

자료 : 한국은행 금융시장국(2010), "채권·외환시장 연계 메커니즘 이해"

자본자유화가 범세계적으로 추진되면서 국제금융시장과 국내금융시장은 그 어느 때보다 가까워졌다. 외국자본이 머니마켓, 채권시장에 투자하면서 외환시장, 스왑시장을 적극 활용하자 국내의 금융시장이 한 덩어리로 얽혀 돌아가는 일이 일상화되었다. 이젠 어느 하나의 시장만을 봐서는 전체 그림을 그릴 수 없는 단계가 되었다.

금리구조가 외국인 투자자들에 유리하도록 형성되어 있었던 탓에 외국인 채권투자가 빠르게 증가했다(6장 참조). 외국인 채권투자는 채권금리, 환율, 파생상품금리에 영향을 미쳤고 때에 따라서는 금융시장 혼란을 가져오는 원인이 되기도 했다. 시장 전체를 아우르는 체계적 분석과 모니터링이 절실히 필요한 이유가 여기에 있다.

그러면 외국 투자자들은 앞에서 살펴본 여러 거래를 통해 계속 이익을 낼 수 있었을까? 꼭 그렇지는 않다. 처음 거래할 때 유리하게 형성된 포지션을 만기까지 가져가면 당연히 이익이 난다. 하지만 모든 거래를 만기까지 보유하는 건 아니며 중간에 청산해야 할 때도 있다. 또한 금융회사의 포지션은 시가평가 대상이어서 매일매일 스프레드가 어떻게 변하느냐에 따라 이익이 날 수도 있고, 손실이 날 수도 있다. 시가평가 결과 손실률이 허용범위를 넘어서면 자동 청산에 들어가는 경우도 많다.

예를 들어 보자. 외국계 F은행이 통화스왑시장에서 CRS금리 3%를 지급하고 원화를 조달한 다음 수익률 5%인 3년 만기 국고채를 샀다. 이 포지션을 만기까지 가져가면 2%포인트의 수익률이 보장된다. 그런데 한 달이 지나자 국고채 수익률이 6%로 뛰고 CRS금리는 2%로 하락했다. 국고채 수익률이 뛰면 채권가격은 하락한다. 가지고 있는 국고채의 가격이 떨어졌으니 그만큼 평가손실이 발생했다.

CRS금리 하락은 어떤 영향을 미칠까? 한 달이 지난 현 시점에서 통화스왑거래를 했다면 2%만 주고도 원화를 구할 수 있었는데 이미 3%를 지급하기로 약속을 해 놨으니 1%포인트의 평가손실이 났다. 양쪽으로 손해를 본 셈이다. 〈그림 7-13〉의 왼쪽 그림에서처럼 국고채금리와 CRS금리 간의 스프레드가 벌어지면 평가손실이 발생한다. 하지만 바로 그 시점에서 새로운 거래를 하는 금융회사는 F은행보다 훨씬 유리한 입장에 서게 된다.

반대의 경우는 어떨까? 이번에는 국고채금리가 떨어지고 CRS금리는 올라 스프레드가 축소되었다. 금리가 하락했으니 가지고 있는 국고채의 가격은 올랐을 테고, CRS금리가 상승했으니 낮은 금리를 줘도 되는 기존의 계약이 더욱 빛을 발한다. F은행이 보유한 포지션의 가치가 높아져 평가이익이 난다. 하지만 이 시점에 동일한 포지션을 새로 구축하는 금융회사들은 F은행보다 불리한 위치에 있게 된다.

이처럼 투자 시점의 스프레드가 투자 여부를 결정하는 요인이지만 이후의 스프레드 변화는 평가손익에 지대한 영향을 미친다. 예컨대 글로벌 금융위기는 바로 직전 CRS 차익거래를 했던 금융회사들에게 엄청난 타격을 입혔을 것이다. 2008년 8월에 1.97%포인트였던 국고채금리와 CRS금리 간의 스프레드는 1년 후인 2009년 8월엔 4.42%포인트까지 확대되었다. 두 배 넘게 스프레드가 커졌으니 바로 포지션을 청산하지 못했다면 그 금융회사의 손실은 눈덩이처럼 커졌을 것이 분명하다.

〈그림 7-13〉 스프레드 변화에 따른 평가손익

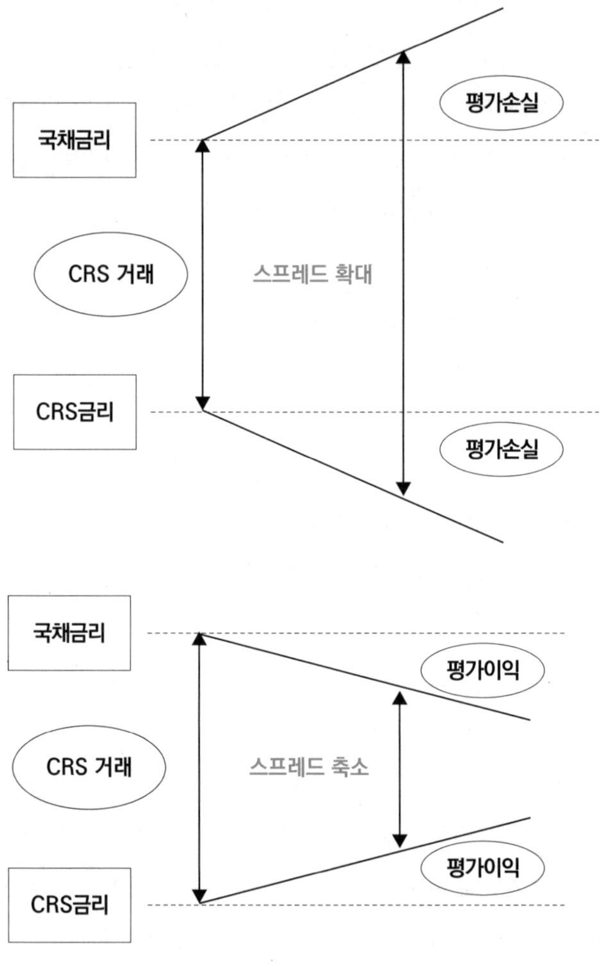

자료 : 한국은행 금융시장국(2010), "채권·외환시장 연계 메커니즘 이해"

외환·채권·파생시장의 연계사례 : 2007년 11월말

글로벌 금융위기 직전인 2007년은 우리나라 금융시장에 상당한 격변이 일어났던 해다. 외환, 채권, 파생시장의 연계성이 어떻게 시장불안을 증폭시키는지 보여주는 사례이기도 하다.

2007년 3월부터 미국 발 서브프라임 모기지 부실 문제가 조금씩 부상하기 시작했다. 당시에는 서브프라임 모기지가 뭔지도 잘 모르는 상황이었는데 외국 언론을 중심으로 위험성에 대한 경고가 간헐적으로 나왔다. 그러다 연말이 가까워지면서 유동성 부족을 염려한 외국계 대형 투자은행들이 한국증시에서 발을 빼기 시작했다. 외국인 순매도가 크게 늘어났고 달러를 바꾸려는 수요가 늘자 현물환율이 상승했다. 그 결과 스왑레이트가 하락했고 스왑레이트와 같은 방향으로 움직이는 CRS금리도 떨어졌다.

한편 대출시장은 과열 양상이었다. 은행들은 자산규모를 키우기 위해 너도나도 주택담보대출을 늘렸고, 대출재원이 부족해지자 CD와 은행채 발행을 확대했다. 이는 IRS금리의 하락과 시장금리 상승으로 이어졌다. 이에 더해 외화가 부족해진 은행들이 대거 통화스왑시장에 몰려 원화를 공급하고 달러를 받으려 했으니 CRS금리는 더 떨어질 수밖에 없었다.

국고채금리는 상승한 반면 CRS금리는 떨어져 스프레드가 확대되자 통화스왑시장에서 원화를 조달해 국고채에 투자한 외국계 금융회사들은 평가손실을 보기 시작했다. 평가손실이 허용범위를 넘어서자 반대 포지션을 취하는 손절매가 나타났다. 다시 말해 국고채를 팔아 확보한 원화를 달러로 바꾸려는 것이다. 국고채 매물이 많이 나오니 국고채 금리는 더 상승했고 통화스왑시장에서는 CRS 수취수요가 늘어나 CRS금리가 내려갔다. 스프레드 확대로 인해 발생한 손실을 줄이려는 손절매가 스프레드를 더욱 크게 해 다른 손절매성 매물을 이끌어냈다. 악순환이 발생한 것이다.

은행채 발행 확대로 인한 IRS금리 하락은 또 다른 문제를 야기했다. IRS와 국고채금리 간의 차이를 노린 스왑스프레드 거래에서 손실이 발생했다. 통화스왑거래와 마찬가지로 스프레드가 확대되면서 국고채 매입/IRS 지급 포지션이 심각한 평가손을 입었다. 이 포지션에서도 손절매가 이루어져 국고채 매물이 늘어나고 IRS를 받으려는 수요가 커짐에 따라 스프레드가 또 다시 확대되었다. 처음에는 몇몇 외국계은행이 청산에 나섰으나 국내은행과 증권사들이 손실을 조금이라도 줄여보려고 청산거래에 가세했다.

이 사태는 일단 국고채시장이 안정되면서 진정되었다. 한국은행이 국고채시장에 직접 개입하여 1.5조 원의 국고채를 살 것이라고 밝히자 급등했던 금리가 안정을 되찾았고 손실 스프레드도 줄어 손절매성 매물 출회가 진정되었다. 이에 더해 스프레드 확대로 수익성이 좋아진 데 고무되어 새로운 투자자들이 〈국고채매입-CRS지급〉 포지션을 구축했다. 이는 국고채에 대한 수요를 늘리고 CRS금리의 하락을 막아 사태 진정에 도움을 주었다.

국고채금리와 CRS금리(%)

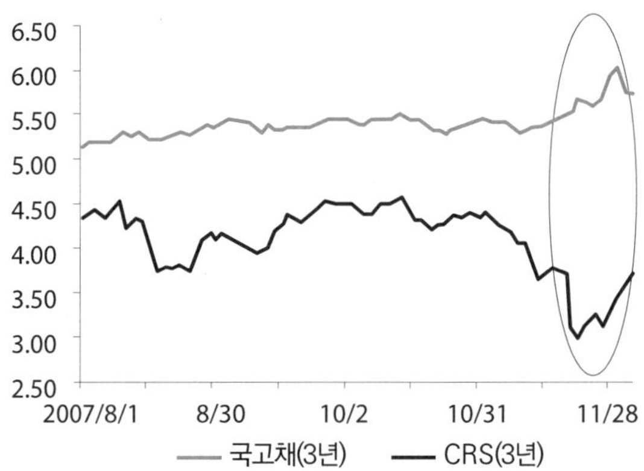

국고채금리와 IRS금리(%)

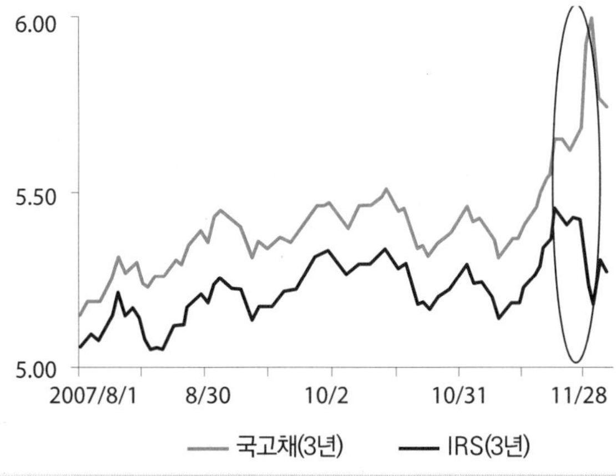

8장

오해와 진실 – 상업은행

오해와 진실

은행은 우리에게 가장 친숙한 금융회사다. 길거리 어디를 가도 은행 지점이 하나씩은 있게 마련이고 지점이 없으면 ATM이라도 놓여 있다. 우리는 은행이 무엇을 하는 곳인지 잘 안다. 예금을 받고 대출을 해주고 자금을 이체하는 기능을 한다.

언뜻 보면 은행이 하는 일은 상당히 단순해 보인다. 그래서 언론에서 은행을 비판할 때는 의례 "땅 짚고 헤엄치기 장사만 한다."는 표현을 쓴다. 정말 은행은 그렇게 단순한 일을 하는 곳일까? 은행업이란 아무렇게나 해도 괜찮은 평범한 일일까?

1 은행의 세 가지 변환기능

은행이 '남음'과 '모자람'의 만남을 가로막는 여러 마찰을 줄여서 경제성장에 기여한다는 것은 〈2장〉에서 자세히 설명한 바 있다. 그 가운데서 리스크와 관련된 이야기를 좀 더 해보자.

평균적인 사람들은 리스크를 싫어한다. 그래서 은행은 돈을 빌려주고자 하는 사람들이 져야 할 리스크를 대신 떠안는다. 은행에 돈을 맡긴 사람들은 잠재적 차입자에 대해 걱정하지 않아도 된다. 그러면 은행은 어떤 리스크를 어떤 방식으로 지는 것일까?

은행이론에 따르면 은행은 세 가지 변환을 통해 리스크를 진다.

첫째는 신용변환credit transformation, 둘째는 유동성변환liquidity transformation, 셋째는 만기변환maturity transformation이다.

신용변환은 은행이 자신보다 신용리스크가 높은 기업에 돈을 빌려주는 과정에서 일어난다. 만약 은행들이 신용 좋은 기업만 상대한다면 리스크가 높긴 하지만 혁신과 발전 잠재력이 큰 기업들은 필요한 자금을 마련하지 못할 것이다. 그렇게 되면 경제의 성장력도 위축된다. 은행은 높은 신용리스크를 부담함으로써 경제 구석구석에 돈이 흘러가도록 돕는다.

비슷한 개념인 유동성변환과 만기변환은 은행의 가장 중요한 기능이다. 이를 이해하려면 유동성liquidity이 무엇인지 알아야 한다.

유동성이란?

멩거Carl Menger에 따르면 유동성이란 '팔릴 가능성salability'이다.[1] 어떤 자산이 언제나 잘 팔린다면 그 자산의 유동성은 높다고 말할 수 있다. 여기서 유동성은 두 가지 측면을 가진다. 첫째는 살 사람이 늘 있어서 자산의 소유주가 원하면 언제라도 팔 수 있어야 하고, 둘째는 사고파는 과정에서 자산 가격이 크게 변하지 않아야 한다.

이런 기준에서 볼 때 유동성이 가장 높은 자산은 현금이다. '현금을 판다'는 것은 현금을 지급하고 물건을 산다는 뜻이다. 현금을 사지 않는(받지 않는) 사람은 없으니 현금은 유동성의 첫째 조건을 완벽하게 충족시킨다. 또한 현금의 가격은 변하지 않는다. 물가가 오르거나 내리면 현금의 실질가치가 떨어질 수는 있지만 명목가치가 줄어들지는 않는다. 물건을 사고 만 원을 냈는데 '8,000원 가치로밖에는 인정할 수 없소'라고 강변하는 상인은 없을 것이다.

부동산은 유동성이 가장 낮은 자산 가운데 하나다. 부동산 경기가 침체되면 집을 내놓아도 찾는 사람이 없다. 첫 번째 조건이 만족되지 못한다. 혹시 임자가 나타나더라도 가격을 낮추어 부르기 일쑤다. 급

1 Calvo, G., 2012, "The Price Theory of Money, Prospero's Liquidity Trap and Sudden Stop : Back to Basics and Back", NBER *Working Paper* No.18285

매물이 아니면 소화가 안 되는 것은 유동성의 두 번째 조건을 충족시키기 어렵다는 의미다.

이렇게 보면 유동성이란 '지급수단medium of exchange'과 유사하다는 걸 알 수 있다. 유동성이 높은 자산일수록 지급수단으로 이용될 가능성도 크다. 현금은 가장 확실한 지급수단이다. 은행의 결제계좌는 어떨까? 결제계좌에 돈이 남아있는 한 이를 토대로 발행된 체크카드는 현금과 동일하다. 대부분의 상점에서 체크카드를 '팔 수 있지만(체크카드로 물건을 살 수 있지만)' 간혹 가맹점이 아닌 곳에서는 거절하기도 한다. 아무래도 현금과 비교하면 첫째 조건에서 약간 불리하다. 둘째 조건은 어떨까? 피싱 사기를 당하지만 않는다면 결제계좌의 잔고가 줄어드는 일은 없다. 하지만 은행이 망한다면 얘기는 달라진다. 예금보호한도인 5천만 원 이내라면 모를까 한도를 넘는 계좌의 가치는 그만큼 줄어든다. 이처럼 현금보다는 약간 불리하지만 은행의 결제계좌(요구불예금)는 상당히 효과적인 지급결제수단이다.

만기가 긴 저축성예금은 어떨까? 정기예금을 근거로 하는 지급결제수단(체크카드와 같은)은 없다. 그러니 상점에 가서 '내가 A은행에 정기예금 100만 원을 가지고 있어요. 여기 통장이 있으니 이걸 보고 물건을 주세요.'라고 한다고 물건을 내줄 상점 주인은 없다. 하지만 방법은 있다. 예금을 중도에 해지하고 유동성이 높은 현금이나 결제계좌로 바꾸는 것이다. 이럴 때 정기예금의 가치는 어떻게 될까? 원래 약속했던 이자를 다 받을 수는 없다. 중도해지이율이 낮기 때문에 정기예금의 가치는 그만큼 떨어진다. 유동화시킬 수는 있지만 가치에 손상이 오는 걸 감수해야 한다. 둘째 조건이 충족되지 않는 것이다. 그래서 저축성예금은 현금이나 결제계좌보다 유동성이 낮고 지급수단으로도 그다지 유용한 자산은 못 된다.

현금과 은행계좌, 그리고 부동산은 소비자(또는 은행 예금자) 입장에서 본 것이다. 은행 입장에서도 한 번 보자. 은행도 여러 종류의 자산을 가지고 있는데 대표적인 자산이 대출이다. 대출의 유동성은 어떨까? '잘 팔리는 자산' 일까?

대출 자산은 두 가지 방법으로 팔 수 있다. 첫째는 대출받은 당사자에게 되파는 방법이다. 은행이 대출을 해주면서 얻은 권리(대출채권)를 당사자에게 돌려주고 돈을 되찾는 것이다. 만기가 되기 전에 자금을 회수하는 중도상환이 그것인데 은행이 이렇게 하기는 어렵다. 계약기간이 끝나기 전에 당사자에게 대출을 '파는' 행위는 계약위반이기 때문이다. 둘째는 차입자가 아닌 제3자에게 파는 방법이다. 이것을 '대출채권의 유동화' 또는 '증권화securitization'라고 한다. 현대 금융에서 가장 많이 활용되는 기법이면서 2008년 금융위기의 주범이기도 하다(9장에서 자세히 설명한다).

돈을 빌려주는 족족 증권으로 만들어 판다면 유동성을 크게 높일 수 있다. 하지만 대출의 상당부분은 은행 자산으로 그대로 남아 있기 때문에 일반적으로 대출은 유동성이 낮은 자산으로 분류된다.[2]

은행의 가장 중요한 기능, 유동성변환

은행이 고객에게 받는 예금은 크게 요구불예금과 저축성예금으로 나눌 수 있다. 약간의 가치 저하를 감수해야 하지만 예금주가 원하면

2 Diamond, D & R. Razan, 2001, "Liquidity Risk, Liquidity Creation and Financial Fragility: A Theory of Banking", *Journal of Political Economy*, Vol. 109, No.2

언제든지 현금으로 인출할 수 있어서 예금의 유동성은 높은 편이다. 은행 입장에서 보면 언제든지 빠져나갈 수 있는 부채를 안고 있는 셈이다. 은행이 보유하는 자산은 어떤가? 대표적 자산인 대출의 유동성은 낮다. 필요할 때 현금화가 어려운 자산을 안고 있는 것이다. 언제든지 빠져나갈 수 있는 자금(예금)을 가지고 현금화가 쉽지 않은 곳에 투자(대출)하고 있는 탓에 은행은 구조적인 취약성을 안고 있다. 하지만 이런 취약성 덕분에 경제 전체는 큰 도움을 받는다. 왜 그럴까?

은행에 예금을 하는 사람들은 소비자들이다. 여윳돈이 생겨 예금을 하긴 하지만 언제 돈이 필요할지 모른다. 병원에 갈 일이 생기거나, 사고 싶던 물건이 새로 입고되거나, 투자할 땅이 나오거나 아무튼 여러 이유가 있을 것이다(이런 상황을 소비 충격consumption shock 또는 유동성 충격liquidity shock이라 한다). 별안간 현금이 필요해졌는데 돈이 묶여 있다면 어떻게 될까? 원하는 일을 하지 못하는 탓에 그 사람의 효용은 크게 떨어질 것이다.

예컨대 어떤 사람이 재산 전부를 1년 만기 정기예금에 넣어놓았는데 은행의 고집이 아주 세서 만기가 될 때까지는 절대로 돈을 내주지 않는다고 하자. 만기가 되기 전에 이 사람한테 소비 충격이 발생했다면 그는 간절히 바라는 일을 할 수 없어 불행해질 것이다. 하지만 현실의 은행들은 그 정도로 고집이 세지는 않다. 결제계좌를 제공해서, 그리고 저축성예금도 중도에 해지할 수 있도록 허용해서 소비자들을 돕는다. 이것을 은행의 유동성 공급liquidity providing, 또는 유동성 창출liquidity creation 기능이라고 한다.

이것으로 은행의 선행이 끝나는 건 아니다. 은행은 만기가 보장된 대출을 제공해서 돈을 빌려가는 기업이나 가계를 돕는다. 소비자가 변덕을 부리듯 은행도 변덕을 부리면 어떻게 될까? 만기가 되기도 전에 아무 때나 "돈 갚으라."고 종용한다면 기업이나 가계가 정상적인 경제활동을 할 수 있을까?

은행에서 돈을 빌려 공장 짓고 기계를 사서 이제 막 이윤이 나오는 판인데 대출을 상환하라고 하면 제대로 된 경제활동을 할 수 없을 것이다. 그래서 은행은 만기가 될 때까지 참는다. 이것이 바로 유동성 변환이다. 유동성이 높은 부채(예금)를 가지고 유동성이 낮은 자산(대출)으로 바꾸는 기능을 통해 소비자에게도, 그리고 생산자에게도 도움을 주어 경제에 기여한다.

그렇다면 은행은 어떻게 유동성을 변환할 수 있는 것일까? 이 문제를 이론적으로 정립한 학자는 다이아몬드와 디빅Diamond & Dybvig이다.[3] 그들은 1983년 발표한 논문에서 은행의 유동성 변환 메커니즘을 설명하고 은행위기의 시발점이 되는 대량인출 사태bank run의 이유를 밝혔다. 은행이론 분야에서는 워낙 유명하고 중요한 논문이라 그 내용을 좀 더 알아보도록 하겠다.

은행이 높은 유동성의 예금(요구불예금이라고 하자)을 받아들이면서도 유동성 낮은 자산을 살 수 있는 비결은 예금자들이 한꺼번에 돈을 찾아가지는 않는다는 사실에 있다. 사람들은 별안간 돈이 필요해질 때를 대비해서 유동성이 높은 자산을 갖고 싶어 한다. 일종의 유동성 보험liquidity insurance을 들고자 하는 것이다.

보험을 들면 보험료를 내야 하는데 요구불예금의 경우 보험료는 '낮은 금리'의 형태로 나타난다. 예를 들어 여유자금 100만 원이 있다면

---

3 Diamond, D & P. Dybvig, 1983, "Bank Runs, Deposit Insurance, and Liquidity", *Journal of Political Economy*, Vol. 91, No.3

두 가지 방법으로 운용할 수 있다.

하나는 높은 금리를 겨냥해서 3년짜리 채권을 사는 것이다. 하지만 채권은 유동성이 떨어진다. 물론 유통시장에서 팔 수는 있지만 가격이 떨어져 손해를 볼 수 있는 금리 리스크를 안고 있다.

다른 방법은 은행의 요구불예금에 넣는 것이다. 금리는 낮지만 유동성이 보장된다. 채권투자에서 얻는 수익률이 3%고 요구불예금 금리가 1%라면 유동성을 확보하는 대가로 2%포인트의 보험료를 지급하는 셈이다.[4] 그리고 은행은 2%포인트의 보험료를 재원으로 유동성 변환을 하는 것이다.

보험을 든 사람이 한꺼번에 사고를 당하지 않듯이, 요구불예금에 가입한 사람이 한날한시에 돈을 찾으러 오는 것은 아니기 때문에 은행은 유동성변환기능을 수행할 수 있다.

예를 들어보자.[5] 100명의 예금자가 t_0기에 1원씩 요구불예금에 가입했다. 기간은 2기(t_1과 t_2)로 한정하고 은행은 예금으로 마련한 100원을 2년 만기 채권에 투자한다(t_2기에 만기도래). 예금자가 1원을 t_1기에 인출하면 r_1^d을 받고 t_2기에 인출하면 r_2^d을 받는다. 한편 은행이 1원어치의 국채를 t_1기에 처분하면 r_1^b를 받고 t_2까지 가지고 있으면 r_2^b를 받는다.

이 네 가지 금액은 서로 어떤 관계를 갖고 있을까? 은행의 부채인 요구불예금과 자산인 국채가 t_2까지 유지된다고 할 때 $r_2^b > r_2^d$의 관계가 성립한다. 두 금액의 차이는 유동성보험을 드는 대가로 지불하는 보험료 성격이다. 이번에는 요구불예금과 국채가 t_1에 처분되면 어떻게 될까?

---

4 실제 지급하는 비용이 아니라 기회비용의 개념이다.

5 Diamond, D, 2007, "Banks and Liquidity Creation : A Simple Exposition of the Diamond-Dybvig Model", FRB Richmond, *Economic Quarterly*, Vol.93, No.2

은행은 상당 폭의 채권가격 하락을 감수해야 하므로 이번에는 $r_1^d > r_1^b$의 관계가 성립한다. 수치로 예를 들면 요구불예금의 가치 (r_1^d, r_2^d)와 국채의 가치 (r_1^b, r_2^b)는 (1.28, 1.68), (1, 2) 정도로 나타낼 수 있다.

이제 예금자 중 25%는 t_1에 소비 충격이 발생해 돈을 인출할 확률이 있고 나머지 75%는 t_2까지 잔고를 유지한다고 하자. t_1기에 25명이 은행창구를 찾는다면 은행은 32원(25×1.28)을 내 주어야 한다. 그러기 위해서는 채권을 처분해야 하는데 t_1기의 채권가치가 1원밖에 되지 않으므로 32원 어치의 채권을 판다. t_2기가 되면 은행은 남아 있는 채권에서 나오는 수익 136원(68원×2)을 가지고 75명의 예금자에게 126원(75×1.68)을 지급한다. 결과적으로 10원이 은행수익으로 남는다. 간단한 예를 통해 알 수 있듯이 요구불예금자의 상당수(75%)가 잔고를 유지한 덕분에 은행은 유동성 낮은 자산에 투자하면서도 수익을 낼 수 있다.[6]

은행이 이런 모델을 유지할 수 있는가는 t_1기에 얼마나 많은 사람들이 예금을 인출하느냐에 달려 있다. 〈그림 8-1〉은 위의 예를 이용하여 t_1기에 인출하는 사람의 비중에 따라 은행수익이 어떻게 변하는지 보여준다. 37%가 t_1기에 몰리면 은행수익은 마이너스로 떨어진다. 자본이 없다고 가정할 때 이 은행은 도산위기에 처한다. 하지만 수익성은 더 낮아질 공산이 크다. t_1기에 채권을 처분해서 얻는 가치를 1로 가정했지만 많은 사람이 돈을 찾으러 와서 채권을 대량 처분해야 할 지경

6 이것은 예금자의 상호보조(cross-subsidy)라는 개념으로도 설명할 수 있다. 끝까지 요구불예금 잔고를 유지하는 예금자가 미리 돈을 찾아 유동성을 확보하는 고객에게 보조금을 준다는 개념이다. 이는 대출에도 적용될 수 있다. 은행들은 신용이 높은 고객에게 대출을 해 줘 안정적인 수입을 얻고 이를 기반으로 위험하지만 유망한 고객에게 대출을 해 준다. 이 경우에는 신용이 높은 고객이 위험한 고객에게 보조금을 지급하는 셈이다. 하지만 이런 상호보조는 은행이 고객에게 상당한 영향력을 행사할 수 있을 때만 가능하다. 은행 고객이 금융시장으로 이탈하면 상호보조의 가능성은 줄어든다. 예컨대 고객이 요구불예금을 유지하기보다는 그와 유사한 금융시장 자산(MMF 등)에 투자하면 보조금 원천이 줄어들기 때문이다. Berlin, M., 2012 "Banks and Markets : Substitutes, Complements, or Both?", FRB Philadelphia, *Business Review* Q2

에 이르면 채권의 가치가 훨씬 더 떨어질 것이기 때문이다(투매fire sale에 따른 가격붕괴).

〈그림 8-1〉 예금인출 비율에 따른 은행수익성 변화

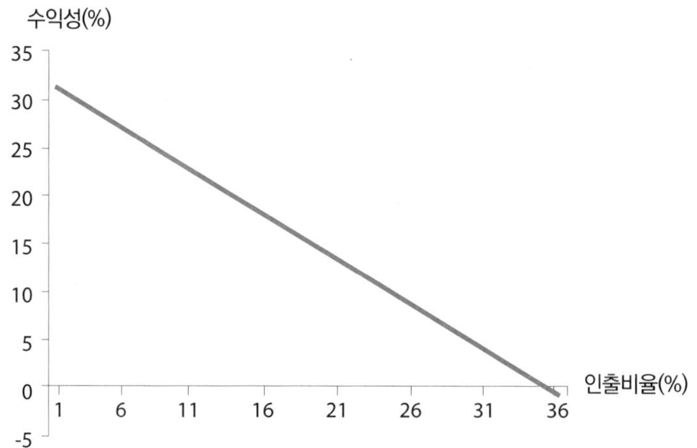

다이아몬드와 디빅의 모형은 은행의 유동성변환과 대량인출 사태의 메커니즘을 밝혔다는 데에 큰 의미가 있다. 은행의 존재의의라고도 할 수 있는 유동성변환기능이 자칫 잘못하면 은행의 연쇄 도산이라는 재앙을 가져올 수 있다는 것은 아이러니다. 이런 구조적 문제를 해소하기 위해 예금보험 제도나 중앙은행의 최종대부자 기능이 필요하다고 그들은 말한다. 다이아몬드와 디빅의 모형은 다양한 비판에 직면하기도 했지만[7] 은행 행동을 이해하는 데 도움을 주는 훌륭한 도구임엔 틀림없다.

7 Green, E. & P. Lin, 2000, "Diamond and Dybvig's Classical Theory of Financial Intermediation : What's Missing?", Federal Reserve Bank of Minneapolis, *Quarterly Review*, Vol.24, No.1

은행의 유동성변환기능은 실증적으로 증명되었나?

유동성변환 기능은 이론 모형으로 잘 설명된다. 하지만 실제 그런지 밝히기 위한 실증연구는 그다지 활발한 편이 못 된다.[8]

지금까지 나온 몇몇 연구들은 은행의 자산과 부채를 이루는 여러 항목의 유동성이 어느 정도인지 수량적으로 파악한 후 이를 비교하는 방식으로 이루어졌다. 딥과 쉐퍼[9]는 '유동성변환 갭률liquidity transformation gap, LT gap'이라는 개념을 활용했는데 이것은 유동성부채에서 유동성자산을 뺀 나머지를 총자산으로 나눈 비율[10]이다.

만약 은행이 유동성변환 기능을 잘하고 있다면 유동성부채는 크고 유동성자산은 적을 것(대출과 같은 비유동성 자산이 많다는 뜻)이므로 이 비율은 높아질 것이다. 유동성변환 갭률이 높을수록 은행이 본래의 기능을 잘하고 있다는 뜻이다.

하지만 1997~2001년 중 미국의 200개 대형은행을 대상으로 분석한 결과 유동성변환 갭률은 평균 20%에 그쳤다. 절대기준이 있는 건 아니지만 그다지 만족할 만한 숫자는 아니라는 것이 이들의 평가다.

한편 버거와 보우만[11]Berger and Bouwman은 네 가지의 측정지표를 이용해서 1993~2003년 중 미국의 은행실적을 분석했는데 매년 유동성 창출 규모가 늘어나는 걸로 봐서 은행들의 유동성변환 기능이 좋다는

---

8 Ritab, A, 2012, "Bank Characteristics and Liquidity Transformation : The Case of GCC Banks", *International Journal of Economics and Finances*, Vol.4, No.12

9 Deep, A. & G. Schaefer, 2004, "Are Banks Liquidity Transformers?", Harvard University *working paper*

10 $\frac{\text{유동부채} - \text{유동자산}}{\text{총자산}}$ (%)

11 Berger, A. & C. Bouwman, 2009, "Bank Liquidity Creation", *The Review of Financial Studies*, Vol. 22, Issue 9

결론을 내리기도 했다.

유동성변환기능과 만기변환기능

이 두 기능에는 비슷한 점이 많다. 일반적으로 만기가 짧을수록 유동성이 높고, 만기가 길수록 유동성이 낮기 때문이다. 요구불예금은 만기가 없어서 유동성이 높은 반면 대출이나 채권은 만기가 1년 이상이어서 유동성이 낮다.

은행은 만기가 짧은 예금이나 금융상품을 팔아 조달한 돈으로 만기가 긴 대출이나 채권투자에 활용하는데 이것이 만기변환 기능이다. 따라서 두 기능은 동의어로 쓰이기도 한다.

하지만 만기가 길다고 해서 반드시 유동성이 낮은 것은 아니다. 예컨대 10년 이상의 만기를 갖는 장기국채를 생각해 보자. 국채에 투자하는 금융회사의 상당수는 채권을 만기까지 보유하지 않고 적당한 때 팔아 현금화한다.

〈6장〉에서 설명한 바와 같이 국채시장은 규모가 크고 효율적으로 구성되어 있기 때문에 언제든지 현금화가 가능한 시장이다. 유통시장이 잘 발달되어 있을수록 유동성이 높다.

대출채권도 만기는 길지만 유동화시장이 발전하면 얼마든지 유동성을 높일 수 있다.

이처럼 만기는 유동성을 결정하는 중요 요소지만 발달된 유통시장의 존재 여부에 따라 두 기능이 일치하지 않을 수도 있다. 앞서 인용한 딥과 쉐퍼의 연구에서도 국채(만기가 얼마나 길든 관계없이)는 모두 유동자산으로 분류하고 있다.

예를 들어 만기 1년 미만의 예금 100원을 받아 만기 1년 이상의 장기자산으로 80원을 운용한다면 만기변환은 80%가 이루어진 것이다. 그런데 장기자산 가운데 유동자산으로 분류되는 국채가 30을 차지한다면 유동성변환은 50%(〈80 - 30〉/100)에 그친다. 둘 사이에 30%포인트의 차이가 발생하는 것이다.

2 한국의 은행업

2014년 3월말 현재 우리나라에는 7개의 시중은행과 6개의 지방은행, 5개의 특수은행, 그리고 39개의 외국은행 지점이 있다. 전체 지점의 수는 7,738개고 은행원 수는 13만 8천 명쯤 된다. 시중은행과 지방은행의 수는 1997년까지 꾸준히 늘어 27개까지 되었다가 IMF 위기를 겪으면서 지금은 13개로 절반이 줄었다. '조상제한서'로 일컬어지던 조흥, 상업, 제일, 한일, 서울은행은 모두 사라졌고 동남, 대동, 평화은행과 같은 신설은행의 수명도 짧게 끝났다.

IMF위기 이전에 10개였던 지방은행 가운데서 경기, 충청, 충북, 강원은행이 문을 닫았다. 시중은행 가운데 외환은행은 하나금융으로의 합병이 결정된 상태고 제일은행을 인수한 SC은행이 국내영업에서 철수할 의도를 간간히 내비치고 있는 데다 우리금융의 민영화 작업도 속도를 내고 있다. 지방은행 가운데는 경남은행과 광주은행의 매각이 결정된 상태여서 은행 수는 더욱 줄어들 것이다.

〈표 8-1〉 우리나라 은행업 개요

	일반은행[12]	특수은행[13]	외은지점	합 계
은행수(개)	13	5	39	57
점포수(개)	5,596	2,087	55	7,738
임직원수(명)	99,177	36,287	2,421	137,885
총자산(조원)	1,430	715	173	2,318

은행은 어떻게 자금을 조달하는가?

예금과 시장성 수신

은행이 자금을 조달하는 방식은 크게 두 가지로 나눌 수 있다. 하나는 예금을 받는 것이고 다른 하나는 증권을 발행하는 것이다. 산재해 있는 지점을 통해 예금을 받는 것이 은행의 가장 기본적인 자금조달 수단이다. 하지만 은행은 예금에만 의존하지 않는다. 양도성예금증서 CD라든가 은행채와 같은 증권을 발행해서 자금을 마련하기도 한다. 금융시장에서 조달한다고 해서 이를 시장성 수신이라고 한다.[14]

예금과 시장성 수신 간에는 차이점이 있다. 은행에 예금하는 고객의 수는 아주 많고 이들 사이에 별다른 연관성도 없다. 만약 예금자들의 소비패턴이 비슷하고 공유하는 정보가 동질적이라면 은행은 큰 재앙을 맞을 수도 있다. 이들이 돈을 맡기고 찾는 시점이 한데 집중될 가능성이 커서 유동성변환 기능을 제대로 수행할 수 없기 때문이다.

12 국민, 우리, 신한, 하나, SC, 외환, 서울씨티, 부산, 경남, 대구, 전북, 광주, 제주

13 산업, 기업, 수출입, 농협, 수협

14 하지만 〈5장〉에서 설명한 바와 같이 일반 예금자에게 판매하는 대고객CD가 대부분인 우리나라에서는 CD를 시장성 수신이라고 하기에 문제가 있어 보인다.

하지만 다행히 은행을 찾는 사람들은 서로를 잘 모르고 사정도 제각각이다. 그래서 은행예금은 평균적인 잔고가 일정하게 유지될 정도로 안정적이다.[15]

이에 비해 시장성 수신은 안정성이 떨어진다. 시장성 수신의 상당 부분은 투자를 전문으로 하는 금융회사들이 사간다. 은행에 비해 투자자 수가 적은 탓에 이들이 어떻게 행동하느냐에 따라 시장성 수신의 안정성이 좌우된다. 예컨대 예금계좌 수가 10만 개라면 매일 1,000명이 돈을 인출한다 해도 비중은 1%밖에 되지 않아 흔적이 잘 안 남는다.

하지만 시장성 수신 상품을 매입한 금융회사의 수는 많지 않아 이 중 몇 개만 만기연장을 거부해도 은행은 심각한 어려움에 빠질 수 있다. 수가 적고 유사한 업무에 종사하다 보니 금융회사들은 동질적이고 연관성이 높아 특정 은행에 대한 정보를 빠르게 공유한다. 시장성 수신의 안정성이 떨어질 수밖에 없는 이유다.

예금보험제도의 유무도 예금과 시장성 수신의 안정성 차이를 가져오는 요인이다. 어느 나라나 예금에 대해서는 일정 한도 내에서 정부가 지급을 보장해 주는 예금보험제도를 갖고 있어 은행이 위험에 빠지더라도 서둘러 예금을 찾을 이유가 없다. 그러나 시장성 수신은 공적인 보호대상이 아니다. 100억 원 상당의 은행채를 보유한 투자자는 자칫 100억 원 전부를 날릴 수도 있다. 그러니 불길한 조짐이 조금만 보여도 상환을 요구한다. 안정성이 떨어지는 것이다.

그렇다면 예금은 시장성 수신보다 모든 점에서 유리할까? 그렇지는 않다. 원가 면에서 보면 예금이 더 비싸다. 똑같은 100억 원을 유치하

15 이것은 리스크 관리의 가장 기본적인 전제다(독립성independency). 하지만 그 전제가 틀릴 때도 있다. 2008년 발생한 금융위기도 이런 전제가 틀렸음을 보여준 사례다. 자세한 내용은 〈9장〉 참조

더라도 예금이 시장성 수신에 비해 더 많은 비용을 써야 한다는 말이다. 원가가 비싸니 수익에 나쁘게 작용하는 건 당연하다. 예금의 원가가 비싼 이유는 세 가지다. 첫째는 예금을 받으려면 지점을 운용해야 한다. 임대료, 인건비 등이 많이 든다. 둘째는 예금을 받을 때마다 일정 부분을 중앙은행에 무이자로 예치해야 한다. 이것을 지급준비금이라고 한다. 원래는 은행이 고객의 요구에 즉각 부응할 수 있도록 강제로 적립토록 하자는 취지에서 시작된 제도인데 지금은 통화정책 수단으로 활용되고 있다. 은행 입장에서는 돈을 들여 유치한 예금의 일부를 무이자로 중앙은행에 맡겨야 하니 그만큼 수익을 악화시키는 요인이 된다.[16] 셋째는 예금 예치액에 비례해서 보험료를 납부해야 한다.

반면 시장성 수신은 도매금융이어서 자금을 유치하는 데 간접비용 overhead cost이 많이 들지 않는다. 지급준비의무도 제한적이고[17] 예금보험료를 납부하지 않아도 되니 예금보다 싼 비용으로 자금을 조달할 수 있다.

이처럼 예금과 시장성 수신은 장점과 단점을 함께 가지고 있다. 안정성 면에서는 예금이 뛰어나지만 수익성 면에서는 시장성 수신이 더 낫다. 은행은 안정성과 수익성을 고려하여 둘 사이의 최적조합을 모색한다. 하지만 어떤 조합이 최적인가에 대한 절대적 기준은 없다. 예금과 시장성 수신의 비중을 4:6으로 하는 게 좋을지, 7:3으로 하는 게 좋을지 기준을 만들기는 어렵다. 금융시장 상황이 안정적인지, 은행이

16 예컨대 예금으로 100원을 조달해서 3% 이자를 주고 이를 모두 5%의 대출로 운용한다면 수익은 100×(0.05 - 0.03)=2원이 발생한다. 그런데 예금 중 10원을 중앙은행에 무이자로 예치해야 한다면 수익은 1.5원(90×0.05 - 100×0.03)으로 줄어든다. 100원을 유치하는 비용이 0.5원만큼 늘어난 셈이다.

17 우리나라는 1997년 CD에 대해 지급준비금을 부과하기 시작했다(지준율 2%). 하지만 발행한 CD를 개인이나 기업이 아닌 은행이 살 경우에는 지급준비금을 적립하지 않아도 된다. 한편 2011년 한국은행법 개정으로 은행채에 대해서도 일정조건이 충족될 경우 지급준비금을 부과할 수 있게 되었다.

필요로 하는 자금의 양은 얼마인지, 일반인들이 선호하는 투자행태는 어떤지, 예금 원가에 영향을 주는 요인들은 어떤지 등에 따라 바람직한 예금과 시장성 수신의 비중은 얼마든지 달라질 수 있다.

우리나라의 예를 보자. 시장성 수신 비중은 2001년 말 12.8%였으나 점차 상승해서 2007년 말에는 28.3%로 배 이상 높아졌다. 2000년대 중반에 시장성 수신이 이렇게 빨리 늘어난 것은 덩치를 키우려는 은행 간의 경쟁이 원인이었다. 당시 정부는 〈동북아 금융허브 육성책〉을 중점과제로 추진하고 있었다. 인천공항이 동북아지역의 물류중심으로 성장한 것처럼 금융에서도 한국을 동북아의 허브로 만들겠다는 계획이었다.

지금은 흐지부지되고 말았지만 이 계획은 은행들에게 큰 압박이 되었다. 한미FTA까지 추진되자 은행들이 체감하는 절박감은 더욱 커졌다. 어떻게 해서든 덩치를 키워야만 치열해질 국제경쟁에서 살아남을 수 있다는 생각이 은행을 지배했다. 규모 키우기 경쟁은 주택담보대출과 중소기업대출의 확대 전략으로 나타났다. 각 영업점별로 대출목표를 부여하고 달성여부를 인사 평가기준으로 삼을 정도였다. 대출은 크게 늘어나는데 예금의 증가 속도는 느렸다.

더구나 이 시기는 주가가 급등하면서 펀드 열풍이 불었던 때였다. 은행 적금처럼 매달 저축할 수 있는 적립형 펀드가 등장했는가 하면 해외펀드 투자로 몇 십%의 수익을 거두었다는 이야기도 심심치 않게 들렸다. 은행에서 돈이 빠져나와 증권사로 몰려 은행의 대출재원 부족현상이 심각해졌다. 대출확대전략을 고수해야 하는 은행으로서는 시장성 수신에 의존할 수밖에 없었다.

〈그림 8-2〉 예금과 시장성 수신의 비중 추이(%)

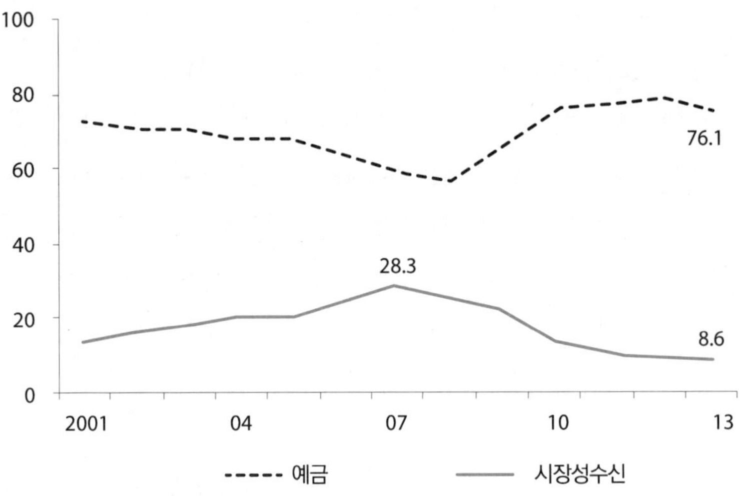

정책당국은 시장성 수신의 빠른 증가가 결코 바람직스럽지 않다고 생각했다. 시장상황이 별안간 나빠져 은행들이 만기연장에 실패하면 금융위기가 일어날 수도 있어서였다. 2008년의 글로벌 금융위기로 시장상황이 악화되자 은행들은 시장성 수신을 줄이기 시작했다. 하지만 가계대출 증가세는 쉽게 수그러들지 않았다. 그러자 정책당국은 2012년 7월에 예대율 규제를 발표했다. 이 조치는 은행의 자금조달과 운용에 큰 영향을 미쳤다. 예대율을 100% 이내로 유지하라는 것은 예금 한도에서만 대출을 하라는 말이다. 대출을 늘리고 싶으면 시장성 수신이 아니라 전통적인 예금을 더 많이 유치하라는 요구다. 이전에는 예금이 부족해도 시장성 수신을 대출재원으로 사용할 수 있었지만 이제 그런 전략이 어려워진 것이다.

예컨대 예금으로 70원, 시장성 수신으로 30원을 마련해 100원을 대출해 줬다면 예대율은 143%(대출 100÷예금 70)다. 이걸 100%로 맞추려면 대출을 70원으로 줄이든지 시장성 수신이 아닌 예금을 100원으로 늘리든지 해야 한다. 은행이 대출을 줄이기는 현실적으로 어렵기 때문에 시장성 수신을 예금으로 대체하려는 노력이 이어졌고 그 결과 시장성 수신 비중이 가파르게 떨어졌다. 이 비중은 2007년 말에 28.3%로 정점을 찍은 후 계속 하락하여 2013년 6월말에는 8.6%까지 낮아졌다.

정책당국이 시장성 수신 확대에 제동을 걸고 나선 것은 은행의 유동성 리스크를 줄이겠다는 생각이 일차적으로 반영된 것이지만 다른 한편으로는 가계대출을 억제하려는 의도도 엿보인다. 2000년대 들어, 심지어 글로벌 금융위기 이후에도 우리나라의 가계부채는 계속 증가했다. 미국이나 다른 나라에서 가계부채 조정(디레버리징de-leveraging)이 이루어진 것과는 확연히 다른 모습이었다. 증가일로에 있는 가계부채를 줄이려면 은행의 재원을 억제해야 하는데 개인들이 은행에 저축하는 걸 막을 수는 없는 노릇이니(은행은 수동적 입장) 은행이 능동적으로 돈을 마련할 수 있는 시장성 수신을 억제하는 방법을 택한 것이다.

하지만 이런 조치는 2000년대 중반부터 정부가 추진해 온 금융시장 육성이라는 큰 그림에 배치되는 측면도 있다. CD 발행이 중단되다시피 해 금융거래의 기준이 되는 CD금리의 신뢰성이 낮아졌고 은행채 발행이 부진해져 채권시장의 폭과 깊이가 위축되는 결과를 가져오기도 했다.

은행은 자금을 어떻게 운용하는가?

대출과 유가증권 투자

은행의 자금운용 방법에는 크게 대출과 유가증권 투자 두 가지가 있다. 얼마나 안정적으로 현금을 창출해 낼 수 있느냐의 기준으로 보면 대출이 유가증권에 비해 우월하다. 부실채권이 발생하기도 하지만 은행에서 돈을 빌린 대다수의 기업이나 개인들은 착실히 이자를 갚고 원금을 상환한다. 예금과 마찬가지로 대출을 받은 기업과 개인의 수는 상당히 많기 때문에 일부에서 문제가 생기더라도 은행수입 전반에 큰 타격을 주진 않는다.

반면 유가증권 투자에는 상당한 위험이 뒤따른다. 주식에 투자하거나 이보다 안전한 채권을 사더라도 원금손실 가능성은 항상 있다. 투자대상 증권의 숫자가 그리 많지 않아(대출받은 사람의 숫자와 비교하면 훨씬 적다) 위험이 집중될 우려가 있다. 하지만 유가증권 투자는 잘만 하면 대출에 비해 훨씬 큰 수익을 낼 수 있다. 위험이 큰 만큼 높은 수익을 낼 가능성이 있는 것이다.

1930년대에 전 세계를 강타한 대공황은 은행위기에서 시작되었다. 수많은 은행들이 주식투자에 몰두하다가 주가 폭락으로 큰 손해를 본 채 부도를 맞았다. 그때부터 은행이 주식과 같은 유가증권에 투자하는 행위는 엄격히 규제되었다.

우리나라도 은행의 유가증권 투자를 제한하고 있다. 은행법에서는 자기자본의 100% 이내, 하위규정인 시행령에서는 이보다 더 엄격하게 60% 이내로 제한하고 있다. 다만 정부가 발행하는 국고채, 한국은행이 발행하는 통화안정증권, 지방정부가 발행하는 지방채, 기타 특수채는 규제 대상에서 제외되어 있다.

현금 창출의 안정성 면에서는 대출이 뛰어나지만 유동성 측면에서는 유가증권이 우월하다. 대출은 만기까지 보유하는 것이 일반적이어서 유동성이 떨어지지만 유가증권은 언제라도 현금화할 수 있다. 이처럼 대출과 유가증권은 장점과 단점을 갖고 있다. 은행들은 이 둘 사이에 적절한 조합을 모색하는데 은행의 유가증권 투자는 법으로 제한되어 있으므로 예금과 시장성 수신 간의 최적조합을 찾을 때보다는 은행의 재량이 크지 않다.

2013년 6월말 기준으로 우리나라 은행들의 자산구조(원화자금 기준)를 보면, 전체의 81%를 대출로, 나머지 19%를 유가증권 투자로 운용하고 있다. 대출 가운데서는 중소기업대출이 34.1%로 가장 많고, 가계대출이 33.5%로 그 다음을 점하고 있다. 가계는 열심히 저축해 은행에 돈을 공급하는 주체지만 지금은 기업에 버금가는 차입주체가 되었다. 기업대출과 가계대출의 구성비 변화는 금융과 실물경제 간의 관계 규명에 중요한 시사점을 던져준다. 돈의 생산성productivity of money과 관련된 문제로서 〈6장〉에서 잠깐 언급한 바 있다.

〈표 8-2〉 우리나라 은행의 자금운용 구조(2013.6월말)

	금액(조원)	구성비(%)
대 출(A)	1,133	81.1
대기업 대출	164	11.7
중소기업 대출	477	34.1
가계대출	468	33.5
유가증권 투자(B)	265	19.0
국고채	63	4.5
통화안정증권	47	3.4
합계(A+B)	1,398	100.0

은행은 어디서 수익을 얻는가?

이자수익과 수수료수익

예금과 대출을 주 업무로 하는 은행의 가장 큰 수익원은 예대금리차다. 이 차이는 은행이용자가 부담하는 거래비용이면서 은행이 생산하는 부가가치가 된다(2장 참조). 다음으로 중요한 수익원은 수수료와 유가증권 투자수익이다. 현금지급기를 이용하거나 자금이체를 할 때 이용자는 수수료를 낸다. 하지만 고객 서비스 차원에서 수수료를 면제해주는 경우가 많은 데다 수수료 부과에 대한 사회적 인식도 좋지 않아 은행들이 수수료 수입으로 이익을 올리는 데는 한계가 있다. 유가증권의 경우에도 적극적인 매매보다는 전략적 관점에서 사들인 자회사를 처분하여 수익을 내는 경우가 많다.

2007~2012년 중 우리나라 은행의 총이익(비용을 지출하기 전)은 256조 원(누계기준)이었는데 이 가운데 212조 원, 즉 83%가 예대금리차에서 나왔다. 수수료로 27조 원, 유가증권 투자로 23조 원의 이익을 거두어 각각 10%, 9%의 비중을 차지했다.

〈표 8-3〉 원천별 수익[18]

수익원천	금액(조원)	구성비(%)
예대금리차익	212	82.9
수수료수익	27	10.3
유가증권투자익	23	9.1
합 계	256	100.0

18 2007~12 누계

이자수익에 의존하는 은행의 입장에서 저금리는 수익성 악화를 초래하는 주범이다. 금리가 높은 상태에서는 예금과 대출 금리의 차이를 확대하기가 용이하다. 하지만 금리가 바닥 수준이라면 의미 있는 차이를 확보하기가 어렵다. 예를 들어 시장금리가 8% 수준일 때는 대출 금리를 9%로, 예금 금리는 6%로 해서 3%포인트의 마진을 취할 수 있지만 시장금리가 3%까지 하락했다면 대출 금리를 4%로 한다 해도 예금 금리를 1%까지 내릴 수는 없어 예대금리차 축소가 불가피하다.

은행의 수익성 지표에 순이자 마진net interest margin, NIM이란 것이 있다. 이자수입에서 이자지급을 뺀 나머지를 이자를 얻을 수 있는 자산interest bearing asset으로 나눈 비율이다. 예대금리차와 비슷한 개념이지만 포괄범위는 더 넓다. 예대금리차는 순수하게 예금과 대출에서 발생하는 이자만을 고려한 것인 데 비해 순이자 마진은 수입에 유가증권 투자수익을, 지급에 시장성 수신 이자를 포함한다. 다시 말해 전통적인 예금-대출뿐 아니라 금융시장에서 이루어지는 업무까지 모두 포괄하는 넓은 개념으로서 은행의 수익상태를 정확히 알려준다.

우리나라 은행들은 예대업무에서 나오는 이자수익이 절대적 비중을 차지하기 때문에 예대금리차와 순이자 마진은 비슷하게 움직인다. 최근 통계를 보면 순이자 마진이 계속 낮아지는 상황에서 당기순이익이 줄고 자기자본이익률return on equity, ROE도 2005년의 18.4%에서 2013년 상반기에는 4%까지 하락하고 있어 은행의 수익상황에 빨간불이 켜진 상태다.

〈그림 8-3〉 은행의 당기순이익 및 ROE

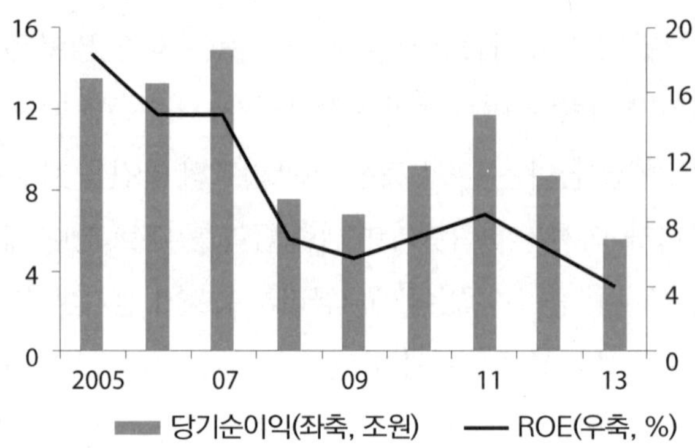

은행을 보는 비판적 시각

한국의 은행업에 대해 가해지는 비판 가운데 세 가지를 생각해 보자.[19] 첫째 은행은 손쉬운 업무만 한다는 것(땅 짚고 헤엄치기)[20], 둘째 정작 돈이 필요해질 때 돈을 갚으라고 종용한다는 것(비올 때 우산 뺏기), 셋째 좁은 국내시장을 두고 자기네들끼리 싸우고 있다는 것(우물 안 개구리)이다. 이 세 가지 비판은 각각 은행의 업무범위, 대출의 경기순응성pro-cyclicality, 금융의 국제화라는 문제와 연관되어 있다.

먼저 은행의 업무범위에 관한 비판을 보자. 이 비판은 골드만삭스와

19 이밖에 수익은 줄어드는데 비용은 오히려 늘어난다(과잉인력, 과잉점포), 관치금융이 여전하여 은행 경쟁력을 잠식한다는 비판도 있다.

20 전통적인 상업은행업무는 '3-6-3' 비즈니스라는 말이 있다. 이 뜻은 3%로 예금을 받아 6%에 빌려주고, 오후 3시에 골프장에 가면 된다는 유머다. 그만큼 은행업무가 수월하다는 사실을 풍자하고 있다.

같은 미국의 대형 투자은행을 염두에 둔 것으로 보인다. 〈9~10〉장에서 상세히 살펴보겠지만 외국계 투자은행들이 하는 업무는 다양하다. 그러다 보니 수익의 원천이 많고 수익성도 높다. 우리나라에서는 당사자인 은행뿐만 아니라 정책당국, 언론 모두가 외국의 투자은행을 부러워한다. 자연히 우리나라 은행들의 현재 모습이 초라하게 비쳐진다. 예금 받아 마진을 조금 붙여 대출해 주는 일이 쉽고 단순해 보인다. 별다른 위험이 없는 것 같고 특별히 노력하지 않아도 돈을 버는 것처럼 보인다.

모든 분야에서 혁신이 필요한 것처럼 금융에서도 혁신은 중요하다. 새로운 상품을 만들고, 테크닉을 개발하고, 시장을 개척하려는 노력은 언제나 중요하다. 하지만 은행이 손쉬운 장사만 하고 있다는 시각이 반드시 옳은 것은 아니다. 여러 번 강조했지만 금융의 근본적인 역할은 필요한 곳에 자금이 흘러갈 수 있도록 도와주는 일이다. 경제에 떠돌고 있는 막대한 돈들이 생산성 높은 분야로 흘러갈 수만 있다면 은행은 자신의 역할을 훌륭히 수행하는 것이고 그로 인해 경제발전에도 기여한다. '손쉬운 일'이라고 폄하되는 대출 업무가 교과서적으로 이루어지기만 해도 은행의 존재의미는 확고히 정립될 수 있다. 자신이 해야 할 가장 중요하고 근원적인 일은 소홀히 한 채 새로운 것만 찾아 헤맨다면 개인이나 조직이나 미래를 담보할 수 없다.

은행의 핵심기능인 예금과 대출업무는 결코 '손쉬운 일'이 아니다. 문제는 현장에서 은행들이 이것을 '손쉬운 일'로 만든다는 데 있다. 갈 데 없는 돈이 은행으로 들어오니 가만히 있어도 자금은 확보된다. 담보나 보증이 있으면 대출을 해주고 그렇지 않으면 거절하는 건 본질적인 대출심사기능을 외부에서 제공되는 보증과 맞바꾸는 일이다.

이런 식으로 영업을 한다면 은행은 '손쉬운 일'을 하고 있다는 비판을 면하기 어렵다. 예금과 대출업무가 절대 쉬운 일이 아닌데도, 그걸 쉽게 만들어버리는 은행의 행태가 문제인 것이다. 본질적 기능을 어떻게 잘할 수 있는지에 대한 고민 없이 펀드나 보험을 판다든가, 거액 자산가들의 재산을 관리해 준다든가(프라이빗 뱅킹), 유가증권 업무를 확대한다든가 하는 식으로 업무영역을 늘려가는 것이 과연 바람직한지에 대한 성찰이 필요하다.

다음으로 은행의 경기순응성에 대한 비판을 보자. 돈이 필요 없을 때는 굳이 찾아와 써 달라고 부탁하다가도, 정작 돈이 간절히 필요할 때는 냉정하게 회수해 버리는 것이 은행이라는 이야기다. 경기가 좋을 때는 대출을 더 많이 해줘서 경기를 과열시키고, 경기가 나쁠 때는 대출을 줄여 경기를 더 나쁘게 한다는 말도 된다. 옆의 그림은 대출증가율과 경제성장률의 관계를 그린 것인데 상당히 비슷하게 움직이고 있어 대출이 경기와 같은 방향으로 움직인다는 생각을 뒷받침해 준다. 그런데 이건 우리나라만의 문제는 아니다. 미국에서도 비슷한 모습이 나타난다. 정도의 차이는 있어도 어느 나라나 다 마찬가지다. 그렇다면 은행 대출이 경기와 비슷한 방향으로 움직이도록 하는 근본적 이유가 따로 있는 것은 아닌지 의문이 든다.

〈그림 8-4〉 대출 증가율과 실질GDP증가율(%)

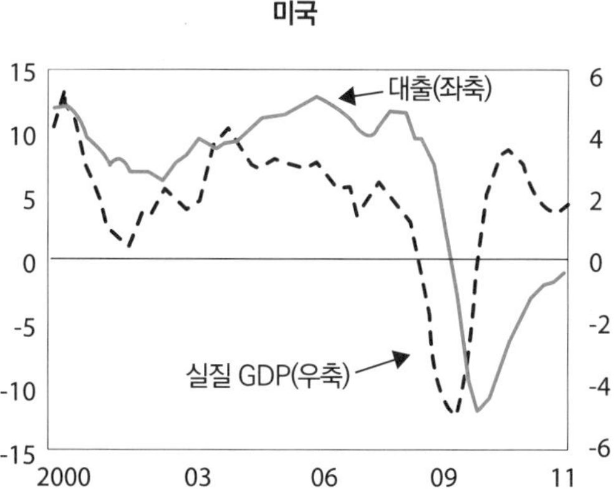

자료 : 부상돈·이병록(2012), 금융의 경기순응성 측정 및 국제비교, BOK 경제리뷰, 2012-15

이에 대한 연구는 상당히 많이 이루어졌는데 지금까지 밝혀진 이유 몇 가지를 요약하면 다음과 같다.

첫째 담보가치의 변화다. 주택담보대출은 주택을 담보로 은행이 돈을 빌려주는 것인데 경기가 좋아지면 주택가격이 올라 담보가치가 높아지니까 돈을 빌려줄 여지가 커진다. 이런 현상은 글로벌 금융위기 이전 미국에서 자주 관찰되었다. 20만 달러 하던 주택가격이 30만 달러가 되어 담보가치가 10만 달러나 상승했으니 상승분의 60~70%에 해당하는 6~7만 달러를 추가로 대출받아 집을 고치거나 소비하는 데 썼다. 미국인들이 주택을 ATM으로 착각했다는 소리까지 나왔다.

둘째 리스크 평가가 편향된다. 호황기에는 기업이나 가계의 현금 흐름이 좋으니까 은행은 차입자의 리스크를 과소평가하게 되고 그 결과 자금공급이 증가한다. 자금수요도 같은 방향으로 움직인다. 장사가 잘될 때 기업은 시설확장이나 새로운 사업에 나서게 되어 돈을 더 많이 필요로 한다. 수요와 공급이 모두 대출 확대로 방향을 튼다. 빛이 쨍쨍한 밝은 날에 우산을 준비하기란 쉬운 일이 아니다. 반대로 경기가 하강기에 접어들면 리스크가 과대 평가되어 자금경색이 발생한다.

셋째 은행에 부과되는 필요자본규제가 경기순응성을 더 키울 수 있다. 국제결제은행은 은행으로 하여금 자산의 일정 비율을 자기자본으로 보유토록 한다(9장에서 상세히 알아본다). 자본비율을 규제하는 것은 은행의 건전성을 지키기 위해서다. 자산의 일부가 부실화되더라도 이를 흡수할 수 있으려면 완충 역할을 하는 자본이 필요하기 때문이다. 그런데 좋은 뜻에서 만든 규제가 예상치 않게 경기순응성을 크게 하는 부작용을 낳았다. BIS에서 요구하는 자기자본비율 8%는 자기자본을 위험가중평균 자산으로 나누어 산출한다. 예컨대 위험가중 평균자산이 100원, 자기자본이 8원이면 BIS가 요구하는 비율을 충족시킨다. 별안간 경기가 나빠지면 은행이 가지고 있는 자산의 위험도가 높아진다.

AAA기업이라도 등급 하락의 위험에 노출된다. 이 경우 전체 자산규모는 그대로인데도 위험가중평균 자산은 110원으로 커질 수 있다. 8% 비율을 맞추려면 자기자본을 8.8원으로 늘려야 하는데 이게 쉽지 않으니 대출을 줄여서 비율을 준수할 수밖에 없다.

대출의 경기순응성은 해결하기가 쉽지 않은 문제다. 경기가 급전직하하여 부도기업이 속출하는 상황에서 은행들 보고 대출을 늘리라는 것은 무리한 요구다. 그런 요구를 들어주다 부실채권이 생기면 해당 은행이 그 책임을 고스란히 떠안아야 하니 말이다. 그래서 BIS는 '경기대응 완충자본counter-cyclical buffer'이라는 제도를 도입했다. 기본개념은 경기가 좋을 때 더 많은 자본을 쌓게 하고, 경기가 나빠지면 자본적립 의무를 완화해 주는 것인데 〈9장〉에서 다시 살펴보겠다.

마지막으로 금융의 해외 진출, 국제화 문제다. 아마 국내 은행들의 가장 아픈 부분이 아닌가 한다. 왜 금융의 삼성전자는 나오지 않는가? 왜 은행들은 좁은 국내시장에서만 경쟁하고 더 넓은 세상으로 나가지 않는가? 지역다변화를 통해 수익원을 다양화해야 하지 않겠는가?

1960년대 이후 수출 중심의 성장정책을 꾸준히 펴온 한국으로서는 당연히 가질 법한 문제의식이다. 우리나라 은행들의 국제화는 초보수준으로 평가된다. 금융감독원이 발표하는 은행의 초국적화 지수를 보자. 이 지수는 은행의 총자산, 총수익, 직원 수에서 해외지점이나 현지법인의 비중이 얼마나 되는지를 나타낸 것이다. 2013년 상반기 중 우리나라 은행들의 초국적화 지수는 4.8%인데 이는 은행의 영업 가운데 5% 정도만 해외에서 이루어지고 나머지 95%는 국내에서 이루어진다는 걸 의미한다. 국제화가 많이 될수록 이 지수는 높아진다. 참고로 외국과 비교해 보면, HSBC 은행이 65% 미국의 시티은행이 44%다. 전체 영업의 절반 또는 그 이상을 해외에서 하고 있다는 말이다. 미국이나 영국에 비해 국제화가 뒤진 일본도 전체 영업의 1/4 이상(미쓰비시은행)을 해외에서 영위하고 있다.[21]

우리나라 은행들은 2013년 9월말로 33개국에 148개의 점포를 두고 있다. 중국과 베트남이 1, 2위를 차지하고 있는데 선진국 시장보다는 수익창출 기회가 높은 개발도상국으로 진출하려는 전략이 반영된 결과다. 미국, 영국, 싱가포르 등 금융선진국에 개설되어 있는 점포는 적극적인 영업보다 정보수집이나 본점의 국제금융 업무를 도와주는 역할에 그치고 있는 것으로 보인다. 초국적화 지수로 보나 진출국 실태로 보나 은행의 국제화는 아직 초기단계에 머물고 있는 것으로 보인다.

그동안 노력이 전혀 없었던 것은 아니다. 2004년에는 〈동북아금융허브〉 전략을 국가사업으로 추진하기도 했고 은행들도 해외진출을 위해 현지 은행의 인수합병에 나서기도 했다. 또 최근 금융위원회는 〈금융업 경쟁력 강화방안〉에서 해외금융시장 개척을 위한 다양한 방안을 제시하기도 했다. 1980년대에 반도체나 자동차가 우리의 주력상품이 되리라고 누가 꿈이나 꾸었겠는가? 마찬가지로 한국의 금융이 세계시장에서 강자로 부상하지 말라는 법은 없다. 하지만 제조업과 서비스업, 그 가운데서 금융업이 갖는 특성상의 차이를 이해할 필요가 있다.

제조업은 국내에서 기술을 개발해 생산하고 최종제품을 외국에 판다. 대부분의 생산과정이 국내에서, 우리나라 사람들에 의해 이루어진 후 마지막에 해외 판매로 종결된다. 그러나 금융은 처음부터 끝까지 모든 과정이 해외 현지에서 진행된다. 지점이나 현지법인을 세우고 그

21 금융감독원, 국내은행 해외영업점 실적분석·현지화지표 평가결과 및 지도방향, 2013.11.13

곳 사람들을 대상으로 금융상품을 팔아야 한다. 현지화에 필요한 언어 능력, 인력 확보, 문화의 이해 등 부수적으로 요구되는 일들이 훨씬 많다. 또한 금융은 현지 정부로부터 촘촘한 규제를 받아 운신의 폭이 적다. 제조업에 비해 그다지 환영도 못 받는다.

현대자동차가 미국에 공장을 세운다고 하면 해당지역 주정부는 이를 반긴다. 고용효과가 있고 세금을 더 거둘 수 있기 때문이다. 하지만 금융은 고용효과가 크지 않아서 그런지 푸대접을 받기 일쑤다. 금융회사는 특성상 대도시에 진출할 수밖에 없는데 이미 많은 경쟁사들이 자리 잡고 있어 틈새를 파고들기도 녹록치 않다. 상품의 특성에서도 차이가 난다. 제조업 제품은 기술개발의 스펙트럼이 넓어서 어떤 기술을 개발해 생산에 적용하느냐에 따라 경쟁력을 확보할 수 있고 선발기업을 넘어설 수도 있다. 삼성전자가 소니를 추월한 것이 좋은 예다. 하지만 금융은 상품의 차별화 폭이 그리 크지 않다. 금융에서도 혁신이 일어나기는 하지만 스펙트럼이 넓지 않아 시장을 선점하고 있는 금융회사들을 혁신적 기술로 따라잡는다는 것이 결코 쉬운 일이 아니다.

이렇게 금융은 제조업과 많은 차이가 있어서 금융에서 삼성전자가 나오기란 말처럼 쉬운 건 아니다. 그렇다고 해외진출, 국제화를 포기해야 할까? 그렇지는 않다. 아마도 그 길은 새로운 혁신적 기술로 승부를 걸기보다는 아무도 생각하지 못한 분야, 아무도 찾아가지 않는 지역을 개척함으로써 열릴 수 있을 것이다.

은행 점포의 미래

얼마 전(2014년 4월 8일) 한국시티은행은 점포의 30%를 줄이겠다는 계획을 발표했다. 전체 190개 점포 가운데 56개를 통폐합한다는 내용이다. 인터넷 뱅킹이 일반화되고 있는 요즘 구태여 비싼 돈을 들여가며 점포를 유지해야 하느냐 하는 논란은 이전부터 있었지만 우리나라 은행들은 오히려 점포수를 늘려왔다. 2005년 말 6,590개였던 일반은행과 특수은행의 점포수는 2013년 말에 7,650개로 1,000개 넘게 늘었다. 반면 같은 기간 동안 은행 점포를 찾아 업무를 보는 비중(대면거래 비중)은 26.5%에서 11.6%로 급감했다. 아래 그림에서 보는 바와 같이 은행을 찾는 고객 수는 줄어드는데 점포 수는 계속 증가했다. 결과적으로 적자 점포가 늘어나 은행수익 악화를 가져오는 하나의 원인을 제공했다.

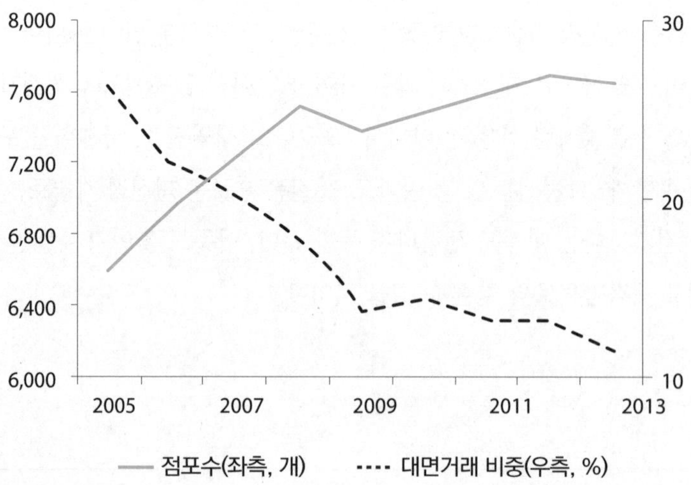

이처럼 수익성이 없는데도 점포를 유지하는 이유는 무엇보다 시장점유율을 유지하기 위해서다. 우리나라 국민들은 거래은행을 고를 때 금리보다 점포의 이용편리성을 우선하는 것으로 분석되고 있다. 금리가 조금 낮더라도 접근성이 좋은 은행을 선택한다는 것이다. 그러다 보니 은행 입장에서는 적자를 감수하고라도 기존 점포를 유지하거나 신개발지역에 점포를 새로 열지 않을 수 없다.

점포에 의존하는 은행업branch banking의 앞날은 어떻게 될 것인가? 영국의 경제전문지 이코노미스트는 2012년 상업은행에 관한 특집기사를 실으면서 점포 문제도 다루었다. 인터넷 확산으로 오프라인 서점이나 음반가게 대부분이 문을 닫은 것처럼 은행 점포도 그렇게 될 것인가? 이코노미스트지에 의하면 은행 점포 수가 지금보다 줄기는 하겠지만 오프라인 서점의 전철을 밟지는 않을 것으로 전망했다.

하지만 그 모습은 현재와 크게 달라질 것으로 보았다. 소위 '스마트 점포'로의 변신이다. 시티은행은 싱가포르의 지점을 애플 스토어처럼 꾸며 놓았다. 현금출납을 담당하는 직원은 없고 대형 화면과 함께 개별적인 업무를 볼 수 있게끔 깔끔한 디자인의 컴퓨터가 진열되어 있다. 점포에 배치되어 있는 안내직원이 고객 요구에 답하기 어려우면 즉시 화상전화를 통해 은행 내의 최고 전문가와 연결해 준다. 고객은 전문적인 상담을 받을 수 있어 만족도가 높다. 미국 등 선진국뿐 아니라 우리나라에서도 은행 점포는 이전과는 전혀 다른 스마트한 모습으로 재탄생할 가능성이 높아 보인다.

금융위기의 중심에 서다 – 투자은행

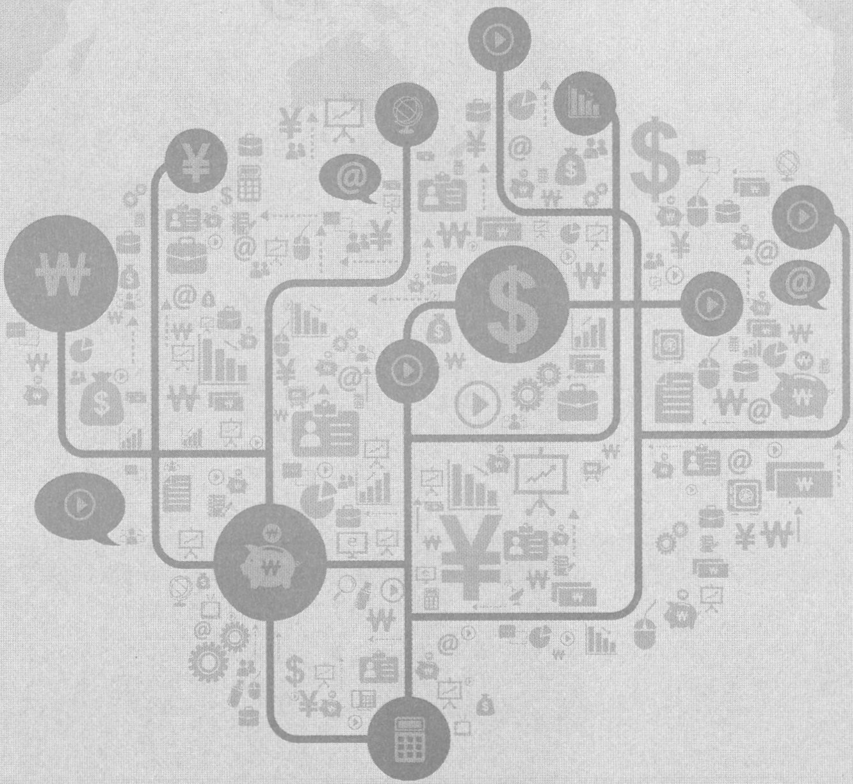

금융위기의 중심에 서다

전통적인 상업은행과는 다른 형태의 은행, 투자은행investment bank에 대해 알아보자. 〈2장〉에서 설명한 은행과 시장bank vs market 가운데 상업은행은 전자에, 투자은행은 후자에 가깝다. 투자은행은 머니 마켓이나 자본시장과 같은 금융시장에서 활동하면서 상업은행 업무와 보험을 제외한 거의 모든 금융 업무를 한다. 금융 종합백화점이라고도 할 수 있다.

투자은행 가운데 가장 성공적인 모델로 꼽히는 골드만삭스Goldman Sachs나 2008년 9월에 파산해서 세계를 불황의 늪에 빠뜨린 리먼브러더스Lehman Brothers 등이 투자은행의 예다. 투자은행은 우리나라의 증권회사와 비슷하지만 취급하는 업무의 내용이나 비중 면에서는 상당한 차이가 있다.

1 투자은행은 어떤 일을 하나?

투자은행 업무는 벌어들이는 수입의 성격에 따라 크게 둘로 나눌 수 있다.

하나는 고객을 대신해 일을 해 준 대가로 수수료를 받는 것이고, 다른 하나는 자신의 돈으로 투자를 해서 수익을 내는 것이다. 공인중개사는 부동산의 매매나 임대를 도와줘 중개수수료를 받기도 하지만 자신이 직접 부동산을 사고팔아 돈을 벌기도 한다. 중개를 해주고 받는 수수료는 그리 크지 않아도 일감만 있으면 손해 볼 염려는 없다(안정적인 수입). 하지만 직접 투자를 하다 보면 때때로 큰돈을 벌 수는 있지만 손해를 볼 가능성도 항상 열려 있다(불안정한 수입). 고위험-고수익 영업인 셈이다. 투자은행도 마찬가지다. 전자보다 후자가 큰 영업구조를 갖고 있다면 시절이 좋을 때는 많은 돈을 벌겠지만 그렇지 않은 시기에는 큰 위험에 빠질 수도 있다.

수수료를 받는 업무는 다시 전통적인 투자은행 업무와 자산운용으로 나뉜다. 전통적인 투자은행 업무 가운데서는 증권인수security underwriting가 가장 오래되고 고유한 성격의 업무라 할 수 있다. 기업이 투자나 일상적 경영에 쓸 돈을 마련하려고 채권이나 주식을 발행할 때 도와주는 것으로서 〈6장〉에서 살펴본 바 있다.

증권 중개 업무는 우리나라 증권사들이 중점을 두고 있는 분야인데 고객들이 주식을 사고팔 때 중계인 역할을 하고 수수료를 받는다. 이 외에 기업의 인수합병을 도와주는 것도 전통적인 투자은행 업무 영역의 하나다.

자산운용은 거액 자산가나 일반 저축자들을 대신해 다양한 금융상품에 투자해 주고 수고비를 받는 것이다. 투자로 인해 손해가 나더라도 돈을 맡긴 사람들이 부담을 안으므로 투자은행으로서는 비교적 안전하다. 안전하면서도 높은 수익을 올릴 수 있어 금융위기를 겪고 난 투자은행들이 중점을 두고 있는 분야기도 하다.

스스로의 판단에 의해 증권, 금과 석유와 같은 상품, 외환, 파생상품 등에 투자하는 업무를 '자기자본투자principal investment, PI' 또는 '자기계정 투자proprietary trading'라고 한다. 높은 수익을 거둘 수 있지만 주로 외부에서 빌린 돈으로 투자하기 때문에 투자은행의 레버리지를 높이는 원인이 된다. 이들은 주로 단기차입을 통해 돈을 마련하는데 시장 분위기가 악화되면 만기연장이 어려워져 도산에 빠질 위험을 안고 있다. 글로벌 금융위기도 투자은행들의 과도한 자기계정 투자와 불안정한 수신구조에서 비롯된 것이다. 이 문제는 〈10장〉 그림자 금융에서 더 자세히 알아보기로 한다.

〈표 9-1〉 투자은행의 업무 분야

수수료 수입		투자수익
전통적 IB 업무	자산운용	자기계정 투자
증권인수, 중개, M&A 주선	국내외 자산운용	증권, 상품, 외환, 파생상품 투자

투자은행의 업무구조를 이해하기 위해 골드만삭스의 영업부문별 이익구조를 들여다보자. 영업부문을 재편[1]하기 직전인 2009년에 골드만삭스는 471억 달러의 순수익을 올렸다. ROE는 22.5%로 금융위기 직후였음에도 불구하고 상당히 높은 수준을 보였다.

사업부문별 수익내역을 보면 트레이딩 및 PI[2]의 비중이 68%로 절대적이었고 전통적인 투자은행업무가 19%, 자산운용이 13%였다. 골드만삭스는 전통적으로 트레이딩에 강한 금융회사여서 이 부문의 비중이 크게 나타난 면도 있지만 다른 투자은행들도 트레이딩 및 PI의 비중이 높은 것은 마찬가지다.

1 투자은행investment banking, 기관투자가 서비스institutional client service, 투자 및 대출investing and lending, 투자관리investment management의 넷으로 재편되었다.

2 트레이딩 가운데는 고객을 위한 시장조성market making 거래도 포함되기 때문에 이 부문 전체를 자기계정 투자라고 보기는 어렵다. 하지만 이 둘을 분리해 내는 것이 쉬운 일은 아니다. 〈볼커룰〉 참조

〈표 9-2〉 골드만삭스의 2009년 수익구조

		금액(백만 달러)	비중(%)
수수료 수입	전통적 IB 업무	8,637	19.1
	증권인수	2,904	6.4
	(주 식)	1,771	3.9
	(채 권)	1,133	2.5
	주식중개	3,840	8.5
	M&A 등 자문	1,893	4.2
	자산운용	6,003	13.3
투자수익	트레이딩 및 PI	30,533	67.6
	주 식	6,046	13.4
	FICC	23,316	51.6
	기 타	1,171	2.6
합 계		45,173	100.0

2 상업은행과 투자은행의 분리와 융합

상업은행과 투자은행 기능 모두를 한 조직에서 할 수 있도록 허용할 것이냐, 아니면 엄격히 분리할 것이냐는 1930년대 이후 금융계의 중요 이슈였다. 과거 역사를 보면 대공황이 일어나기 전까지는 상업은행과 투자은행 사이의 구분이 그리 명확하지 않았다. 20세기 초 은행들은 예금을 받고 대출을 해 주는 상업은행이었지만 그렇다고 특정 업무를 해서는 안 된다는 제한은 없었다. 예금 받은 돈으로 대출도 해주고 주식 투자도 했다. 증시가 호황일 때는 대출보다 주식투자에 더 힘을 쏟아 큰돈을 벌었다. 1929년 10월 29일 미국 증시가 폭락하여 대공황의 서막이 열릴 때까지는 그랬다.

주식을 많이 갖고 있던 은행들이 주가 폭락으로 부실해졌고 불안해진 예금자들이 돈을 찾으러 몰려들었다. 대규모 예금인출 사태가 벌어졌고 수많은 은행들이 도산했다. 미국 정부는 이 재앙을 은행의 주식투자 탓으로 돌렸다. 그래서 은행은 주식투자, 나아가 증권과 관련된 업무를 할 수 없도록 규제했다. 증권 업무를 하고 싶으면 상업은행 업무를 포기해야만 했다. 이것이 유명한 글래스-스티걸 법이다. 당시 미국의 최대 금융 권력이던 모건은행JP Morgan and Co.은 상업은행의 길을 택했고, 창업자 모건의 손자인 헨리 모건Henry Morgan이 1935년에 은행을 나와 헤럴드 스탠리Harold Stanley와 손잡고 설립한 것이 투자은행 모건스탠리다.

은행의 자회사에 관한 내용을 규정한 글래스-스티걸 법 조항20에 의하면 상업은행(연준 가입은행)은 증권의 인수와 거래를 주된 업무로 하는 자회사를 둘 수 없다. 하지만 업무 영역을 넓히고 싶어 하는 은행들은 이 조항을 약화시키기 위해 끊임없이 로비를 펼쳤다. 1987년 미국의 중앙은행인 연준은 조항20을 유연하게 해석하여 은행은 증권 업무를 하는 자회사를 둘 순 있지만 이 회사의 수입이 자회사 전체 수입의 5%를 넘어서는 안 된다고 규정했다.

업무 영역 확대를 향한 물꼬가 트이긴 했지만 5%룰은 여전히 불만의 대상이었다. 은행이 증권업을 하려는 이유는 전통적인 상업은행에 버금가는 수입을 올려보겠다는 생각에서였는데 이 분야의 수입을 5%로 제한해 놓았으니 사실상 하지 말라는 얘기나 다름없었다.

하지만 시간이 흐르면서 이 규정도 완화되었다. 1989년에는 10%로, 1997년에는 25%로 높아졌다가 급기야 1999년에 '조항20'이 전면 폐지되었다. 이것이 미국과 세계금융의 지형을 바꾸어 놓은 그램-리치-블라일리 법Gramm-Leach-Bliely Act 또는 금융현대화법이다. 이제 상업은행들은 아무런 제한 없이 자회사 형태로 투자은행 업무를 할 수 있게 되었다.

금융위기 전 미국에는 골드만삭스, 모건스탠리, 메릴린치Merrill Lynch, 베어스턴스Bear Sterns, 리먼브러더스 등 5개의 전업 투자은행이 있었다. 금융현대화법의 제정으로 JP모건체이스, 시티, 뱅크오브아메리카, 바클레이즈, UBS 같은 대형 은행들이 투자은행 업무를 본격적으로 시작하자 치열한 경쟁이 시작되었다. 기회는 확장되었지만 경쟁 또한 심해진 것이다.

은행들은 앞 다투어 복잡하고 새로운 상품을 개발해냈고 전 세계로 영업지역을 넓혀 나갔다. 저금리 환경으로 투자자금을 싸고 쉽게 마련할 수 있었던 데다 때마침 불었던 주택시장 호황은 투자은행들에게 막대한 이윤을 안겨주었다. 2000년대는 가히 투자은행의 전성시대라 할 만 했다. 하지만 글로벌 금융위기와 함께 투자은행의 호시절에도 브레이크가 걸린다.

미국은 상업은행과 투자은행의 융합을 자회사 방식으로 허용했는데 우리나라도 마찬가지다. 2000년에 제정된 지주회사법에 근거하여 설립된 금융지주회사들은 증권사, 자산운용사 등 투자은행 업무를 하는 자회사를 거느리고 있다.

그러나 독일계 은행들은 다른 형태를 갖고 있다. 투자은행 업무를 자회사에서 운용하는 것이 아니라 한 지붕 밑에서 하나의 사업부문으로 포함하는 것으로서 유니버설 뱅크라고 불린다. 예를 들어 독일 최대은행인 도이치뱅크는 기업금융 및 증권Corporate Banking & Securities, 글로벌금융Global Transaction Banking, 자산관리Asset & Wealth Management, 개인 및 기업고객 서비스Private and Business Client, 비핵심 영업Non-Core Operation의 5개 사업부문으로 구성되어 있는데 이 가운데 개인 및 기업고객 서비스가 전통적인 상업은행 업무고 기업금융 및 증권, 자산관리가 투자은행 영역에 속한다. 독일 제2의 은행인 코메르츠뱅크도 비슷한 구조를 가지고 있다. 동일한 경영진 밑에서 상업과 투자은행 업무를 한다는 점에서 미국이나 우리나라와는 차이가 있다.

3 투자은행의 영업구조

투자은행이 어떻게 금융위기의 중심에 서게 되었는지는 다음 장에서 다루고 여기서는 투자은행의 현상만을 간략히 살펴보자.[3]

〈그림 9-1〉은 미국 5대 전업 투자은행의 영업부문을 전통적 투자은행 업무, 자산관리, 트레이딩/PI[4]의 셋으로 나눈 후 각 부문에서 얼마나 수익을 냈는지를 비중으로 보여주고 있다. 트레이딩/PI는 투자은행의 주된 수입원으로서 전체 수익의 60% 이상이 여기서 발생했다. 2000년대에 이 부문의 비중은 더욱 높아져 2006년에 69%로 정점에 도달한 다음 금융위기 이후에는 급전직하하고 있다. 트레이딩/PI에 비해 전통적 투자은행업무와 자산관리 부문의 수익비중은 각각 15%, 16%에 불과했다. 이 수치는 앞서 살펴본 골드만삭스의 2009년 수익구조와 크게 다르지 않다(각 부문 구성비는 68%, 19%, 13%).

3 Rhee, R., 2010, "The Decline of Investment Banking : Preliminary Thought on the Evolution of the Industry 1996~2008", *Journal of Business and Technology Law*, Vol.5, No.1

4 여기에는 주식거래에 따른 수수료가 포함되어 있다. 이를 제외하면 순수 자기계정 투자의 비중은 50% 후반~60% 초반일 것으로 추정된다.

〈그림 9-1〉 5대 전업 투자은행의 영업부문별 수익비중(%)

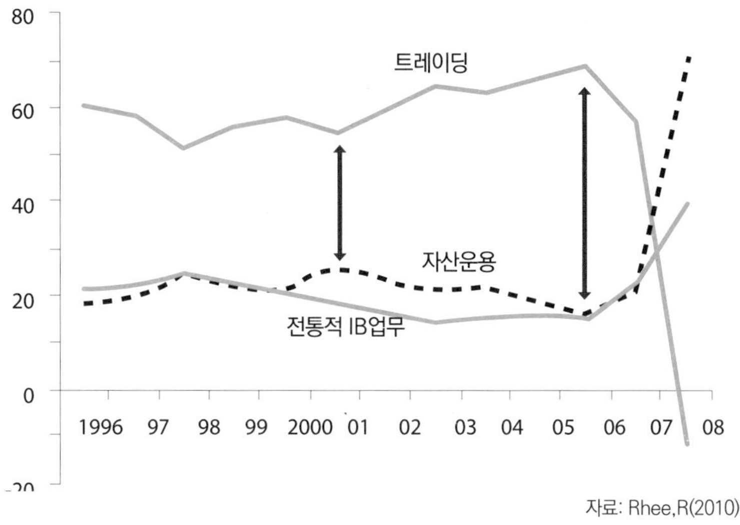

자료: Rhee,R(2010)

트레이딩/PI 비중의 지나친 비대화를 어떻게 보아야 할까? 투자은행들이 경이적인 수익을 올릴 수 있었던 것은 트레이딩/PI의 확대전략 덕분이다. 고위험-고수익 영업에 치중했다는 얘긴데 이는 금융이 지향해야 할 목적과는 다소 거리가 있는 것이다. 금융의 궁극적 존재의의는 실물경제를 돕는 것이다. 〈1장〉에서 살펴본 대로 '모자람'과 '남음'의 간극을 메우는 것이 금융의 1차적 존재의의다. 그 일을 잘하면 경제발전에도 기여할 수 있고 수익도 따라온다. 상업은행과 투자은행은 일하는 방식이 다를 뿐 지향점은 동일하다. 투자은행의 경우에는 증권인수, 인수합병 주선, 증권거래 중개, 자산운용과 같은 업무가 금융의 존재목적에 더 잘 어울린다. 하지만 이런 업무를 다 합쳐도 수익비중은 30%대에 불과하고 투기성향이 짙은 트레이딩/PI의 비중이 그

두 배를 넘는다. 이런 수익구조를 정상이라고 보긴 어려운데도 대다수 금융회사와 금융당국들은 투자은행의 강한 수익창출력에 매력을 느꼈다. 그러다 보니 미국형 투자은행은 부러움의 대상이 되고 따라해야 할 롤 모델이 되었다.

트레이딩/PI를 하기 위한 돈은 어디서 나오는 걸까? 투자은행은 예금을 받지 않는 데다 자기자본을 늘리는 데도 한계가 있다. 그러니 금융시장에서 빌릴 수밖에 없다. 〈그림 9-2〉는 5대 전업 투자은행의 레버리지 비율[5]을 보여준다. 2003년 말 21배였던 레버리지 비율은 계속 높아져 2007년 말에는 30배에 달했다. 자기자본이 1원인 투자은행이 30원의 자산을 움직였다는 뜻이다.

〈그림 9-2〉 5대 전업 투자은행의 레버리지 비율(배)

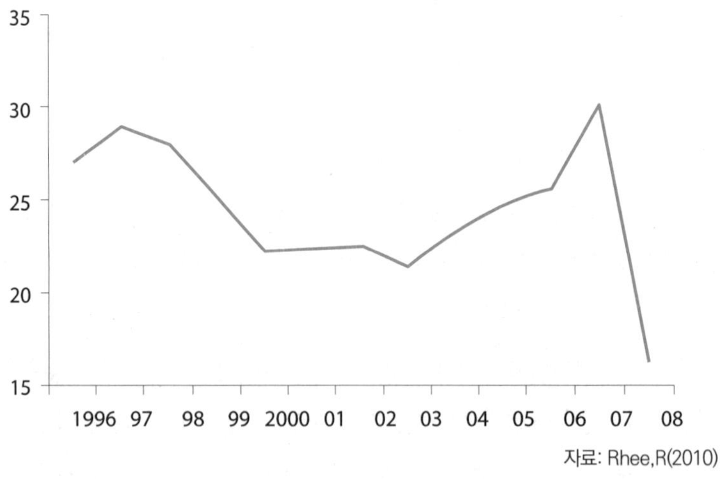

자료: Rhee,R(2010)

5 레버리지 비율 = $\frac{\text{자기자본}}{\text{총자산}}$

요약하면 금융위기 이전 투자은행들은 빌린 돈을 트레이딩/PI에 투입해 높은 수익을 올렸고 그 과정에서 자연스레 덩치도 키웠다. 투자 대상의 외연이 끝없이 확장되다 보니 어디에 리스크가 있는지, 투자대상 간의 관계는 어떤지, 어느 부서가 책임을 지고 컨트롤해야 하는지 등등이 모호해졌다. 이른바 경영리스크management risk가 커진 것이다. 시장상황이 우호적인 한 투자은행의 이런 모델은 그런 대로 지탱될 수 있다. 그러나 조금이라도 비우호적인 상황이 발생하면 감추어졌던 문제들이 한꺼번에 폭발할 위험이 있다. 2008년의 금융위기는 그렇게 시작되었다.

금융위기의 와중에 5개 전업 투자은행들은 무대에서 모두 사라졌다. 베어스턴스는 2008년 3월 JP모건체이스에 합병되었고 리먼브러더스는 같은 해 9월 파산했다. 곧이어 메릴린치가 뱅크오브아메리카에 팔렸다. 10월에는 골드만삭스와 모건스탠리가 연준의 지원을 받기 위해 은행지주회사로 전환했다. 연준은 은행들에게만 자금을 지원해줄 수 있어서 골드만삭스와 모건스탠리가 투자은행으로 남아 있는 한 지원 근거가 없었기 때문이다. 결국 5개 가운데 하나는 파산하고, 둘은 다른 곳에 매각되고, 둘은 은행으로 전환되어 전업 투자은행 시대는 종언을 고했다. 투자은행의 본산이던 미국에서 이제는 순수 투자은행을 찾아볼 수 없게 되었다.

4 투자은행업무에 대한 규제[6]

국제결제은행과 같은 국제기구와 각국 정부들은 가히 '규제열풍'이라고 불릴 정도로 금융회사의 활동을 제한하는 조치를 쏟아내고 있다. 종류도 많고 내용도 복잡해서 체계적으로 이해하기란 쉬운 일이 아니다. 하지만 지향점은 분명해 보인다. 첫째는 금융위기를 가져온 투자은행들의 문제점, 즉 과도한 차입, 높은 트레이딩/PI 의존성, 대마불사 인식 등을 고쳐보자는 것이다. 둘째는 지구 곳곳의 금융회사와 금융시장이 신경망처럼 얽히고설켜 있어 한쪽에서 문제가 터지면 순식간에 충격이 퍼져나가는 현상, 다시 말해 시스템적 리스크systemic risk를 줄여보자는 것이다.[7]

6 상업은행을 포함한 전반적 은행에 대한 규제를 의미한다.

7 이 둘은 상호배타적으로 명확히 구분되지 않으며 겹치는 부분도 있다. 예컨대 금융회사 간의 차입이 너무 많아지면 시스템 리스크가 커진다. 따라서 차입을 제한하는 것은 시스템 리스크를 줄이는 효과를 갖는다.

BIS 자기자본규제

BIS의 자기자본규제 제도를 이해하려면 위험가중평균자산risk weighted asset, RWA의 개념을 알아야 한다. 보통의 자기자본비율은 자기자본을 총자산으로 나누어 구한다. 예를 들어 어떤 은행이 92원의 예금과 8원의 자기자본으로 100원의 대출을 해 주고 있다면 자기자본비율은 8%다. 하지만 이렇게 계산한 자기자본비율은 실상을 정확히 반영하지 못할 수 있다.

자기자본을 충분히 갖고 있어야 하는 이유는 자산이 부실화되었을 때를 대비하기 위함이다. 은행에서 대출을 받은 기업 가운데 하나가 부도가 나서 3원의 자산이 소실되었다고 하자. 그렇더라도 은행은 92원의 예금을 보장해 주어야 하므로 3원의 손실을 자기자본에서 부담한다. 이 은행의 자산은 97원으로 줄었고 자기자본도 5원으로 감소했다. 자기자본비율은 5.2%로 급락한다. 이처럼 자기자본은 자산의 부실화에 대비하는 것이므로 부실 가능성, 즉 신용리스크를 고려한 방식을 이용해야 한다.

예컨대 은행이 대출을 해주는 대신 100원 전부를 국채매입에 썼다고 하자. 국채는 부도가 날 가능성이 거의 없으니까 이론상 자기자본이 없어도 된다. 따라서 리스크가 높은 자산을 많이 가질수록 자본을 더 쌓도록 하는 것이 합리적인 규제이며 그렇게 하자면 자기자본비율을 계산할 때 자산 전체보다는 리스크를 감안한 위험가중평균자산을 이용하는 것이 옳다. 자기자본규제가 처음 시행된 1988년의 바젤 I 에서부터 최근의 바젤III에 이르기까지 규제체계는 상당한 변화를 겪었지만 위험가중평균자산의 개념은 그대로 유지되고 있다.

바젤 I

바젤I에서는 은행이 보유한 자산의 형태에 따라 위험가중치를 부여했다. 현금이나 정부가 발행하는 국채는 위험이 전혀 없다고 보아 가중치를 '0'으로 정했고 공적기관이 발행하는 채권에는 10%를 부여했다. 자산담보부채권Asset Backed Securities, ABS에 대해서는 50%, 민간 기업이나 가계에 빌려준 대출이나 회사채에 대해서는 100%를 적용했다. 또한 어느 나라 금융회사에 돈을 빌려주느냐에 따라 차이도 두었다.

예컨대 OECD국가의 은행에 대출을 해주었다면 안전성이 높다고 보아 위험가중치를 20%만 적용하고 OECD 이외 나라들의 은행에 빌려주었다면 100%를 적용했다. 우리나라가 OECD에 가입하기 이전인 1990년에 국민은행이 미국의 시티은행에 1억 달러를 빌려주었다면 위험가중치를 적용한 대출액은 2,000만 달러인데, 반대로 시티은행이 국민은행에 1억 달러를 빌려주었다면 위험가중치 적용 대출은 그대로 1억 달러가 된다. 시티은행은 그만큼 자기자본을 더 쌓아야 하니 비OECD회원국 은행에는 돈을 잘 안 빌려주려 할 것이다.

지금 와서 보면 상당히 단순한 내용으로 이루어져 있지만 위험가중 개념을 처음 도입했고 모든 은행에 적용되는 범세계적 표준을 마련했다는 점에서 바젤 I 의 의미를 찾을 수 있다.[8]

바젤 II

바젤 I 은 두 가지 문제를 갖고 있었다.

8 바젤 I 에서 가장 잘 알려져 있는 것은 "8% 룰"이다. 이것은 모든 은행이 지켜야 할 규제자본비율인데, 이때 이용되는 자본은 보통주, 이익잉여금 뿐 아니라 전환사채, 후순위 채권과 같은 자본성 부채들까지 모두 포함한다.

첫째, 은행이 마주치는 리스크는 단순히 차입자의 부도 여부, 즉 신용리스크만이 아니라는 것이다. 채권에 투자했는데 금리가 불리한 방향으로 변하면 손실을 볼 수 있다. 주식에 투자했는데 주가가 폭락하면 손해가 나고 달러 같은 외환을 잘못 샀다가는 환차손을 입을 수도 있다. 다시 말해 시장에서 거래되는 주식이나 채권을 발행한 기업의 부도 확률이 낮더라도 이들 증권을 사고파는 과정에서 손해를 볼 위험이 항상 잠재해 있다. 이러한 시장리스크market risk는 은행이 전통적인 예금 - 대출 업무에서 벗어나 트레이딩을 강화하면서 신용리스크 못지않게 중요해졌다. 따라서 이런 위험에 대비하기 위해 은행으로 하여금 추가로 자본을 쌓게 할 필요성이 커졌다.

둘째는 리스크 가중치가 너무 획일적이었다. 바젤 I 은 기업대출에 대해서는 무조건 100%의 가중치를 적용했다. 삼성전자에 대출하든, 부도위험이 훨씬 높은 중소기업에 대출하든 똑같은 가중치를 적용하는 건 불합리하다는 비판이 제기되었다. 그래서 차입자의 신용등급에 따라 가중치를 달리했다. 예를 들어 바젤 I 에서는 어떤 나라가 발행하든 국채의 가중치는 모두 0%였지만 국가신용도가 AAA인 독일의 국채를 사면 가중치는 제로, BB급인 그리스 국채를 사면 100%가 되도록 차별화한 것이다. 신용도별로 가중치를 달리 적용한 것은 차입 주체가 은행이든 기업이든 다 마찬가지다.

가중치는 두 가지 방법으로 정해지는데 은행은 이 중 하나를 선택할 수 있다. 바젤위원회가 정해주는 표준방식을 이용하거나 개별 은행이 자체 리스크 평가모델로 위험가중치를 산출하는 내부평가방식internal rating-based, IRB을 이용한다. 내부평가방식을 허용한 것은 해당 은행이 대출이나 투자의 성격을 가장 잘 안다는 생각에 기초한 것이지만 은행들이 자기자본을 덜 쌓기 위해 모델을 조작할 위험도 내포하고 있다. 그래서 감독당국의 승인을 받은 후 이용하도록 의무화했다.

바젤 2.5 – 시장리스크의 반영

1996년에 바젤위원회는 시장리스크를 반영한 새로운 자기자본 규제방식을 발표했다. 바젤 I 이 안고 있던 첫 번째 문제를 해결하기 위해서였다. 은행 자산을 은행계정과 트레이딩계정으로 구분한 후 은행계정에는 신용리스크를, 트레이딩계정에는 시장리스크를 적용토록 했다. 은행계정에는 대출처럼 만기까지 보유할 자산을, 트레이딩계정에는 채권이나 외환, 주식 등 중간에 매매할 가능성이 있는 자산을 포함시킨다. 어떤 자산을 어떤 계정에 넣을 것인지는 은행의 거래의도trading intent에 따라 결정하도록 했다. 똑같은 채권이라도 만기까지 보유할 생각이라면 은행계정에, 중도에 매각할 생각이라면 트레이딩 계정에 포함하도록 했다. 자산을 분류함에 있어 은행의 재량권을 인정한 것이다.

바젤위원회는 시장리스크를 계산할 때 두 가지 방식 중 하나를 선택할 수 있도록 하여 은행에 또 다른 재량권을 주었다. 신용리스크 산정 시와 마찬가지로 바젤위원회가 정해주는 표준방식과 은행 자체모델을 활용한 내부평가 방식이 그것이다. 내부모델은 VaRValue at Risk을 활용하도록 했다. VaR은 정상적인 시장상황에서 일정기간 동안 발생할 수 있는 최대손실액을 신뢰수준을 이용해 나타낸 것이다. 예를 들어 신뢰수준 99%, 보유기간 10영업일에서 VaR이 100억 원이라면, 이는 10일 동안 100억 원 이상의 손실이 발생하지 않을 확률이 99%라는 뜻이다. 시장리스크를 반영한 자산액은 VaR에 일정비율을 곱해 산정한다.

바젤 III

바젤II와 바젤2.5가 원안의 일부 수정에 그쳤던 것과는 달리 바젤III는 기본개념 말고는 거의 모든 것이 바뀌었다. 금융위기를 겪으면서 부각된 여러 문제들을 한꺼번에 손보겠다는 의욕이 반영된 결과다. 그동안 상당한 자유를 누리던 은행들이 2중, 3중의 촘촘한 규제망에 갇히게 되었다.

은행들은 어떻게 해서라도 규제망을 피하거나 우회할 방법을 찾아내겠지만 바젤III를 들여다보면 아무리 영리한 은행가라 해도 쉽게 규제망을 벗어나긴 어렵겠다는 느낌이 든다. 바젤III는 상당히 복잡한 내용으로 되어 있고 아직 완결판이 나온 것은 아니지만 대체로 다음과 같이 정리해 볼 수 있다.

첫째, 은행들로 하여금 더 많은 자기자본을 쌓게 했다. 8% 룰이 바뀐 것은 아니지만 구성면에서는 훨씬 탄탄해졌다. 여기에 이런저런 명목으로 자본을 더 쌓도록 했다. 어려운 때를 대비해 완충자본을 적립하도록 의무화했는가 하면 '범세계적으로 중요한 금융회사Globally Significantly Important Financial Institution, G-SIFI'를 선정해 자본금을 더 쌓도록 했다. 8%룰만 맞추면 되었던 때에 비하면 큰 변화가 나타난 셈이다.

구성면에서 탄탄해졌다는 것은 자본의 퀄리티, 즉 질이 높아졌다는 뜻이다. 바젤위원회가 인정해 주는 자본에는 여러 종류가 있다. 가장 핵심적인 자본(보통주 자본)은 보통주와 이익잉여금의 합으로 구성되어 있다. 가장 알토란같은 자본이다. 이보다는 못하지만 자본의 성격에 가까운 항목들이 있는데 채권으로 발행되었지만 나중에 주식으로 바꿀 수 있는 전환사채가 그 예다. 정통 자본금은 아니지만 그렇게 바뀔 가능성이 있어 '잠재적인 자본'으로 쳐주는 것이다. 보통주 자본에 전환사채를 더하면 tier1자본이 된다. 상환순위가 가장 뒤인 후순위 채권도 미약하지만 자본의 성격이 있다고 본다. tier1 자본에 후순위 채권을 더한 것이 tier2 자본이다.

바젤위원회는 자본의 카테고리별로 자기자본비율을 다르게 적용하는데, 바젤Ⅱ에서는 각각 2.5%, 4.0%, 8%였다. 그런데 바젤3에서는 tier2는 이전과 같이 8%로 유지하면서 보통주자본과 tier2 자본의 비율을 4.5%, 6%로 올렸다. 말하자면 자본다운 자본, 알토란같은 자본을 더 많이 쌓으라는 것이다. 보통주 자본의 요구량이 높아졌기 때문에 은행은 증자를 하든지 이익을 더 내서 잉여금을 적립하든지 해야 한다. 전환사채나 후순위채와 같은 임시방편수단을 쓸 수 있는 여지가 줄어든 것이다.

바젤Ⅱ에서는 8% 이외에 자본의 추가적립 의무가 없었다. 하지만 바젤Ⅲ는 두 가지를 더 요구한다. 하나는 자본보전 완충자본capital conservation buffer이고 다른 하나는 경기변동 완충자본countercyclical buffer이다. 자본보전 완충자본은 심각한 금융위기에 대비해 2.5%를 순차적으로 더 적립토록 한 것이다. 경기변동 완충자본은 〈8장〉에서 설명했던 은행의 경기순응성을 줄이기 위한 것인데 경기가 좋을 때 자본을 더 쌓도록 하고 경기가 나빠져 은행이 신용공급을 줄이려 하면 적립된 자본을 풀어 신용경색을 막자는 취지다.

〈표 9-3〉 바젤 Ⅲ의 규제자본 비율

	보통주자본	Tier 1 자본	Tier 2 자본(총자본)
최저규제 자본비율(a)	4.5%	6.0%	8.0%
자본보전 완충자본(b)	2.5%		
계 (a+b)	7.0%	8.5%	10.5%
경기대응 완충자본	0~2.5%		

G-SIFI로 선정되면 자본을 더 쌓아야 한다. 바젤위원회는 매년 11월 G-SIFI를 발표하는데 선정 기준은 규모, 연계성, 복잡성 등 5가지다. 대형 은행이면서 하는 일이 복잡하고 다른 금융회사들과 거미줄같이 얽혀 있다면 G-SIFI로 선정될 가능성이 높다. BIS는 2011년부터 시범적으로 G-SIFI의 명단을 발표하고 있는데 2014년부터는 실제 적립의무가 발생한다. 2013년 11월에 발표된 29개의 G-SIFI 명단에는 세계에서 가장 영향력 있는 유명 은행들이 총망라되어 있다.[9]

둘째, 트레이딩계정에 대한 자기자본 적립방식을 획기적으로 개선하였다.

같은 자산이라도 어느 계정에 포함시키느냐에 따라 위험가중자산의 크기가 달라진다. 예컨대 어떤 은행이 BBB급의 회사채를 사서 은행계정에 넣으면 신용리스크 가중치는 100%가 된다. 하지만 은행이 이 회사채를 매매 목적으로 샀다고 하면서 트레이딩계정에 포함시키

9 중요도에 따라 5개 구간(bucket)으로 나누어 규제자본 비율을 차등적용하고 있다. 가장 중요도가 높은 5구간(3.5%의 자본을 추가로 쌓아야 함)에는 해당 은행이 없고, 4구간(2.5% 추가적립의무)에 영국의 HSBC와 미국의 JP모건체이스가 위치한다. 3구간(2.0%)에는 바클레이즈, 시티은행 등 4개, 2구간(1.5%)에는 BOA, 골드만삭스, 모건스탠리, 미츠비시, UBS 등 8개, 1구간(1.0%)에는 중국은행, BBVA, 소시에테제네랄, 스미토모 등 15개 은행이 위치해 있다. 지역별로는 미국계가 8개로 가장 많고 영국(4), 프랑스(4), 일본(3), 스위스(2), 스페인(2), 중국(2), 독일(1), 스웨덴(1), 네덜란드(1), 이탈리아(1)의 순이다.

면 이야기가 달라진다.

같은 자산을 은행계정과 트레이딩계정에 포함시킬 때 위험가중자산은 어느 쪽이 더 클까? 자산의 종류, 만기, 위험도 등에 따라 달라져 일률적으로 말하기는 어렵지만 금융위기 후 되돌아보니 트레이딩계정에 포함시켰을 때의 위험가중치가 더 낮았던 것으로 나타났다. 다시 말해 은행이 같은 자산이라도 트레이딩계정에 포함시키고, 대출보다는 시장성자산에 더 많이 투자할수록 위험가중치로 계산된 총자산의 규모가 줄어들어 은행에 유리했다. 은행은 이런 점을 십분 이용했고 결과적으로 MBS나 CDO 같은 시장성상품 투자가 급증해 금융위기의 원인을 제공했다.

바젤위원회는 은행에 계정선택의 자율권을 준 것이 트레이딩계정의 팽창을 가져왔고 VaR을 활용한 내부모델 방식이 시장리스크의 과소평가 원인이 되었다고 보았다. 예컨대 트레이딩계정에서 실제 발생한 손실액은 1억 달러였는데 대부분의 VaR은 그보다 훨씬 적은 4,000만~5,000만 달러의 손실만 예측했다는 것이다.

이런 문제를 해소하기 위해 바젤위원회는 은행계정과 트레이딩계정의 경계를 보다 신뢰성 있는 방법으로 설정하기로 했다. 은행의 투자 의도에만 의존하는 것이 아니라 그렇게 분류하는 것이 타당하다는 사실을 인증 받도록 했다. 트레이딩계정의 시장리스크를 구할 때는 종전처럼 내부모델을 이용할 수 있도록 하되 VaR을 기대부족액Expected Shortfall, ES으로 대체하기로 했다.[10]

10 기대부족액은 손실액이 VaR 이상 된다는 것을 전제로 하는 조건부 기댓값이다. 앞서 들은 예와 같이 99%의 신뢰수준에서 10영업일간 VaR이 100억 원이라면, 기대부족액은 손실이 100억 원을 초과한다는 전제하에 발생할 수 있는 평균손실을 측정한다.

셋째, 유동성비율 규제를 새로 도입했다. 금융위기가 최고조에 달했을 때 은행들은 상당한 손실을 감수하면서 자산을 팔려고 했지만 실패한 적이 많았다. 가격을 큰 폭으로 깎아 급매물로 내놓아도 거들떠보는 사람이 없었던 탓이다. 유동성이 별안간 증발해 버린 것이다. 시장리스크에 기초한 규제자본 제도를 처음 디자인할 때 바젤위원회는 비록 가격에서 손실이 날지언정 트레이딩계정에 포함된 자산을 파는 데는 아무 문제가 없다고 가정했었다. 하지만 금융위기의 와중에서 이런 전제가 잘못되었음이 드러났다.

유동성 위기에 빠지지 않으려면 은행은 고객의 인출 요구에 응할 수 있도록 현금이나 국채 같은 유동자산을 충분히 가지고 있어야 한다. 예컨대 만기 30일짜리 CP를 발행해 100원을 마련한 다음 전액을 10년 만기로 대출해 주었다고 하자. 한 달마다 돌아오는 CP의 만기연장에 실패하면 이 은행은 흑자 도산할 수도 있다. 사실 이 은행은 높은 유동성 부채로 자금을 조달해 낮은 유동성 자산에 투자하는 유동성변환기능을 훌륭히 수행한 것이지만 그 대가로 유동성위기에 노출되었다. 유동성변환기능도 중요하지만 위기에 대비하려면 적절한 유동자산 확보가 필요하다고 본 바젤위원회는 은행들이 30일 이내에 인출될 가능성이 높은 자금의 양을 계산해서 그 이상을 유동성 높은 자산으로 보유토록 했다.

넷째, 레버리지 비율(총자산을 자기자본으로 나눈 비율) 제도를 도입했다. 자기자본규제에 이용되는 위험가중자산은 합리적인 아이디어로 보이지만 문제점도 드러냈다. 겉으로는 리스크가 낮아 보여도 알고 보면 고위험 자산인 MBS나 CDO를 많이 사들이면 전체 자산은 크게 증가해도 위험가중자산 규모가 늘어나는 정도는 이보다 훨씬 덜하다. 은행의 덩치가 커지고 잠재적 위험도가 높아져도 자기자본 적립부담은 별로 커지지 않는 허점이 발생하는 것이다.

예컨대 위험가중치 100%인 대출 50원과 위험가중치 10%인 자산담보부증권 MBS 50원을 보유한 은행이 있다고 하자(자기자본은 5). 이 은행의 BIS자기자본비율은 9.1%고 레버리지비율은 5%다. 이제 이 은행이 시장에서 빌린 돈으로 50원어치의 모기지담보증권(MBS)을 더 산다면 총자산은 50%나 팽창(100→150)하는 데 비해 위험가중자산은 9%만 늘어난다(55→60). 그 결과 BIS자기자본비율은 8.3%로 소폭 하락하는 데 그치지만 레버리지비율은 3.3%로 크게 떨어진다.

문제는 MBS의 실제 위험가중치가 10%보다 커질 가능성이다. 수많은 자산에 매겨져 있는 위험가중치는 현실을 완벽히 반영하지 못한다. 은행은 이를 이용해 위험가중자산을 최소화하는 방향으로 자산을 구성하려는 유인을 갖는다. 하지만 전체 자산의 크기를 통제하면 은행의 규제 회피를 막을 수 있다. 이런 취지에서 바젤위원회는 레버리지 비율이 3%를 넘지 못하도록 제한했다.

볼커룰Volcker rule

바젤3와 함께 투자은행 업무에 근본적인 변혁을 가져올 조치로 미국의 볼커룰이 꼽힌다. 볼커룰은 2010년 7월 통과된 도드 - 프랭크 법Dodd Frank Act 제619조로서 이 법의 핵심이자 가장 논쟁적인 조항이다.

최종안

볼커 전 연준 의장이 주도해 만든 이 조항은 고객 이익과는 무관한 은행의 자기계정 투자를 금지하고 헤지펀드나 사모펀드private equity fund에 투자하는 것도 제한[11]한다.

볼커룰이 월가의 뜨거운 감자로 떠오른 것은 자기계정 투자나 헤지펀드 투자가 은행의 가장 큰 수익원이었기 때문이다. 금융위기 이전의 5대 전업 투자은행이나 위기 이후 골드만삭스의 실적을 보면 자기계정 투자가 주축인 트레이딩에서 전체 수익의 2/3가량이 창출되었음을 알 수 있다. 그만큼 자기계정 투자는 은행들로서 놓칠 수 없는 수익의 원천이다.[12] 월가의 대형 은행들이 도드-프랭크 법의 여러 조항 가운데서 특히 볼커룰에 민감히 반응하는 이유가 여기에 있다.

볼커룰에 반대하는 은행들의 논리는 두 가지로 요약할 수 있다.

첫째, 금융위기는 단기로 자금을 조달해 레버리지를 확대해 온 은행의 행태 때문이지 자기계정 투자 자체에 책임이 있는 건 아니라는 얘기다. 심장에 문제가 있다고 해서 아무런 대안 없이 심장 전체를 들어내는 미친 의사처럼 볼커룰은 미국 금융을 고사시킬 뿐이라고 비판한다. 이에 대해 볼커룰을 지지하는 사람들은 자기계정 투자가 직접적 원인은 아닐지라도 트레이딩계정에서 발생한 손실이 금융위기에 기여했으니 책임을 모면할 수는 없다고 말한다. 도산위기에 빠져 막대한 구제 금융을 받은 은행들은 세금을 종자돈으로 투기를 해 고액연봉을 받는 것이니 이런 불합리한 사태는 막아야 한다는 것이다.

둘째, 자기계정 투자의 범위를 명쾌하게 확정짓기 어렵다는 논리다. 수익을 얻기 위한 적극적 또는 투기적 트레이딩도 있지만 고객을 위한

11 개별 펀드 순자산가치의 3%, 총투자는 해당 은행 tier1 자본의 3%로 제한된다.

12 볼커룰이 시행되면 미국 5대 은행의 수익이 440억 달러 줄어드는 것으로 추정되었다. "Volcker Rule Ushers in New Era of Increased Oversight of Trades", *Bloomberg*, 2013.12.10

시장조성, 위험을 피하기 위한 헤지 목적의 트레이딩도 섞여 있어 자기계정 투자를 일괄 금지하면 시장의 유동성과 효율성이 크게 낮아질 것이라고 우려한다.

시장조성 행위를 예로 들어보자. 증권시장에서 사려는 사람과 팔려는 사람이 바로 매칭이 되지 않을 때 은행은 자기계정으로 증권을 사서 가지고 있다가 매입자가 나타나면 판다. 이때 은행은 매입과 매도 호가를 제시하고 스프레드를 이익으로 취한다. 예컨대 GM주식의 시장조성이 필요하다면 은행은 주당 30달러에 GM주식을 사서 31달러에 팔아 1달러의 차익을 챙긴다. 특정 증권이 잘 안 팔릴 때의 시장조성 행위는 유동성을 공급해 주는 윤활유 역할을 한다. 돈이 잘 흘러가도록 도와주기 때문이다. 문제는 현장의 트레이딩이 시장조성을 위한 것인지 투기를 목적으로 한 것인지 판단하기가 애매하다는 사실이다. 시장조성이든 투기든 결국 매입가격과 매도가격의 스프레드를 극대화하는 것이 목표라는 점은 동일하기 때문이다.

리스크 헤지도 마찬가지다. 파생금융상품의 목적은 거래에 수반되는 위험을 피하려는 데 있다. 외환스왑에 활용되는 선물환거래도 수출입이나 자본거래에 따르는 환위험을 줄이려고 고안된 것이다. 하지만 상당수의 선물, 옵션거래는 그 자체로 수익을 내려는 의도에서 실행된다. 증권 가격이 떨어질 것으로 전망하면 선물이나 콜옵션을 파는 식이다. 반대론자들은 볼커룰로 자기계정 투자를 일률적으로 규제하면 순수한 위험회피 목적의 거래도 불가능해져 은행의 리스크가 더 커질 것이라고 주장한다.

첫 번째 논리는 볼커룰 자체에 반대하는 것이어서 받아들이기 어렵지만 두 번째 주장에 대해서는 미국 정부도 어느 정도 타당성을 인정하였다. 도드-프랭크 법이 통과된 후 3년 넘는 기간 동안 18,000여 건의 의견이 접수되었고 이를 반영하여 2013년 12월 10일 최종안이 확정되었다.[13]

볼커룰의 성공여부는 자기계정매매 가운데서 금융시장의 운영과 발전에 꼭 필요한 부분을 구별해 내어 계속 거래가 가능하도록 해 주는 유연성에 있다. 정상적인 시장조성과 실제 보유하고 있는 포지션의 위험을 줄이기 위한 헤지거래는 볼커룰 적용을 받지 않지만 그러려면 까다로운 조건을 충족시켜야 한다.

먼저 시장조성을 보자. 은행은 트레이딩계정에 주식, 채권을 보유할 수 있지만 그 규모는 "합리적으로 예측할 수 있는 고객의 단기적인 수요reasonably expected near-term demand of clients"에 국한되어야 한다. 예컨대 1주일간 특정 채권의 고객주문수요가 1억 달러로 예측된다면 그 이상으로는 채권을 보유할 수 없다는 말이다. 실수요를 넘어서는 부분은 모두 투기로 취급된다. 문제는 '단기적인 수요'를 어떻게 알 수 있느냐 하는 것인데 볼커룰은 과거 통계와 시장상황을 반영해서 은행이 스스로 정하도록 하고 있다. 은행이 단기수요를 지나치게 높게 잡아 투기행위를 하지 못하도록 감독당국의 검증을 받아야 함은 물론이다.

헤지 목적의 트레이딩은 '구체적이고, 식별 가능한specific and identifiable 리스크'와 연계되어 있을 때만 허용된다. 원화가치가 하락할 때 이익이 나는 파생상품을 보유하려면 원화 가치가 하락할 때 피해를 입는

13 최종안은 연준 이사회, 연방예금보험공사(FDIC), 증권거래위원회(SEC), 은행감독청(OCC), 상품선물거래위원회(CFTC) 등 5개 감독기관의 승인절차를 거쳤다. 볼커룰의 발효일은 2014년 4월 1일이지만 최종안 확정이 늦어졌고 은행들이 내용을 숙지할 시간이 필요하다고 보아 연준은 실제 시행일을 2015년 7월 21일로 늦추었다. 그때 가서 준비가 부족하다고 판단되면 연준은 시행일을 2년 더 연장할 수 있다.

포지션을 반드시 갖고 있어야 한다는 뜻이다.

예컨대 A은행이 1억 달러를 들여 한국 국고채에 투자했다고 하자. 원화가치가 일정수준 이상 떨어지면 달러로 환산된 원리금은 1억 달러가 채 되지 않는다. 이런 위험이 분명 있기 때문에 A은행은 1억 달러 규모의 달러콜옵션이나 선물환을 매입하는 파생거래를 할 수 있다. 개별 포지션에 대한 1대 1 헤지만 인정한다는 뜻이다. 이외에 '포트폴리오 헤징portfolio hedging'은 인정되지 않는다.

포트폴리오 헤징이란 모든 포지션에 적용되는 전략으로서 금리, 성장, 물가 등 거시경제변수의 방향성에 베팅하는 기법이다. 예를 들어 긴 듀레이션의 채권 포트폴리오를 보유한 은행이 금리상승으로 입게 될 손실에 대비하고자 선물투자를 하려 해도 허용되지 않는다. 2012년 JP모건체이스 은행에 62억 달러의 손실을 안겨준 '런던고래London whale' 사건[14]이 터진 후 포트폴리오 헤징도 규제대상에 포함되었다.

한편 규제가 완화된 부분도 있다. 미국 연방채와 지방정부채, 그리고 외국정부가 발행한 국채 거래는 자기매매에 포함되지 않는다. 시장조성이냐, 아니냐에 신경 쓰지 않고 이들 채권을 거래할 수 있다.

유럽의 볼커룰

유럽에서도 은행의 업무영역에 대한 개혁방안이 추진되었다. 영국에서는 비커스 위원회Vickers Independent Commission의 권고안에 기초한 은행개혁법이 2013년 12월 16일 의회를 통과했다. 이 법의 핵심은

14 2012년 4~5월 사이에 JP모건체이스 은행의 런던지점에서 발생한 파생상품거래 관련 손실사건을 말한다. 이 거래에서 JP모건체이스는 20억 달러의 손실을 입었다. '런던고래'는 트레이더 브루노 익실(Bruno Iksil)의 별명이었는데, 그런 별명이 붙은 것은 익실이 고래처럼 대규모의 신용부도스왑 포지션을 보유했기 때문이다.

'울타리 치기ring-fencing'다. 소매은행 주변에 울타리를 설치하여 리스크가 높은 투자은행 업무에서 떼어내자는 취지다. 개인과 중소기업을 고객으로 예금을 받고 대출을 해주는 '울타리로 둘러싸인 은행ring-fenced bank'과 트레이딩을 위주로 하는 기타은행non-ring-fenced bank을 별도의 법인으로 독립시키는 것이다.

지주회사 밑에 독립적인 상업은행과 투자은행을 두는 미국이나 우리나라와 비슷하다고 보면 된다. 독립된 자회사가 취급할 수 있는 업무영역은 구체적으로 정해지지 않았지만 영국의 은행들은 2019년까지 두 개의 업무를 분리해서 별도의 자회사로 만들어야 한다. 볼커룰과는 달리 소매은행에서 분리된 투자은행은 자기계정 투자를 할 수 있다. 은행개혁법은 예금이 250억 파운드 이상 되는 대형 은행에만 적용된다. 참고로 영국 최대은행인 바클레이즈의 2011년 말 자산구조를 보면 소매은행이 32%, 투자은행이 68%다.[15]

상업은행과 투자은행을 울타리가 쳐진 자회사로 재편성하는 방안은 영국뿐 아니라 다른 유럽 국가들도 실행하고 있다. 프랑스는 「은행업무의 분리와 규제에 관한 법률(2012.7.26.)」을 제정해서 자산이 일정 규모를 넘는 은행들은 예금을 받고 대출을 하는 전통적 상업은행과 자기계정 투자 등을 주업으로 하는 투자은행으로 분리하도록 했고 독일도 유사한 법률을 제정했다. 유럽연합 차원에서는 은행 구조개혁안인 리카넨 보고서Liikanen Report를 토대로 실행방안을 검토하고 있다. 리카넨 보고서의 권고안 가운데 핵심 사안은 자기매매나 기타 중요한 트레이딩의 비중이 일정수준을 넘어서면 별도의 자회사로 분리한다는 내용이다. 하지만 실무책임을 맡고 있는 EU 집행위원회는 자회사 분리

15 이윤석, 2013, "영국은행들에 대한 링펜싱 제도 도입과 시사점", 금융연구원 주간금융브리프

를 획일적으로 강요하기보다는 회원국 감독당국의 재량에 맡기고, 대신 볼커룰처럼 자기매매에 제한을 두는 방안을 검토하고 있는 것으로 알려졌다. 이는 리카넨 보고서의 원안에서 상당히 후퇴한 내용으로 논란의 불씨를 안고 있다.[16]

〈표 9-4〉 볼커룰과 영국 은행개혁법의 비교

	볼커룰	영국 은행개혁법(비커스 권고안)
취지	은행은 자신의 이익이 아닌 고객에 봉사해야 한다.	사회적으로 유용한 은행(소매은행을 지칭)이 파산했을 때 초래되는 비용과 리스크를 줄인다.
자기매매	몇몇 예외규정은 있으나 전반적으로 금지한다.	울타리 밖에서 이루어지는 자기매매는 제한하지 않는다.
거래상대	미국은행의 글로벌 영업에 제한은 없으나 이 경우에도 볼커룰은 적용된다.	소매은행은 투자은행과도, 역외[16]고객과도 거래할 수 없다.
시행일	2019년부터 시행한다.	2015년 7월 21일부터 시행한다.

은행의 변화

앞서 살펴 본 감독규제가 은행에 주는 메시지는 자기자본을 늘리고 자산규모는 축소해서 레버리지 비율을 낮출 것, 위험한 투자행위를 자제하고 금융 본연의 임무에 충실할 것, 위험이 전이되지 않도록 방어벽을 설치하고 영업구조를 단순화해서 투명성을 높일 것 등으로 요약

16 "Europe Set to Ease Reform on Bank Splits", *Financial Times*, 2014.1.5.

17 유럽경제지역(European Economic Area: EAA, 27개 EU회원국+아이슬란드, 노르웨이, 리히텐스타인) 이외의 지역

할 수 있다. 대형 은행들은 감독당국의 이런 메시지를 얼마나 잘 따르고 있을까?

금융위기를 불러왔다는 원죄의식에다 정부로부터 막대한 구제 금융을 받고 있어서 그런지는 몰라도 대형 은행들은 대체로 감독당국의 의도에 맞추어 변화를 모색하고 있다. 은행으로 변신했지만 아직도 투자은행 성격이 강한 골드만삭스와 모건스탠리를 예로 들면 투자은행 업계의 최전성기였던 2007년과 2013년 9월의 주요 수량지표에 뚜렷한 변화가 나타나고 있다. 6년 사이에 총자산은 20% 정도 감소했는데 자기자본은 2배 가까이 늘었다. 그 결과 레버리지는 30배 내외에서 10배 정도로 크게 낮아졌다.

〈표 9-5〉 골드만삭스와 모건스탠리의 변화

	골드만삭스		모건스탠리	
	2007년 말	2013.9월말	2007년 말	2013.9월말
총자산(억 달러)	11,198	8,967	10,454	8,322
자기자본(")	428	846	313	682
레버리지(배수)	26.2	10.6	33.4	12.2

위험한 투자의 대명사가 된 자기계정 투자는 어떨까? 골드만삭스가 2010년 사업부문을 재편한 데서도 알 수 있듯이 순전히 자기계정 투자만 담당하는 부서를 지금은 찾아볼 수 없기 때문에 재무제표만 봐서는 그 부문의 수익비중을 알기 어렵다. 다만 볼커룰이 본격 논의되기 시작한 이래로 은행들이 자기계정 투자를 줄이고 있는 것은 분명하다.

UBS는 2012년 9월 이 분야의 대부분을 차지하는 채권·외환·상품 분야에서 철수했고 모건스탠리는 트레이딩 부문의 감축계획에 따라 자기계정 투자를 담당하던 팀을 떼어내 헤지펀드를 설립했다. 이 헤지펀드는 모건스탠리와 관계없는 독립회사다. 도이치뱅크는 에너지, 농산물, 금속과 같은 상품거래를 대폭 축소하고 이를 담당하던 200여명을 감원한다고 발표했다.[18] 대형 은행들의 상품거래에 대한 사회적 시선이 곱지 않은 데다 상품가격 하락으로 수익성도 예전만 못 해 이 부문을 줄여나가는 은행들이 많아졌다. JP모건체이스는 상품트레이딩 부문을 매물로 내놓기도 했다.

볼커룰은 은행내부의 역학관계에도 많은 변화를 가져왔다. 트레이딩을 담당하던 직원들이 퇴직해 헤지펀드나 사모펀드로 이직한다는 뉴스가 심심치 않게 나오고 있다. 임원이나 CEO가 되기 위해 반드시 거쳐야 할 트레이딩 부서의 중요성도 낮아졌다. 모건스탠리가 트레이더 출신인 존 맥John Mack 대신 맥킨지에서 컨설턴트를 하던 제임스 고먼James Gorman을 CEO에 발탁한 것은 은행 내의 역학관계의 변화를 보여주는 상징적인 사건이다. 시티그룹, 바클레이즈, 도이치뱅크에서도 비트레이더 출신들이 임원 대열에 합류했다. 이전과는 다른 경력의 사람들이 경영층에 포진하자 은행의 영업 전략에도 변화가 나타났다. 과거와 같은 고위험 - 고수익보다는 전통적인 투자은행 업무와 자산관리에 집중해서 중간 정도의 수익을 거둔다는 목표를 세운 은행들이 많아졌다. 볼커룰이 실행에 들어가기도 전에 볼커는 자신의 뜻을 거의 이루었다는 월가의 코멘트가 나올 정도다.

한편 영국에서는 링 펜스와 관련해 의미 있는 변화가 나타났다.

18 "Deutsche Bank Slashes Commodity Trading Operations", *Financial Times*, 2013.12.5

HSBC가 영국 내의 영업만을 따로 떼어내 분사spinning-off시킬 것이라고 밝힌 것인데 이 계획이 실현되면 최초의 '울타리 쳐진 은행'이 탄생하게 된다. HSBC는 80개국에 자회사를 두고 있고 영국의 자회사는 HSBC Bank PLC다. 이 은행은 투자은행 업무도 하고 있으며 유럽의 여러 나라와 거래관계도 맺고 있어서 그대로는 링 펜스 조건에 맞지 않는다. 따라서 영국 내의 소매금융만 분리해서 별도법인을 만들면 바로 링 펜스 은행이 되는 것이다. 이 계획이 언제 실현될지는 미지수나 대형 은행들이 감독당국의 규제에 끌려 다니지 않고 선제적인 변신을 꾀하려 하는 것은 확실히 달라진 모습이라 할 수 있다.

5 우리나라의 투자은행 육성

"한국판 골드만삭스를 키우자!"

새로운 밀레니엄이 시작된 2000년대에 우리나라의 금융당국, 금융회사들이 내세운 비전이며 희망이었다. 자유화 물결을 타고 엄청난 부를 창출하는 월가와 시티의 대형 금융회사들을 보면서 한국 금융도 언젠가는 이들과 어깨를 견줄 정도로 커져야 한다고 희망했다. 회의적인 의견도 많았으나 삼성전자, 현대자동차의 사례는 우리도 글로벌 금융회사를 키워낼 수 있다는 자신감을 고취시킨 선례가 되었다.

전통적인 상업은행 기능은 진부하고 극복해야 할 대상으로 폄하되었고, 선진금융=투자은행이라는 등식이 금융인들의 머릿속에 자리 잡았다. 2003년 참여정부가 들어서면서 〈동북아금융허브 전략〉을 들고 나오자 글로벌 투자은행의 육성정책에 가속도가 붙기 시작했다.

투자은행 육성은 두 가지 방향으로 추진되었다. 하나는 기존의 투자은행을 인수·합병하는 것이다. 별다른 기반이 없는 상황에서 가장 빠르게 결실을 볼 수 있지만 상당한 리스크가 따르는 방식이다. 또 다른 하나는 투자은행이 자라날 토양을 가꾸기 위해 법적 제도적 장치를 만드는 것이다. 법제화에 시간이 걸리고 효과가 바로 나타나진 않지만 장기적인 시각에서 반드시 필요한 접근방식이다. 2000년대 우리나라는 이 두 방식을 함께 시도했다.

투자은행의 인수 시도

기존의 투자은행을 인수하려는 시도는 글로벌 금융위기의 와중에 이루어졌다. 2007년부터 미국에서는 서브프라임 대출 부실 문제가 수면위로 떠오르고 있었다. 주가 하락, 유동성 부족, 수익 악화의 3중고에 빠진 몇몇 투자은행들이 새로운 자금을 수혈해줄 곳을 찾아 나서자 막대한 규모의 외환보유액을 갖고 있는 아시아 국가들이 관심을 보였다. 우리나라도 그 중의 하나다.

KIC의 메릴린치 투자

당시 정부는 동북아금융허브 육성책의 일환으로 국부펀드sovereign wealth fund인 한국투자공사 KIC를 설립해 운영하고 있었다. 국부펀드는 외환보유액을 좀 더 수익성 있는 투자에 활용하자는 취지에서 만들어진 것으로 중국, 싱가포르, 쿠웨이트에도 있는 국영기관이다. 2005년에 발족한 KIC는 외환보유액을 보수적으로 운용하는 한국은행과 차별화된 전략을 구사할 필요가 있었다. 좀 더 과감한 투자로 높은 수익을 내야만 설립의 정당성을 확보할 수 있었기 때문이다.[19]

19 한국투자공사의 설립을 둘러싸고 한국은행과 당시 재경부 간에 상당한 줄다리기가 있었다. 한국은행은 외환보유액이란 국가적인 외환위기에 대비하려는 성격이 강한 만큼 안정적, 보수적으로 운용하는 것이 옳다는 입장이었다. 반면 재경부는 외환보유액의 규모가 계속 커지고 있으므로 이 중 일부는 수익성 높은 투자에 활용하는 것이 국부를 늘리는 데 기여한다고 생각했다. 진통 끝에 탄생한 한국투자공사로서는 뭔가 가시적인 성과를 내야 한다는 생각이 강했을 것이다.

2008년 1월 KIC는 20억 달러를 메릴린치에 투자한다고 발표했다. 대표적인 국부펀드인 싱가포르의 테마섹이 메릴린치에 50억 달러를 투입했던 터라 안전한 투자로 인식되었고, 주당 90달러를 넘나들던 주가가 50달러 근처까지 내려와 있어 세계적인 투자은행에 투자할 절호의 기회로 여겨졌다. 외환위기를 맞은 지 10년 만에 월가의 대표적인 투자은행의 주주가 된다는 자부심도 있었다.

KIC는 2년 9개월 후에 주당 52.4달러에 보통주로 전환하는 조건으로 우선주를 인수했는데 그때까지 서브프라임 문제가 해결된다면 주가가 위기 이전 수준까지 회복되어 막대한 시세차익을 기대할 수 있었다. 보통주로 전환하는 시점에서 KIC는 테마섹에 이어 메릴린치의 2대 주주가 될 전망(펀드투자자 제외)이었는데 그렇게 되면 세계적인 투자은행의 경영에도 참여할 수 있을 것이었다.

하지만 서브프라임 사태가 악화되면서 주가는 계속 하락했다. KIC는 재협상을 통해 그해 7월에 주당 27.5달러로 조기 전환을 마무리했다. 전환가격을 낮추는 대신 배당을 포기한다는 조건이었는데 과거의 예로 볼 때 메릴린치의 주가가 20달러 이하로 떨어진다는 건 상상하기 어려웠다. 하지만 예상은 빗나갔다. 2008년 10월 메릴린치는 뱅크오브아메리카에 합병되었고 합병은행의 주가는 한 자리까지 추락했다. 2009년 2월말 주가 3.95달러(최저점)로 계산한 KIC의 지분가치는 2억 5천만 달러로 손실률이 80%에 근접했다. 대규모 손해를 입은 건 비단 한국만이 아니다. 싱가포르 투자청, 쿠웨이트 투자청의 손실 규모도 눈덩이처럼 불어났다. 유명 투자은행을 인수하여 단숨에 금융계의 강자로 부상하려는 첫 번째 시도는 이렇게 실패로 끝났다.[20]

20 현재 뱅크오브아메리카의 주가는 17달러 선으로 많이 회복되었지만 아직도 1조 원 가량의 손실을 기록하고 있다.

한국산업은행의 리먼 브러더스 인수 시도

메릴린치와 마찬가지로 리먼 브러더스도 부실자산을 많이 안고 있어 새로운 자본의 수혈이 절실했다. 이 회사는 2008년 들어 70억 달러의 부실자산을 상각했고 120억 달러의 자본을 확충했지만 여전히 유동성 부족에 시달리고 있었다. 수익도 계속 나빠져 3/4분기에 큰 폭의 적자가 날 것이 확실시되었다. 실적발표 전에 투자를 유치해야만 신뢰회복이 가능한 상황이었다. 그만큼 리먼은 위기에 몰렸다. 헨리 폴슨 재무장관의 중재로 워렌 버펫, 뱅크오브아메리카와 벌인 협상까지 실패로 돌아가자 뚜렷한 대안을 찾기 어려웠다. 그래서 접촉한 것이 산업은행이다. 산업은행도 리먼 인수에 큰 관심을 보였다. 리먼의 서울지점장을 지냈던 민유성 행장의 경력과 글로벌 투자은행으로 자리매김하려는 산업은행의 장기비전이 잘 맞아떨어졌던 것이다.

소르킨Sorkin에 따르면 6월초부터 시작된 리먼과 산업은행 간의 협상은 8월초에 타결 직전까지 갔다고 한다. 인수가격은 장부가치의 1.25배, 부실이 확인된 상업용 부동산 자산은 제외하는 조건이었다. 양측의 의견이 접점을 찾으려 할 때 리먼의 CEO 풀트Fuld가 제동을 걸었다. 인수가격 프리미엄을 25%에서 50%로 올리고 상업용 부동산 자산도 함께 인수해야 한다는 조건을 내세웠다. 산업은행으로서는 받아들이기 어려운 수정 제안이었고 이때부터 협상은 표류했다.[21]

리먼과 산업은행의 인수 협상이 처음 공개된 것은 2008년 8월 21일 파이낸셜타임즈에 의해서였다.[22] 신문은 두 금융회사가 50% 지분 인수를 놓고 협상을 벌였지만 결렬되었다고 보도했다. 이때부터 국내에

21 Sorkin, A., 2010, *Too Big to Fail*, Penguin Books, p 212~216

22 "Lehman secret talks to sell 50% stake stall", *Financial Times*, 2008.8.21

서는 리먼 인수를 둘러싼 논쟁이 벌어졌다.

미국의 초대형 투자은행 리먼 브러더스를 인수한다는 것은 이전의 해외투자 사례와는 차원이 전혀 다른 모험이었기 때문이다. 찬성하는 측은 세계 일류 브랜드의 투자은행을 헐값에 인수할 수 있는 기회는 흔히 오지 않는다는 점을 내세웠다. 금융 후진국에서 벗어나려면 실패 위험을 감당하겠다는 과단성과 결단이 있어야 한다고 했다. 다 쓰러져가는 외환은행에 투자해 큰 수익을 거둔 론스타를 마냥 부러워할 것만이 아니라 우리도 성공사례를 만들어가야 자신감을 키울 수 있다고 목소리를 높였다.

반대하는 측에서는 지분 투자와 전면 인수에는 큰 차이가 있다는 점을 지적했다. 헐값에 인수하면 초기 투자비용은 줄일 수 있지만 숨어 있는 위험이 하나씩 드러날 경우 훨씬 큰 비용을 지불할지도 모른다는 것이다. 인수 협상을 잘하려면 상대의 재무 상태를 정확히 파악해야 하는데 지금같이 불투명한 환경에서는 불가능하다고 보았다. 당사자 스스로도 위험이 어디 있는지 모르는 판에 제3자가, 그것도 단기간의 실사만으로 부실자산을 적출해 낸다는 건 기대할 수 없다는 논리다. 더구나 산업은행이 인수한 리먼은 더 이상 리먼이 아닐 수 있다는 우려도 나왔다. 은행의 가장 큰 자산은 우수한 인력인데 한국식 경영문화에 적응하지 못한 핵심인력들이 대거 이탈한다면 무엇이 남느냐는 것이다.

1980년대 후반에 일본의 노무라 증권이 엔고를 앞세워 선물옵션 분야에서 탄탄한 실적을 쌓아온 미국의 GNP상품거래GNP Commodities를 인수한 적이 있었는데 핵심인력이 모두 회사를 떠나자 수익성이 추락해 철수한 사례도 있다. 이밖에 환율이 급등하고 달러가 부족한 상황에서 대규모 해외투자가 옳으냐는 회의론, KIC의 메릴린치 지분투자 손실 경험 등도 산업은행의 리먼 인수 반대논리에 한 몫 했다.

리먼과의 가격협상이 교착상태에 빠지고 반대 여론도 거세지자 2008년 9월 10일 산업은행은 인수협상 중단을 공식적으로 선언했다. 마지막 구명줄이 끊어지자 리먼의 주가는 가파르게 하락했고 5일 후에는 파산을 선언하기에 이르렀다. 글로벌 금융위기가 시작된 것이다.

국내에서는 곧 망할 은행을 인수했더라면 어쩔 뻔 했나 하는 안도감과 함께 인수를 추진했던 산업은행에 비난의 화살이 쏟아졌다. 하지만 산업은행은 리먼 인수가 성사되었다면 금융위기는 막을 수 있었을 것이라고 반박한다. 파산 선고 후 리먼은 바클레이즈와 노무라 증권에 인수되었다. 그때로부터 5년이 지난 지금, 리먼이 이들 금융회사에 이익을 안겨줬다는 사실을 거론하면서 그때의 철회 결정을 아쉬워하는 시각도 있다.

이에 대해서는 정상적인 금융회사를 인수하는 것과 파산 선고를 받은 금융회사를 사들이는 것은 차이가 있으며, 바클레이즈·노무라와 산업은행 또한 다르다는 의견도 있다. 이런 논쟁보다 중요한 사실은 초대형 금융회사를 인수하면 손쉽게 글로벌 금융시장의 강자로 떠오를 수 있다는 발상이 비현실적이라는 것이다. 그런 기회가 다시 찾아올지도 의문이지만 설령 그렇다 하더라도 우리 금융회사들의 실력이나 체력이 뒷받침되지 못하면 실패로 끝날 공산이 크기 때문이다.

투자은행 육성을 위한 인프라 정비, 자본시장통합법

자통법의 제정

한국판 골드만삭스를 키우기 위해 정부가 가장 공들인 작업은 자본시장통합법(일명 자통법)으로 알려진 「자본시장과 금융투자업에 관한 법률」의 제정이다. 정부는 대형 투자은행의 출현을 가로막고 있는 제도적 걸림돌을 크게 두 가지로 보았다.

첫째는 증권업무가 여러 칸막이로 나뉘어져 있는 현실이다. 증권사, 자산운용사, 선물회사, 투자자문사가 따로 존재하고 이들을 감독하고 규제하는 법도 각각 별개였다. 예컨대 증권사가 선물거래를 하려면 증권거래법 말고도 선물거래법에 의해 해당 업무를 인가받아야 하고 상응하는 감독도 받아야 한다. 사정이 이렇다보니 금융회사들은 상호 관련성이 높은 업무를 하고 있음에도 불구하고 다른 영역에 진출할 엄두를 내지 못했다. 고만고만한 규모의 금융회사들만 양산된 이유다.

또 다른 문제는 금융상품의 창의적 개발이 어려웠다. 관련법에는 금융회사가 이러이러한 상품만 취급할 수 있다고 되어 있어 법을 고치지 않으면 새로운 상품을 만들 수가 없었다(열거주의, 포지티브 시스템). 절차적인 문제가 너무 복잡하다 보니 금융혁신에 나서려는 금융회사의 의욕을 꺾는 면이 분명 있었다. 이 두 가지 문제를 해결하고자 한 것이 바로 자통법이다.

자통법은 은행·보험·증권으로 나뉘어 있는 금융시스템의 큰 틀은 유지하면서[23] 증권 분야의 복잡다기한 업무를 하나로 통합해 대형 증권사 또는 투자은행의 탄생을 촉진하겠다는 목적을 갖고 있다. 영국, 호주, 싱가포르, 대만 등이 비슷한 법을 제정해 금융 빅뱅에 나선 것도 자통법을 만든 추동력이 되었다. 자통법은 2006년 2월 17일 정부안이

23 당초 정부는 은행과 보험관련 법률까지 포함한 「통합금융법」을 만들려고 했으나 워낙 작업이 방대하고 이해관계도 복잡하게 얽혀 있어 현실성이 없다고 보고 통합의 필요성이 상대적으로 큰 자본시장만을 대상으로 추진하기로 방침을 정했다.

처음 나온 후 3년여의 여론수렴, 국회 논의 과정을 거쳐 2009년 2월 4일부터 시행되었다.

증권거래법, 선물거래법 등 6개의 법률이 통합되었고 하나의 금융투자회사가 증권의 중개, 자기매매, 펀드판매, 자산운용, 투자자문, 신탁업의 6개 업무를 모두 할 수 있게 되었다. 업무내용 면에서 보면 골드만삭스나 모건스탠리와 다를 바 없는 선진화된 체제를 갖추게 되었다. 또한 열거주의로 되어 있던 취급상품의 범위도 포괄주의(네거티브 시스템)로 바뀌었다. '이러이러한 상품만 팔 수 있다'에서 '저러저러한 상품을 제외하곤 모두 다 팔 수 있다'로 전환되었다. 소비자 보호라든가 위험관리 측면에서 우려되는 몇몇 상품을 제외하면 어떤 금융상품도 만들어 팔 수 있는 길이 열린 것이다.

증권사의 경쟁력을 높여준다는 명목으로 소액 결제도 허용되었다. 이전까지는 고객이 증권사와 거래하려면 반드시 은행을 거쳐야 했다. 그러나 이제는 증권사계정에서 직접 이체가 가능하고 신용카드 결제도 할 수 있게 되었다. 이 문제는 은행의 반발에 부딪쳐 상당한 진통을 겪었다. 그렇지 않아도 대형 투자은행의 출현으로 존립 기반이 위태로워질까 노심초사하던 은행들이 고유의 영역인 지급결제 분야까지 증권사에 내주는 건 용납할 수 없었기 때문이다.

자통법은 투자은행의 전성기였던 2000년대 중반에 입안되었지만 정작 시행에 들어간 건 3년이 지난 2009년이었다. 이때는 글로벌 금융위기의 파장이 세계경제와 금융에 암운을 짙게 드리운 시기였다. 투자은행이 금융위기의 주범으로 몰리면서 지금까지 갖고 있던 통념, 즉 시장은 언제나 옳은 것이고 거기서 막대한 부를 창출해내는 투자은행은 지고지선至高至善이라는 생각이 과연 맞느냐는 비판론과 회의론이 커졌다. 시기를 놓친 듯한 자통법도 동력을 잃고 표류하는 것 아니냐는 걱정도 나왔다. 하지만 한국의 금융역사상 처음으로 실현된 빅뱅에 대한 기대가 더 컸다. 증권과 관련된 모든 업무를 할 수 있는 초대형 금융투자회사가 탄생할 것이라는 기대감, 증권업계에 지각변동이 일어나 인수합병이 활발해질 것이라는 전망, 다양한 금융상품이 제공되어 투자자들의 선택폭이 넓어지리라는 희망이 자본시장을 들뜨게 했다. 하지만 아쉽게도 그런 기대감은 아직까지 현실로 나타나지 않고 있다.

자통법이 겨냥한 효과는 나타났는가?

정부는 M&A가 활발히 이루어져 증권 관련 금융회사의 수는 줄어들고 규모는 커질 것으로 기대했다. 이런 바람이 실현되었는지 보기 위해 투자은행업이 정점을 찍었던 2007년과 최근의 상황을 비교해 보자. 증권회사의 수는 2007년 말 54개에서 2013년 9월말 62개로 8개가 늘었다. 이렇다 할 M&A 없이 새로운 증권사만 설립되었다는 얘기다. 자통법이 윤곽을 그려가던 2007년에 증권사는 '황금알을 낳는 거위'로 지위가 격상되었다. 차분하게 따져보지도 않고 자통법이 큰돈을 벌게 해줄 것이라는 막연한 기대로 중소형 증권사를 사겠다는 수요가 많아졌다. 몸값이 너무 뛰어 매입이 여의치 않자 아예 새로운 회사를 만들기도 했다.

외형은 어떻게 변했을까? 증권사 평균 자산은 2.4조 원에서 4.8조 원으로 두 배가량 커졌고, 자본은 5,500억 원에서 6,700억 원으로 20% 정도 확대되었다. 긍정적인 변화임엔 틀림없으나 자통법이 겨냥했던 수준에는 미치지 못한다. 대형 5개사[24]만 보면 1사당 평균 자산이 23.2

24 우리투자증권, 대우KDB증권, 한국투자증권, 삼성증권, 현대증권

조 원, 자본이 3.4조 원으로 커졌지만 벤치마크 대상인 미국의 대형 투자은행과 비교하면 턱없이 모자란다. 2013년 9월말 골드만삭스와 모건스탠리 양사의 평균 자산은 930조 원, 자본은 82조 원으로 우리나라 대형사의 40배, 24배에 이른다. 미국 경제 규모가 한국보다 15배 정도 크다는 점을 생각하면 투자은행 간의 격차가 훨씬 더 벌어져 있음을 알 수 있다. 물론 100년 이상의 역사에 세계 전체가 무대인 이들 투자은행과 직접 비교하는 건 무리라 하더라도 자통법 시행 4년이 지난 지금 만족할 만한 성과가 나타나고 있지 않은 건 분명해 보인다.

〈그림 9-3〉 증권사 평균 자산과 자기자본(억 원)

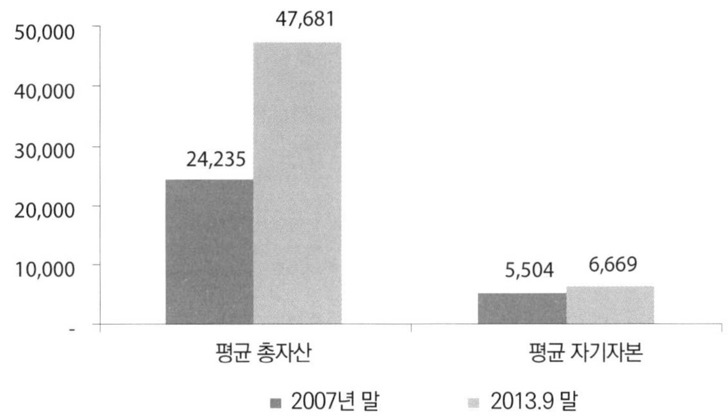

문제는 또 있다. 수탁수수료에 의존하고 있는 수익구조다. 2012년 증권사 전체의 수익을 업무내용별로 구분해 보면 수탁수수료 비중이 33%로 가장 크다. 10% 정도인 글로벌 투자은행보다 3배가량 높다. 증권사 간의 경쟁 심화로 수수료율이 바닥수준까지 떨어져 있어 증권사 수익을 나쁘게 만드는 원인이 되고 있다. 자기매매 트레이딩에서 버는 수익 비중이 31%로 그 다음이고 글로벌 투자은행들이 최근 중점을 두고 있는 자산운용과 M&A는 7.7%, 3.4%로 낮은 편이다.

그러나 2007년과 비교해 보면 증권사의 수익구조가 점차 투자은행답게 변모하고 있음 또한 분명하다. 아직도 수탁수수료 비중이 가장 높긴 하지만 2007년의 51%에 비해서는 크게 낮아졌다. 2007년에는 자기매매가 22%였고 자산운용과 M&A가 각각 0.8%, 4.9%로서 미미했던 것에 비하면 상당한 변화를 보인 셈이다.

〈표 9-6〉 우리나라 증권사의 부문별 수익구조 변화(%)

	수탁수수료	자기매매	IB+자산관리	기타
2007년	51.0	22.0	5.7	21.3
2012년	33.4	31.1	11.1	24.4

열거주의에서 포괄주의로 바뀐 금융상품 분야는 어떨까? 랩어카운트, ELS, ETF와 같은 신상품이 많이 나오고 있는 건 분명하지만 과연 사람들의 투자행태도 그에 맞춰 변했을까? 자금순환표를 이용해 기업과 가계의 금융자산 구조를 들여다보면 일말의 단서를 파악할 수 있다. 금융자산 형태를 은행예금, 자본시장 상품, 보험·연금의 셋으로만 구분해서 비중을 구해보면 자본시장 상품은 2007년 45%에서 2013년에 35%로 낮아졌다. 글로벌 금융위기를 겪으면서 자본시장에 대한 인식이 부정적으로 바뀐 탓이 가장 크긴 하지만 다양한 금융상품을 제공

하겠다는 자통법의 취지가 아직은 실현되지 못한 것으로 보인다.

〈표 9-7〉 기업/가계의 유형별 자산보유 비중 변화

	예금	자본시장	연금보험
2007년말	38.8	45.4	15.9
2013년 9말	44.1	35.3	20.6

자통법의 개정, 10-10 비전의 제시

자통법이 시행될 때만 해도 증권사와 자본시장은 새로운 엘도라도가 눈앞에 펼쳐질 것처럼 희망과 낙관에 부풀었다. 하지만 자본시장은 한 단계 더 도약하지 못했고 증권사들도 수익 악화에 시달리고 있다. 무엇이 잘못되었을까? 놀라운 건 자통법의 효과가 나타나지 않고 있는데도 철저한 원인분석을 찾아보기 어렵다는 사실이다. 3년여의 검토와 첨예한 논쟁을 거쳐 이루어진 금융 빅뱅이었는데도 말이다. 이런 점을 의식해서 정부는 2011년부터 자통법의 개정을 추진했고 2년여의 논의를 거쳐 2013년 8월 29일 개정법을 시행했다.

개정된 자통법은 규모에 따라 증권사가 취급할 수 있는 업무를 차별화하는 것이 핵심내용이다. 업계의 자율적 조정으로 대형 투자은행이 탄생하기를 기다렸지만 기대가 무산되자 일정규모 이상의 회사에만 인센티브를 주기로 했다. 자기자본이 3조 원이 넘는 증권사를 '종합금융투자사업자'로 지정하고 기업대출이나 프라임 브로커리지prime brokerage와 같은 새로운 업무를 허용하기로 했다.

예컨대 대형 증권사는 M&A를 주선하는 데 그치지 않고 인수합병에 들어가는 자금을 빌려줄 수 있다. 또한 프라임 브로커리지를 할 수 있는데 이 업무는 헤지펀드에 서비스를 제공하고 수수료를 받는 수익성 높은 영역이다.[25]

헤지펀드가 돈을 모아 투자할 때 거래를 대신해 주거나 결제를 도와준다. 때로는 헤지펀드에 대출을 해주고 특정 증권을 요구하면(공매도를 하기 위해서일 것이다) 증권을 빌려준다. 나아가 헤지펀드에 투자할 만한 큰손을 물색해 연결해 주기도 한다. 프라임 브로커리지를 허용해도 고객이 되어야 할 헤지펀드가 존재하지 않는다면 개정법의 효과를 장담할 순 없다. 현재로서는 외국계 헤지펀드가 국내 증권사의 도움을 필요로 할 가능성이 낮으므로 한국형 헤지펀드를 얼마나 키워내느냐가 관건이 될 것으로 보인다.[26]

정부가 2013년 11월에 발표한 '금융업 비전 10-10 밸류 업value-up'은 자본시장뿐 아니라 금융 전반에 걸친 경쟁력 강화 방안을 담고 있다. 10년 내에 금융업의 부가가치 비율을 10%까지 올리겠다는 계획이다. 〈2장〉에서 살펴본 대로 금융업의 부가가치와 금융시스템 구조 사이에는 밀접한 관련이 있다. 은행보다는 시장에 무게중심을 두어야 부가가치가 올라간다. 가장 시장중심적인 미국이나 영국도 금융업 비중이 7~8%대인데 우리가 이 비율을 10%까지 올리겠다는 건 야심찬 목표다. 초대형 투자은행이 출현해서 높은 수익을 내야만 달성 가능하다.

이런 점을 염두에 두어서인지 이 계획은 증권사간의 M&A 촉진을

25 골드만삭스는 프라임 브로커리지를 '기관투자가고객 서비스Institutional Clients Services' 사업부문에 포함시키고 있다. 프라임 브로커리지에서 얼마만큼의 수익이 발생하는지는 세부통계를 발표하지 않아 알기 어렵지만 헤지펀드의 수익률이 높은 만큼 상당한 이익을 거두는 것으로 알려져 있다.

26 한국형 헤지펀드의 규모는 2013년 9월 현재 1조 5천억 원 정도로 파악된다. "프라임 브로커, 헤지펀드 세일즈 본격 가동", 머니투데이, 2013.9.2

내세우고 있다. 경영이 부진한 증권회사에 시정조치를 내려 구조조정을 앞당기고 자발적으로 뭉치는 증권회사들에게는 인센티브를 주어 대형화를 유도한다는 것이다. 개정된 자통법의 효과를 크게 하기 위해 사모펀드를 늘리겠다는 내용도 있다. 사모펀드 설립자의 요건을 완화해 진입장벽을 낮추고 등록제에서 보고제로 전환한다는 것이다.

이번에는 정부의 의도가 결실을 맺을 수 있을까? 대형 증권사에게 차별화된 업무를 허용하고 사모펀드를 육성하겠다는 계획은 진일보한 내용으로 평가받지만 세계 일류의 투자은행을 키우는 데는 한계가 있다는 시각도 많다. 아무리 판을 잘 깔아줘도 현장에서 뛰는 플레이어들이 소극적이라면 정책효과를 거두기 어려워서다.

우리나라 증권사들은 대부분 재벌의 계열사인 경우가 많다. 그룹에서 이루어지는 거래만으로도 생존이 가능한데 구태여 높은 리스크를 부담할 이유가 없다는 것이다. 실적에 근거한 보상체계가 자리 잡아가고 있지만 아직도 미흡한 점이 많고 여론의 스포트라이트를 잘못 받으면 형사상 책임까지도 져야 하는 사회 분위기에서 과감한 위험투자란 말처럼 쉽지 않다.

글로벌 금융위기 이후 투자은행에 대한 민형사상 소송이 잇따르고 거액의 벌금이 부과되는 현실도 플레이어들을 위축시키기에 충분하다. 월가로 대표되는 현대식 금융에 대한 거부감에 강화된 벌칙과 규제가 합쳐져 투자은행의 생장환경은 그 어느 때보다 열악해졌다. 대형사 몇 개가 하나로 뭉친다 해도 글로벌 환경에서 살아남는다는 보장은 없다. 결국 새로운 자본이 투입되어야 골드만삭스에 필적할 만한 덩치로 키울 수 있는데 문제는 그만한 재원을 구할 수 있느냐는 것이다.

현실적인 제약요인들을 두루 감안하면 초대형 투자은행 육성이라는 프로젝트가 우리나라에 꼭 필요한가라는 의문이 들기도 한다. 그래서 더 이상 대형화에 집착할 것이 아니라 작은 덩치에 맞는 틈새시장을 찾아내 공략하는 것이 우리 실정에 맞는 금융경쟁력 강화 책략이라는 주장이 나오기도 한다.

월가 금융회사들의 천문학적인 벌금 납부

글로벌 금융위기 이후 월가의 대형 금융회사들은 각종 부당행위에 연루된 혐의로 거액의 벌금을 추징당하고 있다. 파이낸셜타임즈의 집계에 따르면 2014년 3월까지 이들에게 부과된 벌금의 건수는 200건, 액수는 무려 995억 달러(104조 원)에 달한다.[27]

적용된 혐의도 모기지 증권의 불법 판매, 주택 압류절차 남용, 돈세탁 방지의무 소홀, 리보조작, 정보제공의무 소홀 등 실로 다양하다. 금융회사들에 벌금을 추징하는 주체도 법무부, 재무부, 연준, 은행감독청, 상품선물거래위원회, 주정부 등 한두 군데가 아니다. 자칫 잘못하면 복수의 감독기관에 돌아가며 벌금을 내야 한다. 벌금 추징은 2012년부터 급증하기 시작했는데 이는 불법을 저질러 금융위기를 몰고 온 금융회사들에 대한 징벌이 너무 가볍다는 여론과 의회의 압력에 따른 것이다. 오바마 행정부는 이런 여론을 의식하여 벌금 추징을 위한 태스크포스를 2012년에 만들었다.

가장 벌금을 많이 낸 금융회사는 JP모건체이스다. 2013년 10

27 "Banks pay out $100bn in US fines", Financial Times, 2014.3.25

월에는 역사상 최고액인 130억 달러의 벌금을 내기로 미 법무부, 연방주택금융공사와 합의했다. 이밖에 런던고래사건 등까지 합하면 2013년 이 은행이 내기로 한 벌금 액수는 약 220억 달러에 이른다.

그동안 금융당국의 단골 타깃은 골드만삭스였는데 이제는 그 자리를 JP모건체이스가 대신하고 있다. 이 은행은 벌금뿐 아니라 중국에서 고위층 자제를 불법 채용한 것을 두고도 조사를 받고 있다. 이렇게 된 원인은 무엇일까? JP모건체이스가 자초한 일이라는 분석이 설득력이 있다.[28] 우선 덩치가 커져 1위 타깃이 되었다. 이 은행의 자산은 2.3조 달러로 세계 최고다. 거기다 업무다변화를 의욕적으로 추진한 결과 온갖 군데서 위법행위가 적발되고 있다. 또 다른 이유는 최고경영자 제이미 다이먼 Jamie Dimon의 개인적 성향 때문이다.

JP모건체이스를 '제이미의 은행'이라고 부를 정도로 그는 막강한 영향력을 행사하고 있다. CEO면서 동시에 이사회 의장까지 겸하고 있다. 철저한 자유시장주의자인 그는 규제강화에 나선 금융당국에 때로는 직설적인 비판도 서슴지 않는다. 은행 CEO의 고액 연봉이 비판대상이 된 상황에서도 그는 자신의 연봉을 74% 올린 2,000만 달러로 책정하여(2013년) 당국의 분노를 사기도 했다. 그가 뛰어난 은행가임에는 틀림없지만 금융당국의 심기를 계속 건드리는 한 JP모건체이스의 앞날이 그리 밝지만은 않을 듯하다.

28 "JPMorgan has made itself a target for regulators", *Financial Times*, 2013.9.25

10장

빛과 그림자
– 그림자금융

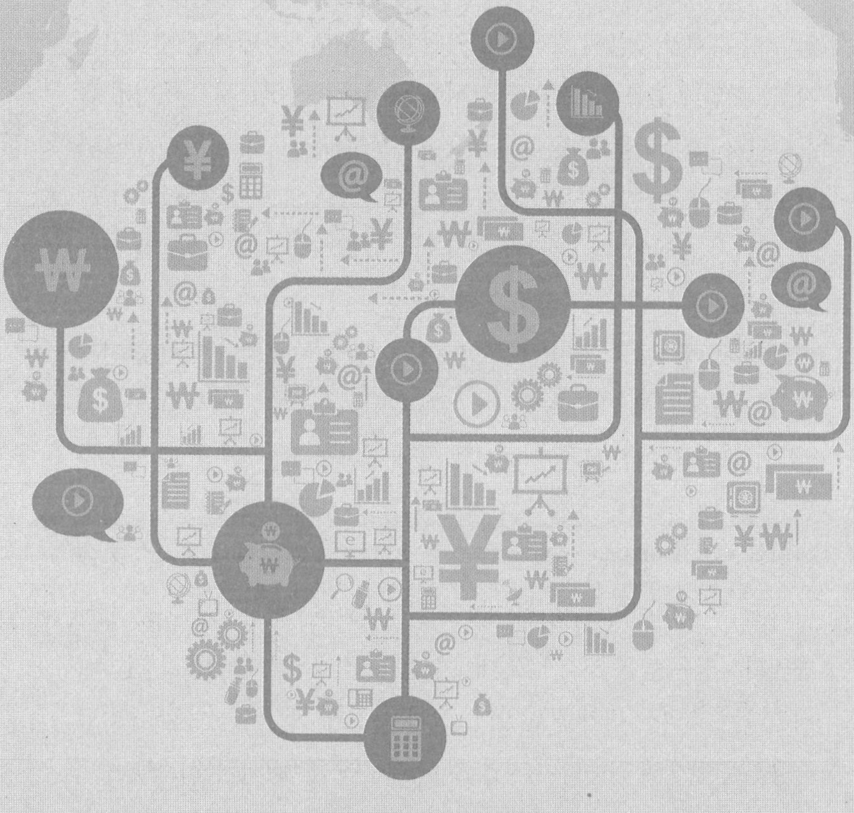

빛과 그림자

그림자금융shadow banking은 글로벌 금융위기 이후 널리 사용되고 있는 용어 가운데 하나다. 이 말을 처음 쓴 사람은 대형 채권투자회사 핌코PIMCO의 전무이사 맥컬리McCulley였다. 2007년 캔자스 연준이 주최한 잭슨 홀 심포지엄에 참석한 후 기고한 소논문 "티탄 회고Teton Reflection"에서 그림자금융이란 용어를 최초로 사용했다(티탄은 심포지엄 장소를 둘러싸고 있는 웅장한 산의 이름이다).

2007년 심포지엄의 주제는 주택가격과 통화정책이었다. 서브프라임 부실 문제가 조금씩 드러나고 있던 터라 주택가격에 버블이 끼었는지, 그로 인해 금융시스템의 안전성에 적신호가 켜졌는지가 초미의 관심사였다. 맥컬리는 콘딧conduit, 특수목적회사SPV 등 실체가 없으면서도 사실상 중대한 금융행위를 하는 기구들을 그림자은행이라 칭하고, 여기서 발생할지도 모르는 대량 인출사태가 금융의 시스템적 리스크를 가져올 것이라고 주장하였다.

그림자금융이라는 용어를 쓴 건 아니지만 비슷한 아이디어를 먼저 제시한 사람은 현 인도중앙은행 총재 라잔Rajan이다. 그는 2005년 잭슨 홀 심포지엄에 발표자로 참석해 미국 대형 은행들의 리스크 노출수위가 높아져 주의해야 한다고 경고했다. 2005년의 캔자스 연준 심포지엄은 그린스펀 연준 의장의 퇴임을 앞두고 그의 업적을 기리는 자리였다. 그린스펀이 만들어 준 저금리환경 덕분에 팽창일로를 달려 온 증권화시장은 높은 리스크의 대출을 낮은 리스크의 증권으로 탈바꿈시켰다는 호의적 평가를 받았다. 그가 추진해 온 금융자유화는 첨단 금융상품 탄생의 원동력이 되었고, 그 때문에 세계의 금융시스템은 더 안전해지고 더 많은 부를 만들어 낼 수 있었다는 찬사도 받았다.

라잔은 이런 분위기에 전혀 어울리지 않는 주장을 펼친 셈이어서 참석자들로부터 신랄한 비판을 받았다. 전 재무장관 섬머스Larry Summers는 라잔의 관점은 잘못되었고 그는 시장에 적대적인 현대판 러다이트 운동 지지자라고 혹평했다. 규제 일색의 옛날로 돌아가자는 거냐는 비아냥거림도 나왔다. 하지만 3년 후 세계 금융시장이 혼돈에 휩싸이자 그의 주장은 재조명받게 되었고 라잔은 일약 스타 경제학자로 떠올랐다.

당시 유행하던 증권화를 통해 은행이 높은 리스크의 대출을 대차대조표에서 털어냈다면 은행 시스템은 더 안전해졌어야 한다. 하지만 통계를 분석해 보면 전혀 그렇지 않은 것으로 드러나는데 그 이유는 무엇일까? 이것이 라잔이 품은 의문이었다. 그는 금융자유화, 증권화가 인센티브 체계를 왜곡시킨 것이 근본 원인이라고 진단했다. 수익률이 높은데도 돈을 잃을 리스크는 적은 복합금융상품들이 우후죽순 격으로 생겨났고 여기에 너무 많은 돈이 몰려들어 잠재적 위험이 커졌다는 것이다. 그는 채권이 부도날 때 보험금을 지급하는 신용부도스왑credit default swap을 예로 들었다. 금융시스템의 리스크가 극히 낮다고 생각한 금융회사들이 신용부도스왑을 팔아 보험료를 챙기고 있지만 그들의 기대와는 달리 대량 부도의 발생 가능성이 커지고 있어 큰 위기에 처할 수 있다는 것이다. 라잔은 지금 우리가 그림자금융이라 부르는 현상을 체계적으로 분석한 최초의 학자라 해도 틀린 말은 아니다.

1 그림자금융의 구성 요소

많은 사람들이 그림자금융이란 말을 쓰고 있지만 누구나 동의하는 정의가 있는 건 아니다.

바젤위원회 산하 금융안정위원회FSB는 그림자금융을 두 가지 개념으로 보고 있는데 넓은 뜻으로는 "은행시스템 밖에서 은행과 비슷한 신용중개기능을 제공하는 기관 및 활동[1]"으로 정의한다.

"은행시스템 밖에서"라는 말은 그림자금융의 주체가 공적인 감독규제대상이 아니어서 예금보호제도라든가 중앙은행의 유동성 지원을 받을 수 없다는 뜻을 내포한다(은행은 규제대상이고 공적인 지원을 받는다).

증권사, 보험사, 연금기금, 여신전문금융회사, 펀드 등 은행을 제외한 모든 금융회사가 여기에 해당된다.[2]

"신용중개기능을 제공하는"이라는 말은 은행처럼 예금을 받거나 대

1 "the system of credit intermediation that involves entities and activities outside the regular banking system", FSB, 2011, "Shadow Banking : Scoping the Issues"

2 비은행 금융회사들도 해당 법률에 의해 규제를 받는다. 다만 예금보호제도가 없고 중앙은행의 정책대상이 아닐 뿐이다.

출을 해주는 형태는 아닐지라도 돈을 조달해서 누군가에게 빌려준다는 점에서 은행과 비슷하다는 의미이다. 비은행 가운데 연금기금은 이 정의에 부합되지 않는다.

한편 좁은 뜻으로는 "비은행 신용중개 가운데 ①만기 및 유동성변환, 신용리스크의 불완전한 이전, 레버리지 등을 통해 시스템적 리스크를 유발하거나 ②규제차익regulatory arbitrage을 추구하는 부문[3]"으로 정의하고 있다. 은행을 뺀 금융회사 모두를 그림자금융이라고 하면 이해가 쉽고 통계작성에도 편리한 점이 있지만 표적이 너무 넓어 정책의 실효성이 떨어지는 단점이 있는데 이를 보완한 것이다.

그러면 FSB는 구체적으로 어떤 금융활동을 그림자금융으로 보는 걸까? 협의의 정의에는 어려운 전문용어가 많이 포함되어 있지만 핵심 메시지는 간단하고 분명하다.

돈을 많이 빌리되(높은 레버리지) 짧게 빌려 긴 만기의 금융상품에 투자하는 행위(만기 및 유동성변환), 구조화증권, 신용부도스왑credit default swap 등 신용리스크 이전credit risk transfer을 위해 설계된 각종 파생금융상품이 제 기능을 다 하지 못하는 상황(불완전한 신용리스크 이전), BIS가 정한 의무 자본을 조금이라도 줄여보려고 증권화라는 편법을 동원하는 행위(규제차익 추구)가 바로 그림자금융을 구성한다는 것이다.

이를 축약적으로 표현하면 ①증권화와 ②단기도매금융short-term wholesale financing, SWF의 두 가지로 요약할 수 있다.

다시 말해 한쪽에서는 각종 대출채권을 모아 증권으로 만들어 팔고,

3 Subset of non-bank credit intermediation where there are (i) developments that increase systemic risk (in particular maturity/liquidity transformation, imperfect credit risk transfer and/or leverage), and/or (ii) indications of regulatory arbitrage that is undermining the benefits of financial regulations, FSB, 전게서

다른 한 쪽에서는 가공된 증권에 투자하기 위해 거액의 단기자금을 빌리는 행위가 그림자금융을 형성하는 두 개의 축two pillar, 두 개의 핵심 기능이라는 것이다. 두 개의 축에 대해 하나씩 알아보자.

2 증권화

자금을 중개하는 방식에는 두 가지가 있다. 첫째는 전통적인 은행의 중개방식으로 "대출을 일으킨 후 끝까지 보유하는 모델originate-to-hold model"이다. 예금을 받아 대출을 해준 다음 만기 때까지 그대로 갖고 있는 방식이다. 해당 은행에서 모든 절차가 완결되니 자금중개의 사슬이 짧고, 문제가 발생한다 해도 다른 은행까지 피해를 입을 우려가 그다지 크지 않다.

"대출을 일으킨 후 분배하는 모델originate-to-distribute model"은 대출채권을 만기까지 보유하지 않고 증권으로 만들어 내다파는 새로운 중개방식으로 증권화라고도 한다. 다수의 금융회사들이 연관되어 있어서 중개 사슬이 복잡하고 길다. 한쪽에서 문제가 터지면 연결통로를 타고 순식간에 파장이 번져 모든 금융회사들이 파국을 맞는 시스템적 리스크가 잠재해 있다. 이 모델은 은행의 전통적 자금중개방식을 빠른 속도로 대체해 왔는데 그 배후에는 세 가지 동력이 자리하고 있다.

첫째는 은행과 시장 간의 경쟁심화다. 규제완화의 물결로 시장의 힘은 점점 강해졌고 은행은 생존을 위해 변신을 꾀하지 않을 수 없었다. 만기까지 대출이자만 받고 있는 것보다는 증권으로 만들어 팔면 차익을 남길 수 있고 새로운 재원으로 대출을 할 수도 있어 수익에 도움이 된다. 수익률 전쟁에서 시장과 대적할 수 있는 신형무기가 생긴 셈이다. 둘째는 BIS자기자본 규제의 영향이다. 위험자산을 많이 가질수록 자본을 더 쌓아야 했기 때문에 은행으로서는 어떻게 해서든 위험자산을 줄이려는 유인이 컸다. 신용위험이 높은 대출을 증권으로 바꾸면 위험가중치를 크게 낮출 수 있으니 증권화는 은행의 필요에 딱 맞는 방식이었다. 셋째는 기술발전이다. 금리, 만기, 신용도가 제각각인 대출채권을 한데 모아 맞춤형 증권으로 만들려면 복잡한 계산이 필요한데 때마침 발전한 금융공학이 그 역할을 해 주었다.

증권화는 어떻게 이루어지나?

증권화는 대출이라는 기초자산을 재료로 해서 진행된다. 은행의 모기지대출과 기업대출, 카드사의 카드론, 캐피탈사의 오토론 등 이자가 발생하는 자산이라면 무엇이든 재료가 된다. 미국에서는 모기지대출만 전문적으로 취급하는 은행도 있다. 대표적인 회사가 컨트리와이드Countrywide사로 금융위기의 진원지가 되었던 곳이다. 이들은 보통 은행처럼 점포를 많이 운영하지 않고 모기지 브로커를 고용해 대출을 일으킨다.

재료가 되는 대출의 종류에 따라 증권의 명칭도 달라진다. 주택저당대출이면 RMBSresidential mortgage-backed securities, 상업용 부동산대출이면 CMBScommercial mortgage-backed securities, 오토론이나 학자금

대출이면 ABS[4]asset-backed securities, 대출이면 CLOcollateralized loan obligation라고 부른다.

일단 대출이 실행되면 금융회사는 대출채권을 매각할 준비를 한다. 전통적인 자금중개에서의 대출재원은 주로 예금이지만 증권화에서는 대출을 팔아 마련한 돈이 재원이 된다. 그러면 대출채권을 사주는 주체는 누구일까? 바로 은행이 설립한 페이퍼컴퍼니인 콘딧conduit이다.

콘딧이란 '관管'을 뜻한다. 물이나 석유가 흐르는 파이프처럼 돈이 흘러 다니는 곳이라는 의미에서 붙여진 말이다. 자체적으로 독립된 기능을 하는 게 아니라 증권화의 수단으로만 이용된다. 여러 금융회사에서 대출을 넘겨받아 이를 기초로 증권을 만들어 파는 역할을 하는데 법적으로는 독립되어 있지만 사실상 은행과 일심동체다. 증권화가 성공하려면 콘딧은 두 가지 과제를 잘 해결해야 한다. 첫째는 자금조달이고 둘째는 증권의 신용도를 끌어올리는 일이다.

콘딧의 자금조달

콘딧은 CP를 발행해 조달한 돈으로 대출채권을 사들인다. 증권화의 첫 단추를 성공적으로 꿰려면 대출을 매각한 금융회사에 돈이 원활히 흘러갈 수 있도록 CP를 잘 소화시켜야 한다. 〈5장〉에서 보았듯이 CP는 리스크가 높은 금융상품이어서 두 가지 신용보강장치를 덧붙이는데, 하나는 대출을 기초로 발행한 ABS 등을 담보로 제공하는

4 ABS는 증권화의 대표명칭이다. 따라서 RMBS, CMBS, CLO도 ABS의 일종이다. 하지만 이들 증권은 기초자산별로 명칭을 따로 갖고 있기 때문에 이를 제외한 자산(오토론, 학자금대출 등)을 기초로 한 증권만 ABS라고 부르기도 한다.

것이고(ABCP), 다른 하나는 콘딧을 설립한 은행(스폰서)이 보증을 서주는 것이다.

예컨대 모은행은 콘딧이 부도나더라도 발행된 ABCP의 60%는 대신 갚겠다고 약속할 수 있다. 공식보증 말고 '평판보증reputational guarantee'도 있다. 60%만 보증한다고 했지만 금융시장에서의 평판을 의식한 모은행이 부도사태 발생시 100% 책임질 것이라는 암묵적 동의가 그것이다. '평판보증'은 은행에도 유리한 면이 있다. 겉으로 드러나는 공식보증보다 암묵적인 보증의 비율을 높이면 의무적으로 쌓아야 하는 자본을 줄일 수 있어서다. 이런 신용보강에 힘입어 콘딧이 발행하는 ABCP는 현금처럼 리스크 없는 투자수단으로 인식되었다.

〈그림 10-1〉 콘딧의 자금조달

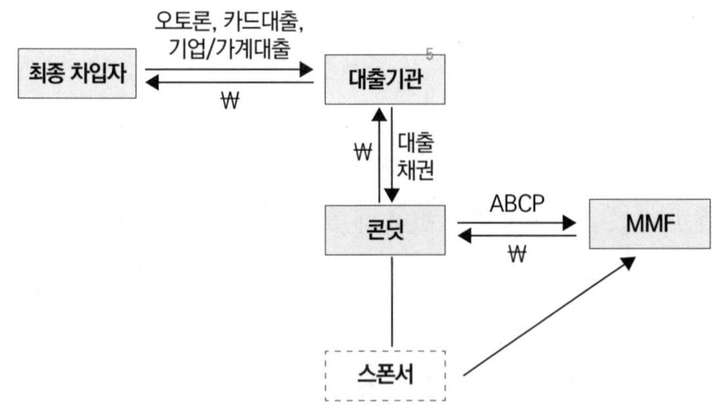

5 모기지 대출 전문은행, 상업은행, 투자은행

만약 모은행이 공식적으로 약속한 60%만 갚아주고 나머지는 모르겠다고 하면 어떻게 될까? 은행이 그렇게 나오면 ABCP를 매입한 투자자로서는 어찌 해볼 도리가 없다. 콘딧의 설립주체이긴 하지만 공식 보증 이외에 은행에 법적인 책임을 물을 수는 없어서다. 이런 일이 벌어질 수 있을까? 보통 때라면 상상할 수 없겠지만 금융위기가 모든 은행을 덮쳐 유동성 부족이 심각해지면 얼마든지 일어날 수 있다. 공포가 금융시장을 휩쓸 테고 은행의 '평판보증'을 믿지 못하는 투자자들이 콘딧의 ABCP를 사지 않을 테니 시장이 붕괴되는 건 한순간일 것이다. 실제 이런 사태가 글로벌 금융위기 때 일어났다. 숨어 있던 리스크가 대번에 모습을 드러낸 것이다.

증권의 신용도 보강

콘딧의 두 번째 과제는 증권의 신용도를 높이는 일이다. 원재료인 대출에서 발생하는 현금은 중간 수수료를 제외하고 증권에 투자한 사람에게 돌아간다. 따라서 증권이 믿을 만한가는 대출의 건전성 여부에 달려있다. 대출을 받은 사람이 제때에 이자를 내지 못하거나 원금을 갚지 못하면 그에 연계되어 있는 증권도 부실화될 수밖에 없다. 하지만 특정 증권에 어떤 대출이 연계되어 있는지 투자자로서는 알 수 없고 더더구나 신용리스크를 평가하기란 불가능에 가깝다. 이런 상황에서 투자자를 안심시키려면 증권의 퀄리티를 높여야 한다. 증권화기법은 이런 목적을 달성하는 데 적합하다. 양질의 재료를 쓰면 좋겠지만 꼭 그렇지 않더라도 문제는 없다. 유통기한이 지났거나 원산지가 의심되더라도 잘만 요리하면 맛깔난 음식으로 재탄생시키는 마술을 부릴 수 있다.

이런 연금술이 어떻게 가능할까? 비밀은 증권을 신용도별로 조각내어 파는 트란싱tranching 기법과 기초자산을 구성하는 다수의 대출이 동시에 부실화될 확률은 극히 낮다는 가정에 숨어 있다.

서브프라임 대출을 기초자산으로 하는 MBS를 예로 들어보자. 하나의 MBS는 세 개의 트란쉐(또는 조각)로 나뉘어 발행된다. 신용등급이 가장 높은 상위 트란쉐senior tranche, 중간 정도인 중위 트란쉐mezzanine tranche, 가장 열악한 하위 트란쉐equity로 나뉜다. 보통의 채권이 하나의 신용등급을 갖는 데 비해 MBS는 다양한 등급을 갖는 부분채권으로 구성된다. 상위 트란쉐는 AAA 등급으로 전체 MBS의 80% 정도고, 중위 트란쉐는 AA~BBB급으로 18%, 하위 트란쉐는 투기등급(BB 이하)으로 2% 정도를 차지한다.[7] 액면 100만 달러의 MBS가 있다면 상중하 트란쉐의 발행액은 각각 80만 달러, 18만 달러, 2만 달러가 된다.

〈그림 10-2〉 서브프라임 MBS의 구조

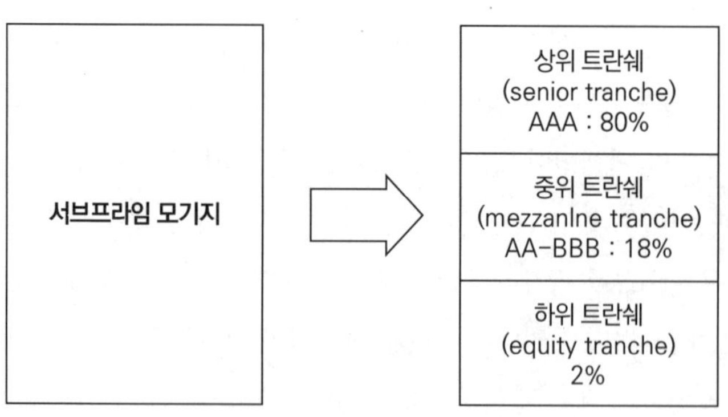

7 Pozar, Z., 2008, "The Rise and Fall of Shadow Banking System", *Regional Financial Review*, Moody's

트란싱을 한다고 전체 리스크를 줄일 수 있는 건 아니지만 기초자산의 리스크를 하위 트란쉐에 집중시켜 중상위 트란쉐를 안전하게 보호할 순 있다. 예컨대 기초자산인 서브프라임 대출이 부도가 나면 가장 먼저 하위 트란쉐를 매입한 투자자가 손실을 입는다. 부도가 계속 이어져 하위 트란쉐 가치가 완전히 소멸된 후에야 중위 트란쉐 투자자에게 피해가 돌아간다. 중위 트란쉐의 가치가 제로가 되면 그때서야 상위 트란쉐를 매입한 투자자들이 손해를 입는다. 서브프라임 대출에서 상당한 부실이 발생해 중하위 트란쉐가 모두 휴지조각이 되지만 않는다면 상위 트란쉐는 안전하다. 반면 하위 트란쉐는 리스크가 농축되어 있어 가장 위험하다.

여기서 드는 의문은 최상등급의 트란쉐 비중이 어떻게 80%나 될 수 있느냐는 것이다. 보통 채권의 신용등급은 정규 분포에 가깝다. 최상등급과 투기등급은 적고 중간등급이 많다는 얘기다. 그런데 MBS의 경우에는 최상등급이 무려 80%나 된다. 어떻게 이런 일이 가능할까?

3개의 트란쉐(각 비중 80%, 18%, 2%)로 구성된 액면 100만 달러 MBS가 있고 기초자산은 1만 달러 상당의 서브프라임 대출 100개로 이루어져 있다고 하자. 이 가운데 두 개의 대출이 부도가 나면 하위 트란쉐는 모두 사라진다. 두 개쯤은 쉽게 부실화될 것 같은데 꼭 그렇지만도 않다. 과거 통계를 보면 서브프라임 대출의 부도 확률은 10% 정도니까 대출 2개가 동시에 부도날 확률은 0.1×0.1=0.01, 즉 1%밖에 되지 않는다. 상당히 낮은 확률이다. 이런 계산 뒤에 숨어 있는 가정은 무엇일까? 개개의 서브프라임 대출이 독립적인 사건이라는 생각이다.

다시 말해 A라는 사람이 빌린 대출이 부도날 사건과 B라는 사람이 빌린 대출이 부도날 사건은 전혀 별개의 사태라는 말이다. 독립적인 사건이 동시에 발생할 확률은 각 사건의 확률을 곱한 것이어서 상당히 낮다. 이런 생각에는 대공황 이후 여러 지역에서 동시에 집값이 떨어진 적이 없었던 미국의 역사적 경험도 한 몫 했다.

우리는 〈2장〉에서 다양한 자산으로 포트폴리오를 구성하면 리스크를 낮출 수 있지만 그러기 위해서는 자산가격의 독립성을 전제해야 한다는 것을 설명한 바 있다. MBS의 경우도 마찬가지다. 기초자산을 이루는 수많은 서브프라임 대출의 독립성을 가정해야만 개별 트란쉐의 가치소멸 확률이 지극히 낮다는 사실을 이해할 수 있다. 중위 트란쉐가 통째로 사라질 확률은 더더욱 작다. 하위 트란쉐가 사라져도 18개의 서브프라임 대출이 추가로, 그것도 동시에 부도가 나야 하기 때문이다.

이렇게 보면 상위 트란쉐의 비중이 80%나 되는 사정을 이해할 수 있다. 월가의 금융공학자들은 기초자산인 서브프라임 대출의 신용등급이 낮더라도 개별 대출의 부도사건이 '독립적'이라면 이를 모아서 만든 채권은 지극히 안전하다고 보았다.

MBS는 안전성이 보장된 데다 수익률까지 높았다. 높은 이자를 받을 수 있는 서브프라임 대출이 기초자산이었기 때문이다. '수익률 사냥'에 나선 투자자의 입장에서 MBS는 더할 나위 없이 매력적인 상품이었다. 고위험-고수익이라는 상식에서 벗어나 저위험-고수익을 보장해 주었으니 수요가 폭발적으로 증가한 것은 당연했다. 저금리 환경에서 정처 없이 떠돌던 천문학적 규모의 돈이 잘못된 인센티브 체계로 인해 MBS와 같은 구조화 증권으로 몰려들었다. 그림자금융이 점점 커지기 시작한 것이다.

'독립성의 가정'은 옳았던 것일까? 서브프라임 사태와 글로벌 금융위기를 겪으면서 그렇지 않다는 것이 드러났다. 서브프라임 대출은 부동산 매입자금이라는 점, 그리고 소득이 낮은 사람들이 받았다는 점에서 비슷한 성격을 지니고 있다. 공통점이 많을수록 독립적으로 움직일 가능성은 작아진다. 서브프라임 대출은 집값의 향배, 금리의 변동 폭, 고용시장 상황과 같은 거시적 요소에 의해 동일한 방향으로 움직일 위험성이 상당히 컸다. 이런 리스크는 어떤 방법을 동원하더라도 분산할 수 없는 거시적 위험non-diversifiable macro risk인데도 증권화에 참여했던 수많은 금융회사들은 이를 애써 외면했다.

독성자산toxic asset의 출현

증권화 과정은 한 번으로 끝나지 않는다. 금융공학자들은 발행된 MBS의 상위 트란쉐와 중위 트란쉐만을 따로 모아 새로운 증권을 만들었다. 2차 증권화인 셈이다. 처음 발행한 MBS와 구분하기 위해 MBS-CDOcollateralized debt obligation라는 이름을 붙였다. MBS-CDO도 세 개의 트란쉐로 나뉜다. 다만 각 트란쉐의 비중이 조금씩 다를 뿐이다. 상위 트란쉐가 기초자산인 고급 MBS-CDO의 트란쉐 비중은 93%, 6%, 1%로 AAA등급 비중이 훨씬 크다. 반면 중위 트란쉐를 기초자산으로 만든 중급MBS-CDO는 76%, 20%, 4%로 1차 MBS보다 조금 못하다. 하지만 여전히 AAA등급이 76%인 매력적 투자자산이다.

〈그림 10-3〉 신용등급별 MBS에서 파생된 CDO 구조

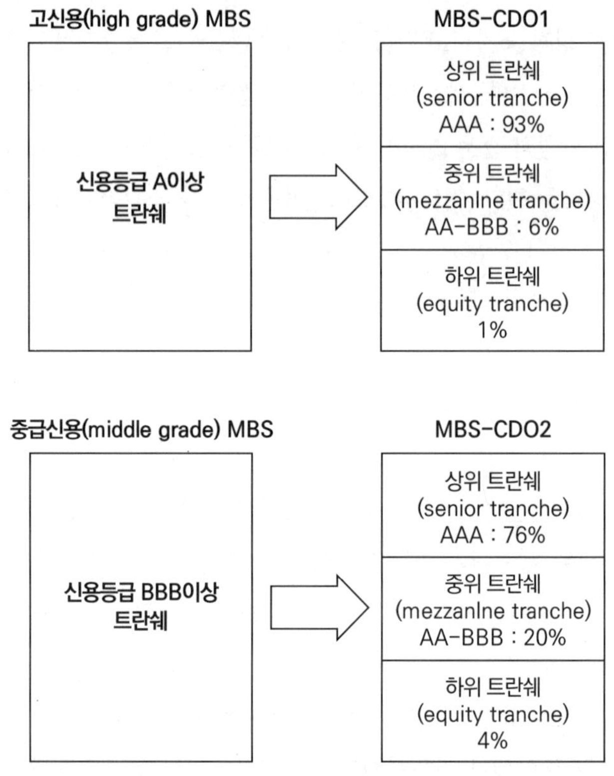

증권화 과정은 여기서 멈추지 않았다. 각종 CDO를 묶어 새로운 CDO, 흔히 CDO^{2}라고 부르는 상품을 만들었고, 몇 개의 CDO^{2}를 재료로 한 CDO^{4}까지 출시했다. 인형 속에 크기가 조금 작은 인형이 들어 있고, 그 인형에 작은 인형이 또 들어 있는 러시아 인형, 마트료쉬카와 비슷한 구조다. 최초의 재료는 서브프라임 대출이었는데 2차, 3차, 4차 증권화 과정을 거치다보니 구조가 너무 복잡해졌고 현금 흐름의

경로도 불투명해졌다. 4차 CDO도 AAA등급의 상위 트란쉐를 가지고 있지만 여러 차례 변신을 거듭한 터라 증권의 실체를 이해하는 투자자는 많지 않았다. 원재료인 서브프라임 대출에서 부도가 발생한다면 네 번의 변신을 거친 CDO는 어떤 피해를 보게 될지도 명확하지 않았다. 인형의 뚜껑을 열고 또 열었을 때 가장 마지막에 어떤 인형이 튀어나올지 아무도 몰랐다. 조그마한 충격이 발생해도 증권에 대한 신뢰가 붕괴되어 시장이 망가질지도 모르는 '독성자산toxic asset'으로 변했다.

합성CDOsynthetic CDO는 극명한 형태의 독성자산이라 할 만하다. 합성CDO가 탄생한 것은 증권화에 편입할 자산이 부족했기 때문이다. 서브프라임 대출을 기초자산으로 한 구조화증권의 인기가 날로 치솟자 1차 소스인 대출이 부족해졌다. 요리를 찾는 사람은 많은데 재료 공급이 부족해 돈을 벌 수 없는 상황과 같았다. 이제는 서브프라임 대출을 늘리는 것이 시급한 일이었다. 신용도가 낮고 소득이 거의 없는 가정도 대출을 받을 수 있을 정도로 대출기준이 느슨해졌고 심지어 소득증명이나 신용평가서류조차 없는 사기성 대출까지 만연했다. 증권화를 실행하는 대형 은행들이 원료를 구하지 못해 아우성 칠수록 이들에게 원료를 대주는 모기지 전문은행의 위세는 높아졌다.

사정이 이렇다보니 기초자산 없이 CDO를 발행할 수 있는 방법을 궁리하게 되었고 그렇게 개발된 것이 바로 합성CDO다. 합성CDO는 시중에 유통되는 MBS나 CDO 가운데 적당한 것을 골라 준거자산reference asset으로 정한 후 이 자산이 부도날 것인지 아닌지 베팅하는 구조로 되어 있다. 준거자산이 안전하다고 판단하는 투자자 甲은 합성CDO를 매입한다.[8]

8 합성CDO를 매입할 때 당장 돈을 지급하는 것은 아니므로 투자자 甲을 unfunded investor라고 부른다.

매입대금은 현찰로 지급하는 게 아니라 준거자산이 부도났을 때 보험금을 지급하겠다는 약속(신용보험credit protection)이며 합성CDO 매입으로 거두는 수익은 또 다른 투자자 乙이 지급하는 보험료premium다. 준거자산이 불안하다고 믿는 투자자 乙은 합성CDO에 투자하는 대가로 甲에게 보험료를 주고 준거자산이 부도났을 때 甲에게서 보험금을 받는다. 乙은 준거자산의 부도 가능성에 베팅하는 공매도투자자short investor인 셈이다.[9]

합성CDO는 기초자산 없이도 만들 수 있었으므로 무한정 확대가 가능했다. 기왕에 발행된 MBS와 CDO는 여기저기서 준거자산으로 중복 사용되었는데 연준의 추정에 따르면 2006년 중 중복활용 비율이 93%에 이르렀다고 한다. 다시 말해 거의 모든 MBS, CDO가 두 번씩 준거자산으로 이용되었다는 얘기다. 금융위기 직전 보험사가 사들인 합성CDO의 잔액이 1,250억 달러에 이를 정도로 합성CDO의 인기가 높았다.

〈그림 10-4〉 합성CDO의 구조

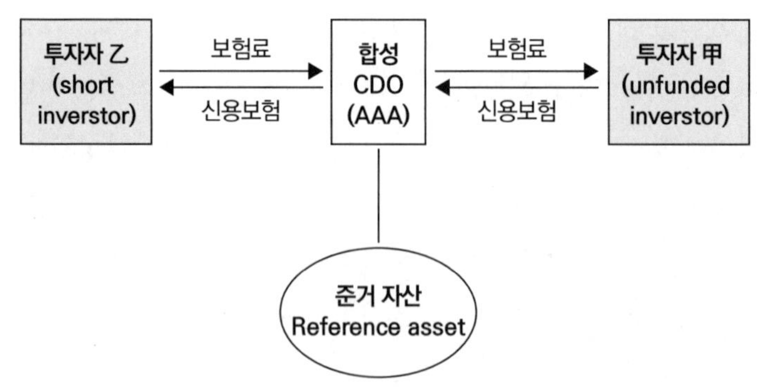

9 투자자 甲과 乙이 준거자산을 놓고 신용부도스왑credit default swap 계약을 맺은 것과 동일하다.

잘못된 독립성의 가정과 구조화증권의 높은 신용등급 등에 현혹되어 준거자산이 부도나리라고 생각한 사람은 많지 않았다. 보험료를 지급해야 할 정도로 사태가 악화되지는 않을 것이니 합성CDO를 사면 안전하게 보험료를 챙길 수 있다고 믿었다. 그 정도의 위험은 발생확률이 극히 낮은 꼬리리스크tail risk로 간주했던 것이다.

하지만 서브프라임 대출의 부실이 심해져 준거자산이 부도사태를 맞자(합성CDO엔 전혀 편입되어 있지 않음에도 불구하고) 합성CDO를 매입했던 투자자들은 부도금액을 고스란히 물어줘야 하는 지경에 처했다. AIG 같은 대형 보험사들이 합성CDO에 투자했다가 거액의 보험금 지급 부담을 견디지 못해 부도위기에 내몰렸다.

합성CDO 사태에서 가장 주목을 받았던 건 골드만삭스다. 이 회사는 2004년에 아바쿠스2004-1이라는 합성CDO를 만들어 팔았다. 그런데 스스로 공매도투자자(투자자 乙)로 참여했던 것이 문제가 되었다. 아바쿠스2004-1의 준거자산이 부도나는 바람에 돈은 많이 벌었지만, 자신이 만든 합성CDO가 불량상품이 될 거라는데 돈을 거는 행위가 과연 정당한가라는 도덕성 논란에 휩싸이기도 했다.

3 단기도매금융

이제 그림자금융의 두 번째 축인 단기도매금융short-term wholesale funding, SWF에 대해 알아보자. 증권화로 탄생한 저위험-고수익 증권을 사고파는 과정은 단기의 거액차입에 의해 지탱된다. 차입은 환매조건부채권매매RP, 증권대차거래, ABCP 등과 같이 증권을 매개로 이루어진다.

머니마켓에서 거래되는 단기금융자산은 1970년대부터 있어온 것들이다. 그때도 그림자금융이 있었다는 뜻이다. 그런데 요즘 들어 세간의 주목을 받고 있는 이유는 SWF의 안전성 문제와 관련되어 있다. 대공황 이후 은행예금은 공적보험제도의 보호를 받게 되었지만 SWF는 보호대상이 아니어서 금융회사끼리 거액의 자금을 주고받을 때는 안전성이 담보되어야 했다.

이런 필요에 의해 시장은 여러 형태의 안전성 장치를 만들어 냈다. SWF의 거래가 단기로 이루어지는 것이 하나의 예다. 차입기간이 짧으면 그 사이에 부도날 확률이 낮기 때문이다.

증권을 담보로 제공하면서 헤어컷hair cut을 적용해 차입금액보다 더 높은 가치의 증권을 맡기도록 하거나, 자산 가치를 매일 시가로 평가해 평가액이 담보금액에 미치지 못할 때는 증권을 더 내놓도록 요구하는 것(마진 콜)도 안전성을 보장하기 위한 장치다.

이 외에도 공식, 비공식적인 지원 장치가 있다. 증권화를 위해 은행이 설치한 콘딧이 부도날 경우 모은행이 부채 전부를 떠안을 것이라는 암묵적 약속, MMF 가치가 액면을 밑돌면 스폰서은행이 책임지고 원본을 보장해 준다는 인식을 심어주는 것(5장을 참조하라), 3자RPTri-party RP에서 결제은행이 적극적인 역할을 하는 것들 모두가 SWF의 안전성을 지키려는 노력이다.

콘딧과 MMF 문제는 앞에서 다루었기 때문에 SWF의 가장 큰 부분을 차지하는 RP의 안전장치를 미국의 예를 통해 알아보자. 3자RP는 증권을 매개로 돈을 주고받는 양 당사자와 중간에서 이를 연결해 주는 결제은행, 이렇게 3자로 구성된다.[10]

결제은행은 RP의 만기와 관계없이 매일 아침 8:00~8:30분 사이에 일 청산daily unwind을 실시한다. RP의 매도자(증권을 담보로 제공하고 돈을 빌린 차입자)에게 증권을 돌려주고, RP의 매입자(증권을 담보로 받고 돈을 빌려준 투자자)의 계정에는 현금을 넣어준다. 그런 다음 오후 3:00~6:00 사이에 반대 매매를 통해 증권과 현금을 다시 교환한다.[11]

이렇게 번거롭게 일을 하는 이유는 RP 매도자에게는 시장상황 변화에 맞추어 담보증권을 재편성할 여유를 주고, RP 매입자에게는 돈을 매일 돌려주어 거래의 신뢰성을 높이려는 의도에서다. 문제는 RP 매

10 미국에서는 Bank of New York Mellon과 JP모건체이스 두 은행이 결제은행 역할을 한다.

11 이것을 '오후의 담보배분afternoon collateral allocation'이라고 부른다.

도자가 돌려줄 현금을 갖고 있지 않을 때다.

예컨대 A은행이 증권을 담보로 1억 달러를 B은행에서 빌렸다고 하자. 다음 날 아침이 되면 A은행은 1억 달러의 현금을 B은행 계좌에 입금한 후 담보증권을 돌려받고, 오후에는 증권을 적절히 재분배해서 담보로 제공한 다음 1억 달러의 현금을 다시 가져온다.

그런데 A은행은 빌린 1억 달러를 어딘가에 투자했을 것이므로 아침마다 B은행 계좌에 입금해야 할 1억 달러의 현금이 없을 공산이 크다. 이때 중간에서 매개 역할을 하는 결제은행이 A은행에 반나절 가량 1억 달러를 빌려주어 간극을 메워준다. 일중대출intra-day credit을 일으키는 것이다.

결제은행의 일중대출이야말로 RP를 현금과 같은 무위험자산으로 만들어 주는 장치다.

다양한 안전성 지원 장치는 금융위기 이전까지만 해도 잘 작동했다. 시장 참가자 모두가 SWF의 현금동일성cash-equivalence을 믿었기 때문에 시장은 잘 돌아갈 수 있었다.

그러나 심각한 금융위기가 닥치자 SWF를 떠받치고 있던 지원 장치들의 취약성이 금세 드러났다. 담보로 제공된 MBS, CDO, CDO^2, CDO^4의 가치가 폭락해 헤어컷 비율을 올려도, 마진 콜을 요구해도 담보가치가 충분치 않았다. 관련 금융회사가 암묵적으로 제공해 오던 지원의사도 의심을 받았다.

은행은 자신이 설립한 콘딧의 ABCP를 100% 책임질 것인가? 스폰서 은행은 MMF의 원본을 보장할 것인가? 법적인 의무가 없던 터라 지원 주체가 되어야 할 금융회사들은 언제라도 발을 뺄 수 있었다. RP는 어떤가? 결제은행이 유동성 위기에 빠져 일중대출을 못해 주면 일

청산이 불가능해진다. 불안감이 커질 수밖에 없는 것이다.

SWF의 보장 장치에 대한 신뢰가 무너지자 CP시장, RP시장, MMF에서 걷잡을 수 없는 인출사태가 발생했다. 충분한 안전성을 갖춘 것으로 여겨졌던 그림자금융에서 흘러간 역사로 치부되던 뱅크런이 발생하자 파장은 컸다.

그렇게 된 원인과 파급영향에 대한 보도와 분석이 봇물을 이루면서 그림자금융은 새삼 세계금융의 핫이슈로 부상했다.

4 그림자금융, 증권화와 단기도매금융의 결합

이제 증권화와 단기도매금융을 두 축으로 그림자금융이 어떻게 진행되는지 알아보자. 그림자금융의 실제 메커니즘은 복잡하지만 여기서는 개념적인 이해를 돕기 위해 단순화시켜 설명하기로 한다. 그림자금융은 몇 단계에 걸쳐 진행된다.

첫 번째는 대출을 일으키는 단계다. 상업은행, 카드사, 보험사, 파이낸스사, 투자은행, 모기지대출 전문은행 등이 기업이나 가계 등 최종차입자에게 돈을 빌려준다(〈그림 10-1〉).

두 번째는 대출을 사들이는 단계다. 상업은행이나 투자은행은 페이퍼컴퍼니인 콘딧을 만들고 콘딧은 모은행의 대출 뿐 아니라 다른 금융회사가 일으킨 대출까지 사들인다(이 단계는 만기가 일치하는 신용변환에 상응). 예컨대 시티은행이 설립한 콘딧은 시티은행이 실행한 대출과 컨트리와이드, 뉴센츄리파이낸셜 등이 모기지브로커를 통해 공급한 서브프라임 대출을 매입한다. 콘딧은 ABCP 발행으로 조달한 돈을 대출매입대금으로 지불하는데 이때 은행과 유사한 유동성 또는 만기변환기능을 수행한다. 콘딧의 자산은 만기가 길고 유동성이 떨어지는 각종 대출채권인 데 비해 부채인 ABCP는 짧은 만기에 유동성이 높은 머니마켓 상품이기 때문이다.

ABCP를 사주는 큰 손은 MMF인데 앞서 설명한 대로 모은행은 ABCP의 지급을 명시적 또는 묵시적으로 보장한다. 대형 금융회사가 모은행 역할을 하기 때문에 ABCP는 리스크 없는 안전자산으로 인식된다(〈그림 10-1〉).

세 번째는 증권을 판매하는 단계다. 콘딧에서 구조화증권을 만들어 팔지만 실은 콘딧을 설립한 모은행의 데스크가 이 일을 한다. RMBS, CMBS, ABS는 모은행을 비롯해 여러 투자자에게 팔린다. ABS를 모아 새로운 증권인 CDO, CDO^2를 만들거나 합성CDO를 개발해 판매하기도 한다. 이 작업은 최초의 증권을 만든 은행이 할 수도 있고 증권을 매입한 다른 은행이 별도의 콘딧을 만들어 할 수도 있다(〈그림 10-5〉).

〈그림 10-5〉 구조화증권의 구성

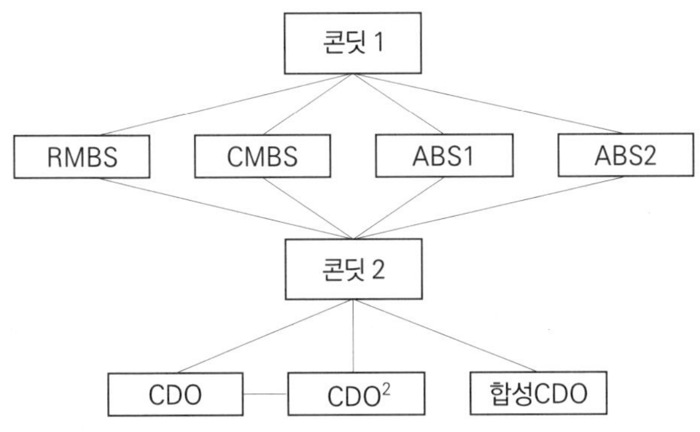

증권을 누가 사느냐에 따라 매입자금을 두 종류로 나눌 수 있다. 하나는 고객이 보험, 연금과 같은 장기투자기관에 맡긴 돈이다. 이른바 '진짜 돈real money'이다. 또 하나는 투자은행이 머니마켓에서 빌린 거액의 단기자금이다. 이것은 주로 RP 형태로 이루어진다. 진짜 돈과 비교해 '가짜 돈'이라고 부르지는 않지만 보험이나 연금의 재원보다는 위험성이 크고 취약하다. 투자은행의 RP를 매입해 단기자금을 공급해주는 주체는 ABCP의 경우와 마찬가지로 MMF다. MMF는 리스크가 거의 없다고 여겨지는 단기자산을 편입하고 스폰서 은행의 암묵적 지원까지 받고 있어 현금과 동일한 지위를 누려왔다. 하지만 초대형 투자은행의 RP나 콘딧이 발행한 ABCP의 신용상태가 의심을 받으면서 MMF가 현금일 수는 없다는 각성이 일었다(5장 참조). 그림자금융을 떠받쳐온 단기도매금융에 균열이 발생한 것이다.

〈그림 10-6〉 구조화증권의 판매

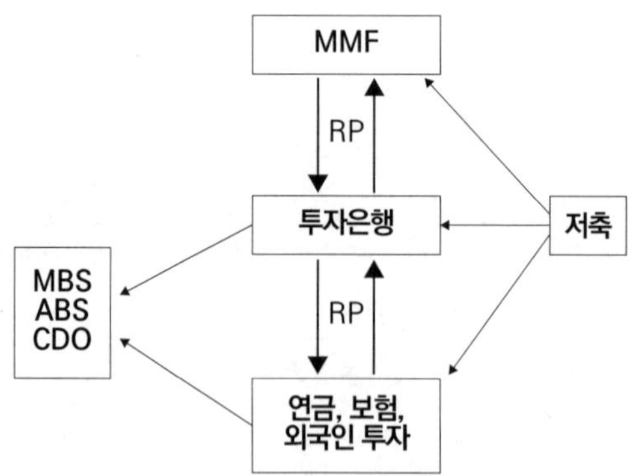

그림자금융을 지탱하고 있는 기둥의 하나로 증권대차를 들 수 있다. 투자은행이 RP로 돈을 빌릴 때는 자기소유 증권을 담보로 제공하기도 하지만 외부에서 증권을 잠깐 빌려와 이용하는 경우도 있다. 보험, 연금, 국부펀드, 중앙은행은 상당량의 증권을 가지고 있는데 조건이 맞으면 투자은행 등에 빌려주고 수수료를 받는다.

헤지펀드에 프라임브로커리지 서비스를 제공하는 대형 은행들도 증권대차를 많이 한다. 증권대차는 레버리지를 높이는 요인이 된다. 증권이 보험, 연금 등의 대차대조표에 머물러 있지 않고 담보로 활용되어 추가 차입을 일으키기 때문이다. 그림자금융의 핵심인 RP가 크게 늘어난 데는 증권을 손쉽게 빌릴 수 있는 제도적 환경도 기여했다.

이상을 요약하면, 대출을 기초자산으로 해서 만들어진 각종 자산담보부증권이 최종 투자대상이고, ABCP, RP, 증권대차와 같은 단기도매금융이 증권을 만들거나 사고파는 데 이용되는 펀딩수단이며, MMF, 연금, 보험 등이 콘딧과 투자은행에 자금을 대주는 돈줄 역할을 한다.

5 그림자금융의 규모 추정

그림자금융이 어느 정도인지 추정하는 것은 쉽지 않다. 통화량이나 은행대출, 자본시장처럼 정의가 분명하고 중첩되는 부분이 없으면 통계작성에 어려움이 없다.

하지만 그림자금융은 사정이 다르다. FSB가 나름대로 정의를 내리긴 했어도 완전한 건 아니다. 은행과 보험, 연금, 공적 금융기관을 뺀 기타 금융기관Other Financial Institutions, OFI의 모든 자산을 그림자금융으로 보면(넓은 뜻) 용이하게 규모를 산정할 순 있지만 그림자금융의 속성에 적합하지 않은 항목이 포함되는 문제가 있다. 이를 고려해서 FSB는 광의의 통계와 함께 2013년부터 세 가지 항목을 제외한 좁은 범위의 통계도 함께 발표하고 있다.[12]

첫째는 구조화증권 가운데서 은행이 자체 보유하는 부분self-securitization이다. 은행은 자신이 증권화한 대출자산 가운데 일부분을 중앙은행과 거래할 때 담보로 활용하기 위해 보유한다. 은행의 규제자본

12 Financial Stability Board, 2013, "Global Shadow Banking Monitoring 2013"

산정 기준에 포함될 뿐 아니라 제3자 매각용이 아니어서 레버리지를 일으키지도 않는다.

둘째는 신용중개기능과 무관한 주식펀드다.

셋째는 은행과 통합되어consolidated 있어서 감독당국의 통제범위 안에 있는 비은행 부문이다. 광의의 통계는 25개국(EU는 하나의 국가로 간주)을, 협의의 통계는 20개국을 대상으로 하고 있다.

2012년 말 현재 광의로 본 그림자금융 구조는 71조 달러[13]로 금융위기가 닥쳤던 2008년에 잠시 감소한 걸 제외하면 꾸준히 늘어나고 있다. 한편 협의의 통계대상인 20개국의 OFI 전체자산(광의의 그림자금융)은 55조 달러인데, 범위를 좁히면 35조 달러로 20조 달러나 줄어든다.[14]

FSB처럼 OFI의 총자산을 그림자금융으로 보고, 여기서 출발해 적합하지 않는 부분을 하나씩 빼 나가는 방법도 있지만 처음부터 그림자금융의 속성에 맞는 부분만을 골라내어 합산하는 방식도 있다. 하지만 이렇게 범위를 좁혀도 이중계산 문제는 여전히 남는다.

단기도매금융을 그림자금융의 한 축으로 보면 RP, ABCP, MMF 잔액을 합산해야 하는데 MMF의 편입자산에 RP나 ABCP가 많이 들어 있어 이중계산을 피할 수 없다. 또 증권화를 반영하려면 MBS, ABS, CDO를 더해야 하는데 이들 증권은 RP의 담보로 쓰이기도 하고 MMF의 편입자산이기도 해서 똑같은 문제에 부딪힌다.

뉴욕 연준의 연구[15]는 그림자금융의 총계gross를 구한 다음, 자체 추

---

13 국별 비중을 보면 미국이 37%로 가장 크고, EU 31%, 영국 12% 순이다. 우리나라는 2%이며 최근 문제가 되고 있는 중국은 3% 수준이다.

14 제외되는 20조 달러의 내역을 보면 은행 자체보유분 1.2조 달러, 주식펀드 9.7조 달러, 통제받는 비은행 부문 9.2조 달러이다.

15 Zoltan, P. et. al, 2012, "Shadow Banking", Federal Reserve Bank of New York, *Staff Paper*, No.458

산에 의해 이중계산을 제외한 순계net를 계산하고 있는데 그 내용을 좀 더 살펴보자.

뉴욕 연준은 여섯 개 항목을 그림자금융에 포함하고 있다. ①MMF ②공공기관과 민간금융회사가 발행한 MBS ③민간금융회사가 발행한 ABS ④순증권대여net securities loaned ⑤CP ⑥RP가 그것이다.

MBS와 ABS는 투자대상이고, RP·CP·증권대여는 펀딩수단이며, MMF는 자금 공급처라 할 수 있으니 분류방식이 앞에서 설명한 내용과 대체로 일치한다.

이렇게 계산한 미국의 그림자금융은 2011년 말 15조 달러 정도다. FSB가 추정한 23조 달러보다는 작다. 미국은 FSB에 관련통계를 제출하지 않아 2013년부터 편제한 협의의 그림자금융 규모가 얼마인지 알 수 없다.

다만 20개국을 대상으로 했을 때 광의는 55조 달러, 협의는 35조 달러이니 이 비율을 그대로 적용하면 14.6조 달러[16]쯤 될 것이다. 뉴욕 연준이 계산한 15조 달러와 엇비슷하다.

이렇게 보면 위의 여섯 가지 항목을 더한 것이 그림자금융의 실상에 가장 근접한 것이라는 추론도 가능하다.

그림자금융 규모가 커지려면 증권화가 진전되어야 하고 머니마켓을 통한 자금중개도 활발해야 한다.

다시 말해 은행보다는 시장중심으로 금융시스템이 발달해야 그림자금융으로 인한 리스크가 커진다고 할 수 있다. 이런 점에서 최근 중국의 그림자금융 확대를 우려하는 목소리는 다소 지나친 감이 있는 듯하다.

---

16 23조 달러 × 0.636(=35/55)

은행 이외의 곳에서 취급하는 신용을 전부 그림자금융의 범주에 집어넣으면 리스크가 과대 평가될 수 있다. 신탁대출, 위탁대출, 사금융이 대부분인 중국의 그림자금융은 시스템적 리스크라는 면에서 미국이나 유럽과는 다른 모습을 갖고 있다.[17]

한편 우리나라의 그림자금융(2011년 말)은 광의의 기준으로 1,268조 원, 상품을 기준으로 범위를 좁히면 411조 원으로 추정되었다.[18]

광의의 그림자금융은 경상GDP와 비슷한 수준으로 미국(1.6배), 유로(1.8배), 영국(4.8배)과 비교할 때 그림자금융의 상대적 규모가 크다고 볼 수는 없다.

17 이런 대출이 부실화됨에 따른 신용리스크는 분명 존재한다.

18 이범호·정원경, 2012, "우리나라 shadow banking 현황과 잠재리스크 분석", 한국은행, BOK 경제리뷰 No.11

6 그림자금융의 규제, 빛과 그림자

2010년 11월 서울에서 열린 G20 정상회의에서 각국 정상들은 그림자금융 규제강화방안을 마련토록 FSB에 요청하였다.

FSB는 다수의 나라가 참석한 가운데 여러 차례 회의를 거쳐 2013년 8월 "그림자금융에 대한 감시규제 강화"라는 보고서를 발표했다. 이 보고서는 정책권고안의 큰 방향을 제시한 것이며 구체적인 안은 계속 작업 중이다.

정책권고안에 따르면 FSB의 작업은 크게 두 방향으로 진행되고 있다. 하나는 그림자금융에 대한 모니터링체계를 확립하는 것인데 그 일환으로 2011년부터 "글로벌 그림자금융 모니터링 보고서"를 발간하고 있다.

앞서 설명한 넓은 개념의 그림자금융 규모는 이 보고서에 나온 것이다. 모니터링은 25개 국가(유럽연합을 포괄하므로 국가보다는 '관할구역jurisdiction'이라고 불린다)를 대상으로 하는데 이들 나라는 세계GDP의 86%와 글로벌 금융자산의 90%를 점한다.

다른 하나는 구체적 정책을 만들어 가는 것이다. 바젤III나 국제증권 감독기구 IOSCO에서 이미 확정된 정책도 있고 아직 정해지지는 않았으나 추가 검토대상인 정책방안도 여럿 있다. 각국의 감독당국은 제시된 권고안을 바탕으로 자국의 사정에 맞는 실행방안을 마련해야 한다. 상당히 복잡한 내용이 많지만 여기서는 규제가 집중되어 있는 5개 분야를 개략적으로 살펴보려고 한다.

첫째는 은행과 그림자금융이 밀접히 엮임에 따라 생겨나는 리스크를 줄이는 일이다. 은행은 유동화증권을 만들기도 하고 머니마켓에서 시장성 자금을 조달해 쓰기도 한다. 그림자금융이라는 외부적 실체와 상호작용하기도 하지만 그 자체로서 그림자금융을 이루는 내부요소가 되기도 한다.

금융의 겸업화가 대세인 지금 이 둘을 완전히 분리해 내기란 어렵다. 영국에서처럼 상업은행에 울타리를 친다면 모를까 불분명한 경계선을 놔두고 서로 주고받는 영향력을 차단하는 건 불가능에 가깝다.

FSB는 이런 한계를 인정하면서도 가능하면 둘을 떼어놓는 방법이 무엇일까 고민하고 있다. 하나의 방안은 아예 은행과 그림자금융을 통합시켜 관리하는 것이다.

예컨대 은행이 설립하는 콘딧이나 특수목적회사의 대차대조표를 한데 모아 규제의 우산 아래 두는 방식이다. 또 다른 방법은 은행이 특정 금융회사(특수목적회사이든, 다른 은행이든, MMF든)에 대규모의 익스포저를 보유하지 못하도록 한도를 설정하는 것이다.

이전에는 RP를 통해 MMF나 다른 은행에서 한정 없이 돈을 빌릴 수 있었지만 은행의 규모나 실적 등을 고려해서 어느 한도 이상으로는 차입을 못 하도록 하자는 것이다.

둘째는 MMF가 뱅크런에 직면할 가능성을 낮추는 일이다. MMF는 현금과 거의 동일시되는 안전자산이었으나 2007년에 원금 손실 우려가 커지면서 대량 환매가 발생했던 적이 있다.

2012년 4월에 IOSCO가 MMF 개선안을 내놓았는데 구체적인 내용은 〈5장〉에서 살펴본 바 있다.

셋째는 증권화 과정이 복잡해 투명성이 떨어지는 문제와 증권화를 선호하게 만드는 잘못된 유인체계를 바로잡는 일이다. 1~2단계로 완료되는 전통적 상업은행의 신용중개방식과는 달리 증권화를 통한 중개는 다수의 금융회사가 관련되어 있어 경로 사슬이 길고 복잡하다. 증권화가 수차례 반복되면 기초자산이 무엇인지 제대로 알기 어려울 정도로 투명성이 떨어진다. 이런 문제를 해결하지 않고서는 유동화증권 시장을 정상화하긴 힘들다. 이뿐만이 아니다. 최초에 대출을 실행하는 금융회사는 리스크를 유동화증권에 넘겨버리기 때문에 차입자의 신용을 철저히 분석하고 감시할 유인이 없어진다. 가장 중요한 금융의 기능을 소홀히 하는 것이다.

트란싱이라는 마법으로 형편없는 신용의 자산을 고급 증권으로 바꾸어놓는 것, 신용평가사가 여기에 높은 등급을 부여해 정당성을 부여하는 것도 잘못된 유인체계의 일부다. IOSCO는 이 문제를 다룬 보고서[19]를 2012년 11월 발표했다.

보고서의 핵심내용은 '위험 보전[20]risk retention'과 증권화 과정의 투명성 제고 및 표준화다. 미국, 유럽연합 등은 이미 위험보전을 의무화

19 IOSCO, 2012, "Global Developments in Securitization Regulation"

20 리스크를 보험회사에 이전하는 것보다 스스로 질 때 드는 비용이 적다고 판단되면 자신에게 보험을 드는 것self insurance을 말한다. 마찬가지로 대출채권의 유동화를 통해 리스크를 이전하는 비용이 상대적으로 크다면 유동화 유인이 줄어들 것이다.

했는데 IOSCO는 국별 방안의 국제적 정합성을 높이는 방법을 찾고 있다. 투명성과 표준화와 관련해서는 스트레스 테스트의 실시, 데이터 공개의 표준화를 모색하고 있다.

넷째 그림자금융의 상당부분을 차지하는 증권대차와 RP의 경기순응성을 줄이는 일이다.

증권을 대차대조표에 묶어두지 않고 재활용할 수 있으면 증권의 매력은 그만큼 커진다. 증권을 빌려주거나 RP를 공급해서 현금을 확보할 수 있으니 금융시장의 유동성도 늘어난다. 증권금융거래(SFT)를 20세기에 이루어진 획기적 금융혁신의 하나로 평가하는 이유다.

하지만 위기국면에서는 금융시장의 자금흐름을 막아버리는 애물단지로 돌변한다. 담보로 제공되었거나 대차관계에 있는 증권의 가치가 의심받기 시작하면 자기실현과정self-fulfilling process을 거쳐 증권 가치는 폭락하고 유동성도 말라버린다. 경기진폭을 더 크게 만드는 고리가 되는 것이다.

〈8장〉에서 보았지만 금융은 본질적으로 경기순응성을 갖고 있는 분야라서 이를 없앤다는 것은 쉽지 않다. 그래서 FSB는 증권금융거래가 지나치게 확대되지 않도록 하는 데 초점을 맞추고 있다.

예컨대 담보로 받은 증권을 공여자의 동의를 얻어 다른 용도로 쓰는 증권재활용re-hypothecation을 규제한다든지, 증권 가치에 대한 현금비율인 헤어컷의 하한을 정한다든지 하는 방안이 논의되고 있다. 헤어컷이 80%여서 100원 가치의 증권을 제공하고 80원을 쓰고 있는데 이 비율을 별안간 50%로 내리면 160원 가치의 증권을 제공하든지 아니면 30원의 현금을 상환해야 한다. 헤어컷 비율이 낮아질수록 돈을 빌린 측의 부도 가능성은 높아진다. 여기에 일정 한도를 두자는 발상이다.

하지만 증권금융거래는 시장의 활력을 유지하는 핵심적 힘이어서 인위적 규제는 바람직하지 않다는 반론도 만만치 않다. 최종 규제안이 어떻게 될지는 좀 더 지켜봐야 한다.

마지막으로 그림자금융을 평가하고 리스크를 줄이는 일이다. 금융이란 한 곳에 머물지 않고 계속 흐르며 새로운 모습으로 재탄생한다. 지금은 이러이러한 것이 그림자금융이라고 규정하고 집중적으로 살펴보고 있지만 언제 어디서 새로운 형태로, 그것도 훨씬 리스크가 커진 모습으로 불쑥 나타날지 모른다. 선제적인 대응을 위해 한 발 빠르게 금융의 변화 모습을 모니터링하겠다는 의지다.

지금까지의 논의를 따라오다 보면 그림자금융은 '나쁜 짓'을 많이 했기 때문에 규제되고 통제되어야 할 무언가로 인식될 가능성이 높다. 과연 그림자금융에는 어두운 면만 있는 것일까?

얼마 전 중국정부는 그림자금융에 대한 규제강화를 발표하면서 자체평가를 덧붙인 바 있다. "그림자금융은 금융혁신의 필연적인 결과인 동시에 전통적 은행 시스템의 한계를 보완하고 실물경제에 대한 서비스와 개인의 투자경로 다양화 등의 측면에서 긍정적으로 작용했다."고 평가하고 있다.[21]

앞서 살펴본 바와 같이 그림자금융은 MMF, RP, MBS, 증권대차 등 최근 50~60년에 사이에 이루어진 금융혁신 상품을 주된 요소로 하고 있다. 좀 더 효율적인 방법으로 자금을 대차하려는 동기가 새로운 금융상품을 만들어냈고, 이로 인해 금융이 한 단계 도약한 것도 사실이다. 중국정부의 평가대로 '금융혁신의 필연적인 결과'인 것이다.

개발시대의 우리나라도 그랬듯이 자금배분의 주된 통로인 은행은

21 한국은행 북경사무소, 2014, "중국의 shadow banking 규제 강화와 민자은행 설립 추진 동향 및 평가"

정부의 철저한 통제 하에 있게 마련이다. 그 틈을 타고 발전한 것이 비은행 금융기관이다.

저축은행, 신탁, 신협, 새마을금고와 같은 곳들은 은행 접근이 어려운 중소기업이나 서민의 경제활동에 적지 않은 도움을 주었다. 중국정부의 평가대로 '전통적 은행 시스템의 한계를 보완'한 것이다.

문제는 제대로 된 감독과 통제가 이루어지지 못했던 탓에 순기능을 가지고 있는 이 부문에 짙은 그림자가 드리워졌다는 사실이다.

따라서 많은 전문가들은 그림자금융을 적대시하고 억제해야 할 대상으로 인식할 것이 아니라 원래 가지고 있던 밝은 면을 끌어내는 쪽으로 규제감독의 방향을 맞추어야 한다고 주장하고 있다. 이 문제는 바로 금융의 미래와 관련되어 있다.

에필로그

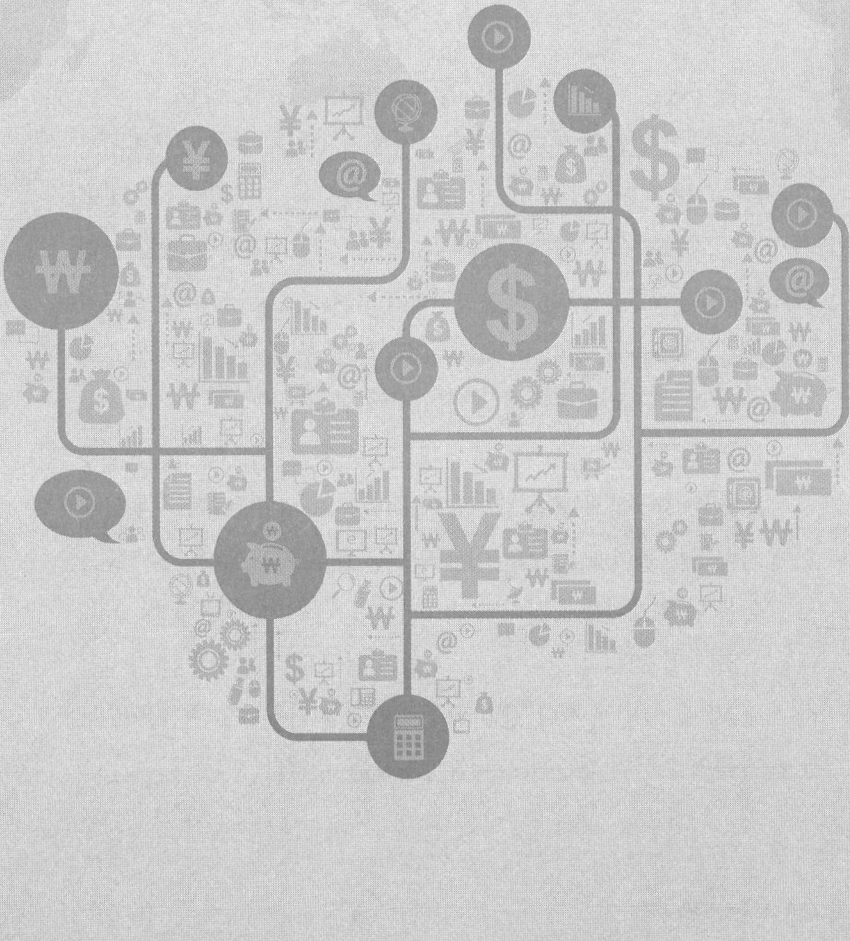

금융은 좋은 것인가, 나쁜 것인가, 아니면 추악한 것인가?

금융에 대한 일반의 이미지는 그다지 호의적이지 못한 것 같다. 사람들은 셰익스피어의 〈베니스의 상인〉에 나오는 사채업자 샤일록에서 금융인의 모습을 본다. 1987년에 올리버 스톤이 감독한 〈월스트리트〉의 주인공 고든 게코는 전형적인 악덕 금융인으로 그려진다. 그가 내뱉은 "탐욕은 좋은 것Greed is good"이라는 말 한 마디는 이후 월스트리트의 성격을 규정하는 족쇄가 되어 버렸다.

2014년에 개봉한 마틴 스콜세지 감독의 〈월스트리트의 늑대〉는 주가 조작으로 천문학적 돈을 벌어들인 주인공의 흥청망청하는 호화생활에 카메라를 들이대고 있다. 이들 영화는 내부 거래, 주가 조작 등으로 큰돈을 벌어 호화롭게 살다가 법의 심판을 받은 마이클 밀켄Michael Milken, 조던 벨포트Jordan Belfort와 기업 사냥꾼으로 유명한 칼 아이칸Carl Icahn 등을 모델로 했다. 흥미위주로 금융을 다루었으니 금융을 보는 사람들의 시선이 객관적으로 형성되었을 리 없다.

금융은 나쁜 것, 추악한 것이라는 인식을 더욱 확고하게 만든 사건이 2008년의 글로벌 금융위기다. 수백억 원의 연봉을 챙기는 금융회사의 CEO, 평균연봉이 4~5억 원에 달하는 월스트리트의 금융인에 대한 분노가 "월가를 점령하라Occupy Wall Street!"는 시민운동으로 표출되었다.

위기의 진원지였던 대형 금융회사들이 하나둘씩 세금으로 구제되는 것을 지켜보면서 국민의 분노는 증폭되었고 금융에 대한 불신은 극에 달했다. 정치적 부담을 느낀 행정부, 의회, 감독당국은 경쟁하듯 금융회사를 옥죄기 위한 규제를 쏟아내었고 당사자인 금융회사는 몸을 바짝 낮추면서 정부의 요구에 따르고 있다.

우리는 패러다임이 바뀌는 시대에 살고 있나?

〈1장〉에서 우리는 2000년대 들어 세계금융을 지배했던 세 가지 추세, 즉 대형화-겸업화-국제화가 방향을 바꾸고 있다고 말한 바 있다. 이런 움직임은 일시적인 것인가, 아니면 새로운 세계의 개막을 알리는 전주곡인가? 글로벌 금융위기라는 큰일을 겪었지만 시간이 지나면 결국 이전의 모습으로 되돌아갈 것인가, 아니면 패러다임의 근본적인 전환을 겪을 것인가?

토마스 쿤Thomas Kuhn은 〈과학혁명의 구조〉에서 과학의 진보는 점진적으로가 아니라 불연속적으로 이루어진다고 했다. 그는 "양립할 수 없는 두 개의 이론이 치열하게 싸움을 벌이고 있는지"의 여부가 대전환의 여부를 판단할 수 있는 기준이 된다고도 했다.

우주의 비밀에 가장 가까이 다가간 철학자로 평가받는 알프레드 화이트헤드Alfred N. Whitehead도 〈이성의 기능〉에서 낡은 방법론이 새로운 것으로 대체되는 마지막 단계에서는 "사소한 문제를 두고 끊임없는 싸움이 벌어진다."고 했다.[22] 불연속적 변환이 있으려면 과학이론이든, 정치경제 이념이든, 사소한 문제든 대체 가능한 두 개의 실체가 맞붙어 치열한 싸움을 전개해야 한다는 것이다.

이런 기준에 비추어 볼 때 지금을 패러다임의 전환기로 볼 수 있는가?

2008년의 글로벌 금융위기를 경제, 사회, 정치 등 모든 면에서 대변환을 가져왔던 대공황과 비교해 보면 어느 정도 실마리를 찾을 수 있다.

대공황은 세 가지 측면에서 변화를 초래했다. 첫째는 경제학의 조류가 바뀌었다. 이전까지만 해도 일반균형에 토대를 둔 고전경제학이 주류경제학의 위치에 있었으나 대공황 이후 케인즈 경제학이 상당기간 그 자리를 대신했다. 둘째는 독일, 이탈리아, 일본에서 극우정치세력이 등장하여 제2차 세계대전의 참화를 불러왔다. 셋째는 글래스-스티걸 법의 시행으로 이후 60여 년 동안 은행과 증권은 분리된 채 각자의 길을 걸어왔다.

언뜻 보면 2008년 이후의 상황도 대공황기와 비슷해 보인다. 금융위기를 예측하지 못했다는 반성에서 경제학 위기론이 부상하는가 하면, 학생들에게도 현실에 적합한 이론을 가르쳐야 한다는 움직임이 일고 있다.[23]

경제학의 기본공리인 '후생 극대화' 원칙에 결함이 있으니 이를 보다 현실적인 가정, 즉 사람들에게는 자신의 효용이나 후생 극대화가 아니라 경쟁 상대방을 이기려는 동기가 더 중요하다는 가정을 토대로 경제

22 화이트헤드(A. Whitehead), 2000,「이성의 기능」, 김용옥 역, 통나무, 1-25

23 "The crisis is changing how macroeconomics is taught", *The Economist*, 2010.3.31

이론을 새로 써야 한다는 견해도 있다.[24]

지정학적 변화도 일어나고 있다. 미국의 영향력이 쇠퇴하고 중국을 비롯한 신흥시장국의 세력이 커지고 있다. 선진국들만의 모임이었던 G-7이 브릭스와 한국을 포함한 G-20으로 확대개편된 것만 보더라도 지정학적 세력 변화를 실감할 수 있다. 금융의 지형도에서도 폐기된 글래스-스티걸 법을 되살리려는 시도가 미국, 유럽에서 진행되고 있어(9장 참조) 재규제re-regulation 움직임이 탄력을 받고 있는 건 분명해 보인다.

리먼 브러더스 파산 이후 자본주의의 미래에 대한 논쟁도 활발해졌다. 규제완화, 글로벌화, 경쟁 확산을 골격으로 하는 신자유주의, 금융자본주의는 더 이상 지속가능하지 않다는 주장이 제기되었다.[25]

이런 맥락에서 새로운 대안도 제시되었다. 큰 정부를 지향하는 국가자본주의state capitalism, 경제효율과 복지, 국민의 행복을 동시에 추구하는 북유럽 식 경제모델Nordic model이 주목을 끄는가 하면 내용이 다소 모호한 신자본주의new capitalism, 새로운 일상new normal과 같은 용어도 등장했다.

하지만 이들 대안은 자본주의의 틀은 그대로 둔 채 국가와 시장 간의 균형점이나 지향하는 목표를 수정한 것이다. 쿤이 말하는 '양립할 수 없는 두 개의 이념, 두 개의 제도'가 치열하게 다투는 양상이라고 보긴 어렵다. 문제가 적지는 않으나 시장중심의 경제체제를 근본적으로 대체할 수 있는 마땅한 대안은 없다는 것이 중론이다.

24 Cooper, G., *Money, Blood and Revolution*, 2014, Harriman House Publishing

25 프랑스 대통령 사르코지는 "자유방임 식 자본주의는 끝났다."고 말했고, 미스터 엔으로 알려진 일본의 사카키바라는 "이 경기침체가 끝나면 모든 것이 달라질 것이다. 미국의 시대는 끝났다."고 단언했다.

경제주체의 합리성과 일반균형에 토대를 둔 경제이론이 현실을 제대로 설명하지 못한다는 비판은 이전부터 있어 왔다. 〈4장〉에서 살펴본 행태금융론 또는 행태경제학은 분석의 전제를 바꿈으로써 기존의 경제이론으로는 다루기 어려웠던 현상을 설명하는 데 어느 정도 성공을 거두었다. 하지만 아직까지는 주류로 부상하기에 손색이 없을 만큼 정교한 이론분석의 틀을 갖추지는 못했다는 평가다.

중국의 부상으로 팍스아메리카나Pax Americana에 경고등이 켜진 것은 부인할 수 없는 사실이다. 하지만 가까운 미래에 국가 간 세력균형을 흔드는 지각변동이 일어날 것 같지는 않다. 유럽연합은 그리스, 스페인, 포르투갈에서 시작된 재정위기의 여진에서 벗어나지 못하고 있다. 더구나 단일통화인 유로화를 사용하는 데서 오는 구조적 결함[26]을 그대로 안고 있다. '하나의 유럽'을 유지해야만 미국에 대항할 힘을 키울 수 있는데 그것을 제약하는 요인이 남아있는 것이다.

세력을 넓혀가고 있는 브릭스 국가 등 신흥시장국은 빠른 성장에 따른 피로감으로 여기저기서 구조적 문제점이 드러나고 있고 성장속도도 떨어지고 있다. 정치적 이념보다 경제적 번영이 훨씬 중요해진 것도 지금과 대공황 이후를 바로 비교할 수 없는 이유가 된다. 미국, 유럽뿐 아니라 정치체제가 다른 중국, 인도, 러시아 등 신흥시장국들도 경제에서는 자본주의적 시장경제체제를 채택하고 있어 정치군사적

26 유럽연합은 27개국으로 구성되어 있는데 이중 17개 나라가 유로화라는 단일 통화를 사용하고 있다. 유로존의 근본적인 문제는 국가 간 경쟁력 차이를 해소할 방법이 없다는 것이다. 독일과 그리스를 예로 들면, 독일은 뛰어난 제조업 경쟁력을 바탕으로 그리스에 많은 제품을 수출한다. 별다른 산업이 없는 그리스는 독일 제품을 수입해 쓰게 되고 결과적으로 경상수지 적자가 누적된다. 만일 각자가 자국의 통화를 사용하고 있다면 그리스 통화가치가 크게 떨어질 것이고, 이는 수입품의 가격을 높여 대외불균형을 자동조절하게 될 것이다. 그러나 단일통화를 쓰기 때문에 이런 조절장치가 작동하지 않아 그리스의 경상수지 적자와 이를 보전하기 위한 재정적자가 함께 누적되어 2010년의 유럽 위기를 불러왔다.

갈등의 여지는 이전보다 크지 않다.

금융의 모습은 바뀔 것인가?

지금 나타나고 있는 금융의 변화는 되돌릴 수 없는 추세인가, 아닌가? 이 질문에 어떻게 답변하느냐에 따라 각자가 그리는 금융의 미래상이 달라질 것이다. 늘 그렇듯이 여기에도 두 개의 답변이 존재한다. 하나는 금융개혁이란 대형선박이 뱃머리를 돌리는 것처럼 완만하고 시간이 걸리긴 하나 방향 전환만큼은 의심의 여지가 없다는 견해이고, 다른 하나는 외형 면에서 어느 정도의 변화는 있겠지만 속살은 예전 그대로일 것이라는 견해이다. 필자는 두 번째 견해에 동조하는 편이다.

금융 위기를 분석한 책을 읽다보면 고금을 막론하고 사람들의 금융 행위를 관통하는 몇 가지 속성을 발견할 수 있다. 쉽게 많은 돈을 벌고 싶은 욕망, 자신의 행위나 결정을 합리화시키려는 성향, 상황이 역전되면 걷잡을 수 없이 밀려드는 공포감, 역선택과 도덕적 해이의 만연, 시장과 규제감독 당국 사이의 쫓고 쫓기는 관계, 그리고 어려운 일을 겪고 나서도 쉽게 잊는 '짧은 기억short memory'이 그것이다. 이런 성향과 속성들이 얽히고설켜서 금융위기를 만들어낸다.

땀 흘려 일하지 않고도 손쉽게 돈을 벌 수 있는 합법적 방법으로 금융투자 또는 투기만한 것이 없다. 이런 욕망은 교육의 정도나 지위 고하를 떠나 누구에게나 있는 본성이라 할 수 있다.[27] 여기에 자신에게 유

27 1720년에 발생한 영국의 남해주식회사 버블South Sea bubble 사건에서 위대한 물리학자 뉴턴도 투기에 나섰다가 당시로서는 거액인 2만 파운드를 잃었다. 돈을 잃은 후 뉴턴은 다음과 같이 말했다고 한다. "나는 우주를 계측할 수는 있지만 인간의 광기는 도저히 잴 수가 없다."

리한 정보만 받아들이고 상황을 편하게 해석하는 성향이 가미되면 자산 가격은 내재가치를 훨씬 뛰어넘어 상승할 가능성이 커진다.[28]

그러다 상황이 불리하게 바뀌면 돈을 잃을지도 모른다는 공포감이 시장을 지배하고 이는 투매를 불러와 버블 붕괴가 시작된다. 17~18세기에 발생한 튤립 열풍, 남해주식회사 버블, 미시시피 버블, 그리고 비교적 최근에 있었던 닷컴 버블과 서브프라임 사태를 관찰하면 한 결 같이 이런 패턴이 반복되고 있음을 알 수 있다.

또 하나의 공통적인 현상은 모든 버블에는 나름대로의 논리와 이유가 뒷받침되고 있다는 것이다. 지나고 보면 황당하지만 당시에는 그럴듯하게 들린다. 예를 들어 닷컴 버블 때는 "인터넷에 기반을 둔 사업은 새로운 비즈니스 모델로서 무한한 성장잠재력을 가지고 있다. 이번 주가상승의 이유는 과거와는 다르다."는 논리가 동원되었다.

서브프라임 사태 때는 "발달된 월가의 금융공학 덕택에 수익률이 높으면서도 리스크를 낮춘 획기적 상품이 개발되었다. 이번에는 정말 이전과 다르다."는 목소리가 들렸다. 로고프와 라인하트 교수의 책 제목[29]처럼 "이번엔 다르다"는 말을 반복하지만 결과를 놓고 보면 언제나 "이전과 다를 게 없었다."

이렇게 보면 버블의 형성과 붕괴에서 오는 금융위기는 변하지 않는 인간의 속성에서 비롯된 것인지도 모른다.[30] 여기에 실패를 쉽게 잊는 성향까지 덧붙여지면 위기의 발생 주기는 더욱 짧아진다. "이전과 다를 게 없다"는 명제를 받아들인다면 우리는 또 다른 버블의 도래를 경

---

28 이는 투자자가 가지는 '과신overconfidence'에서 비롯된다. 〈4장〉 참조

29 로고프·라인하트(K. Rogoff and C. Reinhart), 2010, 「이번엔 다르다」, 최재형·박영란 공역, 다른세상

30 "Human nature means financial crises are the cost of progress", *Financial Times*, 2014. 4.27

계해야 한다. 이번에는 어떤 자산이 거품의 대상이 될지 모르지만 그 가능성은 열려 있다. 금융의 패러다임이 바뀌었다고 단정 짓기 어려운 이유다.

〈1장〉과 〈2장〉에서 살펴본 바와 같이 금융회사가 존재하게 된 것은 역선택과 도덕적 해이의 가능성을 줄이기 위해서다. 금융회사라면 이런 역할을 잘 해서 경제에 도움을 주어야 하지만 현실은 꼭 그렇지만도 않다. 불량 차입자를 걸러내기 위한 심사기능과 차입자의 행동을 통제하기 위한 감시기능을 제대로 수행하려면 우수한 인적 자원과 많은 비용을 투입해야 한다. 만약 투입에 대비한 산출이 크지 않다면 금융회사들은 이를 소홀히 하려는 인센티브를 갖게 될 것이다.

때로는 의도적으로 금융회사의 본질적 기능을 외면하는 것이 수익에 더 큰 도움을 줄 수도 있다. 예컨대 은행의 장점으로 일컬어지는 관계금융은 차입자와 은행 간의 유착 고리가 될 수도 있다. 정상적인 심사를 거치지 않고 돈을 빌려주는 대가로 높은 금리를 받을 수도 있다. 증권을 발행할 때의 신용평가도 마찬가지다. 구태여 높은 비용을 들여 객관적인 평가 작업을 하기보다는 발행 기업이 원하는 대로 평가등급을 맞추어주면 높은 수수료를 받을 수도 있다. 감독당국은 이런 행위를 적발하기 위해 검사를 한다. 하지만 더 중요한 것은 금융회사의 수익 증대와 자금의 효율적 배분이 상충되지 않도록 금융회사의 인센티브 체계를 재정렬realignment하는 일인데, 이것이 생각만큼 쉽지 않다.

요즘 들어 규제감독과 관련해 주목을 받는 것은 금융회사의 건전성을 높이기 위한 조치들이다(9장 참조). BIS 자기자본규제가 강화되었고 레버리지비율, 유동성비율이 새로 도입되었다. 게다가 '세계적으로 중요하다고 인정되는 금융회사G-SIFI'들은 추가적으로 자본을 더 쌓아야 한다. 외견상 글로벌 금융위기 이후 도입된 금융규제는 금융의 질적 변환을 가져올 정도로 강력해 보인다.

하지만 해결되기 어려운 문제가 있다. 바로 대마불사 관행이다. 금융회사의 도덕적 해이를 막기 위해서는 더 이상 대마불사가 통하지 않는 금융체제를 만들어야 한다. 궁극적으로는 대마불사의 관행을 고칠 수 있느냐, 없느냐가 금융의 패러다임 변환 여부를 결정할 수 있는 시금석이자, 가장 중요한 요소라고도 할 수 있다.

이 문제는 오랫동안 각국 정부의 아킬레스건이었다. 위험을 부담하려는 사람이나 금융회사가 손실을 져야 한다는 것은 단순하면서도 명쾌한 논리다. 그렇지만 현실에서는 그런 논리가 잘 통하지 않는다. 대형 금융회사의 파산이 경제와 금융에 미칠 악영향 때문이다. 2008년 9월에 미국정부가 리먼 브러더스의 파산을 용인한 것은 더 이상 대마불사는 허용하지 않겠다는 의지를 보이기 위한 것이었다. 금융 바로세우기의 일환이었던 셈이다. 그러나 대형 금융회사의 부도처리에 따른 파장이 감당할 수 없을 만큼 커지자 결국 AIG와 같은 또 다른 대형 금융회사에 거액의 공적자금을 투입하였다.[31]

대마불사의 관행은 깨지기 어렵다. 그래서 각국 정부는 금융회사의 대형화 자체를 막는 방향으로 정책을 추진하고 있다. 자기자본 규제, 레버리지 비율 도입, G-SIFI 선정이 의도하는 바는 명확하다. 자산규모를 키우면 불이익을 주겠다는 메시지다. 금융회사들도 자산을 줄이

31 구제금융을 받는 금융회사는 그에 따른 대가 또는 벌칙을 받게 마련이다. CEO의 퇴진, 직원의 해고, 급여의 삭감, 경영에 대한 정부 간여 등이 가해진다. 그러나 일단 살아남게 되면 언젠가는 원래의 상태로 되돌아갈 수 있다는 믿음이 금융회사들에게는 있다.

고 상품 트레이딩 부문을 정리하는 등 정부의 메시지에 화답하고 있다. 그러나 금융위기 직후 부실 금융기관의 합병이 이루어졌던 탓에 대형은행의 시장점유율은 오히려 상승했다.[32]

대형화를 막으려는 정부의 노력은 두 가지의 딜레마에 처하게 된다.

첫째는 대형 금융회사의 경제적 기능과 가치다. 규모 축소를 위해 금융회사가 지나치게 빠른 속도로 디레버리징에 나서게 되면 경제활동에 필요한 유동성이 줄어든다. 경기를 회복시켜야 하는 정부로서는 곤혹스러운 상황이 아닐 수 없다. 또한 대형 금융기관들은 브랜드 가치가 높아 그 나라의 상징이 되기도 한다. 크레디트스위스나 UBS가 스위스의 금융 강국 이미지를 높이는 효과를 부인할 수 없다. 더구나 대형 금융회사들은 높은 수익률을 바탕으로 경제성장에도 기여한다. 여러 부작용이 표출되고 있음에도 불구하고 아직도 우리나라에서 금융회사의 대형화가 정부나 업계의 지상과제가 되고 있는 이유다.

둘째는 국제화와 관련된 문제다. 대형 금융회사들은 대부분 해외영업 비중이 높다(8장 참조). 그런데도 규제와 감독은 국내에서 행해진다. 다시 말해 영업은 국제적으로globally, 규제는 국내적으로locally 이루어져 규제감독대상의 불일치가 발생하는 것이다. 이런 상황에서는 효율적인 감독이 불가능하다. 예컨대 HSBC는 본사가 영국에 있지만 영업의 65%가 해외에서 이루어진다. 영국 금융당국이 HSBC를 규제하고 싶어도 전체 영업의 35%만이 대상일 뿐이다.

32 3대 대형은행의 자산비중은 미국(2012년)이 40% 중반대, 영국이 50% 중반대, 캐나다가 60% 초반으로 금융위기 이전인 2006년에 비해 모두 높아졌다. IMF, 2014.4, *Global Financial Stability Report*, p106

이를 해결하는 방법은 국내감독이 가능하도록 해외영업을 줄이거나 아니면 규제감독을 글로벌화 하는 것이다. 전자의 선택도 쉽지 않지만 후자도 마찬가지로 난제다. BIS 산하의 금융안정위원회를 중심으로 규제감독의 표준화를 위해 애쓰고는 있지만 한계가 있다. 게다가 각국의 이해관계가 달라서 모든 나라에 적용될 수 있는 보편적 규제체계를 만들기란 무척 어렵다.

이제 시장과 정부 간의 '고양이-쥐게임cat and mouse game'을 생각해보자. 1970년대 이후 시장은 정부가 쳐놓은 규제망을 피하기 위해 새로운 금융상품, 새로운 거래기법을 개발해 수익을 올렸다. 정부는 시장의 대응이 적법한 것인지, 맹점은 없는지 연구해서 빠져나갈 만한 구멍loophole을 차단했고, 시장은 다시 이를 회피하는 방법을 찾아냄으로써 쫓고 쫓기는 게임을 해 왔다. 둘 사이에 누가 이겼는지 쉽게 판정을 내릴 수는 없겠으나 확실한 것은 이런 게임이 앞으로도 계속되리라는 사실이다.

이는 시장과 정부의 인센티브 차이에서 비롯된다. 시장은 수익을 극대화하려는 동기에서 규제를 회피하려고 한다. 그런데 정부는 금융질서의 유지와 국가경제 발전이라는 공공적 차원에서 접근한다. 둘의 상대적 우월성은 상황에 따라, 플레이어들의 성향에 따라 달라질 수 있다. 지금은 후자의 세력이 더 크지만 언제든지 역전될 수 있다. 전자는 전혀 변하지 않는 가치인 데 비해 후자는 집권세력의 성향, 경기상황에 따라 들쭉날쭉하기 때문에 장기적으로 보면 전자가 이길 가능성이 커 보인다.

〈1장〉에서 살펴본 대로 2008년을 기점으로 금융에 많은 변화가 나타난 것은 사실이다. 그러나 패러다임의 변환을 논할 만큼 근본적으로, 그리고 질적으로 달라졌다고 보기는 어렵다. 금융위기의 근원이라 할 수 있는 인간의 성향 자체가 변하지는 않을 테니 앞으로도 버블의 형성과 붕괴의 역사는 반복될 것이다.

규제감독 면에서도 가장 핵심적인 대마불사의 문제가 만족할 만한 해법을 찾지 못하고 있다. 지금은 몸을 낮추고 있지만 금융회사들은 저인망식 규제를 피할 방법을 분명히 찾아낼 것이고 이는 새로운 금융기법, 새로운 비즈니스 모델이라는 이름으로 모습을 드러낼 것이다.

요즘 상황을 보면 그런 조짐이 조금씩 나타나고 있음을 알 수 있다. 2014년 4월 하순 미국의 다우존스지수는 버블이 한창이던 2007년 10월 중순의 정점 수준보다 17%나 올라 있다.[33] 2000년대 중반 버블형성의 계기를 제공했다고 비판받았던 완화적 통화정책도 그때 당시보다 더 길고 다양한 형태로 전개되고 있다.[34]

〈10장〉에서 살펴본 대로 증권화 기법은 금융위기를 가져온 주범으로 낙인찍혔지만 점차 살아나고 있다.[35] 증권화 자체가 아니라 이를 남용하고 오용한 사람이 문제라는 논리다. 증권화시장을 활성화시켜야 한다는 주장은 자금경색이 심한 유럽에서 뚜렷이 나타나고 있다.[36]

전통적인 투자은행이 모두 없어졌다고 하지만 은행으로 전환한 골드만삭스와 모건스탠리의 은행 영업은 극히 미미하다. 메릴린치를 인수한 뱅크오브아메리카와 베어스턴스를 인수한 JP모건체이스는 투자

33 2007년 10월 12일의 14,093이고 2014년 4월 23일은 16,501

34 미국의 페더럴펀드 금리는 2003년 6월 25일 1%까지 인하되었다가 1년 후인 2004년 6월 30일부터 인상되기 시작했다. 이번에는 2008년 12월 16일에 0~0.25%로 최저점에 도달한 후 5년 넘게 그 수준을 유지하고 있다. 거기다 양적완화정책이라는 이름으로 거액의 유동성이 공급되기까지 했다.

35 "The return of securitisation : Back from the dead", *The Economist*, 2014.1.11

36 "Bundled debt will quicken recovery", *Financial Times*, 2014.4.15

은행 업무의 비중이 커졌다. 법적으로, 그리고 이름으로는 투자은행이 사라졌지만 투자은행의 특성과 영업방식은 그대로다. 서브프라임 위기를 몰고 왔던 금융회사의 느슨한 대출심사행태도 슬그머니 살아나고 있다. 붕괴 직전까지 갔던 대형 금융회사들의 수익성이나 급여수준도 상당 폭 회복되었다.

이렇게 보면 글로벌 위기 이후 금융의 변화는 기존 모델의 전면개조 face-off보다는 부분변경face-lift에 가깝다. 자동차 회사가 특정모델의 기본골격은 그대로 둔 채 겉모습이나 사양을 일부 개조하는 것과 비슷하다.

투기과잉을 가져오는 인간의 본성, 대마불사의 관행, 규제회피 방법을 찾아내려는 금융회사의 치열한 노력은 금융의 뼈대를 형성하고 있는 것으로서 큰 변화를 기대하긴 어렵다. 다만 외양과 사양에서 변화가 일고 있는 것은 분명한 사실이다.

가장 중요한 변화는 금융의 사회적 책임social responsibility이 강화되고 있다는 점이다. "월가를 점령하라!"는 시민운동에서 표출되었듯이 금융은 이제 순수한 경제의 영역에만 머물 수 없게 되었다. '남의 돈'을 가지고 장사한다는 측면에서 일차적으로 채권자의 이익을 증진시켜야 하지만, 더 넓게는 국가사회 전체에 기여해야 한다는 것이 시대적 요구다.[37] 그래야만 금융=탐욕이라는 등식에서 벗어날 수 있다.

요즘 상당수 금융회사들이 '공유가치창출creating shared value, CSV'을 영업 전략의 하나로 내세우고 있는 것도 이런 움직임과 무관치 않다. 금융회사의 이익 창출이 사회의 다양한 문제를 해결하려는 노력과 궤를 같이 한다면 금융위기의 발생가능성은 줄어들고 금융 자체의 지속

37 실러(R. Shiller), 2012, 「새로운 금융시대」, 노지양·조윤정 역, RHK

가능성은 높아질 것이다. 정부의 규제와 감독도 '따뜻한 금융', '인간적인 금융'을 만들려는 시도와 노력을 권장하는 방향으로 이루어질 필요가 있다.

또 다른 변화는 은행(투자은행 포함) 위주로 구성되어 있는 금융의 지형도가 바뀌고 있다는 점이다. 가장 뚜렷한 변화는 자산운용업asset management의 급성장세다. 소액의 자금을 모아 펀드를 만든 다음 이를 각종 자산에 투자해 수익을 돌려주는 자산운용업의 규모는 87조 달러(2013년 말)로서 은행의 ¾에 이른다. 세계적인 인구증가, 노령화, 소득수준 개선의 영향으로 자산운용업은 앞으로도 성장세를 거듭할 전망이다.[38]

세계 1위의 자산운용회사 블랙록BlackRock이 운용하는 자산규모는 3.8조 달러로서 세계1위 은행인 중국 ICBC의 2.8조 달러보다 훨씬 크다.[39] 또 하나의 '괴물'이 탄생하는 것 아니냐는 우려 때문에 규제당국은 자산운용업에 내재한 리스크 요인을 찾아내고 이를 줄이기 위한 방안을 모색 중이다.[40] 투자은행이라는 야수 한 마리를 겨우 우리 안에 가두어 놓았더니 또 다른 괴물이 나타나 금융생태계를 혼란에 빠뜨려서는 안 된다는 것이다. 〈10장〉에서 살펴본 그림자금융의 규제방안도 이러한 맥락에서 진행되고 있다.

---

38 컨설팅회사인 PWC에 따르면 2020년에 자산운용업의 규모가 100조달러를 넘어설 것으로 전망된다. PWC, 2014, *Asset Management 2020: A Brave New World*

39 Haldane, A.G., 2014, "The age of asset management?", speech at the London Business School

40 Office of Financial Research, 2013, "Asset Management and Financial Stability", *U.S. Treasury Department*
Financial Stability Board, 2013, "Assessment Methodologies for Identifying Non-bank, Non-insurer Global Systemically Important Financial Institutions", BIS

금융테크놀로지financial technology의 혁신도 금융지형도 변화의 동력이 되고 있다. 빅데이터의 활용, 결제기술의 진화, 모바일기기의 확산 등과 같은 환경변화는 자신만의 고유기술에 기초한 소규모 금융회사의 출현을 가능하게 하고 있다. 〈1장〉에서 살펴 본 P2P 대출 전문회사인 Lending Club, Wonga 등이 좋은 사례며, 이외에도 결제, 외환거래, 송금과 같은 금융서비스를 보다 편리하고 저렴하게 제공하는 금융테크 기업들도 늘어나고 있다. 해외송금 전문회사인 Xoom, 가장 적합한 포트폴리오를 추천해 주는 Wealthfront, 온라인결제에 특화한 Paypal 등을 예로 들 수 있다. 아직까지는 이들 금융테크 기업이 주류 금융회사를 위협할 정도는 아니지만 금융소비자의 필요를 충족시켜 주고 있어 성장 전망은 밝은 편이다.[41]

미래의 금융은 은행과 다양한 금융서비스 기업이 공존하는 형태가 될 것이다. 규모 면에서는 자산운용업이 은행을 위협하는 수준까지 성장할 것이며 구체적 서비스 면에서는 여러 형태의 소규모, 온라인 금융테크 기업들이 틈새시장을 공략할 것이다. 경쟁이 치열해지면서 금융소비자의 편익은 증가하겠지만 새로운 모습의 리스크가 등장해 금융안정을 위협할 수도 있다.

지금까지 규제당국은 상업은행과 투자은행에서 비롯되는 리스크 관리에 총력을 기울여 왔다. 이에 비해 그림자금융에 대한 규제방안은 4~5년 전에야 논의가 시작되었고 자산운용업과 관련된 리스크 식별은 이제 걸음마 단계다. 금융테크 기업에 대해서는 규모가 미미해서 그런지 변변한 논의조차 없는 실정이다. 일부 전문가들은 비중이 줄어드는 분야에 규제감독이 집중되어 있는 현실을 불안하게 바라보고 있

41 "An explosion of start-ups is changing finance for the better", *The Economist*, 2013. 8. 3

다. 대단히 어려운 일이기는 하지만, 진화하는 금융시스템보다 한 발 앞서 공적 규제체계를 만들어야만 숨어있는 리스크를 찾아내어 더 안전한 그리고 더 풍요로운 금융세계를 만들어 갈 수 있을 것이다.

〈참고문헌〉

김인수·홍정훈, 2008, "우리나라 주식시장에서의 주식프리미엄 퍼즐에 관한 연구", 재무연구 21-1

금융감독원, 2013.11, "국내은행 해외영업점 실적분석·현지화지표 평가결과 및 지도방향"

금융위원회, 2013.11, "금융회사간 단기자금시장 개편방안"

금융위원회 등, 2013.7, "회사채 시장 정상화 방안"

금융위원회, 2014.1, "분리과세 하이일드펀드 출시 계획"

금융투자협회, 2012, "최근 국내외 경제 현황과 자본시장 발전과제"

기획재정부, 2014.1, "2013년 국고채 시장 동향 및 평가"

로고프·라인하트(K. Rogoff and C. Reinhart), 2010, 「이번엔 다르다」, 최재형·박영란 공역, 다른세상

부상돈·이병록, 2012, "금융의 경기순응성 측정 및 국제비교", BOK경제리뷰 2012-15

실러(R. Shiller), 2012, 「새로운 금융시대」, 노지양·조윤정 역, RHK

어서스(John Authers), 2012, 「비이성적 과열의 시장」, 김시경 역, 위너스북

이범호·정원경, 2012, "우리나라 shadow banking 현황과 잠재리스크 분석", BOK경제리뷰 2012-11

이석훈, 2013, "국내증권업의 현황과 발전방향", 자본시장연구원

이석훈·박신애, 2010 "국내 IPO시장의 경쟁도 분석", 자본시장연구원

이윤석, 2013, "영국은행들에 대한 링펜싱 제도 도입과 시사점", 금융연구원 주간금융브리프 22-18

정대영, 2013, 「동전에는 옆면도 있다」, 한울

차현진, 2012, 「금융오디세이」, 인물과사상사

파운드스톤(W. Poundstone), 2011, 「가격은 없다」, 최정규·하승아 역, 동녘사이언스

한국은행 북경사무소, 2014, "중국의 shadow banking 규제 강화와 민자은행 설립 추진 동향 및 평가"

한국은행, 2012, 「한국의 금융시장」

호머·실라(S. Homer and R. Syllar), 2011,「금리의 역사」, 이은주 역, 리딩리더

화이트헤드(A. Whitehead), 2000, 「이성의 기능」, 김용옥 역, 통나무

Allen, F. & D. Gale, 1999, "Diversity of Opinion and Financing of New Technology", *Journal of Financial Intermediation* 8, pp68-89

Allen, F. & D. Gale, 2001, *Comparing Financial Systems*, MIT Press

Anagol, S. & A. Etang & D. Karlan, 2013, "Continued Existence of Cows Disproves Central Tenets of Capitalism?", NBER *Working Paper* No.19437

Barberis, N. & R. Thaler, 2003, "A Survey of Behavioral Finance", *Handbook of the Economics and Finances*, North Holland

Barth, J. & A. Prabha, 2013, *Breaking Banks Up Is Hard To Do : New Perspective on Too Big To Fail*, Milken Institute

Benartzi, S. & R. Thaler, 1995, "Myopic loss aversion and the equity premium puzzle", *Quarterly Journal of Economics* 110:75-2

Berger, A. & C. Bouwman, 2009, "Bank Liquidity Creation", *The Review of Financial Studies* Vol. 22, Issue 9

Berlin, M., 2012, "Banks and Markets : Substitutes, Complements, or Both?" FRB Philadelphia, *Business Review* Q2

Boot, A. & A. Thakor, 1997, "Financial System Architecture", *The Review of Financial Study*, Vol.10, No.3

Calvo, G., 2012, "The Price Theory of Money, Prospero's Liquidity Trap and Sudden Stop : Back to Basics and Back", NBER *Working Paper* No.18285

Cooper, G., 2014, *Money, Blood and Revolution*, Harriman House Publishing

Diamond, D & R. Razan, 2001, "Liquidity Risk, Liquidity Creation and Financial Fragility: A Theory of Banking", *Journal of Political Economy* Vol. 109, No.2

Diamond, D & P. Dybvig, 1983, "Bank Runs, Deposit Insurance, and Liquidity", *Journal of Political Economy* Vol. 91, No.3

Diamond, D., 2007, "Banks and Liquidity Creation : A Simple Exposition of the Diamond-Dybvig Model", FRB Richmond, *Economic Quarterly* Vol.93, No.2

Deep, A. & G. Schaefer, 2004, "Are Banks Liquidity Transformers?", Harvard University *Working Paper*

Daniel, K., D. Hirshleifer and A. Subrahmanyam, 1998, "Investor Psychology and Security Market Under- and Over-reaction, Journal of Finance 53:1839~1885

Financial Stability Board, 2011.4, Shadow Banking : Scoping the Issues,

__________, 2013.11, Global Shadow Banking Monitoring 2013 ,

__________, 2014.1, Assessment Methodologies for Identifying Non-bank, Non-insurer Global Systemically Important Financial Institutions

Goyal, R. et al., 2011, "Financial Deepening and International Monetary Stability", IMF *Staff Discussion Paper* 11/16

Green, E. & P. Lin, 2000, "Diamond and Dybvig's Classical Theory of Financial Intermediation : What's Missing?", Federal Reserve Bank of Minneapolis, *Quarterly Review* Vol.24, No.1

Greenspan, A., 1999, "Do Efficient Financial Market Mitigate Financial Crises?"

Group of Thirty, 2013, *Long Term Finance and Economic Growth*

Haigh, M. & J. List, 2005, "Do Professional Traders Exhibit Myopic Loss Aversion? An Experimental Analysis", *The Journal of Finance*, Vol.60, No.1

Haldane, A.G., 2014, "The age of asset management?", speech at the London Business School

Howard, J.A., 2012, "Behavioral Finance : Contributions of Cognitive Psychology and Neuroscience to Decision Making", *The Journal of Organizational Psychology* Vol.12

IMF, 2014, *Global Financial Stability Report*

International Organization of Securities Committee, 2012, Global Developments in Securitization Regulation, 2010, Money Market Fund System Risk Analysis and Reform Options : Consultation Report

Investor Education Foundation, 2013, *Financial Capability in the United States*

Kahneman, D. & A. Tversky, 1979, "Prospect Theory : An Analysis of Decision under Risk", *Econometrica* 47:263~291

Kirby, E. & S. Worner, 2014, "Crowd-funding : An Infant Industry Growing Fast", IOSCO *Working Paper* SWP3/2014

Levine, R., 2002, "Bank-based or Market-based Financial Systems : Which is Better?", University of Minnesota *Working Paper* No. 442

Levine, R., 2004, "Finance and Growth : Theory and Evidence", NBER *Working Paper* 10766

Mehra, R. & E. Prescott, 1985, "The equity premium: a puzzle", *Journal of Monetary Economics* 15:145-61

Mehrotra, A. et al., 2012, "Developments of Domestic Government Bond Markets in EMEs and Their Implications", BIS *papers* No.67

Menkhoff, L., et al., 2012, "Carry Trades and Global Foreign Exchange Volatility", *Journal of Finance*, Vol. LXVII, No.2

Michie, R., 2008, *Global Securities Market : A History*, Oxford University Press

Mishkin, F., 2012, *Financial Markets and Institutions*, 7th edition, The Prentice Hall

Office of Financial Research, 2013, Asset Management and Financial Stability, U.S. Treasury Department

Pozar, Z., 2008, "The Rise and Fall of Shadow Banking System", *Regional Financial Review*, Moody's

PwC, 2014, *Asset Management 2020: A Brave New World*

Rhee, R., 2010, "The Decline of Investment Banking : Preliminary Thought on the Evolution of the Industry 1996~2008", *Journal of Business and Technology Law* Vol.5, No.1

Ritab, A., 2012, "Bank Characteristics and Liquidity Transformation : The Case of GCC Banks", *International Journal of Economics and Finances* Vol.4, No.12

Shiller, R., 1981, "Do Stock Prices Move Too Much to be Justified by Subsequent Changes in Dividends?", *American Economic Review*, pp421~436

Shiller, R., 2003, "From Efficient Markets Theory to Behavioral Finance", *Journal of Economic Perspectives* Vol.17, No.1

Shiller, R., 2011, "Technology and Invention in Finance", Financial Markets, *Yale University Open Courses*

Snider, C. & T. Youle, 2010, "Does the Libor Reflect Banks' Borrowing Costs?", *Social Science Research Network* 13-14

Song, F. & A. Thakor, 2010, "Financial System Architecture and the Co-evolution of Banks and Capital Markets", *The Economic Journal*, Vol.120, Issue 547

Sorkin, A., 2010, *Too Big to Fail*, Penguin Books

Sylla, R., 1998, "U.S. Securities Markets and Banking System, 1790~1840", FRB St. Louis, *Review* May/June

Tversky, A. & D. Kahnemna, 1974, "Judgement Under Uncertainty : Heuristics and Biases", *Science* Vol.185

Vitols, S., 2001, "From Banks to Markets : The Political Economy of Financial Liberalization of the German and Japanese Financial System", mimeo

World Economic Forum, 2013, *The Financial Development Report 2012*

Zoltan, P. et al., 2012, "Shadow Banking", FRB New York, *Staff Paper*, No.458

색인